本书由辽宁省高等学校一流学科教育学专项经费资助出版

多元领导视域下教师合作学习研究

曾佑来 ◎ 著

九州出版社
JIUZHOUPRESS

图书在版编目（CIP）数据

多元领导视域下教师合作学习研究 / 曾佑来著 . --
北京：九州出版社，2022.4

ISBN 978-7-5225-0855-9

Ⅰ . ①多… Ⅱ . ①曾… Ⅲ . ①师资培养－研究 Ⅳ .
① G451.2

中国版本图书馆 CIP 数据核字 (2022) 第 053425 号

多元领导视域下教师合作学习研究

作　　者	曾佑来　著	
责任编辑	沧　桑	
出版发行	九州出版社	
地　　址	北京市西城区阜外大街甲 35 号（100037）	
发行电话	（010）68992190/3/5/6	
网　　址	www.jiuzhoupress.com	
印　　刷	廊坊市海涛印刷有限公司	
开　　本	710 毫米 ×1000 毫米　16 开	
印　　张	23	
字　　数	353 千字	
版　　次	2022 年 7 月第 1 版	
印　　次	2022 年 7 月第 1 次印刷	
书　　号	ISBN 978-7-5225-0855-9	
定　　价	95.00 元	

前　言

　　20世纪90年代，世界范围内教育改革的视点开始聚焦于教师职业发展问题，西方学界构建的教师专业学习共同体理论逐渐演变成具有全球性共识的教师教育理论，并被广泛应用在教育教学实践中。进入21世纪，随着我国基础教育改革的推进及深化，备课组、教研组和课题组等教师合作学习组织，在保持本土特色的同时，不断汲取教师专业学习共同体理论精髓，由此而生发的教师合作学习实践在促进教师专业发展、改进学生学业表现和提升学校管理效能等方面展现着蓬勃的生命力。

　　《多元领导视域下教师合作学习研究》以哈贝马斯交往行为理论、埃雷兹文化自我表征理论和罗宾斯组织行为理论为起点，假设在学校教师专业学习场域内，校长领导管理实践和教师专业学习共同体文化会交互影响教师的自我观念并共同作用于教师合作学习行为，由此，尝试构建、验证校长多元领导对教师合作学习影响的路径模型。研究内容具体包括三个方面：第一，运用定量研究方法，验证教师专业学习共同体文化、教师集体效能感和教师言语互动行为在校长多元领导对教师合作学习影响过程中的作用路径；第二，通过个案研究方式，阐释特定学校教育情境下校长领导风格、教师专业学习共同体文化、教师自我观念和教师合作学习间的作用机理；第三，在实证研究结论的基础上，借鉴国外教师合作学习实践模式，论述我国教师合作学习改进的实践策略。总之，本研究在研究方法上具有一定的创新性，在研究内容上呈现着重要的理论意义，同时在研究结论上彰显着明确的实践价值。

　　本书是在我的博士论文基础上修改、完善而成。诚然，囿于个人的学术水平和研究精力，书中难免存在一些不妥和纰漏之处，恳请各位读者批评指正。书中引用或参考的学者的观点、论述，已在书中做详细标记并附在书后参考文献中，如有遗漏还请包涵。另外，本书得以顺利出版，仰赖辽宁省高等学校一流学科教育学专项经费的资助，在此一并致谢。

目 录

第一章　绪　论

一、研究缘起

（一）教师专业发展的现实诉求

1. 教育改革的政策导向——教师专业成长

2017 年 9 月，中共中央办公厅、国务院办公厅印发《关于深化教育体制机制改革的意见》，这标志着我国教育综合改革已经进入深化阶段，方向荣形象地称之为从"立柱架梁"走向"内部装修"的新阶段①。一般而言，育人方式、办学模式、管理体制和保障机制的改革政策要想得到系统全面推进，其首先需在具体的教育实践场域着陆，然后才能依托相应的原则、对象和举措不断深入下去，其中，教师专业发展即为一个重要抓手。2017 年 12 月，教育部印发《义务教育学校管理标准》②，明确提出要建立教师专业发展支持体系，结合教研、科研与培训的各自优势，充分发挥校本研修的基础作用，鼓励教师利用网络学习平台开展教研活动建设教师学习共同体。可见，教师专业发展在学校管理标准中的呈现是对教育改革政策的进一步细化，也是对改革目标的进一步明确。2018 年 1 月，中共中央、国务院在《关于全面深化新时代教师队伍建设改革的意见》中指出要大力振兴教师教育，不断提升教师专业素

---

① 中国政府网.深化改革带来怎样的教育图景 [EB/OL].[2017-12-13]http：//www.gov.cn/zhengce/2017-09/27/content_5227841.html.

② 中华人民共和国教育部.义务教育学校管理标准 [EB/OL].[2017-12-13]http：//www.moe.edu.cn/srcsite/A06/s3321/201712/t20171211_321026.html.

质能力，尤其在建设高素质的中小学教师队伍意见部分，列出了具体的操作举措，强调要努力造就一支政治过硬、品德高尚、业务精湛、治校有方的校长队伍①，其将教师队伍的发展与校长队伍的建设直接关联起来，体现了明确的实践操作方向。"百年大计，教育为本；教育大计，教师为本""时代越是向前，教育和教师的地位和作用就愈发凸显""办好人民满意的教育，要努力培养越来越多的好老师"，诸如此类的文本表述内容既是国家层面对教育改革的宏观擘画，也是对教师教育微观实践的细致裁量。从理论研究者的视角来看，精准把握教育改革政策导向，并结合自身的研究条件、知识基础选择恰当的切入方向是研究的关键，因为这与决策导向抑或结论导向的研究宗旨密切相关。本研究尝试从教师专业发展问题的视角切入，探查、阐述教师专业发展具体实践过程的内在逻辑及作用机理，既是对教育改革政策的积极回应，也是对教师职业和专业理论研究领域的深度关切。同时，相关实证研究结论的证实并以之提出可能的指导教育实践的理论模式或实践策略也是教育研究者的努力方向和不懈追求。

2. 教师专业成长中的关键角色——校长与教师

在我国学校管理体制下，校长是落实教育改革政策的第一责任人，而教师是教育改革实践的关键操作主体。关于校长角色的认知，著名教育家陶行知先生曾把校长比作一所学校的灵魂，学者肖川认为校长是一所学校的精神领袖和最高行政首长②，可见校长角色对于学校发展的重要意义。事实上，在我国义务教育学校教育管理与实践中的"校长负责制"已经明确赋予校长角色诸多使命和担当。2013 年 2 月，教育部印发《义务教育学校校长专业标准》使得校长的任职资格标准、培训课程标准、考核评价标准有了明确的参照依据，也进一步明确了校长专业角色的职责范围。显然，校长已成为一种专业角色，其中引领教师成长作为校长专业职责之一，表现在专业理解与认识方面校长要"尊重教师专业发展规律，激发教师发展的内在动力"，在具体专业知识与方法层面校长需"掌握教师专业发展的理论以及指导教师开展教育

---

① 中共中央　国务院.关于全面深化新时代教师队伍建设改革的意见 [EB/OL].[2018-05-13] http：//www.gov.cn/zhengce/2018-01/31/content_5262659.html.

② 肖川.校长的职责与境界 [J].福建论坛（社科教育版），2005（4）：45.

教学实践与研究的方法；掌握学习型组织建设的方法以及激励教师主动发展的策略"。由此，校长与教师在教育改革中的角色关联可见一斑。长期以来，转变教师生存方式 ① 是很多学者关注的焦点论题，值得肯定的是，我国教师职业从专业性程度低的窘迫状态到逐渐定型的类生存方式 ② 的转变已经完成。20 世纪 60 年代，《关于教师地位的建议》经由国际劳工组织、联合国教科文组织共同提出，继而便深刻影响了教师职业能否称为专业性职业讨论的主流方向，即建议应把教师视为专门职业，1966 年教师职业被正式写入《国际标准职业分类》；1986 年颁布的《中华人民共和国国家标准职业分类和代码》将教师归类为"各类专业、技术人员"，1993 年颁布的《中华人民共和国教师法》规定"教师是履行教学职责的专业人员"。至此，教师职业专业性在我国有了明确的法律依据。同时，学界相继展开了对教师专业发展路径、教师职业社会化等相关议题的探讨，并形成了丰富的理论研究文献和实践操作经验。然而，在教育改革实践中，教师走向主体化生存的诉求依然存在。可以试想，主体性缺失的教师个体或群体在教育改革中的作为能有几何？冯建军等认为教育改革转型与社会人的转型密切相关，其关键在于如何理解主体概念，即从主体性到主体间性的认知转变是对人与人之间关系的复归之路。③因此，在教育改革进程中亟须加强对校长、教师角色的关注，即对关键操作主体的关注，并尝试选择恰切的实践视角去探索二者间的影响关系，具有重要实践价值和理论意义。

3. 校长与教师的终极行为旨向——教与学的改进

教师职业作为一种专门职业，其必然在职业价值、职业规范及职业性格等方面有着特殊的要求，主要体现在教师的"从教价值、从教手段、从教规范及从教性格"④四个方面，或者说社会对教师必备的素质有着最低标准的

---

① 谌安荣.从自在自发到自由自觉——我国教师生存方式的转型 [J].高等教育研究，2007（5）：48-53.

② 吴惠青.论教师个体的生存方式 [J].教育研究，2003（6）：42-45.

③ 冯建军，尚致远.走向类主体——当代社会人的转型与教育变革 [J].教育研究，2005（1）：23-29，47.

④ 吴康宁.教育社会学 [M].北京：人民教育出版社，2016：214.

期待，"这里所谓的必备素质实际上主要只是就教师职业手段而言，即从事教师工作所需掌握的知识与技能"①。简言之，教学改进作为教师职业社会化过程的环节之一，无论是在职前还是在职后都应得到应有的关注。教与学是教育改革实践的落脚点，教师教与学的改进是教育改革的关键旨向之一，因此抛开教与学的任何大规模、高规格的教育改革只能算作实践层面的惊鸿一瞥。20世纪70年代开始，西方学界对教师职业社会化的研究开始关注个人之间的互动作用，自20世纪80年代始将教师职业社会化看作各种结构因素与个人因素交互影响的过程。②随后，教师合作学习逐渐成为世界范围内教师教育改革的共识性理念。20世纪90年代以来，一些西方学者呼吁把学校变成学习型组织，其背后是对教师专业发展方式革新的诉求，以及对教学改进的强烈期待。进入21世纪，随着教师合作学习实践的推进，如何实现"真合作"成为教育理论与实践者亟待解决的重要课题，国内外学界开始致力于教师合作学习的操作性内涵及其本质研究，这期间累积了许多经典的教师合作理论及实践经验。教师合作学习被视为教师专业发展、学校效能改进和教育质量提高的重要途径，逐渐成为教育研究者重要关注点。③教师合作学习理论在国外研究中已经形成一套完整的体系，在实践操作中也有很多成熟的模式，如校本合作、校际合作以及大学—中小学合作等诸多实践样态。随着我国基础教育改革的深化，教研组、备课组、课题组等诸多教师合作学习形式以其特有的属性和功能在教育实践土壤中生根、发芽，并在改进教学方面展示着不可替代的蓬勃生命力。然而，在工具理性和功利主义作用下，教师合作学习更多地被看作提升教师教学技能和学生成绩的一种手段，教师合作学习的实践结果与效能备受关注，而很少有研究者探查教师合作学习过程中的教师主体以及对其具有一定影响作用的其他因素。因此，从教师职业社会化的教师合作学习实践切入，立足校长与教师两个教育改革中的关键角色，积极回应

① 吴康宁.教育社会学[M].北京：人民教育出版社，2016：215.
②STATON A Q, HUNT S L.Teacher socialization：Review and conceptualization[J]. *Communication Education*，1992，41（2）：109-137.
③乔雪峰，卢乃桂，黎万红.从教师合作看我国校本教研及其对学习共同体发展的启示[J].教师教育研究，2013，25（6）：74-78.

教学改进的教育改革宗旨，提供经过理论论证或实证检验的微观改进策略是有必要的且有价值的。

（二）教育理论研究的范式审思

1. 教育理论研究范式的初步认知

"范式"一词经由库恩（Kuhn）而流行开来，他认为"科学革命"的实质就是"范式转换"，其中"范式"一词有"共同显示"之意，库恩在《科学革命的结构》后记中指出："范式是共有的范例，这是我现在认为本书中最有新意而最不为人所理解的那些方面中的核心内容。"① 在此，将"范式"一词与教育研究放在一起，仅用其模式、模型、范例、规范之引申义。教育研究的基本范式可以简单地概括为实证性研究和思辨性研究，其中按照社会科学的研究方法划分，实证研究方法可以进一步细化为"量的研究"和"质的研究"两种范式：量的研究将社会现象数量化，根据一定的假设，统计分析相关变量间的作用关系，从而获得客观的研究结果；质的研究主张研究者经过亲身体验的方式走近社会现象，通过收集一手的原始资料，充分了解研究对象的思维、观念和态度，从而建立情境化的、主体间性（Inter-subjective）的意义解释。② 在社会科学领域，这种区分方法很大程度上源于它们代表了两种完全不同的科学范式，其实质性的区别在于二者在本体论、认识论和方法论方面存在分歧。从这个层面上说，教育研究的范式已然上升到教育研究方法论的高度。正如叶澜教授对"教育研究方法论"概念的拆分一样③，从"教育研究—方法—论""教育—研究方法—论""教育研究—方法论"三种形式中深入理解，第一种强调作为研究活动的教育研究的方法，第二种注重作为研究对象的教育的研究方法，第三种则把教育研究方法论视为方法论体系的特殊组成部分。近年来，实证研究的重要性越来越受到教育学者的关注及肯定，有人称之为教育学走向科学的必要路径④。从教育研究范式的认知出发，本研

---

①[美]托马斯·库恩.科学革命的结构[M].金吾伦,胡新和,译.北京：北京大学出版社,2016：187.

② 陈向明.质的研究方法与社会科学研究[M].北京：教育科学出版社,2000：1.

③ 叶澜.教育研究方法论初探[M].上海：上海教育出版社,2014：2.

④ 袁振国.实证研究是教育学走向科学的必要途径[J].华东师范大学学报（教科版）,2017(3)：4–17.

究选择量化的研究方法和质性的研究方法相结合的混合式研究思路。

2. 教育现象研究方法的定向思考

教育，有目的地培养人的社会实践活动。那么，教育作为一种实践活动，如何区别于其他的社会实践活动？随着教育理论研究的发展，学界形成了上层建筑说、生产力说、特殊范畴说和多重属性说等不同的教育本质观，从不同的视角阐述了"教育是什么"的问题。教育的本质问题，关键在于教育目的，即这种实践活动培养什么样的人。不难查证，我国教育政策文本中关于教育目的的表述随着时代的发展而有所变化，从 20 世纪 50 年代的"有社会主义觉悟的有文化的劳动者"到现阶段的"培养德智体美全面发展的社会主义建设者和接班人"。另外，有学者提出应对教育目的进行适当修正的建议，"培养德智体美等适度全面协调发展，个人优势潜能和兴趣、爱好自主充分发展的社会主义建设者和接班人"[①]。这些教育目的表述变化反映着不同时代、不同社会转型背景下国家、学界对受教育者知识和能力培养目标的界定与思考方向的变化。早在 19 世纪初期，赫尔巴特就提出："从教育的本质来看，统一的教育目的是不可能产生的。"[②] 由此，无论是从事教育活动者，还是教育理论研究者，需要清楚教育是一项"规范性"[③]的活动，而不是一种技术或生产活动，这种规范性活动不断地期望教育者以一种恰当的方式从事教育活动，从事教育理论研究者更应该如此。教育学，一种研究教育现象及规律的科学。这是学界对于教育学最为普遍和公认的定义，因此，教育研究者对于教育现象存在、发生及发展等基本事实的把握，需要经过合适的教育研究方法研究，才能进一步揭示教育规律，更好地指导教育实践。首先，对于可观测的、存在性的基本事实的了解，可通过问卷、观察等量化的调查方法准确地表征。其次，对于潜在的、发展性的深层现象的描述，可采用田野研究、叙事研究、访谈等质性的研究方法科学的高信度地展开。再有，其他的社会

---

① 傅维利. 正确"目的"与"规律"观照下的教育改革与发展 [J]. 教育研究与实验，2017（4）：1-4.

②[德] 赫尔巴特. 普通教育学 [M]. 李其龙，译. 北京：人民教育出版社，2015：29.

③[加] 马克斯·范梅南. 教学机智——教育智慧的意蕴 [M]. 李树英，译. 北京：教育科学出版社，2001：14.

学研究方法，如人种志研究方法、人类学研究方法、历史研究法、现象学方法等在教育研究中的引入。当然，除此之外教育学研究方法还有很多，根据研究对象范畴的不同、研究者参与程度不同以及研究目的的不同，还存在一些无法给出明确方法学归属范畴的研究方法，如观察法既可以归为量化研究亦可以称为质性研究。

3. 教育主体研究趋势的路径把握

从涉及教师合作学习与校长领导的相关文献开始，关于彰显一定价值和创新性的研究设计的思考一直没有停止。随着对国内外研究文献的爬梳发现，针对校长和教师两个教育主体的研究主题有两个清晰的转向：校长领导的研究范式在不断更新；教师专业发展的研究更加注重主体性的考量。具体言之，对校长领导行为或领导风格研究的梳理结果显示：一方面，国内外研究者都认为教育发展需要教育领导研究范式的转移[1]，教育领导的本质、功能、过程、情境，甚至对象都要在理念上有根本性的改变；教育领导的研究视角立足全球化、本土化和个别化三个泾渭分明但又关联紧密的界域；契合学校组织特征、顺应科技文化发展以及注重领导对象的主动性、潜能和创造力激发等已是无法规避的研究准绳。另一方面，学校效能与校长领导的关系研究日益丰厚。学校发展的判断标准日益复杂，在评估、监察、管理和改进等方面都受到多层面、多角度的检视。例如，教师表现与学校校长管理间的关系受到学者们的重视，同学生学业成就、组织文化等学校发展效能指标一样，成为学校发展评估指标构建的重点维度。另外，对教师主体及其专业发展相关研究考察发现，首先，学界开始把教师主体的研究放置于生命实践场域内。有目标、有预设、有程序、有操作、有设计、重效能的工业时代思维，在现代社会的教师主体观上依然有着明显的烙印。对此，生命·实践教育论者提出较为深入的批判，认为我国基础教育改革的未来走向要用生态观的思维研究教育、开展教育，因为生态模式强调交互作用，之所以能够构成生态，其主要原因是由于活体、变化和生长因素的存在，同时生态系统与外部环境之间密切互动。换言之，生态教育观的教育没有中心，而是注重

---

[1] 郑燕祥. 教育领导与改革新范式 [M]. 上海：上海教育出版社，2005：5.

在教与学的过程中交互作用的生发，以及侧重于生成和涌现之过程性，教育最好的结果是生命力的呈现，教师也不再是"园丁"，不再是"工程师"，也不再是"春蚕""蜡烛"，而是与学生共同生长、共同进步的受益人。其次，教师专业发展的研究开始注重教师主体性的回归。避免教育的"物化"①和人性的失落是教育研究者尤应注意的恒久问题。然而，教师专业化、教师专业发展、教师教育等研究词汇频现，杨启亮先生曾用"制造"②许多文献加以批判，并指出许多研究除了对教师专业发展内涵存在认知偏差，还忽略了教师主体性在专业发展中的关键作用。鉴于以上考量，选择校长和教师两个教育主体，秉持基于真实数据的定量研究结论与立足情境的定性分析结果相互印证的研究思路，尝试探寻校长、教师主体及其实践行为在教育教学中的相互影响及作用关系。

（三）教育现象阐释的专业志趣

1.教师专业成长微型生态关注

在很长一段时间里，教师是一个孤独的职业。其原因之一，即为学科的出现，知识被切割成诸多彼此独立的学科知识单元，学科教师倾向于在自己的教室里独自教学而很少与同事交流，更不用说与其他学校的教师进行交流了。当然，教师、知识和课堂——传统的教育三中心论在一定程度上也赋予了教师们孤独的资本。正如，在注重"学到什么"的教育功能观念中，评价的指挥棒总是把教育实践的中心推移至学生成绩结果的考量上，而并未关注"如何教、如何学"的过程性问题，进而导致教师是教育中心、教师是知识代言人等神圣光环愈发显耀。20世纪80年代开始，人们渐渐发现这种孤独的教师职业生态在很大程度上妨碍着教师的教学和学生的学习，乃至整个学校的发展。因此，教师专业化的改革议题逐渐受到关注。教师不仅在正规的职前教育阶段受到教学知识和技能的培训，而且在入职后的职业专业化过程中仍应通过不断学习以获得进步。在此背景下，人们自然相信合作可以确保教师在各自的成长经历中获益并能在整个职业生涯中获得持续的成长和

---

① 岳伟，王雅红.论教育的物化和人的失落 [J].教育研究与实验，2007（4）：24-28.
② 杨启亮.教师专业发展的几个基础性问题 [J].教育发展研究，2008（12）：1-4.

进步。确实，20 世纪末教师合作学习理论及相应实践逐渐流行开来，成为世界教师教育改革进程中的共识性指导理念。教师合作学习可以帮助教育者审视教育实践并探索新的工作方式，依赖团队协作可以更加高效地研发新的教学技能、设计更加适宜的教学方法，而不需要教师个体独自低效率地做一些重复性工作。在一段时间内，西方学界教师专业学习共同体、实践共同体、教师组（群）等方面的理论研究和实践尝试如雨后春笋般涌现。我国教育学界也相继开始了部分先进理论的引介及本土化研究，且伴随着基础教育课程改革的推进取得了一定的实践成效，如校本教研、集体备课、课题组等合作学习模式让教师走向了合作学习的实践场域，其在促进教师专业发展、提升学校效能等方面展现着明显的优势。也就是说，教师合作学习可以化解孤独与封闭的教师职业生态，并在拥有共同的愿景和凝聚力的文化氛围中改进教学实践。另外，研究者也应注意，当教师合作时，他们也同时陷进了专业信念和专业实践间的冲突旋涡。因为，在对教师合作学习保有过于乐观的态度时，合作的倡导者往往无视合作学习过程的多样性、差异性和分歧的客观存在性。如此一来，参与者冲突应对方式的选择往往决定着其对合作学习本质内涵的把握，并直接影响着合作学习实践的操作效果。可见，教师专业成长过程内嵌于孤独、合作与冲突并存的微型职业生态中，那么对其进行微观层面的教育现象阐释是一个十分吸引人的研究课题。

2. 教育社会学研究视角的切入

教育社会学，一门通过使用社会学独特的方法和想象力，对教育领域的社会行动者做出理解与解释的学科。钱民辉认为教育社会学对研究领域的思考涉及三类智力活动，即思考、想象和组织，思考是一种反思，想象是一种假设，组织是一种求证。[①] 具体而言，作为教育社会学的理论研究者，需要从教育实践中发现影响个体道德品行、行为习惯、知识能力和个性特征的因素，采用恰当的定量或定性的方法对现实情境、事情和行动进行判断，以做出符合逻辑的解释。美国教育社会学家巴兰坦认为学校是一种社会组织系统，其研究方向集中在学校系统内的角色、制度、环境，以及教育机会、教育分层

---

① 钱民辉.教育社会学概论 [M].4 版.北京：北京大学出版社，2017：5.

等方面。① 因此，教育社会学为专业人士提供了一个独特的视角来审视教育系统及其与社会其他机构之间的相互依赖性。对于教育专业人士而言，观察教育环境内部互动以及教育机构与社会其他机构之间的互动，有助于形成新的洞察力，使他们有能力处理教师和行政管理人员所面临的复杂的组织问题和人际关系问题。莱文属于美国教育社会学的应用研究学者，其教育社会学研究强调宏观与微观研究、定性与定量研究相结合的研究方式，特别注重学校内部的问题与外部环境、宏观社会背景的联系，运用微观实证方法细腻地刻画教育活动的过程与发生机制。② 有鉴于此，倘若从教育社会学研究视角切入，相关研究主题的顺利开展即有着一套特有的研究规范与设计思路。

3. 教师合作学习研究主题的确定

从教育社会学专业的门外人到成为一个接触相关论著的初级读者，带着弄清教育社会学研究什么、怎么研究，以及应该秉持"事实判断还是价值判断""演绎性模式还是解释性模式""定量分析还是定性分析"③ 等疑惑，到选择校长领导对教师合作学习影响的研究方向的落定，这其中掺杂着很多改变，包括知识基础夯实、研究工具习得和学术视野拓展等。然而，这些改变同时也指引着自己坚持以探索学校组织系统内教师主体存在及其专业发展实践为总体方向，并以检验、阐述校长多元领导对教师合作学习的影响及其作用路径为最终主题。因此，对教师合作学习现象阐释的专业志趣可以从以下几个层面说开：首先，既然教育社会学是一门事实学科，必然要把事实判断奉为首要原则，即本研究认为校长领导及管理行为对教师合作学习存在影响；其次，基于科学的调查分析与系统的理论探讨，可以对学校组织系统内校长、教师之间的交互行为进行演绎性说明，进而让行为者能够清晰地认知和内化正确的制度规则，以实现学校组织对各类行为主体的角色期待；最后，从教育社会学研究方法来看，国内外实证研究占据主导地位，尽管有从量化的实证研究转向质性的实证研究的趋势，但总体上二者在教育

---

① 珍妮·H. 巴兰坦. 教育社会学：一种系统分析法 [M].5 版.朱志勇，译.南京：江苏教育出版社，2011：4.

② 丹尼尔·U. 莱文. 教育社会学 [M].9 版.郭锋，译.北京：中国人民大学出版社，2016：1.

③ 吴康宁.教育社会学 [M].北京：人民教育出版社，2016：16—19.

社会学研究中所占比例不分伯仲，也表现为运用定量和定性研究相结合的混合研究方式的出现，即一方面强调用质性研究方法获取资料以从微观层面阐释影响作用过程，另一方面综合运用各种统计方法进行相关、中介和调节等影响作用或因果关系的验证。总之，在校长多元领导对教师合作学习影响研究过程中，尝试根据量化数据验证性检验影响因素变量间的关系，同时观照定性文本资料数据演绎分析影响过程中的微观作用机理，是本研究尝试采用的方法学层面的总体研究思路。

二、核心概念界定

（一）初中校长多元领导

初中校长，指我国义务教育阶段初级中学的校长，另外在少部分九年一贯制学校收集研究数据时，研究对象为分管初中阶段的校长。

关于领导的定义，首先，在汉语中"领导"既能用作名词，也可以用作动词，即在汉语表达中经常出现把领导者说为"领导"，把领导者的行为也说为"领导"的现象，而在英文中领导（Leadership）和领导者（Leader）则更容易被区别开来；其次，根据论述视角和论述侧重点的不同，学界有不同的定义，如领导被界定为一种对为实现组织目标而进行的活动施加影响的行为过程、一种为了达成组织目标而在交流互动过程中呈现的影响力，或者一种对被领导者施加的控制力。① 从领导的本质内涵来看，初中阶段校长领导实践不具备特殊性，没有必要对领导的一般性原则进行修正，但需要考虑校长主体所置身的组织环境。因此，本研究中的领导，指在学校组织情境下，校长为实现某种学校教育发展目标而在指引教师个体或教师组织群体行动过程中表现的具有一定影响力的行为方式。

本研究在鲍曼和迪尔多元领导理论框架下对初中阶段校长领导行为进行界定。具体言之，多元领导，对应英文词汇为"Multi-frame Leadership"，其中"Multi-frame"有学者译为"多架构""多向度""多层块"，本研究则借

---

① 刘永芳.管理心理学 [M].2 版.北京：清华大学出版社，2016：289.

鉴采用"多元整合型领导"[①]译法，即译为多元领导。多元领导理念有助于领导者在面临复杂、多变的组织情境时，灵活地选择领导行为，以实现较高水平的组织效能。结构型领导、人力资源型领导、象征型领导和政治型领导是鲍曼和迪尔多元领导概念的四个操作性内涵向度[②]，具体可以从以下几个方面展开理解：

（1）在结构型领导视角下，管理者和领导者的核心任务是阐明目标，关注结构和环境之间的关系，以建立一个分工明确、职责清晰的有效结构。处在合适的组织结构中，尤其是能够被人们理解和接受的结构，个体可以在其中清楚地认知自己的作用。在鲍曼和迪尔看来，结构型的领导者和管理者的主要工作集中于任务、事实和逻辑，而并非个性和情感。在具体领导实践中，很多时候并非因为个人能力问题而导致管理无效，更多的是因为结构本身的问题。因此，结构型领导者不能充当独裁者的角色，所有问题不能都通过命令解决，而需要领导者致力于设计和完善适合于环境的结构或过程。因此，鲍曼和迪尔在结构型领导向度下，把领导者分析能力和组织能力作为结构型向度的两个表征指标，分析力的实践特点为思维清楚且有逻辑，解决问题依据事实进行判断并关注细节；组织力的实践特点为设置清晰的管理目标与制度并强调责任意识。

（2）在人力资源型领导视角下，领导者把人看作组织的关键，同样如果组织的个体发现组织能够满足自己的需求并帮助自己实现个人目标，他们就会对自己所在的组织负责任且表现较高的忠诚度。独裁的、没有情感的管理者，缺乏有效沟通和不关心下属的领导者，不能领导出高效的组织团队。因此，关注人际的领导者既能考虑组织的利益又能关注下属的利益，是为高效的领导方式。在管理实践中，领导者的工作是支持和赋权，其中支持可以表现为关心下属、倾听他们的理想和目标、热情真诚地与他们沟通，赋权主要是通过参与式管理确保下属能够获得工作需要的自主权和资源

① 胡春光，董泽芳.论学校领导研究的新趋势：多元整合领导的理论架构[J].教育研究与实验，2018（1）：35-41.

② Bolman L G，Deal T E.Reframing organizations：Artistry，choice，and leadership[M].4th ed.San Francisco，CA: Jossey-Bass，2008：356.

条件。由此，鲍曼和迪尔在人力资源型领导向度下，把支持性和参与性作为人力资源型领导向度的两个表征指标，支持性指考虑他人的感受并能敏锐地觉察他人的需要并给予支持；参与性指注重培养参与意识，乐于倾听他人，对别人的观点持开放态度。

（3）在政治型领导视角下，领导者应该掌握处理冲突的能力，任何组织内外都存在不同的利益群体，这就不免存在资源分配的不均等问题，因为资源往往是不可能满足所有人的需求。因此，管理者必须认清政治处境，对于自己的主要支持者要十分清楚，与他们建立联系，尽可能地管理冲突。这就需要领导者有敏锐的政治意识，并能广泛地建立联盟、获得支持，以便在组织管理中妥善地解决内部冲突。鉴于此，鲍曼和迪尔在政治型领导向度下，把强有力和灵活性作为两个表征指标，强有力指具有说服力，善于利用资源，并能有效地建立联盟、获得支持；灵活性指政治意识敏感且富有技巧，面临冲突和反对时表现为富有经验的谈判者。

（4）在象征型领导视角下，领导者认为鼓舞士气是关键。通常，如果人们感到自己确实很重要时，他们会更加努力完成工作、担负责任。具体管理实践中，管理者使用生动、有形的象征符号使人们兴奋起来，赋予组织强烈的使命感。象征型领导者给人们的感觉是精力旺盛、富有魅力；他们对组织的历史和文化很敏感，并能十分巧妙地运用其构建有意义和具有凝聚力的组织文化。因此，鲍曼和迪尔在结构型领导向度下，把鼓舞人心和个人魅力作为两个表征指标，鼓舞人心指能够鼓舞他人并使人富有热情和忠诚意识，向别人传达强烈的使命感；魅力指具有想象力，强调文化和价值观，同时富有极强的个人魅力。

（二）教师合作学习

在汉语语境中，合作一般指个体或群体在共同目标指引下，彼此间互相配合的一种联合行动或方式，如在《辞海》中，合作被定义为社会互动的一种方式，即指个人或群体为完成特定目标通过协调作用而发生的联合行动[①]；在英语语境中，合作可译作"Collaboration"，本研究在英文文献查找过程中

[①] 辞海编辑委员会.辞海（上册）[M].上海：上海辞书出版社，1999：912.

主要区别于"Cooperation",参照《牛津大辞典》的解释,前者指不同主体共同完成一项工作,相对后者而言是一种更加深层次的互动,在共同的目标指引下,相互协商、共同决策,并在互动过程中彼此共享资源、利益。综上,教师合作,指教师在互动过程中相互开放、信赖、支持和协作[①],为实现共同目标彼此间经由沟通、协调而形成的联合行动[②]。

教师合作学习,指在一个初中学校组织中,校长之外的教师群体以专业学习为共同任务,彼此间通过协调、沟通和互动,以实现专业发展为目的而采取的联合行动。为了教师合作学习概念的操作性内涵的进一步明确化,本研究界定的教师合作学习是一个上位概念,从文献综述可知,国外研究中教师专业学习共同体、实践共同体和教师组(群)构成教师合作学习的下位概念;而在国内研究中,教研组、备课组、听评议课活动、课题组、名师工作室,以及部分国外教师合作理论本土化的合作学习实践构成教师合作学习的下位概念。有学者认为,教师学习具有系统的、动态的和情景嵌入性特征。[③]教师是成人学习者,其学习行为在一定程度上会受到个体知识基础、教育信念和组织环境等因素的综合影响。这种一般性的概念本质特点,也为教师合作学习影响因素间作用过程或机理的研究提供了必要的操作前提。

(三)教师集体效能感

20 世纪 70 年代,班杜拉(Bandura)提出自我效能感理论,并强调"当人们做出有能力完成某种任务的判断时,这种判断会增加个体完成目标的动机和行为"[④],同时界定了四个效能信息源,分别为成败经验(掌握性经验)、替代经验、社会劝说和情感状态。这些信息源对个体效能的形成至关重要,"成败经验,指个体在某种实践活动中对自己取得成就水平的感知,为最基本、最有影响力的信息源,体现着个体控制环境的能力;替代经验,当个体知晓那些与自己有着类似能力的他人在活动中取得成功时,他也相信自己同样可以成功,

---

① 郝明君,靳玉乐.教师文化的变革 [J].中国教育学刊,2006(3):70-71、74.

② 李翠华,王坦.教师合作中的问题与超越 [J].当代教育科学,2006(7):6-8、26.

③ 刘胜男.教师专业学习的实证研究 [M].上海:上海三联书店,2018:8.

④Bandura A.Self-efficacy mechanism in human agency[J].American Psychologist,1982,37(2):122-147.

从而提高自我效能感；社会劝说，指接受别人认为自己能够胜任某项任务的语言激励，相信自己而产生自我效能感；情绪状态，指个体的心跳、镇定、自信、焦虑等身心状态会影响自身对活动的成就水平判断，进而影响自我效能信念的建立"①。效能信息源在自我效能形成过程中发挥着关键作用。

班杜拉把认知过程看作效能信息解释的枢纽环节，指出由于认知解释的主体相对性特征的存在，即理解的差异性导致具有相同经历的个体产生不同的效能信念。这也是一些社会实践现象无法用个体效能解释的原因，如由个体效能都很强的个体所组成的团体的行为结果不一定很有效②。因此，20 世纪 80 年代班杜拉提出集体效能感概念，并在 90 年代对其概念、特征和测量等方面进行了系统论述，界定集体效能的内涵为"集体对组织、实施达到一定成就水平所需行为过程的联合能力的共同信念"③。我国有学者在对其引介过程中强调，"集体效能指的不是团体能力本身，而是成员对团体能力的知觉和评价。"④

哥达德（Goddard）是最早把集体效能感概念引入教育研究领域的学者，首次提出教师集体效能感概念，并将其定义为"学校教师对组织、实施有利于学生成长的行为过程能力的知觉和信念"⑤。本研究中，教师集体效能感即采用哥达德关于教师集体效能感的定义内涵。同时，在学校教育教学实践中，哥达德编制的教师集体效能感量表具有较高的信效度，被广泛应用于实证研究中。

（四）教师言语互动行为

在社会学理论视域下，哈贝马斯的交往行为理论强调，"交往行为概念中的语言媒介，所反映的是行为者自身与世界之间的关联，并澄清在何种意义

---

① 高申春. 人性辉煌之路：班杜拉社会学习理论 [M]. 武汉：湖北教育出版社，1999：272.

② Bandura A. Self-efficacy：The exercise of control[M].New York：Freeman，1997：483.

③ 同②：477.

④ 王鹏，高峰强，隋美荣. 集体效能：一种团体研究的主体性视角 [J]. 心理科学进展，2004（6）：916-923.

⑤ Goddard R D，Hoy W K，Hoy A W. Collective Teacher Efficacy：Its Meaning，Measure，and Impact on Student Achievement[J].*American Educational Research Journal*，2000，37（2）：479-507.

上语言沟通可以被当作是一种行为的协调机制"①。也就是说，他认为语言让参与者目的和行为计划融合为一种互动②，发挥着沟通调节的功能，从而可以避免行为与言语、互动与会话两对概念的理解混乱。这里的"世界"更应该说是一种场域，而非一般意义上的世界，且在该世界内，语言共同体的成员可以针对他们个人生活和社会生活的主题内容达成理解③。在教育研究领域，哈贝马斯的言语互动行为理论应用不多，实证研究较为少见。

在学校教育教学情境下，根据哈贝马斯的交往行为理论，对以语言为互动中介的教师专业学习实践中的言语行为进行划分，即言语互动行为包括策略行为、会话行为、规范行为和戏剧行为四种类型。具体而言，策略行为，典型的言语行为是以言表意、行为命令式的，主要语言功能是影响对方；会话行为，其典型的言语行为是记述式的，言语者试图再现一个事态；规范行为，其典型的言语行为是调节式的，主要功能在于建立人际关系；戏剧行为，其典型的言语行为是表现式的，依靠表达、评价而不断推陈出新，向言语参与者对方表现自己。

三、研究方法与思路

（一）研究方法

1. 文献研究法

在文献来源方面，国外期刊文献的查阅主要基于 Web of Science 引文检索平台，对相关主题的英文文献信息进行检索，如无法下载全文的则转查谷歌学术、百度学术等文献资源搜索平台，学位论文主要基于教育学全辑数据库（Proquest Education Collection）检索获得；国内文献的查阅主要通过中国知网（CNKI）文献平台，搜索下载相关期刊、学位论文，并在图书馆借阅或购买相关研究著作。文献研究法，在本研究中主要指分析国内外相关研究

---

① 尤尔根·哈贝马斯. 交往行为理论：行为合理性与社会合理性（第 1 卷）[M]. 曹卫东，译. 上海：上海人民出版社，2004：94-95.
② 同上：96.
③ 同上：59.

文献，梳理研究现状，探查研究前沿、热点和趋势，以夯实研究的知识基础。具体而言，包括以下三种操作思路或方法。

（1）文献的描述性分析。通过对相关主题文献的系统收集、阅读，按照一定的逻辑思路对已有研究进行述评，为特定研究的设计过程、方法选择和思路创新提供必要的基础性铺垫，称之为文献的描述性分析。虽然学界关于此种形式的文献综述方式能否称之为研究方法的观点不一，如姚计海认为，"传统意义上描述性的文献综述缺乏研究方法的基本特征，它本身并不属于具体研究方法的范畴"[①]。对此，本研究将文献的描述性分析单独列出并作为文献研究方法之一，目的在于将其同另外两种基于一定研究方法或分析技术的实证性文献综述区别开来。

（2）文献的元分析。元分析（Meta-analysis）是文献整合法（Research synthesis methods）的方法之一，在西方教育研究领域，研究整合法是一种公认的较为严谨的文献综述方法，或称之为对文献资料的实证研究法。元分析又称作整合分析方法，对某一主题的既有研究成果进行量化整合，以描述对应主题研究之现状。[②]在具体应用中，元分析遵循一套严格的操作程序，其中包括确定研究问题的范畴，检索相关文献，制定文献筛选标准，进而运用定量的统计方法评价、分析、综合文献数据资料，并根据数据分析结果给出深入的解释。本研究采用综合效应规模（Summary Effect Size）作为衡量指标，针对通过一定标准获取的国外教师合作学习的量化实证研究文献，运用Review Manager 5.3元分析软件的随机效应模型估计教师合作学习对学生学业成就影响的综合效应。

（3）文献的计量可视化分析。信息可视化技术是近年来知识计量学领域兴起的一种重要研究方法和手段，美国德雷塞尔大学陈超美博士开发的CiteSpace信息可视化软件[③]在学术界的应用广泛，涉及管理、金融、地理等

① 姚计海."文献法"是研究方法吗——兼谈研究整合法 [J].国家教育行政学院学报，2017（7）：91.

② 同上：92.

③ Chen C.Cite Space II：Detecting and Visualizing Emerging Trends and Transient Patterns in Scientific Literature[J].Journal of the American Society for Information Science and Technology，2006，57（3）：359-377.

自然科学和人文科学研究领域，近年来教育学研究领域学者也逐渐采纳并用于不同教育研究主题的前沿、热点及趋势的计量可视化分析。引文分析是该软件设计理念和概念模型的学科基础，而信息可视化则为其提供了技术支撑，在开发、应用过程中，充分借鉴了库恩的科学发展范式理论、普赖斯的科学前沿理论、博特的结构洞理论和信息觅食理论[①]：库恩从范式的变革、积累层面深入地勾勒了引文聚类的形成、积累和转换进程，为可视化呈现一个科学学科或知识领域的动态演化的宏观历程提供了理论前提；在学科知识领域研究前沿及其知识基础演化的微观进程方面，普赖斯的科学论文网络及科学前沿理论发挥了重要作用；结构洞理论与信息觅食理论为可视化软件的解释和预见功能提供了基础。CiteSpace 软件可以实现的功能包括合作、共现、共引和耦合四个方面的可视化分析，其中合作指不同作者、机构和国家的合作，共现指特征词、关键词和学科在某一研究主题下共同出现，共引指文献、作者和某一期刊同时被多人引用，耦合呈现了不同文献和基金项目资助的情况。本研究中主要运用该软件的关键词（Key Word）技术和文献共被引（Cited Reference）技术，同时结合其聚类分析功能，对特定文献数据信息进行可视化分析，以直观地辨识特定研究领域或主题的关键文献、主要代表人物及其学术思想。

2. 问卷调查法

问卷调查法，指研究者通过问卷的形式向调查对象收集数据的方法。蒋逸民把问卷调查数据类型细化为六种[②]：当前行为、过去行为、对承担较大责任议题的态度、对承担义务较低议题的态度、未来的行为、未来的态度。可见，问卷调查收集的数据主要包括人的态度和行为两个方面，当然还包括人口学背景信息等客观信息。问卷调查法秉持的基本理念是在一定理论前提下提出假设，通常假设是根据理论推演出来而没有得到证实的相关猜想，即对两个变量或多个变量之间的关系的预测。本研究问卷调查法的使用分为两个阶段：初测阶段，运用初步编制的问卷调查收集数据，然后采用统计软件 SPSS16.0 对其做主成分因子分析，该方法是探索因子分析（Exploratory Factor Analysis，

① 陈悦，陈超美.引文空间分析原理与应用 [M].北京：科学出版社，2014：19.

② 蒋逸民.社会科学方法论 [M].重庆：重庆大学出版社，2011：276.

EFA）中最常用的一种方法，可将若干个原始观测变量聚类为几个公共因子，使得一些具有较高相关度的原始观测变量合并在一个因子之下，以做进一步的分析和讨论，随后运用 Amos 软件对各问卷做验证性因子分析（Confirmatory Factor Analysis，CFA）以验证问卷的结构效度；正式调查阶段，运用编制完善的问卷进行正式调查，获取有关校长多元领导、教师专业学习共同体文化、教师合作学习、教师言语互动行为和教师集体效能感方面的实证数据。有关正式问卷调查数据的统计分析技术层面，下文将对中介作用原理及检验方式做简要介绍。

长期以来，社会科学研究者认为，中间变量的中介作用在理解个体的社会地位、行为模式及其他结果时处于首当其冲的重要地位。中介作用的模型解释如下：用 X 表示一个背景变量或决定因素，Y 表示一个结果变量，M 表示一个中间的或中介变量，那么，对这三个变量的研究可以概括为两种类型的作用，即 $X \rightarrow Y$ 和 $X \rightarrow M \rightarrow Y$。背景变量对结果变量的影响既存在直接作用，也存在间接作用，而后者正是通过中介变量实现的。探查检验中介作用的目的是理解 Y 是如何受到 X 影响的真实过程，即研究者发现 X 看似影响 Y 的经验现象后，仍需通过掌握 X 如何影响 Y 的本质，才能在理论层面上有所发现或得到提升。社会科学研究中关于中介作用的检验的学术论文相当多[1]：X 可以是某种特性（如认知需要）M，是态度（如对广告的态度），Y 是判断或应对（如购买某种广告商品的可能性）；或者 X 可以是某种情绪诱导，M 是认知评估，Y 是接受外界刺激后的感知测验结果；或 X 可以是对文化的测量（如个人主义），M 是个人风格与公司文化之间的适应性指标，Y 表示领导才能；或 X 可以是家庭收入，M 是对学校环境的测量，Y 是学生在标准测试中的成绩表现。有必要澄清的是，即便如此在社会科学研究，尤其是非实验研究中，关于因果关系的中介作用检验面临两个挑战：首先，检验和分析中介作用的数据通常只是相关性的，而用它来得出有关因果关系的准确结论在数据上具有局限性；其次，任何一种统计方法本身都无法从相关性数据中提取它潜在的因果关系内涵。对此，在能否使用问卷调查法获取数据并对其中的因果关

---

① 道恩·亚科布齐.中介作用分析 [M].李俊，译.上海：上海人民出版社，2017：4–16.

系进行分析上，仍有一些争议，这个争议在国内外学界都是存在的。非实验研究也可以验证因果关系，或进行相关关系的推论，这是国内学者温忠麟的观点[①]：问卷与实验之间存在差别，一是问卷中的变量没有清晰的前后顺序，而在实验中则是确定的；二是问卷不像实验中那样对变量进行严格控制，因而统计层面的变量控制更加重要。因此，如果问卷中的变量顺序可以确定，同时实现对无关变量的统计控制，那么问卷中变量间的因果关系也就可以得到验证。

从严格意义上来说，科学哲学家都趋向于把共变性、次序性作为中介作用检验的重要原则。关于共变性，人类的行为方式是社会科学家的研究对象，然而其复杂性决定了共变性原则是很难满足的，但实验方法在微观社会科学（消费行为学、心理学）中普遍认为是识别因果关系的最精确的设计方法，通过严格的变量控制可以满足共变性原则。然而，如果是横截面数据或相关性数据进行中介作用分析，研究者的措辞就必须有所保留，或许可以说是"结构性的关系"，但不能说是"因果关系"。次序性的准则是指如果 X 是 Y 的原因，则 X 一定是在 Y 之前发生的。社会科学调查中次序性准则似乎很容易实现，即按照变量在理论所预示的过程或机制中出现的顺序来依次测量：首先是 X，其次是 M，最后是 Y。实际上，依次测量不是简单地指它们出现在同一个调查问卷中的不同页面上，而是指他们出现在三次数据收集进行时所处的三个时间点上。因此，最理想的办法就是让受访者在不同时间点上回答对应的题目。然而，由于实际操作条件的限制，许多中介作用检验都是应用横截面调查设计所测量得到的相关性数据（数据是在同一时间点上得到的），这种现象存在于众多包含中介作用分析的高质量论文中。其中的一个处理过程，就是从逻辑上论证或从理论上说明先后次序关系。

本研究的中介作用、调节作用的检验主要运用层级回归的统计方法，层级回归首先也是用一个或者多个自变量来预测因变量，这一点与一般的回归没有区别，其主要区别则体现在层级上，即在预测因变量时层级回归使用的方法与一般的回归存在差异。[②]相较于一般的回归和逐步回归而言在变量控制、

---

① 温忠麟. 实证研究中的因果推理与分析 [J]. 心理科学，2017，40（1）：200-208.

② 龙立荣. 层级回归方法及其在社会科学中的应用 [J]. 教育研究与实验，2004（1）：51-56.

调节效果、中介效果等方面的操作有着独特的优势。层级回归统计方法中，层级概念简单地说是自变量或者自变量群组之间的关系或等级，即根据一定的理论或逻辑，将自变量按照彼此间的影响作用时间先后顺序分成多个层。在 SPSS 软件中运用层级回归算法模块，这种算法根据 R^2（两个变量或变量群组相关的平方，即两个变量或变量群组的共变量）的改变量，即 ΔR^2 的显著性水平做出判断，其与一般的回归分析不同，因为它衡量变量是否进入方程的标准是其产生作用的逻辑顺序，而不是其对因变量贡献量的大小。换言之，层级回归注重自变量与因变量的因果分析，或者从中做出可行的预测或解释，对于估计自变量对因变量的贡献上，可在一定程度上与实验操作法一样去控制无关变量。随着层级回归方法的发展，因独特的统计原理和操作优势，其也逐渐被用于检验变量间影响过程的调节作用和中介作用。另外，在本研究的部分环节还使用 Amos 软件，从结构方程模型（Confirmatory Factor Analysis，SEM）的视角进行中介效果的检验。按照道恩·亚科布齐的观点，结构方程模型方法为因果分析中的中介作用建模提供了最大的灵活性[1]。

3. 个案研究法

案例研究是一种研究者通过系统收集特定的人、社会组织、事件或群体的详细资料信息，进而有效地了解、掌握他们的运作或功能的方法[2]。有学者进一步阐释了案例研究的实质，即研究者对一个项目、事件、活动、过程和一个或多个主体进行深入探究，在持续的一段时间内采用多样化的资料收集过程去获得详细的资料信息[3]。按照相关学者的观点，案例研究包括两种设计形式，一种是单独的案例研究，也称个案研究（Single-case studies），另一种形式称作多案例研究（Multiple-case studies）[4]。本研究中以学校为组织单位，选择特定案例学校，即个案研究，并不是出于这所学校的"极特殊性或独一

① 道恩·亚科布齐.中介作用分析 [M].李俊，译.上海：上海人民出版社，2017：25.
② Berg B.Qualitative research methods for the social sciences[M].6th ed.Boston：Allyn & Bacon，2007：283.
③ Creswell J W.Research design：Qualitative，quantitative，and mixed methods approaches[M].2nd ed.Thousand Oaks，CA：Sage，2003：15.
④ Yin R K.Case study research：Design and methods[M].3rd ed.Thousand Oaks，CA：Sage，2003：40.

无二性"[1]，而是考虑到校长领导风格或行为方式的独特性，以及其影响下的组织效能结果的独一无二性。因此，从一个案例学校出发，尝试描述性揭示校长多元领导对教师合作学习的影响作用过程，在方法学层面是可行的。

4. 访谈法

访谈法，指与被研究者进行交谈的一种研究方式，是一种研究式的交谈，主要目的是通过与被研究者的沟通交流获得真实的、第一手的资料。[2]从访谈的功能来说，主要包括了解受访者的行为规范、价值观念和情感体验；了解受访者的生活经历，或经由他们获得有关事件的信息并知晓其对这些事件的理解；通过受访者视角更加深入、细致、多角度地描述研究现象；了解需要小心应对的敏感性问题，为研究提供指导；有助于研究者与被研究者之间建立良好的人际关系。本研究中访谈法主要用于深入了解研究主体的信息、研究工具的编制修订和个案研究中文本资料的收集。首先对部分校长进行访谈，初步了解他们的教育领导实践，并获得他们对教师合作学习的认知，获得一线学校的实际情况；其次，对教师进行访谈，主要获取教师合作学习过程中的感受以及对学校教师专业学习共同体文化、教师言语互动行为和教师集体效能感的理解，为相应问卷维度设计修订提供参考；最后，个案研究中的访谈，主要访谈案例学校校长、管理者、合作学习组织者和其他教职工，主要运用半结构化访谈的方式，获得相关研究文本资料。

（二）研究思路

按照教育科学研究的基本规范，并遵循社会科学研究的基本原则，本研究的路线设计思路如下：第一，根据我国教育改革背景、教育理论研究趋向和自身的专业志趣，界定核心概念、选择研究方法、设计研究路线以及阐明可能的研究意义；第二，对已有文献综述，通过系统梳理国内外研究文献，主要涉及校长领导、教师合作学习和教师专业学习共同体三个研究主题，为本研究提供扎实的知识基础和支撑性的研究结论，同时运用元分析检验国外

---

[1]Berg B. Qualitative research methods for the social sciences[M].6th ed.Boston：Allyn & Bacon，2007：40.

[2] 陈向明.质的研究方法与社会科学研究 [M].北京：教育科学出版社，2016：165.

教师合作学习对学生学业成绩影响的综合效应量，实证结论进一步证明本研究的重要意义；第三，从理论基础阐述、理论模型论证和研究工具编制出发，初步构建了初中校长多元领导对教师合作学习影响研究的理论模型，其中相关理论的核心内涵引介为影响路径模型的假设、论证和推演提供了重要支撑，校长多元领导等调查问卷的编制及修订为影响路径的实证验证提供了工具保障；第四，对利用正式问卷调查收集的数据的信效度进行检验并做描述性统计和差异性分析，运用相关统计分析技术对研究假设逐一检验，以获得定量研究结果并作讨论；第五，选择特定的学校，综合利用问卷调查法和访谈法开展校长多元领导对教师合作学习影响的个案研究，以阐述教师合作学习影响因素间的作用机理，进而观照定量研究结论，最终形成定量与定性互相印证的实证性研究结论；第六，综合分析本研究的实证结论，借鉴国外教师合作学习方面的理论与实践经验，论述我国教师合作学习改进的实践策略；第七，回顾整个研究过程，总结本研究的主要结论，同时提出因研究者能力、时间限制而在研究过程、研究方法上呈现的局限性，并思考了以后深入开展相关研究的可能方向。

第二章 文献综述

对国内外研究主题文献的综述，可以更加清晰地了解校长领导与教师合作学习研究领域的知识基础与前沿动态。有鉴于此，本章分别从校长领导、教师合作学习和教师专业学习共同体三个研究主题入手，系统爬梳国内外研究现状。具体文献综述过程分为三个部分：第一，校长领导研究文献的梳理，从领导理论的演变及其发展阶段切入，运用 CiteSpace 软件对国外校长领导研究的关键文献进行可视化分析，而对国内校长领导研究文献主要采用描述性方法整合分析研究的核心主题；第二，关于国内外教师合作学习研究现状，利用文献计量可视化分析方法从国外相关研究文献中抽取关键文献、梳理核心主题，并结合二次文献阅读法概括总结教师合作学习的前沿理论和研究热点，同时运用元分析方法实证性检验国外教师合作学习对学生学业成就影响的综合效应（Effect Size），即教师合作学习的实践影响效力的平均效应规模估计，运用描述性方法整合分析国内教师合作学习研究的主题；第三，鉴于国内外教师专业学习共同体研究术语存在差异性，在国内文献梳理时额外选择校本教研主题下的文献进行评述，即主要采用描述性分析法系统、全面地整合分析国内外教师专业学习共同体研究现状。

一、校长领导研究

（一）领导理论发展阶段

在社会科学研究领域，尤其是在管理学中，领导理论大致经历了领导特质理论、领导行为理论、领导权变理论、新型领导理论四个发展阶段。一般而言，在教育学科研究视域下，学者们认为学校教育领导理论的发展轨迹与之颇为一致。

1. 20 世纪 30 至 40 年代：领导特质理论时期

20 世纪 30 年代的领导理论研究多从领导者特质出发，认为有些特质可以促进领导者的管理实践，而缺乏这些特质则不能成为有效的领导者。领导特质理论可称为最早的领导研究取向之一，是由美国心理学会在第一次世界大战期间开始研究，主要用于军队领导干部的选拔，即为军队研发一套筛选领导者能力和人格特质的测验工具，为甄选陆军领导干部提供依据。[1] 我国台湾学者秦梦群在梳理领导特质理论及其内涵时总结的领导特质主要包括智力、学识、责任感、社交活动参与、社会经济地位、社会性、主动性、毅力、问题解决能力、自信心、了解情境、合作性、魅力程度、适应性和语言能力十五种特质，除此之外，他认为适当地表现自己的弱点以建立平易近人的形象从而赢得信任、保持高度的直觉以洞悉时机并采取行动、用同理心管理员工和善于运用自身特长激励员工努力向上四种领导特质也非常关键。[2] 刘永芳对国外学者关于领导特质研究中的表述和提法进行综合比较发现，"了解部属""尊重人格""善于激励""以身作则""精明果断"是领导特质研究中共通的特征描述。[3] 总之，这一时期的领导理论多从人际交往、互动的过程及其情境应对的个人特性层面进行探讨，可以称之为领导理论的初级发展阶段。然而，领导特质理论偏向于领导者人格特质的探讨，因人而异的人格特质是不受控制的变量因素，概括的领导特质也仅仅呈现人格发展过程中较为普遍的层面，很难对领导者实践给予直接性的改进建议。事实上，还没有任何研究证实哪些领导特质是有效的、成功的领导实践的必需条件，因为，领导者的行为、组织情境等也是重要的影响因素。

2. 20 世纪 40 至 60 年代：领导行为理论时期

20 世纪 40 年代末至 60 年代，学界开始把领导理论研究的重心放在领导

---

① Yukl G A.Leadership in organization[M].4th ed.Upper saddle River，NJ：Prentice Hall，1998：50.

② 秦梦群.教育领导理论与应用 [M].台北：五南图书，2010：42.

③ 刘永芳.管理心理学 [M].2 版.北京：清华大学出版社，2016：294.

者行为上。领导行为理论中较为经典的分类方式是按照行为的向度来划分的。第一种是按照心理科学中比较普遍的分类方式，即单层面划分为民主型、专制型和放任型三类，这三类领导行为理论在管理学、组织行为学理论中影响较大。具体而言，民主型领导倡导分享领导权力和资源，如有学者定义民主为"人民的统治"①，在民主社会中大多数社会成员参与决策过程是一个常见的现象，还有人将民主描述为"社会道德的协议"②，民主在许多社会都受到青睐，尽管一些领导者认为民主会削弱或消除领导人的权力而导致反对民主；专制型领导，专制型领导者的目的是统治他人，同时社会财富和资源的增加是专制型领导的物质性奖励，根据那耶（Nye）的观点，"当一个领导者不得不做出选择的时候，被人敬畏要比被爱好得多"③，专制型领导者从不询问别人的意见；在自由放任的领导行为中，领导者认为任何一个成年人都有理性洞察力和社会经验，阿沃利奥（Avolio）将自由放任的领导称为"几乎回避或缺乏领导，是最不活跃的，也是最无效的"④，放任型领导者希望社会成员能在无人干预、无政府控制或无专家介入的情况下尽可能地独自做出决定。第二种领导行为理论是关怀与倡导的双层面领导理论。领导者行为描述问卷（Leader Behavior Description Questionnaire，LBDQ）就是用来测量领导者倡导或关怀行为，其中倡导即领导者强调达成组织的目标，而关怀是指领导者致力于满足组织成员的需求并给予关心和尊重，鼓励被领导者参与决策和积极沟通。随着这种理论的发展，研究者以倡导行为为纵坐标，关怀行为作横坐标，形成的四种领导行为象限图在实证研究中被广泛应用。第三种领导理论是任务领导与社会领导的双层面领导理论。美国哈佛大学的一项研究表明领导者同时具有任务领导和社会领导两种不同的角色职能，前者是维持团体目标任务达成，后者是强调团队成员自主、团结的行为特征。第四种为管理方格理论

---

①Kjær A M.Governance[M].Malden，MA：Polity Press，2004：92.

②Donahue J D，Nye J S.For the people：Can we fix public service？[M]Washington，D.C：Brooking Institution Press，2003：170–171.

③Nye J S.The power to lead[M].New York，NY：Oxford University press，2008：23.

④Avolio B J.Full range leadership development[M].Thousand Oaks，CA：SAGE publications，2011：65.

（Managerial Grid）。布莱克（Blake）和幕顿（Mouton）在关怀与倡导双层面领导理论的基础上，从关心绩效和关心成员两个层面构建坐标轴，每个轴分为九格共形成 81 个区分度用以划分关心程度，包括怀柔型、统整型、无为型、业绩中心型和折中型五种领导行为方式，研究证明其中统整型最为有效，类似于高关怀高倡导，无为型为无效，类似于低关怀低倡导。[①]可见，管理方格理论是对领导行为理论的有效扩充。总之，领导行为理论多聚焦于领导者行为的区别，除上述领导行为理论外，还有如日本学者三隅二不二提出的 PM（P 代表绩效 Performance，M 是维系 Matntenance 的首字母）领导行为类型理论等。然而，外显行为发生受到许多不可控的因素的影响，硬性地加以区分并不能从本质上把握领导者的行为变化。虽然尤克尔等领导理论研究者尝试整合所有领导行为并对其进行分类，以更加全面地理解领导行为，但对于整个领导管理理论与实践发展而言仍有待进一步探索。

3. 20 世纪 60 至 80 年代：领导权变理论时期

20 世纪 60 年代以后，随着组织管理科学的理论与实践的发展，人们逐渐认识到领导者要想最大限度地发挥领导职能，需要结合具体的工作场域以及领导管理实践背景，领导权变理论或情境理论受到学界关注。无论是注重人格特质的领导特质理论还是强调外显行为划分的领导行为理论，二者均未触及领导者所处的具体情境。对此，领导权变理论兼顾二者的同时，还特别地对领导者所处的具体情境予以考察，在众多权变理论概念中以费德勒（Fiedler）的理论最为著名。费德勒认为个人行为是个人人格和特定情境交互作用的结果。[②]例如，个人因素包括工作取向和关系取向两大动机取向，情境因素则涵盖领导者与下属的关系、工作结构和职权大小三类。因此，领导权变理论认为领导效能取决于领导者的人格特质和情境两个变量间的契合程度，需要领导者不断改进环境，以在可以发挥领导专长的情境中使领导效能最大化。另外，豪斯（House）在伊迈斯（Evans）的理论基础上确立开发了途径—目标理论，认为领导者的主要任务就是提供必要的指导和支持行为，协助成员梳理达成目标的途径，排除可能存在的干扰因素以提高工作绩效，

①Blake R R，Marton J S.The managerial grid[M].Houston：Gulf Publishing Company，1964.
②Fiedler F E.A theory of leadership effectiveness[M].New York：McGraw Hill，1967：18.

进一步扩充了领导权变理论[1]：首先，确定目标；其次，根据成员特征和环境背景变量寻找实现目标的方法；最后，根据具体情境采取领导行为，包括指导型、成就取向型、支持型和参与型四种。此外，领导参与模型、领导生命周期理论等也是领导权变理论发展阶段的重要理论构成。总之，领导权变理论在有效综合领导者人格特质和具体领导管理情境的基础上划分领导行为类型，并以之促进领导效能的最大化。比较而言，领导权变理论兼顾到更多的可能影响领导效能的各方面因素，有一定理论优势，在一段时期内其在指导实践层面发挥着重要作用。

4. 20 世纪 80 年代至今：新型领导理论时期

20 世纪 70 年代末期，特别在 80 年代开始，学者们尝试运用组织和文化的概念来阐述领导理论，这个时期变革型领导与交易型领导理论占据主导地位。交易型领导主张组织变化及活力的发生在于领导者积极践行有助于预期目标达成的组织承诺、赞扬和奖励行为[2]，这种领导方式侧重于组织行为干预，通常被描述为软硬兼施的方法，如奖励和惩罚是确保组织的生产活力的关键领导行为，该领导模式有助于促进员工实现领导者的目标[3]。在组织发展中鼓励更广泛的创新[4]是近十年来学者们对于变革型领导风格价值的普遍共识，变革型领导需要广泛了解社会变革、技术变革和全球性问题，并在制定计划时与被领导者保持沟通，以适应不断变化的社会需求[5]。20 世纪 80 年代以来，变革型领导一直占据主导位置，伯恩斯（Burns）和巴斯（Bass）的领导理论开始受到关注[6]：伯恩斯认为变革型领导不仅能顾及员工的基本发展需求，更可以激发员工的工作动机，进而使他们达到自我实现的境界并超出

---

① House R J.A Path-Goal Theory of Leadership Effectiveness[J].Administrative Science Quarterly，1971（16）：321-338.

② Avolio，B J.Full range leadership development[M].Thousand Oaks，CA：SAGE publications，2011：53.

③ Hellriegel D，Slocum J W.Organizational behavior[M].12th ed.Mason，OH：Southwest Cengage Learning，2009：26.

④ Nye J S.The power to lead[M].New York，NY：Oxford University press，2008：126.

⑤ 同③：28.

⑥ Nye J S.The power to lead[M].New York，NY：Oxford University press，2008：22.

预期的目标，而交易型领导注重成本效益分析和权利的交换，也就是说，变革型领导在一定程度上是对交易型领导概念的延伸；巴斯认为领导者在组织文化塑造和使命达成方面承担着重要角色，强调组织目标达成的理想化境界，变革型领导是对传统领导理论的超越。有学者认为，这一时期交易型和变革型领导是共存互动的，交易型领导不一定过时，而变革型领导也并非对任何时期、任何地点、任何人来说都是有效的。[①] 本研究界定该时期为新型领导理论阶段，因为这一时期领导理论的创建体现着多视角、多维度和多元化的创新性。例如，内隐领导理论、服务型领导理论、诚信领导理论和道德领导理论等，不再过多阐述。其中，海林杰（Hallinger）等人根据领导者特定角色职能而提出的教学型领导在教育研究领域中备受青睐，该理论把领导者角色定位于教学指导，并论证了教学型领导概念的三个内涵维度[②]：确立学校使命、管理教学方案和促进积极的学校学习氛围。另外，根据对组织运作结构的理解而建构的多层级领导理论也相继出现。鲍曼与迪尔在组织重构视角下论证的四向度多元领导理论[③]，包括人际领导、结构领导、政治领导和象征领导；萨乔万尼（Sergiovanni）在教育组织背景构建的包含五个向度的领导理论[④]，具体涵盖教育领导、技术领导、象征领导、人际领导和文化领导。总之，在新型领导理论发展阶段，不同领导理论在传统与现代、继承与创新、单一与多元的抉择中更迭和发展着。

5. 领导理论研究的转变趋势

关于领导理论的发展在前文中进行了简要的概述，从整体上勾勒了领导理论的发展进程。在此虽然没有把领导理论严格界定在教育研究领域，但从整个人文社会科学研究范畴来看，教育领域的领导理论及其发展脉络也

① 刘永芳. 管理心理学 [M].2 版. 北京：清华大学出版社，2016：306.

②Hallinger P，Heck R H.Reassessing the Principal's Role in School Effectiveness[J]. *Educational Administration Quarterly*，1996，32（1）：5–44.

③Bolman L G，Deal T E.Reframing Organizations：Artistry，Choice，and Leadership（Fourth Edition）[M].Jossey–Bass，2008：356.

④Sergiovanni T J.Leadership and Excellence in Schooling[J].*Educational Leadership*，1984，41（5）：4–13.

相应地内嵌其中。需要特别指出的是，教育领导理论研究更多地需要结合社会、政治、经济，甚至国际教育理论与实践的发展背景。当代有关教育领导的研究，在本质上多数是对校长领导的推测性或理论性解释，或者是以不同方式解读学校组织中的校长领导者的影响。雷斯伍德指出，教育研究中有相当一部分文献似乎是在领导前添加一个形容词，用一个新词汇来限定领导，即用容易让人产生误导的表现传递一个新的研究发现①。他以《领导》季刊为例，通过其中的一些对学校领导力研究的文献分析发现，大多是基于自然情况的案例，虽然这样的研究是必要的，但还不足以在其基础上建立对学校领导的强有力的理解。鉴于当代领导力研究特点和局限性的存在，那些关于精确概念化的领导的本质及其影响的研究是有必要的，而且只有在大规模、持续性的研究过程中总结的研究成果，才能为领导理论研究者和其他学校改革的有意义尝试提供可靠的证据。因为，随着时代的发展和社会的变迁，学校领导的实践场域，即领导情境在不断发生变化，这也意味着教育领域的领导理论研究范式需要不断转变，使其更适合于教育研究者、教育领导者和教育实践者。有学者对21世纪全球范围内的学校教育领导情境转变趋势概括如下②：从短期成效转为未来取向；从简单科技应用转为科技文化的变革；从公营转为民营和市场化；从外在结构的控制转为校本管理和人本积极性；从疏离的学校管理转为家长和社区参与；从量的管理转为追求品质；从学校改进转为学校发展。尽管上述领导情境范式的转变立足于国际教育视野，但其教育领导范式的转变特征具有一定的普适性。因此，在我国教育理论与实践背景下，一方面从外在结构控制到校本管理及人本化管理的趋势，必然要求学校领导者把教职工视为学校事务的参与者和支持者，以形成合作式、参与式领导，主要目的是把教职工的主动性和创造性充分调动起来；另一方面，从量化的管理到追求品质的转变，逐渐导引学校领导者走向引领个人、小组、学校和

---

①Leithwood K，Jantzi D.Transformational school leadership for large-scale reform：Effects on students，teachers and their classroom practices[J].*School Effectiveness&School Improvement*，2006，17（2）：201-227.

②郑燕祥.教育领导与改革新范式[M].上海：上海教育出版社，2005：182.

社区各个层面共同发展的管理道路，以满足不同成员的期望和需求，其关键操作路径需要用文化领导、愿景领导加以影响熏陶。学校组织情境下的校长领导实践及其相关理论研究仍需要结合具体的研究文献展开，方能加以判断。

（二）国外校长领导研究

关于国外教育学界校长领导研究的文献综述，采用 CiteSpace 5.3.R4 可视化软件，对 1437 篇 WoS 索引文献进行共被引分析（检索时间为 2018 年 11 月 14 日）。具体而言，文献检索以 "Leadership" 标题精确检索，并以 "Article" "Education/ Educational Research" 进行精练筛选，以保证分析的文献在教育研究领域，同时把领导风格或行为限定在校长这一特定主体；具体阈值设置，Thresholds 为 4，3，20，时间跨度为 1992—2018 年，运行 CiteSpace 软件进行文献（Reference）共被引可视化分析，共计获取引文文献数据 46570 条，其主要目的是找出校长领导研究的知识基础，即共被引用次数最多的引文文献所折射的理论基础，另外通过近年突现率较高的引文寻找该主题下的研究前沿领域，即在当下教育理论与实践中校长领导研究较受关注的论题。

1. 国外校长领导研究关键引文的可视化

国外校长领导研究文献的可视化分析结果呈现了共被引文献的信息，表 2-1 为高频次引文信息；表 2-2、图 2-1 为高突现率引文信息情况，显示了共被引文献突现率前 20 的文献信息。综观之，伯恩斯（Burns）的《领导力》（Leadership）一书被引用的次数最多，高达 123 次，同时这篇文献的突现率也最高，达 19.6，在图 2-1 中排在第一位。结合以上文献共被引信息，能够科学判断出研究领域中的关键文献，同时在具体文献分析时，除对软件析出文献进行研究梳理外，还可利用滚雪球法进一步探寻相关文献，以深入地把握相关主题的研究进路。据此，结合相关数据信息，可对几篇关键文献进行概要，并以之判断校长领导研究的主题和热点。

表 2-1　校长领导引文频次前 10 文献信息表

被引频次	文献标题
123	Leadership[1]
100	Distributed Leadership[2]
82	Leadership and Performance Beyond Expectations[3]
80	The impact of leadership on student outcomes : An analysis of the differential effects of leadership types[4]
77	Principal Leadership and School Performance : An Integration of Transformational and Instructional Leadership[5]
72	Towards a theory of leadership practice : a distributed perspective[6]
66	Leading Educational Change : reflections on the practice of instructional and transformational leadership[7]
55	Distributed properties : a new architecture for leadership, Educational Management and Administration[8]
53	Distributed leadership as a unit of analysis[9]
52	Reassessing the principal's role in school effectiveness : a review of the empirical research[10]

①Burns J M.Leadership[M].New York : Harper & Row, 1978.

②Spillane J P.Distributed Leadership[M].San Francisco, CA : Jossey-Bass, 2006.

③Bass B M.Leadership and Performance Beyond Expectations[M].New York : Free Press, 1985.

④Robinson V, Lloyd C, Rowe K.The impact of leadership on student outcomes : An analysis of the differential effects of leadership types[J].*Educational Administration Quarterly*, 2008, 44 (5): 635-674.

⑤Marks H M, Printy S M.Principal Leadership and School Performance : An Integration of Transformational and Instructional Leadership[J].*Educational Administration Quarterly*, 2003, 39 (3): 370-397.

⑥Spillane J P, Halverson R, Diamond J B.Towards a theory of leadership practice : a distributed perspective[J]. *Journal of Curriculum Studies*, 2004, 36 (1): 3-34.

⑦Hallinger P.Leading Educational Change : Reflections on the practice of instructional and transformational leadership[J].*Cambridge Journal of Education*, 2003, 33 (3): 329-352.

⑧Gronn P.Distributed properties : A new architecture for leadership[J].*Educational Management and Administration*, 2000, 28 (3): 317-338.

⑨Gronn P.Distributed leadership as a unit of analysis[J].*Leadership Quarterly*, 2002, 13 (4): 423-451.

⑩Hallinger P, Heck R H.Reassessing the Principal's Role in School Effectiveness[J].*Educational Administration Quarterly*, 1996, 32 (1): 5-44.

Top 20 References with the Strongest Citation Bursts

References	Year	Strength	Begin	End	1992 - 2018
BURNS JM, 1978, LEADERSHIP, V0, P0	1978	19.6469	1992	2009	
LEITHWOOD K, 1999, CHANGING LEADERSHIP, V0, P0	1999	10.1093	2006	2012	
BASS BM, 1985, LEADERSHIP PERFORMAN, V0, P0	1985	9.912	1992	2009	
SPILLANE JP, 2001, ED RES, V30, P23, DOI	2001	8.4765	2003	2011	
LEITHWOOD K, 2004, LEADERSHIP INFLUENCE, V0, P0	2004	7.6834	2008	2011	
OGAWA RT, 1995, EDUC ADMIN QUART, V31, P224, DOI	1995	7.6511	1999	2010	
GRONN P, 2003, NEW WORK ED LEADERS, V0, P0	2003	6.5874	2009	2010	
HALLINGER P, 1996, EDUC ADMIN QUART, V32, P5, DOI	1996	6.4343	1999	2008	
FULLAN M, 2001, LEADING CULTURE CHAN, V0, P0	2001	5.9787	2008	2013	
HARRIS A, 2004, ED MANAGEMENT ADM LE, V32, P11, DOI	2004	5.6478	2010	2013	
BENNETT N, 2003, DISTRIBUTED LEADERSH, V0, P0	2003	5.4562	2009	2013	
WITZIERS B, 2003, EDUC ADMIN QUART, V39, P398, DOI	2003	5.0198	2007	2010	
SPILLANE JP, 2004, J CURRICULUM STUD, V36, P3, DOI	2004	4.9976	2007	2013	
HELLER MF, 1995, ELEM SCHOOL J, V96, P65, DOI	1995	4.9453	2003	2010	
CAMBURN E, 2003, EDUC EVAL POLICY AN, V25, P347, DOI	2003	4.7833	2009	2010	
MARKS HM, 2003, EDUC ADMIN QUART, V39, P370, DOI	2003	4.1274	2007	2008	
SPILLANE J, 2006, DISTRIBUTED LEADERSH, V0, P0	2006	3.8501	2008	2012	
GRONN P, 2002, LEADERSHIP QUART, V13, P423, DOI	2002	3.8045	2009	2011	
SENGE P, 1990, 5 DISCIPLINE ART PRA, V0, P0	1990	3.5424	2009	2014	
LEITHWOOD K, 2000, J EDUC ADMIN, V38, P112, DOI	2000	3.3394	2010	2012	

图 2-1 校长领导共被引文献突现率前 20 信息图

表 2-2 校长领导共被引文献突现率前 20 文献

文献标题	出版年份	突现率
Leadership	1978	19.6469
Changing Leadership for Changing Times[①]	1999	10.1093
Leadership and Performance Beyond Expectations[②]	1985	9.912
Investigating school leadership practice : A distributed perspective[③]	2001	8.4765
How leadership influences student learning.	2004	7.6834
Leadership as An Organizational Quality[④]	1995	7.6511
Distributed leadership as a unit of analysis[⑤]	2003	6.5874

①Leithwood K, Jantz D, *Steinbach R.Changing Leadership for Changing Times*[M].Open University Press, 1999.

②Bass BM.Leadership and Performance Beyond Expectations[M].New York : free Press, 1985.

③Spillane J, Halverson R, Diamond J B.Investigating School Leadership Practice : A Distributed Perspective[J]. *Educational Researcher*, 2001, 30（3）: 23-28.

④Ogawa R T, Bossert S T.Leadership as an Organizational Quality[J].*Educational Administration Quarterly*, 1995, 31（2）: 224-243.

⑤Gronn P.Distributed leadership as a unit of analysis[J].*Leadership Quarterly*, 2002, 13（4）: 423-451.

续表

文献标题	出版年份	突现率
Reassessing the Principal's Role in School Effectiveness : A Review of Empirical Research, 1980–1995[1]	1996	6.4343
Leading in a culture of change[2]	2001	5.9787
Distributed Leadership and School Improvement[3]	2004	5.6478
Distributed Leadership (Bennett N, et al.)[4]	2003	5.4562
Educational Leadership and Student Achievement : The Elusive Search for an Association[5]	2003	5.0198
Towards a theory of leadership practice : a distributed perspective[6]	2004	4.9976
Who's in Charge Here? Sources of Leadership for Change in Eight Schools[7]	1995	4.9453
Distributed Leadership in Schools : The Case of Elementary Schools Adopting Comprehensive School Reform Models[8]	2003	4.7833
Principal Leadership and School Performance : An Integration of Transformationaland Instructional Leadership[9]	2003	4.1274
Distributed Leadership (Spillane J P.)[10]	2006	3.8501

[1] Hallinger P, Heck R H. Reassessing the Principal's Role in School Effectiveness[J].*Educational Administration Quarterly*, 1996, 32（1）: 5–44.

[2] Fullan M.Leading in a culture of change[M].San Francisco, CA : Jossey–Bass Publishers, 2001.

[3] Harris A.Distributed leadership and school improvement[J].*Educational Management Administration & Leadership*, 2004, 32（32）: 11–24.

[4] Bennett N, Wise C, Woods P, et al. J.Distributed leadership[M].Nottingham : NCSL, 2003.

[5] Witziers B, Kruger M L.Educational leadership and student achievement : The elusive search for an association[J].*Educational Administration Quarterly*, 2003, 39（3）: 398–425.

[6] Spillane J P, Halverson R, Diamond J B.Towards a theory of leadership practice : a distributed perspective[J]. Journal of Curriculum Studies, 2004, 36（1）: 3–34.

[7] Heller M F, Firestone W A.Who's in charge here? Sources of leadership for change in eight schools[J].*The Elementary School Journal*, 1995, 96（1）: 65–86.

[8] Camburn E, Rowan B, Taylor J E.Distributed leadership in schools : The case of elementary schools adopting comprehensive school reform models[J].Educational Evaluation & Policy Analysis, 2003, 25（4）: 347–373.

[9] Marks H M, Printy S M.Principal leadership and school performance : An integration of transformational and instructional leadership[J].*Educational Administration Quarterly*, 2003, 39（3）: 370–397.

[10] Spillane J P.Distributed leadership[M].San Francisco, CA : Jossey–Bass, 2006.

续表

文献标题	出版年份	突现率
Distributed leadership as a unit of analysis.[①]	2002	3.8045
The fifth discipline-the art and practice of the learning organisation.[②]	1990	3.5424
The effects of transformational leadership on organizational conditions and student engagement with school.[③]	2000	3.3394

2. 国外校长领导研究的知识基础

变革型领导理论的源起。伯恩斯的《领导力》和巴斯的《领导力与卓越表现》两本专著分别占据引文突现率的第一和第二位，可以说明二者的领导理论在学术界的影响力及其权威性。突现率排名显示，这两本专著在 2009 年之前均是高被引文献，但相比其他文献来说其任何时期的引用次数均比较突出，具体引用历史如图 2-2、2-3 所示。从文献深度阅读发现，二者所开展的理论研究奠定了变革型领导概念的发展基础。最初，伯恩斯在其《领导力》一书中试图探寻政治领导者及其追随者的关系时提出变革型领导概念。随后，巴斯在《领导力与卓越表现》中进一步扩展了该理论研究思路，并首次将其应用于组织研究领域。变革型领导者通过改变提高组织效能，扩增知识、资源等基本条件增强员工完成目标任务的能力[④]，领导者需要尊重和信任他们的追随者，注意提升下属的责任意识，以最大限度地运用每个人的力量提高工作质量、创造性地解决问题[⑤]。伊斯梅尔（Ismail）指出变革型领导实践可以让领导者获得更多的信任，进而促进追随者个人业绩的提高，同时也是增强

①Peter, Gronn.Distributed leadership as a unit of analysis[J].*Leadership Quarterly*，2002，13（4）：423-451.

②Senge P M.The fifth discipline-the art and practice of the learning organization[M].New York，NY：Doubleday，1990.

③Leithwood K，Jantzi D.The effects of transformational leadership on organizational conditions and student engagement with school[J]*Journal of Educational Administration*，2000，38（2）：112-129.

④DuBrin A.Leadership：Research findings, practice and skills[M].7th ed.New York：Houghton Mifflin，2012.

⑤Yukl G.Leadership in organizations[M].8thed.Upper Saddle River，NJ：Pearson Education，2013.

组织成员的动机和自信、注重个体关怀和智力激发的催化剂。①巴斯提出的变革型领导理念②，经过萨恩斯（Saenz）③等学者的运用总结，形成了变革型领导概念的四个内涵维度：理想化的影响力，是指变革型领导者表现出超凡的魅力行为，对组织愿景充满信心、与追随者一起共同冒险、具有高度的使命感、践行着高标准道德行为、强调成就及合理运用权力；鼓舞人心的动机，变革型领导者激励他们对组织愿景抱有坚定的决心，领导者能够寻找新的机会并传达清晰的愿景，以高标准要求下属，时刻保持乐观向上、热情洋溢的积极性；智力开发，变革型领导鼓励下属去尝试新的方法，检验和挑战现有的假设，以及重构问题并找到新的解决方案；个体关怀，指变革型领导者与追随者建立亲密的关系，对他们给予信心和支持，关注技能、能力和需求的变化，并对他们的成就表示认可。

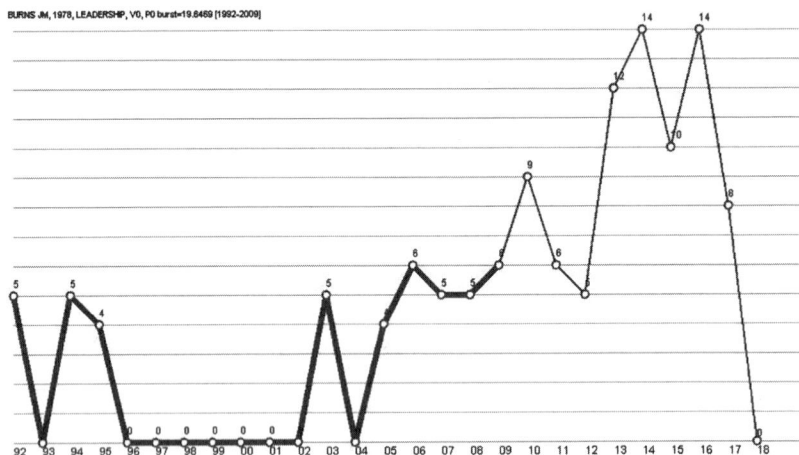

图 2-2　伯恩斯《领导力》引文历史折线图

①Ismail A.Transformational and Transactional Leadership Styles as a Predictor of Individual Outcomes[J].*Theoretical and Applied Economics*，2010，6（547）：89-104.

②Bass B M，Riggio R E.Transformational leadership[M].2nd ed.Mahwah，New Jersey：Lawrence Erlbaum Associates，2006.

③Saenz H.Transformational leadership[C].In Alan Bryman，David Collinson，Keith Grint，Brad Jackson and Mary Bien（Eds.），The Sage Handbook of Leadership.London：Sage，2011：299-310.

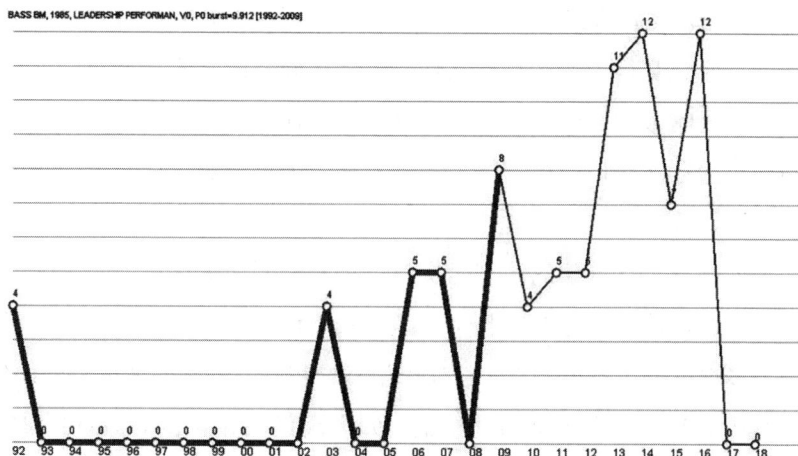

BASS BM, 1985, LEADERSHIP PERFORMAN, V0, P0 burst=9.912 [1992-2009]

图 2-3　巴斯《领导力和卓越表现》引文历史折线图

　　变革型领导理论的发展。随着变革型领导理论的广泛传播，研究者们不断从新的视角尝试对其加以改进或修正。纵观研究文献，变革型领导理论的后继研究者，还有雷斯伍德（Leithwood）、尤克尔（Yukl）等人。这一点，从文献共被引知识图谱中可以获得印证，雷斯伍德的引文突现率居前 20 名的文章共有三篇，且有两篇的突现率排在前五名。文献分析发现，其主要研究贡献是对变革型领导进行理论框架的修订和持续地开展实证性研究。雷斯伍德表示，尽管在最初的构思中受到巴斯和伯恩斯经典理论观点的影响，但其变革型领导理论是基于诸多量化和质性研究的基础上而提出的。因此，新的变革型领导理论在具体内涵上有着一些变化，如没有涵盖魅力型领导和交易型领导理论的相关观点，新变革型领导概念模型的实践维度有所创新。具体而言，雷斯伍德的变革型领导的实践内涵分为三大类和九个维度：设定方向（Setting Directions）层面，包括勾画学校愿景、明确目标及其优先次序和设定较高的绩效期望；开发人力（Developing People）层面，提供智力开发、个性化支持和打造专业发展实践及其价值观念；重构组织（Redesigning the Organization）层面，创建合作文化、建立组织以促进参与决策和培养富有活力的共同体。[①] 同时，尤克尔也指出经典变革型领导理论的三个缺

————————
①Leithwood K，Jantzi D.Transformational school leadership for large-scale reform：Effects on students，teachers，and their classroom practices[J].*School Effectiveness & School Improvement*，2006，17（2）：201-227.

陷[1]：第一，对于潜在影响过程的认知模糊，随着时间的推移影响过程会涉及一系列二元交互行为，工具依从性、个体认同及内化等；第二，过于关注领导者对下属的影响，而没有涉及领导者对群体及组织的影响；第三，对变革型领导行为存在认识的模糊性，有些实践范围过于宽泛，同时一些被研究证实的关键领导行为（如支持行为）的遗漏。正因如此，尤克尔认为雷斯伍德的变革型领导实践框架的第三个实践类别有着明显的优点，明确强调领导者不仅要关注群体，而且需在整个组织背景下进行考察。关于变革型领导的评价，更多地论证可参见尤克尔《变革型领导和魅力领导的理论缺陷评价》[2]一文，其中列举了许多实证研究结论，如多因素领导问卷（MLQ）[3]的使用受到诸多学者的青睐，多数研究证实领导力和满意度、动机和绩效呈现正相关，同时这也被一项基于 MLQ 的 39 篇研究文献的元分析所证实，即变革型领导的诸多关键要素与下属满意度和绩效高度正相关。

　　教学型领导理论研究。教学型领导研究综述有着 66 次的高引用率，证明海林杰在教学型领导理论构建方面的突出贡献。海林杰认为教学型领导实践核心在于教学、学习和课堂，即教师的教学实践、学生的学习实践和课堂教学情境，教学型领导者与教师合作、互动是教育工作中的核心任务。[4]二次文献发现，马克斯（Marks）等人从微观行动层面阐述了教学型领导[5]，认为教学领导者首要行动应聚焦于课程的协调、监控和评价，其次是对教学行为的指导和评价，然后是注重营造促进学习的良好氛围。因此，教学型领导是一种更具有指导性的领导形式，相对于变革型领导来说更加注重实践行为的影响

①Yukl G.An evaluation of conceptual weaknesses in transformational and charismatic leadership theories[J]. *Leadership Quarterly*，1999，10（2）：285-305.

②Yukl G.An evaluation of conceptual weaknesses in transformational and charismatic leadership theories[J]. *Leadership Quarterly*，1999，10（2）：285-305.

③Bass B M，Avolio B.The Multifactor Leadership Questionnaire-5X Short Form[M].Redwood City，CA：Mind Garden，2000.

④Hallinger P.Leading educational change：Reflections on the practice of instructional and transformational leadership[J].*Cambridge Journal of Education*，2003，33（3）：329-351.

⑤Marks H M，Printy S M.Principal leadership and school performance：An integration of transformational and instructional leadership[J].*Educational Administration Quarterly*，2003，39（3）：370-397.

和干预。许多学者一致认为，教学型领导在学校改革发展过程中需要两个关键前提：第一，教学型领导者要具备一定的知识和评价基础，以更好地指导教师，这里的知识包括教学法和课程内容等教师专业发展必备的知识，同时也要掌握高质量教学水平的评价标准；[①]第二，教学型领导者应积极支持教师工作并与他们合作互动，并及时提供有价值的教学反馈信息用以激发教师的自我反思行为。[②]雷斯伍德针对教学型领导者如何构建和规划教师专业发展路径提出许多指导性建议，尤其强调学校领导者需要对他们自身教学过程中的案例进行不断地反思以建立合适的行为规范。[③]无独有偶，路易斯（Louis）也持有同样的观点，即领导者可以为特定行为建模，他们所言所行就足以证明领导者的存在价值。[④]然而，虽然目前有很多关于教学型领导者对学生学习、学校发展影响程度的量化或定性的实证研究结论并不完全一致，但其对学生学业和学校发展的积极影响是被多数学者公认的。在具体实践中，麦克劳克林（McLaughlin）认为学校领导者的角色需要从商业管理者转变为教学领导者，才更有可能刺激高中阶段教师专业学习共同体的有效发展。[⑤]也有学者对教学型领导提出质疑，安德鲁斯（Andrews）等学者认为校长应该把角色定位在策略发挥上，主要践行监督者和公共关系维持者的角色职能，而对于教学或教

①Wahlstrom K, Louis K S.How teachers experience principal leadership : The roles of professional community, trust, efficacy, and shared responsibility[J].*Educational Administration Quarterly*, 2008, 44（4）: 458–496.

②Louis K S, Dretzke B, Wahlstrom K.How does leadership affect student achievement ? Results from a national US survey[J].*School Effectiveness and School Improvement*, 2010, 21（3）: 315–336.

③Leithwood K.The principal's role in teacher development[C].In M. Fullan & A. Hargreaves（Eds.）, Teacher development and educational change. London : Falmer Press, 1992 : 86–103.

④Louis K S, Kruse S.Professionalism and community : Perspectives on reforming urban schools[M].Thousand Oaks, CA : Corwin Press, 1995 : 25.

⑤McLaughlin M W, Talbert J E.Building professional learning communities in high schools : Challenges and promising practices[C].In L. Stoll & K. S. Louis（Eds.）, Professional learning communities : Divergence, depth and dilemmas.Berkshire : Open University Press, 2007 : 151–165.

学领导的角色应该由教师或教师领导者负责。①

分布式领导理论研究。斯皮兰（Spillane）等人合写的《走向领导实践理论：分布式视角》，在 2007 年至 2013 年有很高的引用率，且被引达 72 次。从所引文献来看，分布式领导理论认为领导实践的本质是学校领导、教职工和情境间的相互作用，其理论基础是活动理论（Activity theory）和分布式认知理论（Theories of distributed cognition）。分布式领导研究者们认为要想清楚地了解领导实践，需要将领导思维和行为以及他们所处的情境背景置于一个综合框架内加以考察。事实上，人们对于领导的本质是什么也许有深入的理解，但是对领导者如何工作以及为什么那样工作却知之甚少，这种情况下很难帮助学校领导者审视和改进他们的管理实践。因此，斯皮兰等人在分布式情境认知理论和活动理论的基础上，认为领导者实践（思维和活动）在不同情境中是分布式的，也就是说，它是通过领导者与他人、环境的互动作用而产生的，即分布式领导是一种关涉领导者思维、行动和情境的综合概念模型。基于分布式认知和活动理论，有关组织文化和个体行为的关系论述构成了分布式领导理论的原型。组织文化指的是个体在做出行动时必须面对的有形的或无形的因素，如课堂设计、世界观，乃至文化认同等；而个体行为指的是个体在组织背景下采取的行动。对于二者的关系，客观文化决定论者认为任何个体行为最终都可以由其所处的组织文化来预测和决定，而现象学理论则认为个体行为决定着现实情境的主观社会建构。斯皮兰的分布式领导理论汲取吉登斯的观点，把组织文化既看作行为的中介也视为行为的结果，组织文化包含个体行为，为个体行为提供规则与资源，同时它也因个体行为不断地创造、再生产而潜移默化地改变。换句话说，从分布式理论视角探查领导实践，就是迫使人们超越个体活动来考察物质、文化和社会环境在促成、发展和约束人类活动过程中的作用。由此，分布式领导实践活动即行动者在特定的社会、文化和物质背景下或以之为平台，所了解、所信仰以及所践行

---

① Andrews D, Lewis M.The experiences of a professional community：Teachers developing a new image of themselves and their workplace[J].*Educational Research*，2002，44（3）：237-254.

的产物。[①]从引文突现率前 20 的文献信息可知共有 6 篇文献，这也反映出分布式领导作为一种领导方式或者风格在教育领域中备受研究者关注。

3. 国外校长领导研究的核心主题

校长领导实证研究模型。引文突现率排在第八位的是一篇校长角色与学校效能关系的实证研究的文献综述，由海林杰于 1996 年发表在《教育管理》季刊上，同时从文献被引频次信息表上，可知这篇文章的共被引次数达 52 次，另外一篇关于教学型领导和转型领导实践的反思综述共被引次数更是高达 66 次，引文排名前十的文献共有两篇。文献分析发现，海林杰一方面在校长领导角色与学校效能研究视角下的文献最多，另外就是教学领导理论的构建，提出了系统的教学领导概念模型。在校长角色与学校效能的研究综述中，按照皮特纳[②]对管理者研究的方法分类，其中包括直接影响、先前影响、中介影响、相互影响和调节影响，海林杰据此把校长领导对学校效能影响研究模型分类（图 2-4），并按照这种分类对选定的 40 篇实证研究文献进行整合分析。第一种为直接影响模型（模型 A），其假设前提是校长对学校效能的影响是完全直接性的，没有受到任何干预变量的影响，即在本质上是完全二变量研究，主要缺陷是没有控制中介变量，海林杰认为这种直接影响的研究文献相当普遍，多数对于领导力本质的概念构建备受质疑，且研究结论没有真正探寻到校长如何影响到学校效能的"黑匣子"。第二种为中介影响模型（模型 B）假设校长对于学校发展目标达成的影响是部分地或全部受到学校组织特征的影响，相对而言其比直接影响研究有着进步性的理论构建贡献。先前影响模型，按照皮特纳的理论管理者变量既可以是因变量也可为自变量，当为因变量时受到学校和所处环境中其他变量的影响，看作自变量时其对教师行为和学校组织等产生影响进而影响学生学业成绩，因此当引入先前变量时可对直接影响和中介影响模型进行扩充，即有模型 A-1 和模型 B-1 两种研究模式。第三种研究模型为相互影响研究，研究者发现管理者和学校特征以及

①Spillane J，Halverson R，Diamond J B.Investigating school leadership practice：A distributed perspective[J]. *Educational Researcher*，2001，30（3）：23-28.

②Pitner N.The study of administrator effects and effectiveness[C].In N.Boyan（Ed.），Handbook of research in educational administration.New York：Longman，1988：258-275.

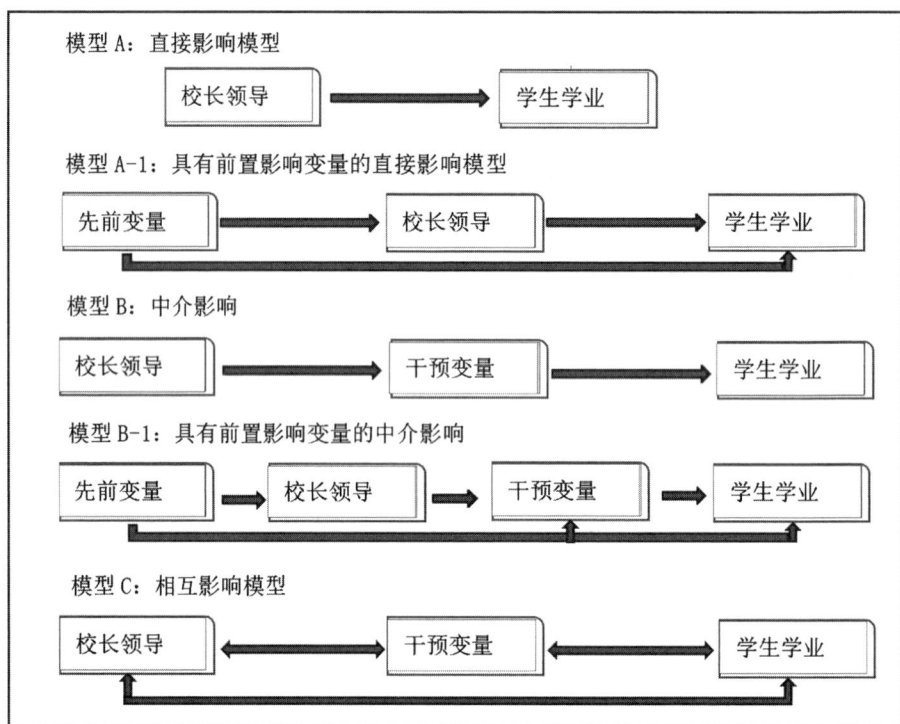

图 2-4 皮特纳校长领导对学校效能影响研究模型分类图

环境间存在一种相互作用的关系，校长不断地适应工作环境而改变思考和行为方式，如把领导力看作一种适应性的过程而非一种强制性的自变量，这种相互影响的作用逐渐受到人们的关注。参照上述模型分类，海林杰的文献综述结论显示①，其一，涉及模型 A 和模型 A-1 的研究中，令人意外的是校长领导对学校效能的影响力要么不存在，要么较弱，或者信度上不太可靠；其二，模型 B 和模型 B-1 的研究类型，则运用了精致的理论模型、严谨的设计方法，以及科学的数据分析方法，得出的结论大多数认为校长领导对学校效能有着积极的影响；其三，模型 C 研究启示未来的校长领导对学校效能影响研究应该考虑背景因素。

校长领导的有效构成要素研究。雷斯伍德等人撰写的研究综述，《领导力如何影响学生学习》（*How leadership influences student learning*）的引文突现率排

---

①Hallinger P，Heck R H.Reassessing the principal's role in school effectiveness[J].*Educational Administration Quarterly*，1996，32（1）：5-44.

在第五位，在 2008 年到 2011 年的引用次数最多。正如该项目的资助基金会长德维塔（Devita）在报告前言中写道："有效的教育领导在提高学生学习方面发挥着重要作用，且这个观点是毫无争议的。那么领导究竟是什么、如何改进学生学习、成功的领导的本质有哪些等问题，一直以来并没有确凿的证据来回答它们，但那些让把注意力集中在大规模教育改革的领导者更多地依靠信念而不是事实。"这份综述报告在公开发表后，得到很多学者的关注，其主要原因在于其将教育领导与学生学习之间的关系进行了系统的解读，并扩展了对于校长领导的研究视角：成功的领导对学生的学习有什么效果？如何调和不同领导形式间的冲突？成功的领导者是否有一套在多数情境中共通的领导实践？除了以上知识外，成功的领导还需要什么？成功的领导如何作用于学生的学习？综述研究发现，在所有有助于学生学习的因素中，校长领导的影响仅次于课堂教学，而且其影响效果往往在越发困难的地方或时期的程度越大，按照斯皮兰的研究结论，校长领导对学生学习的影响效果占所有学校影响因素的四分之一。然而，不同的校长领导形式或风格术语掩盖了领导的特定功能，正如很多校长、行政监督者和教师被告知要践行"教学领导者"使命，但却不清楚何为教学领导，而"分布式领导"因为使用者对其核心旨向缺乏深入理解而沦落成为一个管理口号。因此，成功领导行为的基本要素应包括确定方向、开发潜力和重构组织，除此之外还需要充分理解情境因素，如组织背景、学生特点和政策背景等。在阐述了校长领导的重要性和成功领导行为的基本规范后，研究者还大篇幅地回答了校长领导力如何影响学生学习这一核心问题：大多数领导者通过影响其他人或组织特征间接地影响学生学习；领导者要对学校组织的任何细节问题给予关注；领导者需要对学校组织优先发展的问题十分清楚。2006 年雷斯伍德对在英国开展 4 年的基于变革型领导的教育改革调查数据进行分析后，文章发表在《学校效能与学校改进》杂志上，测查了学校变革型领导模式对教师（动机、能力和工作环境）、课堂实践和学生学业的影响，结果显示其对教师课堂实践的影响显著，但对学生学业（读写能力和计算能力）的影响并不显著。[1]总之，

①Leithwood K，Jantzi D.Transformational school leadership for large-scale reform：Effects on students，teachers，and their classroom practices[J].*School Effectiveness and School Improvement*，2006，17（2）：201-227.

雷斯伍德的这两篇文章在学校领导研究与测量方面产生了巨大的学术共鸣，尤其他的三因素（设定方向、开发潜力和重构组织）变革型领导的操作性定义更是广被引用。

校长领导类型对学生学业成就的影响研究。从引文频次信息表中可见，罗宾逊（Robinson）的论文被引频次高达 80 次，有着重要的分析价值，罗宾逊等人研究了不同类型的领导风格对学生学业成绩的影响区别。这篇论文共选择了 27 篇校长领导与学生学业成绩之间关系的研究文献，第一个整合分析对象是其中的 22 篇文献，主要涉及变革型领导和教学型领导；第二个整合分析对象是 12 篇文献，主要是对五种归纳推导出的领导实践对学生成绩影响的比较。在不同的校长领导比较分析中，研究发现教学型领导与学生学业成绩的关系最为紧密，第一个整合分析显示，教学型领导对学生成绩的平均影响是变革型领导的三到四倍，总结出五种用于衡量学校领导实践的维度：建立目标和设置期望；提供资源策略；规划、协调和评估教学和课程；促进教师发展和参与教师学习；确保一个有序的支持型的环境。第二个整合分析发现，促进教师发展和参与教师学习维度的领导实践的平均效应较强，而在目标设定及规划、协调和评估教学课程两个领导实践维度的影响效应比较温和。[1] 从以上研究结论可以看出，校长领导实践越是把教师的教和学生的学放在核心地位，对学生学习效果影响效力越大。因此，不论是何种领导风格或者领导实践维度，领导者都应该把有效教学和教师的有效学习紧密联系起来，进一步增加学校领导对学生成绩的影响。例如，马克斯和普瑞汀（Printy）以校长与教师的领导关系为研究对象，以论证他们围绕教学问题进行积极合作进而增强教学质量和学生表现的潜能，研究基于变革型领导和教学型领导概念，调查样本来自 24 所学校，涵盖小学、中学和高中三个阶段，为了与数据的多层次结构保持一致，采取的主要分析方法是分层线性模型。《校长领导与学校绩效：一种整合变革型和教学型领导》一文的引用频次为 77 次，而且也有着

①Robinson V，Lloyd C，Rowe K.The impact of leadership on student outcomes：An analysis of the differential effects of leadership types[J].*Educational Administration Quarterly*，2008，44（5）：635-674.

较高的引文突现率，该项研究发现 [1]：变革型领导对教学型领导而言是必要但不充分条件；当变革型领导和教学领导以一种融合的领导形式存在时，对学校发展（教学质量和学生学业）具有显著的影响。

总之，从对以上关键文献分析来看，变革型领导主要指校长作为领导者，致力于学校文化的改变或维护 [2]，其理论内涵强调在进行组织创新时提供科学理性的方向和目标，同时变革型校长领导者要允许和支持教师作为决策制定的合作伙伴 [3]。这与教学型领导有着共同之处，教学型领导提倡校长和教师在教学、课程和评估等方面积极合作，如此校长必须深入体察、掌握教师的想法、见解和专业知识，并与他们一起工作，共同负责专业发展、课程发展和教学工作监督等事务，进而改善学校的教学现状，校长可称为"教学领导者的领导者"。相比而言，分布式领导更是一种领导者实践策略，或者称之为分布式实践 [4]，意味着领导在组织体系中是互动传递的，在学校情境组织中分布式校长领导不是传统意义上个体领导者的所作所为，主要通过领导者与他人、环境的互动过程中而采取的一种灵活应对方式。通过对国外校长领导关键文献分析发现，首先，变革型领导、教学型领导和分布式领导在学校领导研究中占据主要地位，多种领导研究并存，总体上反映国外校长领导研究注重校长通过领导影响教师或下属，而非传统意义上的管理（交易型领导），同时强调教学提升这一重要的因变量，如海林杰直接提出的教学型领导方式；其次，从校长领导研究方式来看，校长领导研究模型的梳理发现，校长领导到学生学业影响过程中的中介因素研究较多，校长领导通过哪些中介变量影响学生，

①Marks H M，Printy S M.Principal leadership and school performance：An Integration of Transformational and Instructional Leadership[J].*Educational Administration Quarterly*，2003，39（3）：370–397.

②Leithwood K，Jantzi D.The relative effects of principal and teacher sources of leadership on student engagement with school[J].*Educational Administration Quarterly*，1999，35（Suppl.）：679–706.

③Leithwood K，Jantzi D，Fernandez A.Transformational leadership and teachers' commitment to change[C].In J. Murphy&K.S.Louis（Eds.），Reshaping the principal leadership.Thousand Oaks，CA：Corwin Press，1994：77–98.

④Spillane J，Halverson R，Diamond J B.Investigating school leadership practice：A distributed perspective[J]. *Educational Researcher*，2001，30（3）：23–28.

而这些变量间更为细微的作用机制如何，是研究关注的重点，同时建议应该考虑各因素所处的前提变量的影响，如校长领导是否受到所处情境因素影响等，这为本研究中教师合作学习变量的设计提供了重要参考思路；最后，作为领导研究的重要理论创始人巴斯和伯恩斯，二者有关交易型领导和变革型领导的理论是校长领导研究关注最多的理论，如何创造性地运用二者的理论框架是研究者应该着重思考的方向，在本研究中应该充分借鉴、思考。

（三）国内校长领导研究

国内校长领导研究文献的第一类来源为 CSSCI 来源期刊，在 CNKI 中首先以"校长领导"为篇名模糊检索，共计获得文献 338 篇，经过筛选，即文献需为基础教育阶段校长领导研究，最终共计筛选确定期刊论文 165 篇为综述对象，其中除《数理统计与管理》1 篇、《心理科学》1 篇、《心理发展与教育》1 篇、《心理学探新》1 篇外，《东北师大学报（哲学社会科学版）》1 篇，其余文献均来自教育学类 CSSCI 期刊（含扩展版）；第二类文献来源为学位论文数据库，在 CNKI 中以"校长领导"为题名模糊检索，共计获得博士、硕士学位论文 203 篇，其中博士论文 20 篇，硕士论文 183 篇，经过文献筛选，最终确定 16 篇学位论文为综述对象（最后一次文献检索时间为 2019 年 9 月 17 日）；第三类为著作类，如刘国华的《校长领导力：引领学校特色发展》，王铁军的《校长领导力修炼》等。在全面深入阅读文献的基础上，主要运用描述性综述的方法整合分析国内校长领导研究的现状。

1. 国外校长领导理论引介研究

在国外领导理论介绍与应用方面，主要包括多元（多层）领导理论、分布式领导、魅力型领导、变革型领导、教学型领导和交易型领导等。首先，关于多元领导理论的引介。唐有毅和白亦方对鲍曼和迪尔的结构、人际、象征和政治四向度多元架构领导理论进行了系统的介绍，并指出在中小学校长管理实践中若能适当运用，可以极大地提高领导效能。[①] 鲍曼和迪尔在社会学、心理学、政治学等诸多理论的基础上构建的领导理论框架简明清晰，切合当今

[①] 唐有毅，白亦方.校长领导的多元架构理论：一种整合的观点 [J].华南师范大学学报（社会科学版），2013（3）：55-58.

复杂、多元和多变的时代特征，也顺应着学校管理情境向动态性、开放性的转变趋势。①在西方学术界，萨乔万尼的五向度领导理论（技术、人际、教育、象征和文化）与鲍曼和迪尔多元领导理论可谓并驾齐驱。相比而言，萨乔万尼的领导理论在学校组织管理实践中应用更为常见。郑燕祥在综合萨乔万尼和鲍曼两种领导理论内涵的基础上，构建了基于学校管理情境的五向度校长领导理论②：结构领导，构建清晰的组织结构、政策制度和操作程序，并提供适当的技术支援，强调组织成员的责任意识；人性领导，注重关心、参与意识，增强工作投入和满意度，并鼓励形成积极的人际关系；政治领导，建立校内外联盟获得资源支持，灵活解决解决组织成员间的纠纷和冲突，具备说服力和影响力；文化领导，建立共同的价值规范，时刻向组织成员传达强烈的教育使命感；教育领导，引领教师专业发展，深入推进教育教学革新并为学校教学事务提供专业的咨询意见。据此，郑燕祥在香港地区进行了多层面的实证研究，对学校领导理论的丰富及学校效能研究等方面形成了重要的学术影响力。余进利从理论思辨的视角，对郑燕祥的五向度校长领导理论在校长培训实践中的可行性加以论证③，认为其在校长培训课程开发和校长培训内容体系组成方面均有着重要参考价值。其次，关于分布式领导理论的引介。罗厚辉在活动理论视角下，结合课程改革实践，系统地研究了分权式（分布式）领导和传统型领导是如何影响教师参与课程决策活动以及整个团队发展，研究结果表明在课程决策中，建立在个体成员责任基础上的领导风格，并让课程开发者轮替执行决策领导者角色职能，这将会强化个人的专业学习意愿，且在此情境下的分权式领导优于传统意义上的领导方式。④再次，关于魅力型领导的引介。史铭之在厘清国外领导学中魅力型领导理论的基础上，提出我国教育情境下校长魅力型领导形成⑤的影响因素，包括学校变革创新的现实

① 胡春光，董泽芳.论学校领导研究的新趋势：多元整合领导的理论架构 [J].教育研究与实验，2018（1）：35–41.

② 郑燕祥.教育领导与改革：新范式 [M].台北：高等教育出版社：2003，169.

③ 余进利.学校领导五向度模式与校长培训 [J].教师教育研究，2009（5）：24–28、51.

④ 罗厚辉.从活动理论看领导风格对教师课程领导发展的影响 [J].全球教育展望，2009（11）：44–49.

⑤ 史铭之.魅力型校长界说：领导学的视角 [J].教育发展研究，2007（22）：65–69.

情境、教师的情感态度和校长的人格特质。众所周知，自 20 世纪"魅力影响力"概念被马克斯·韦伯在其组织领导理论中论及以来，"魅力"演变成为领导者行为影响力的一种形式或范畴，并深刻地影响追随者。后来，随着学者们的深入研究，魅力领导的形成要素逐渐明晰。正如威尔弗雷德·德莱斯所言[①]，"领导魅力是由领导者、被领导者、客观环境三者的整体互动而形成的"。最后，变革型领导理论的引介。张新平是较早对国外变革型领导进行本土化论证的学者之一，他认为变革型领导类似于"关系领导""道德领导"，相比交易型领导而言更有效，且能够激发被领导者的高层次需求和动机。[②] 总体而言，变革型领导理论应用研究多集中在硕士学位论文中，如巴斯的变革型、交易型领导组成的多因素领导量表较为常见，其包括变革型（四个因素）、交易型（两个因素）和放任型（单因素），共计 21 个题项。关于多因素领导量表，国内学者有着不同的关注点，但在具体内涵上均达成共识：变革型领导是指学校领导者与下属之间通过互动、交流，围绕学校变革目标、变革精神而建立起来的一种亲密的影响关系；交易型领导则指学校领导者在对下属工作职责和角色熟知的基础上，通过奖励等措施不断满足他们发展需求和期望，而达成的一种基于个人利益交换的影响关系；放任型领导是指领导者通过赋予下属成员完全的自由、允许采用自愿的方式开展工作，以实现组织目标的一种行为方式。对此，温红博指出："变革型、交易型和放任型领导，适合于不同的组织目标和任务，与我国传统文化中'创业''守成''无为'等领导观的本质内涵较为类似。"[③] 总之，目前对国外校长领导理论的引介与本土化研究较为全面，国外组织领导学中的前沿领导理论基本上都被涉及并多被应用在教育理论研究与管理实践。然而，研究者也应看到，大多数的校长领导行为或风格的实证性研究集中在硕士论文中，而在高质量的教育学期刊中发表的相关论文较少，这表明对国外校长领导理论的引介和本土化应用及高质量的

---

① 威尔弗雷德·德莱斯.卓越领导魅力 [M].黄海霞，译.上海：上海交通大学出版社，2002：274.

② 张新平.校长角色转型研究——基于伯恩斯变革型领导理论的思考[J].教育发展研究，2008（Z2）：44-50.

③ 温红博.校长领导风格：类型、结构与评价 [J].中小学管理，2012（6）：12-14.

实证研究仍有待进一步加强。

　　2. 国内校长领导研究的术语构成

　　在国内校长领导研究的术语上，或可称之为不同类型的校长领导研究，通过阅读文献发现共有两个层面，一方面在校长领导后加词缀，如最为常见的是"校长领导力"，还有"领导权力""领导方式""领导行为"等；另一方面则为校长领导前加词语，如"课程领导""教学领导"较为常见，还有"价值领导""道德领导""文化领导""诚信领导""知识领导""关系领导"等。虽然在文献中出现的校长领导术语不同，但仔细推敲可以从中发现存在一定的区分逻辑。"校长领导力"是国内相关研究文献中高频出现的术语，以及从其延伸出来的"行为""方式""权力"等术语，均需要一定的前置限定词才能落实到具体的研究与实践中去，这里就涉及"领导力"的区分问题或类型划分问题。对诸如此类有关领导力的研究术语，孙绵涛认为虽然目前学界校长领导力类型丰富，但很少有关注领导力的要素研究，这将不利于形成一致的领导力划分标准，导致不利于完整的领导力研究体系的构建。因此，他较早地提出领导力的基本要素结构，为领导力的划分提供了重要的参照标准。具体而言，他认为构成领导力的要素包括"基础要素、条件要素和场域要素"[1]，其中场域要素又可细分为个人活动、领导过程和领导内容三个层面。由此，"课程领导""教学领导"可以按照领导业务的内容归为一类，而"诚信领导""道德领导"可因个人活动中的道德力、智慧力、创造力、思想力、学习力等归为一类；"文化领导""价值领导""合作领导"等可从领导过程中决策力、执行力、沟通协调力、应变力、激励力等因素中找到一致的归属逻辑。从既有文献来看，国内校长领导力研究路向多从场域要素维度展开并不断具体化。关于课程领导力，马云鹏、余进利、吴晓玲、鲍东明、李朝辉、夏心军、刘径言、吕丽杰等学者先后从课程领导角色的初步引入[2]，到课程领导在农村中小学课程改革中的推进及提升策略研究[3]，再到课程领导基

① 孙绵涛. 校长领导力基本要素探析 [J]. 教育研究与实验，2012（6）：54-57.

② 余进利. 校长课程领导：角色、困境与展望 [J]. 课程.教材.教法，2004（6）：7-12.

③ 马云鹏，王波，解书. 校长课程领导：农村中小学课程改革纵深推进的重要保障 [J]. 东北师大学报（哲学社会科学版），2008（1）：30-33.

本要素的论证分析[①]，以及近期的课程领导的取向差异与水平分层研究[②]，可以说国内校长课程领导已形成较为完整的研究体系，这也为我国国家课程校本化实施、校本课程开发与建设、教师课程创生过程中，校长领导角色的作用发挥与转型提供了重要的理论支撑。另外，教学领导力也一度被称为校长的核心领导力，并引起了学界的争鸣。对此，张新平撰文指出对于教学领导力的核心作用的过度强调应予以反思，他总结出学界支持教学领导力的核心地位的原因有三[③]：其一是由学校组织的特殊性与教学工作的中心地位所决定的，其二是基于化解单一行政领导缺失的需要，其三是由校长职业角色定位决定的。对此，他认为学校组织的特殊性及教学工作中心地位并不直接决定也不等于教学领导，教学领导角色属于校长多重角色中的一个方面，并不能与其他角色相比较。随后，马健生等学者在我国教育教学实践探索中，结合海林杰的教学领导理论，进一步改进提出包括目标、课程与教学、教师、学生和环境的五因素结构，按照测验分数最高维度分别命名为结构型、专家型、人本型和协调型[④]，并运用于实证研究。

3. 国内校长领导的实证研究

首先，在校长领导风格测量层面的实证研究，主要包括对国际知名校长领导风格的本土化研究与改进，可以为校长管理培训和教育评估活动提供操作性的校长领导风格评估工具，可在教育实践中进一步搭建校长管理行为和领导风格的联结渠道，促进学校教育教学发展。邓悦玲将中国台湾地区校长领导风格分为三种领导风格类型，第一类是三取向八类型：公共关系取向，政治型、人和型和象牙塔型；权力运用取向，民主开放型、威权管理型和放任型；任务—关怀取向，工作任务型、人性关怀型。第二类是倡导与关怀型领导风格。第三类是变革型与交易型领导风格。这种领导风格的区分方式，

① 鲍东明. 校长课程领导基本要素分析 [J]. 中国教育学刊，2012（4）：22-26.
② 吴晓玲. 校长课程领导的取向差异与水平分层探析 [J]. 课程·教材·教法，2018，38（6）：
111-117.
③ 张新平. "教学领导力是校长核心领导力"之反思 [J]. 教育发展研究，2014，33（10）：
24-28.
④ 马健生，吴佳妮. 中小学校长教学领导风格评估——海林杰校长教学管理评定量表的改进探
索 [J]. 教育科学研究，2013（12）：5-9.

也是在借鉴国外经典领导风格基础上形成的。随后他选择对台湾地区涉及国民小学校长领导风格的量化实证研究文献运用整合分析法，探查教师在知觉校长领导风格方面的差异性，研究结论表明：男性教师在国民小学校长领导风格的知觉明显高于女性；51岁以上教师知觉明显高于其他年龄教师；研究生以上教育程度的教师明显高于其他教育程度教师。[①] 海林杰的元分析研究结论表明，教师群体对校长教学领导风格的感知最为准确[②]，学术研究中学者们更倾向于采用教师感知校长领导风格的量表，即通过教师对校长的领导感知填写问卷，若量表中该项领导风格所含各题平均得分高于平均数，则代表该校校长具有该领导风格类型。众所周知，不同人口学变量的背景差异在很多量化实证研究中都会涉及，邓悦玲的元分析表明教师知觉的校长领导风格存在差异，这也说明任何一个教育问题的研究均有着不可避免的复杂性，需要研究者采用合适的标准进行背景变量的控制，获得的研究结论才有可能具有普适性和较高的信效度。其次，校长领导对教育教学实践的研究研究，一方面表现为校长领导对教师教学实践的影响，另一方面体现为对学生学业的影响，第三方面为校长领导在测量背景因素层面的差异研究。侯浩翔在探索领导支持与环境氛围对教师教学创新的作用机制方面的研究结论发现，校长领导方式正向影响教师教学创新和学校组织创新的氛围，具体表现为伯恩斯的变革型和交易型领导均影响教师教学创新，且前者的影响程度大于后者，同时学校组织创新氛围在校长领导方式与教师教学创新之间起到中介作用[③]；此外，校长领导行为还对教师工作满意度具有影响，张忠山[④]、孙锦明[⑤]

① 邓悦玲.国民小学校长领导风格之研究：整合分析 [D].台中：台湾中台科技大学文教事业经营研究所硕士学位论文，2011：21-30.

② Hallinger P，Wang W，Chen C.Assessing the measurement properties of the principle instructional management rating scale：A meta-analysis of reliability studies[J].Educational Administration，2013，49（2）：276.

③ 侯浩翔.校长领导方式可以影响教师教学创新吗?——兼论学校组织创新氛围的中介效应[J].教育科学，2018，34（1）：26-32.

④ 张忠山，吴志宏.校长领导行为与教师工作满意度关系研究 [J].心理科学，2001（1）：120-121.

⑤ 孙锦明，王健.中学校长领导行为与教师工作满意度关系研究 [J].上海教育科研，2008（2）：23-24，27.

等的研究结论表明，校长的关心体谅行为与教师工作满意的各层面都具有非常显著的正相关，校长的建立结构（关注组织绩效上的领导行为，如把任务明确，组织条理，职责分明，规章详细并严格执行，运用职权、奖惩以促进绩效目标实现）行为与教师对整体工作满意度（教学工作、晋升机会、同事关系）显著正相关，但与教师对收入满意度的相关性并不显著；另外在教师组织公民行为[①]、教师教学领导行为[②]、教师专业合作行为[③]等方面的影响呈现为显著相关。黄亮等人的研究发现，校长领导力对学生学业成就的影响受到学校组织情境特征的调节[④]：教师教学投入能够显著调节校长目标引领校长领导力对学生数学、阅读素养成绩的预测效果；学校自主权能够显著调节校长教学领导力对学生数学、阅读素养成绩的预测效果。可见，校长领导无论对教师教育教学实践还是对学生学业成就均存在着影响作用。那么校长领导是否存在背景因素上的差异性？柯政等的研究表明在我国教育体制下，重点学校与非重点学校的校长领导行为并没有明显的差异[⑤]；相比而言，有研究表明教学人员和管理人员对于校长领导行为的感知存在差异性，基于日本学者三隅二不二的PM理论[⑥]，在山东省的普通高中展开调查，结果显示学校任课教师与管理人员对领导行为评价在P因素值上有显著差异，说明教学管理人员对领导者在职责履行、体系运转、组织协调上的了解和把握要明显不同于从事一般教学工作的教师，而教师与管理者M职能上无显著差异，说明校长在维护

---

① 陈艳.校长领导行为与教师组织公民行为的关系：心理资本的中介作用 [J].教育科学究，2017（12）：50-54.

② 刘志华，罗丽雯.以学习为中心的校长领导力与教师领导力关系研究 [J].华南师范大学学报（社会科学版），2015（3）：62-68.

③ 张平平，胡咏梅.中小学校长领导力对教师专业合作行为的影响 [J].湖南师范大学教育科学学报，2018，17（5）：15-24.

④ 黄亮，赵德成.校长领导力对学生学业成就的影响——教师教学投入与学校自主权的调节作用 [J].教育科学，2017，33（3）：35-41.

⑤ 柯政，陈霜叶，任友群.重点学校与非重点学校的校长领导行为比较 [J].北京大学教育评论，2013，11（1）：63-82，191.

⑥ 三隅二不二.领导行为科学 [M].刘允之，王南，文宝忠，译.北京：光明日报出版社，1990：576-582.

团体稳定时是把各层级管理者和一般教师作为一个整体来看待的。[①]

总体而言，纵观国内有关校长领导的研究文献，从期刊论文发表质量、研究结论方法和主要研究结论来看，仍有待进一步深入探究，这也与沃克（Walker）等人的研究发现颇为一致。沃克对 1998—2013 年在国际英文刊物上发表的有关中国学校校长领导研究的 39 篇论文和 19 个涉及校长领导的专著章节内容进行研究，分别从作者、主题、研究方法和关键结论四个方面入手，定量分析研究表明[②]，中国的校长领导力研究仍然需要进一步拓展。因此，综上可知国内校长领导研究，首先应在国外经典理论引介时加强本土化改造，并且不断探索在我国教育管理实践中的应用策略；其次，校长领导的实证研究仍然需要拓展，即在校长领导对教师专业学习，学生学业改进层面的基于大数据的定量研究，扎根于教育一线的质性研究尚待深化；最后，校长领导研究的理论体系仍有待完善，如校长领导类型及其划分需要在学界公认的分类标准下进行。

二、教师合作学习研究

自彼得·圣吉（Senge）的组织学习理论问世以来，合作学习概念在教育研究领域激起了学者们多层面、多维度的研究兴趣。例如，小组合作学习在学生学习理论与实践中的运用；教师专业学习共同体理论更是把教育合作视为组织顺利运行的重要环节，即合作是教师群体实现专业发展的重要形式之一，也是教师专业学习共同体实践运行的核心机制之一[③]。迈克尔·富兰认为在教育变革中教师合作有着重要价值，在复杂的社会中必须要认识到教育组织内部和外部的合作为教育带来的深远意义。[④] 国内外教师合作理论研究成

[①] 于博，刘新梅.校长领导行为研究——以山东省普通高中为例 [J].数理统计与管理，2005（3）：76-81，92.

[②] Walker A，Qian H.Review of research on school principal leadership in mainland China，1998-2013[J]*Journal of Educational Administration*，2015，53（4）：467-491.

[③] 陈晓瑞，龙宝新等.教师专业学习共同体：国际视野与本土实践 [M].西安：陕西师范大学出版总社有限公司，2016：41.

[④] 迈克尔·富兰.变革的力量——透视教育变革 [M].中央教育科学研究所，加拿大多伦多国际学院，译.北京：教育科学出版社，2000：49.

果已经相当丰富,尤其在教师专业发展理论视域内教师合作学习研究也比较成熟。在对国内外教师合作学习研究文献综述过程中,分别采用描述性整合分析和文献计量可视化分析两种方法,探查教师合作学习研究的脉络,为本研究深入开展做好铺垫。

(一)国内教师合作学习研究

在中国知网数据库中对教师合作研究主题文献进行检索:期刊高级检索中以"教师合作学习"篇名检索,并设定检索来源期刊类型为核心和CSSCI,共得到相关文献60篇;在博士论文中以"教师合作学习"题名检索共获得博士论文3篇(2018年11月23日检索)。随后,对下载的文献进行初步分析与筛选,剔除非基础教育阶段研究期刊论文及其他与教师合作学习不相关的论文17篇,共计获得有效期刊论文文献43篇,博士学位论文文献3篇。经过文献的初步阅读判断,研究方法使用情况如表2-3所示。

表 2-3 教师合作学习主题文献研究方法概况表

文献类型	理论思辨	经验介绍	量化研究	质性研究	混合研究	合计
期刊	35	3	5	0	0	43
博士论文	1	0	0	2	0	3

从对文献分析发现,国内教师合作学习研究方法以理论思辨为主,极少涉及实证研究。整合统计可见,共有7篇核心期刊和博士学位论文用到实证研究方法,占比15%,而在实证研究文献中,又以量化研究为主,仅两篇博士论文中涉及质性研究方法,混合研究方法更是没有。因此,在我国教育理论研究领域,教师合作学习的实证研究亟须加强。基于教育实践的定性、定量研究结论才更有助于理论的发展与实践的改进,从教育社会学方法论的视角审视,教师合作学习研究将涉及教师个体感受与意义阐释等微观实践层面,揭开教育教学实践的表层现象,从而阐释其内在的一些基本规律或作用机理,研究方法的正确选择至关重要。教育社会学研究多为社会科学领域研究方法的引用,常用的方法包括有定量研究、质性研究和混合研究三种。然而,单就方法而论,研究方法没有高低之分,只有合适与否。方法作为一种研究工具,因此,合适的研究方法的选择是为了更好地揭示教育现象的规律与

机制，进而以让人信服的方式加以论证和阐释。最为重要的是，研究内容需要具备一定前瞻性和时代性，从而更好地指导实践。以下基于国内教师合作学习研究文献，根据研究主题进行描述性分类综述。

1. 教师合作学习内涵研究

关于国内教师合作学习概念内涵研究，缘于不同学者的关注点不同，对教师合作学习内涵的解释视角也不太一致。何谓教师合作？教师合作就是为了某一目的一起工作共同完成某项任务。王坦等学者认为，"教师为了实现一个共同目标，彼此间由协调、沟通和互动等方式而形成的联合行动"。[①]在具体实践过程中，教师合作有明显的互动性特征，即在互动过程中基于相互开放、信赖、协作和支持的人际关系达成共同的任务目标[②]。进一步而言，教师合作学习的内涵如何界定？简言之，教师群体或组织以专业学习为共同任务，彼此通过协作、交流和互动而采取联合行动，实现专业发展的目的，即为教师合作学习。具体言之，有关国内学者对教师合作学习内涵的解读，首先，在合作学习理论基础上，社会互动理论和组织行为理论是教师合作学习理论基础的重要来源，研究者多据此对教师合作学习的概念展开论述。社会互动理论是合作学习研究无法回避的一个理论领域，互动观是合作学习的主要理念之一，合作学习互动观是一种"先进的科学的互动观"[③]。杜静根据社会互动理论阐述认为，教师合作学习是以符号为媒介的互动，具体表现为角色互动及互动过程中可能存在的角色冲突，是一个教师职业角色社会化过程。[④]另外，在组织行为学理论视域下，崔允漷将"有主体的意愿""可分解的任务""有互惠的效益""有共享的规则"厘定为教师合作学习内涵的四个要素。[⑤]可见，这些理论视角下教师合作学习内涵的论述，均把互动过程中的平等协商、资源互惠和竞争冲突一并放在首位，既可视为合作学习的前提，也可以看作是合作学习的过程。其次，从目标层级来看，教师合作学

---

① 李翠华，王坦.教师合作中的问题与超越[J].当代教育科学，2006（7）：6-8，26.

② 郝明君，靳玉乐.教师文化的变革[J].中国教育学刊，2006（3）：70-71，74.

③ 王坦.论合作学习的基本理念[J].教育研究，2002（2）：68-72.

④ 杜静，王晓芳.论基于社会互动理论的教师合作[J].教育研究，2016，37（11）：113-118.

⑤ 崔允漷，郑东辉.论指向专业发展的教师合作[J].教育研究，2008（6）：78-83.

习的目标设定即可是个体层面，也可是组织层面，由此教师合作学习的内涵可理解为教师共同完成专业学习任务的"行动方式"，且这种行动方式存在的优势是可以实现单一个体无法或不能有效达成的目标。有学者认为，教师合作学习内涵在组织目标层面解读时，可理解为对信息和利益等组织资源再组织或再调整而产生变化的一系列行动过程，相应地把目标落实到个体层面时，教师合作学习体现为一种人际互动关系。① 进一步而言，个体目标层面的人际互动关系发生的前提是教师基于自愿、平等的主体关系，同时其发生结果往往具有不可预知性，因为教师专业学习方式一般会围绕教育教学实践中的真实问题而形成，教师个体间的批判与互助是常态。最后，从功能发挥来看，有学者将教师合作学习的内涵解读定格于教师"反思"的有效生发。反思作为教师专业发展的一种重要途径历来被学者们关注，有关教学反思的研究在国内外并不少见。饶从满等认为教师反思的意愿和能力并非是自我生成，反思策略也并非具有自足性，而是需要倚重于教师间的对话、互动等教师合作学习实践的补充。据此，他界定教师合作学习是以教师专业能力提升、学生学习成绩提高和学校教育效能整体改进为终极目标，并在平等、自愿前提下，教师围绕共同感兴趣问题一起探查解决路径和方法而形成的一种批判性互动行为。② 换言之，当对话、交流与沟通等互动过程引入反思后，其本身也为教师合作学习实践的深入推进提供了条件，或可说这也正是教学"反思"历经理论实践洗礼而在我国教育场域中沉淀下来的原因。总之，教师合作学习内涵在不同理论、不同目标和不同功能视域下，兼具学习一般性属性，同时呈现着动态性。

　　2. 教师合作学习文化研究

　　教师合作学习文化研究可分别从文化类型、文化构建和文化异化三个视角展开概述。首先，教师合作学习文化类型。哈格里夫斯的教师文化分类方式，为教师合作学习文化分类提供了始源性分类标准，尤其在"自然""人为"两

<hr>

① 齐媛，何克抗，刘志波，等. 促进知识分享的教师合作机制探究 [J]. 现代教育技术，2009，19（4）：59–62.

② 饶从满，张贵新. 教师合作：教师发展的一个重要路径 [J]. 教师教育研究，2007（1）：12–16.

个划分维度上最为明显，另外个人主义文化和山头（派别）主义文化也有涉及。对文献研究发现，多数学者秉持教师文化是教师合作学习文化的上位概念的逻辑理路。有学者认为从教师文化迁移至教师合作文化过程中，在"互依性、合目的性、整合性、主体性和流动性"①的教师文化特征支持下才可能激起教师间平等互动、开放共享、长效动力的合作学习氛围，进而促进教师专业发展。其次，教师合作学习文化的构建。有学者结合正式与非正式的教师专业引领方式，分别对应观照人为协作文化和自然合作文化，并指出自然合作文化构建需要教师间的信任、互惠、行动和对话。②在教师合作学习文化构建中，学者们普遍认为"合作的性质不一定是和谐一致没有意见"③，因为观点相似性并不是有效的合作学习文化氛围的基础，而应强调文化的多元化特征，即"共享和开放"④应是其主要特征，同时"可替代性"⑤也应受到关注。于鸿雁把合作学习文化视为教师专业发展的动力源，其中个体间相互信任、依赖、协调和互助的人际关系的形成需建立在共同的世界观、价值观和利益观的基础上。⑥文雪等认为教师合作学习文化的形成需要借助教师专业学习共同体，只有在共同的愿景、共同的价值观和共享的实践及领导下才能实现主体性和主体间性的适度调和。⑦最后，教师合作学习文化的异化。教师合作文化伴随着合作学习实践的运行，其在一定程度上出现了异化的现象，从而对教师合作学习实践的深入推进造成阻碍。具体而言，教师合作学习文化在学科间分

---

① 马玉宾，熊梅.教师文化的变革与教师合作文化的重建 [J].东北师大学报（哲学社会科学版），2007（4）：148-154.

② 曾土花，胡中锋.教师合作文化视角下的教师专业引领 [J].当代教育科学，2013（3）：30-32.

③ 迈克尔·富兰.变革的力量——透视教育变革 [M].中央教育科学研究所，加拿大多伦多国际学院，译.北京：教育科学出版社，2000：240.

④ 郝明君，靳玉乐.教师文化的变革 [J].中国教育学刊，2006（3）：70-71，74.

⑤ David W.The Social Psychology of Education[M].New York：Rinchart and Winston，1985：162.

⑥ 于鸿雁，于秋生，张文革，等.从教师专业发展的视角谈教师合作文化的构建 [J].教育探索，2010（9）：107-108.

⑦ 文雪，廖诗艳.基于专业发展的教师合作文化建设 [J].教育探索，2010（10）：59-61.

化差异明显[1]，人为的合作学习多于自发的自然合作学习[2]，工具主义下技术取向的合作学习文化日益凸显，合作学习文化对学校文化氛围的过度依赖等，合作学习文化的异化导致教师专业发展实践主体性缺失问题已然存在，诸如此类的教师合作学习文化异化现象在教育教学实践中应该引起足够的重视并适时纠正。

3. 教师合作学习模式研究

综观既有研究文献，合作学习模式的相关研究可以分为两大方面，一方面，从教师合作学习模式分类研究来看，包括笼统分类和具体分类。笼统分类指从教师合作学习宏观操作内涵或价值视角进行分类，如人为协作与自然合作的划分方式。有人认为个人主义合作、应急合作和师徒合作等人为合作形式，难以规避教师集体行动和个体专业自主发展间的冲突，相比而言自然合作则在一种模糊边界背景下去参加合作学习，促使双方共建目标、共享资源和共同决策，有助于形成教师民主决策机制、激发教师合作学习需求。[3]具体分类指按照教育实践场域既存的教师合作学习模式，分为常规合作学习模式和非常规合作学习模式。教研组就是我国教育体制内存在的一种常规的教师合作学习形式，其作为我国学校教育体制中的一项制度，在教师专业发展方面发挥着重要作用。张紫薇通过对国外教师合作教研模式的演变研究，从整体了提供了国外几种常见形式[4]：苏联的教学研究指导组（Teaching and Research Group），日本推广的授业研究（Lesson Study），美国的教师同伴指导（Peer Coaching）、合作授课（Cooperative Education）和专业学习共同体（Professional Learning Community）。尽管其中的教师合作学习概念界限不是很明确，但整体上提供了教师合作学习实践的一些历史性渊源，如我国教研组就复制了苏联教学研究指导组的设置思路。然而，缘于教研组具有行政职能、

---

[1] 马玉宾，熊梅. 教师合作文化的内涵、现状与重建 [J]. 上海教育科研，2008（1）：52-53，77.

[2] 霍树婷. 从人为合作到自然合作：教师合作方式的转向 [J]. 教育理论与实践，2018，38（19）：36-39.

[3] 同上。

[4] 张紫薇. 国外教师合作教研演变发展及特点 [J]. 外国中小学教育，2014（8）：48-52.

学科界限，以及常规性集体活动等弊端，有学者提出要借鉴教师同伴指导的元素淡化教研组的行政职能、打破学科界线和选择必要的集体活动，让合作在教研组实践中实质性地促进教师专业发展。① 类似的其他常规的教师合作学习形式还有备课组和师徒带教等。非常规教师合作形式则主要指随着教育理念的发展和沟通媒介的变化，有一些新的教师合作学习形式出现，如班级合作管理、课题研究、案例研究、专题合作授课和课程开发② 都或多或少地体现着教师合作学习的操作内涵，另外名师工作室成为近年来促进教师专业发展的重要阵地，构建学校内部、不同学校间乃至跨区域间的名师工作室也成为教师合作学习的一类有效模式，如基于志趣愿景的专业合作、基于网络平台的跨校合作和基于课题链接的循环合作③ 是名师工作室常规的教师合作学习实践思路。另一方面，从教师合作学习模式创新来看，包括理论创新和实践创新。教师合作学习模式理论创新方面，南成玉将非评判性反馈（Non-judg-mental Discourse）引至教师合作学习理论中，主要是通过口头表述自我反思实现合作学习，即在倾听他者非辩护性陈述之后，听者及时给出非评判性理解和反馈，从而一起在发现、探索和解决问题的循环过程中不断实现教师专业发展。④ 这种教师合作学习模式理论的创新点在于聚焦于口头表达来实现合作学习，即话者和听者通过口头表述来解决某一难题、拓展某一方的发展方案或计划的言语互动过程。同样，朱正平认为对话是教师缄默知识外显化的重要途径，对话内容是以内隐知识的外化为基础，可视为教师以个体知识的群体分享沟通为中介、以外显知识的个人转化为目的的合作学习过程。⑤ 在教师合作学习模式的实践创新方面，赵连顺根据美国管理学家罗伯特·布莱克（Robert R.Blake）和简·莫顿（Jane S.Mouton）于 1964 年提出的管理方格理论，主要借鉴该理论中确定领导风格的思路，将教师合作学习按照情感绩

① 徐君伟，左林华.同伴指导对我国教研组制度建设的启示浅析——教师合作的视角 [J].中国教育学刊，2012（6）：47-48.

② 陈雅玲.基于合作的教师专业发展实证研究 [J].中国教育学刊，2012（5）：84-87.

③ 何灿华.名师工作室里的教师合作 [J].上海教育科研，2013（12）：57—58.

④ 南成玉.非评判性反馈：教师合作发展的新途径 [J].当代教育科学，2012（4）：49-50.

⑤ 朱正平.基于"对话"的教师合作研究：为何与何为 [J].黑龙江高教研究，2009（10）：10-13.

效和合作机制支持的不同程度，划分为应付型、起伏型、指令性、任务型和发展型[①]，并在实证研究中加以检验，有着一定的创新意义。

（二）国外教师合作学习研究

按照学者拉莫斯（Lomos）的观点[②]，官方正式出刊的有关教师合作学习主题的首篇论文发表时间为 1982 年，据此设定文献检索时间段为 1982—2019 年，在 Web of Science 核心合集的 SSCI 数据库中以教师合作（Teacher Collaboration）、专业学习共同体（Professional Learning Community，以下简称 PLC）、实践共同体（Community of Practice，以下简称 CoP）、教师组（群）（Teacher Team&Group，简称 TT（G））为标题词模糊检索，然后选择教育研究（Education/Educational Research）、期刊（Article）和综述（Review）进一步精练文献资源，之后再按照以下标准筛选文献：①仅限基础教育阶段；②不含特殊教育；③仅限校内教师合作，排除学校之间的合作形式，如校际 PLC；④合作主体仅限于在职教师，如专家或实习教师（Student Teacher）介入的合作实践排除。最终确定并导出 WoS 中的文献索引全记录以供 Citespace5.3.R4 的可视化分析，并在对应数据库中下载全文。文献筛选过程见表 2-4。

表 2-4　国外教师合作学习研究文献信息表（1982-2019 年）

英文检索词	标题检索	精炼匹配	标准筛选
Teacher Collaboration	280	172	74
Professional Learning Community	198	153	89
Community of Practice	2186	328	42
Teacher Team	123	78	28
Teacher Group	414	229	16

1. 教师合作学习研究的术语构成

在教师教学实践背景下对合作进行概念界定的学者中，李特尔（Little）

---

① 赵连顺. 从合作研究类型的视角审视中小学教师合作研究效益 [J]. 教学与管理，2010（22）：34-36.

②Lomos C，Hofman R H，Bosker R J.Professional communities and student achievement–a meta-analysis[J].*School Effectiveness and School Improvement*，2011，22（2）：121-148.

依据从彼此独立到协作依赖的渐进性教师关系，较早地论述了合作的四个层次[①]：课堂故事启发、相互援助、实践共享、共同工作。这一教师合作的阶段论为后来的教师合作结构化、操作化的概念演进奠定了基础，同时也标示着教师合作对象、合作实践和合作文化层面的内涵阐释路向。首先，对合作学习对象而言，任务相关性成为教师合作对象的一个关键操作内涵，即由每个参与者完成的分任务汇总即可达成总体合作目标；[②]其次，在合作学习实践过程中，教师合作有别于同事间的协作，前者强调互动行为，而后者旨在表明共同工作情境下的一种同事关系；[③]最后，从合作学习发生机制来看，即文化层面，自然地合作来源于教师对有价值、有效力的合作属性的感知认可，而人为地合作更多是教师出于规制条文的趋从，二者的合作文化之意蕴界限分明。[④]本研究界定的教师合作学习术语是上位概念，指在具有共同任务的活动中，教师以群组为单位发生的互动学习过程，即一般意义上的教师合作学习概念。根据不同合作学习实践模式的呈现及合作深度的发生，教师合作学习概念是动态的而且具有兼容性，以下从教师专业（学习）共同体、实践共同体、教师组（群）等术语出发，进一步廓清教师合作学习的概念框架。

有关专业学习共同体的定义，有学者认为不同实践背景下的解释不一，但从其演进历程来看存在着一个国际性共识，即它导引着以群组为单位的教师选择以一种持续的、反思的、合作的和包容的专业学习发展方式，并在以学生学习为焦点的共同愿景下共享并检视彼此的教学实践。[⑤]最初，专业共同体（Professional Community）兴起于20世纪80年代，它有效统整了教

①Little J W.The Persistence of Privacy：Autonomy and Initiative in Teachers' Professional Relations[J].*Teachers College Record*，1990，91（4）：509-536.

②James C R，Dunning G，Connolly M，Elliott T.Collaborative practice：A model of successful working in schools[J]*Journal of Educational Administration*，2007，45（5）：541-555.

③Kelchtermans G.Teacher collaboration and collegiality as workplace conditions：A review[J].*Zeitschrift für Pädagogik*，2006（52）：220-237.

④Datnow A.Collaboration and contrived collegiality：Revisiting Hargreaves in the age of accountability[J]*Journal of Educational Change*，2011，12（2）：1470-158.

⑤Stoll L，Bolam R，Mcmahon A，et al.Professional Learning Communities：A Review of the Literature[J]*Journal of Educational Change*，2006，7（4）：221-258.

学实践的诸多环境因素①，以及那些直接影响教师的学生观、教学观的主观性因素，如在合作、创新、学习机会获得等感知层面的差异性②。随后，路易斯（Louis）等学者从专业共同体的功能出发，强调只有提供更多的具有支持性、吸引性的工作氛围才能增进教师的研究能力并使他们更加有效地引导学生。霍德（Hord）从专业共同体过程与结果融合视角把教师专业发展与学习实践联结起来，首次在文献中完整地呈现专业学习共同体（PLC）概念，并将其拆解为学习者的专业共同体（Professional Community of Learners）、持续的探索与改进共同体（Communities of continuous inquiry and improvement）进行深入论述，指出其实质性内涵，即在提升专业能力和促进学生学习的目的下，学校教师和管理者不断探究、共享学习经验并改进教学实践的过程样态③。近来也有学者把PLC解析为一种实践文化，认为教师实践共享固然必要，而更重要的是建立一种包容、自然、持续的以及聚焦于检视实践的合作文化，并以之更好地促进学生学习④。维特海默（Westheimer）把专业学习共同体视为专业共同体的子集⑤，前者限定来自同一个学校的教师组建的不同群组教师共享，并批判性地检视实践以促进专业发展，而后者则包括所有为了专业发展而共同努力的教师群体，可以是来自不同学校的教师，正如有学者提出以

①Talbert J E, McLaughlin M W, Rowan B.Understanding context effects in secondary school teaching[J].*Teachers College Record*, 1993, 95（1）: 45-68.

②McLaughlin M W, Talbert J E.Contexts that matter for teaching and learning : Strategic opportunities for meeting the nation's education goals[M].Palo Alto, CA : Center for Research on the Context of Secondary Schools, 1993 : 8.

③Hord S M.Professional learning communities : Communities of continuous inquiry and improvement[M]. Austin, Texas : Southwest Educational Development Laboratory, 1997 : 18.

④Seashore K R, Anderson A R, Riedel E.Implementing arts for academic achievement : The impact of mental models, professional community and interdisciplinary teaming[EB/OL].[2019-07-28]https://conservancy.umn.edu/bitstream/handle/11299/143717/1/Report.pdf.

⑤Westheimer J.Learning among colleagues : Teacher community and the shared enterprise of education[C].In M. Cochran-Smith, S. Feiman-Nemser, J.McIntyre（Eds.）, Handbook of research on teacher education.Reston, VA and Lanham, MD : Association of Teacher Educators and Rowman, 2008 : 756-782.

学校为单元构建专业共同体的理念①。专业共同体到专业学习共同体概念演进，裹挟着因素、功能、过程、结果及文化的复杂性，其在不同文献的术语运用上可以得到印证，同时也演绎着教师专业、学习和共同体的依存逻辑：学习是教师工作的核心毫无疑问，然而用学习连接专业与共同体，把教师专业学习与学生学习两个实践维度整合起来则显得更具意义；共同体则把个体专业学习场域迁移至推崇集体学习的学习者群体组织，即拥有共同信念、互动参与、相互依赖、关注个体以及人际关系构建等特征氛围的学校共同体。

　　实践共同体，在语义构成上"实践"一词具有明显的约束力，如加赫达（Gajda）认为实践共同体是学校专业学习共同体的基础模块②，这种理解方式即强调实践本身，科学实践共同体（Community of Science Practice）③等以学科为名而生发的教师合作实践，教学实践共同体（Community of Instructional Practice）④、评价实践共同体（Community of Assessment Practice）⑤和阅读实践共同体（Literacy-Focused Community of Practice）⑥等，皆有着明确的实践指向及操作范畴。实践共同体概念的创始者温格（Wenger）最初把 CoP 定位于解释人、活动和世界三者间关系，得到学界的普遍认同，表 2-4 检索结果显示以实践共同体为标题检索文献达 2186 篇，涉及社会学、经济学、管理学

①Birenbaum M，Kimron H，Shilton H.Nested contexts that shape assessment for learning：School-based professional learning community and classroom culture[J].*Studies in Educational Evaluation*，2011，37（1）：35-48.

②Gajda R，Koliba C J.Evaluating and improving the quality of teacher collaboration：A field-tested framework for secondary school leaders[J].*NASSP Bulletin*，2008，92（2）：133-153.

③Davidson S G，Hughes R.Communities of practice as a framework to explain teachers' experiences within the community of science[J].*Journal of Research in Science Teaching*，2018，55（9）：1287-1312.

④Supovitz J A.Developing communities of instructional practice[J].*Teachers College Record*，2002，104（8）：1591-1626.

⑤Seker M.Intervention in teachers' differential scoring judgments in assessing L2 writing through communities of assessment practice[J].*Studies in Educational Evaluation*，2018，59（12）：209-217.

⑥Francois C.Reading in the Crawl Space：A Study of an Urban School's Literacy-Focused Community of Practice[J].*Teachers College Record*，2005，115（5）：35.

等诸多社会科学研究领域，为了避免研究中对该术语内涵的混淆，温格进一步提炼出三个内涵维度[①]：互相介入、共同的事业、共享的系统。其中，互相介入可以实现人际关系的深度构建，共同的事业奠定了群体自我管理的前提，而共享的系统则为追求共同事业中的共同协商、相互介入实践提供了适切的资源支持，如工具、符号、行为、理念、处事方式等。在此基础上布劳维尔（Brouwer）等人将实践共同体概念植入教师共同体，即教师群体相互依存、共同参与讨论和决策，在具有群体身份认同、共同领域、目标和互动系统等前置条件下分享、创造知识[②]。按照温格的概念维度，学校组织实体中相互介入表征着群体认同感，教师职业则为共同的事业领域，而共享的互动系统即为共享的教学实践和教育信念。随后，教育领域的教师实践共同体理论与实践蓬勃发展，且实践共同体的概念解析愈显多样化，表现为实践意涵随着研究深入及实践推进而不断丰富、拓展。

教师组（群）的概念，如教师合作群（Teacher Collaborative Group）[③]、教师研究组（Teacher Study Group）[④]等聚焦于专业学习与发展的教师合作实践，也在本研究界定的教师合作概念框架内。在管理学、经济学中，在工作任务中相互依赖、共同为结果负责，并通过组织规范维持关系的个体集合被称为组（Team），且为内嵌于上层组织系统的完整实体[⑤]；而群（Group）的概念核心在于其行为结果的衡量是基于个体责任与目标实现的所有成员的综

①Wenger E.Communities of practice : Learning, meaning and identity[M].Cambridge, United Kingdom : Cambridge University Press, 1998, 72-85.

②Brouwer P, Brekelmans M, Nieuwenhuis L, edal.Fostering teacher community development : A review of design principles and a case study of an innovative interdisciplinary team[J].*Learning Environments Research*, 2012, 15（3）: 319-344.

③Shin J M.A collaborative group study of Korean mid-career elementary teachers for professional development in music[J].*International Journal of Music Education*, 2018, 36（1）: 34-46.

④Gersten R, Dimino J, Jayanthi M, et al.Teacher study group : Impact of the professional development model on reading instruction and student outcomes in first grade classrooms[J]. *American Educational Research Journal*, 2010, 47（3）: 694-739.

⑤Cohen S G, Bailey D E.What makes teams work : Group effectiveness research from the shop floor to the executive suite[J]*Journal of Management*, 1997, 23（3）: 239-290.

合表现[1]。由此可见，组织（Team）强调共同的承诺和责任，是其区别于群的肯綮之处。瓦格瑞肯（Vangrieken）对组和群在教育研究语境下的应用比较发现[2]，教师组的明显特征是每个组员在共同的目标和责任规约下互动实践，完成共同的任务目标，而教师群强调具备共同属性的教师个体形成特有的集合，较多地关注个体目标、注重个体责任。从本研究界定的教师合作学习概念内涵来看，那些旨在聚焦于专业发展与学生学习的联合互动或行动均为教师合作学习实践范畴，因此把在学校组织范围内为了达到共同合作目标而一起承担责任、共同承诺、相互依赖的教师个体的组（群）集合组织一并纳入教师合作学习的术语框架内。

2. 教师合作学习研究的内容范畴

运行 Citespace5.3.R4 软件，利用关键词共现技术得到高频次、高突现率和高中心性的关键词信息见表 2-5，同时参照文献摘要信息进行聚类分析。关键词共现信息及摘要聚类图谱可以从整体上提供教师合作学习研究主题所覆盖的研究内容，然而数据结果仅可作为一个重要的方向性参考，具体研究范畴仍需要对关联文献的系统爬梳。

表 2-5　教师合作学习主题文献的共现关键词信息

频次	突现率	中心性	关键词	频次	突现率	中心性	关键词
33	5.21	0.29	collaboration	7	—	0.04	elementary school
24	—	0.03	professional development	6	—	0.07	distributed leadership
21	4.09	0.16	community	6	—	0.02	mathematics
19	—	0.18	communities of practice	5	—	0.01	data use
18	—	0.05	knowledge	5	—	0.02	innovation
17	3.14	0.11	classroom	5	—	0.01	early childhood education
15	—	0.15	education	5	—	0.03	lesson

[1]Katzenbach J R，Smith D K.The discipline of teams[J].*Harvard Business Review*，2005，83（1）：152-170.

[2]Vangrieken K，Dochy F，KYNDT E，et al.Teacher collaboration：A systematic review[J].*Educational Research* Review，2015：15（1）：17-40.

续表

频次	突现率	中心性	关键词	频次	突现率	中心性	关键词
14	–	0.18	belief	5	–	0.03	implementation
14	–	0.07	impact	5	–	0.01	decision making
13	–	0.08	school	5	–	0.02	department
13	–	0.20	achievement	4	–	0.02	work
12	–	0.01	plc	4	–	0.01	organization
11	–	0.09	leadership	4	–	0.02	attitude
9	–	0.11	context	4	–	–	instruction
9	–	0.03	efficacy	4	–	0.04	challenge
8	–	0.12	community of practice	4	–	0.02	identity
7	–	0.05	inquiry	4	–	0.04	comprehension
7	4.71	0.06	reform	4	–	–	improvement
7	–	0.04	learning community				

第一个范畴为教师合作学习的实践影响研究。文献计量显示，教师合作学习在学校改革过程中作用显著，其中围绕学生学业成就方面的研究占据重心地位。表 2-5 显示，关键词影响（impact）、成就（achievement）、效能（efficacy）、改革（reform）和改进（improvement）的共现频次分别达到 14、13、9、7、4 次，其中改革的突现率为 4.71，成就的中心性为 0.2，均仅次于合作（Collaboration）对文献进一步梳理发现，研究证实组织文化视角下的教师合作学习在教师工作满意度和学生成绩间发挥着部分中介作用[1]；合作学习特征与教师学习结果有着显著关系，校本专业学习共同体对学校整体教学质量有着重要影响[2]；另外，温格实践共同体理论指导下的教职工双语课

[1]Banerjee N, Stearns E.Teacher job satisfaction and student achievement: The roles of teacher professional community and teacher collaboration in schools[J].*American Journal of Education*, 2017, 123（2）：203-241.

[2]Bénédicte V, Devos G.Exploring the link between experienced teachers' learning outcomes and individual and professional learning community characteristics[J].*School Effectiveness and School Improvement*, 2015, 27（2）：1-23.

堂实践能够有效地解决外来语学生群体学习困难及资源不足等问题。[①]另外从表 2-5 中可以发现，专业发展（professional development）的频次仅次于合作，各项特征指标值均很高，中心性 0.03、频次 24，表明教师合作研究最终实践落脚点是教师专业发展。通过"专业发展"与"教师合作"合并检索相关文章，如 2018 年一篇关于教师专业发展的研究综述，布利特（Britt）对 2016 年和 2017 年国际范围内的 43 篇关于教师专业发展主题的论文进行整合分析，发现校长领导、校外研究合作、教师内部合作、专业发展模式和情境因素是教师专业发展的主要影响因素，并提出不仅要从学习过程本身入手，还得对教师学习过程进行，形成性干预研究，才能激发、维持教师和校长广泛参与学校变革过程的兴趣[②]；莫汉（Mohan）研究表明合适的教师专业发展是学校改变教学实践的必要条件，同时该项研究还发现教师合作、共享知识信息为教师专业发展奠定了坚实基础[③]。综上，教师合作学习的实践影响研究内容主要包括学校效能改进、教师教学质量、教师效能和学生学业成就等方面，概括起来即为教师的专业发展与学生学业成长。

第二个范畴为教师合作学习类型研究。在摘要信息聚类标识词中，科学（#1science）和科学教育（#4science education）分别排在第二位、第四位，数学（mathematics）和学科组（departments）的共现频次分别为 6 次和 5 次。据此，二次文献分析显示，首先，在学科组层面的教师合作学习形式较多，其中科学学科组最多，数学学科组次之；其次，从所处年级对教师合作学习类型进行划分，可分为同一年级和跨年级的合作；最后，从学科构成对教师合作学习类型进行归类，可分为学科内合作和跨学科合作（Interdisciplinary

①Aldana U S, Martinez D C.The development of a community of practice for educators working with newcomer, Spanish-speaking students[J].*Theory Into Practice*，2018，57（2）：137-146.

②May B P.Teachers' professional development in school : A review study[J].*Cogent Education*，2018（12）：1-41.

③Mohan P P, Chand D D, Lingam G I.Teachers' perceptions of the impact of professional development on learning and teaching in a developing nation[J].*Australian Journal of Teacher Education*，2017，42（11）：18-33.

teaching）[1]。有研究统计发现[2]，跨学科合作多于学科内合作，同一年级水平内合作多于跨年级水平合作，同一年级的跨学科合作远多于跨年级跨学科合作，同一学科的跨年级合作比较少见。此外，还有一些特殊的合作学习形式，如按照学生群体的稳定性可分为固定合作和循环合作，前者指固定教师群体始终在同一年级教学而进行合作，后者则为不固定的教师围绕固定的学生群体而共同工作[3]，根据时间可分为临时合作和持久合作，如缘于临时项目需要而组织起来的临时合作组（Collaboration group）。摘要聚类标识词显示，专业学习组（#8professional learning teams）和组（#7teams）两大聚类标识词聚类尺寸较大，说明校内以教师组为单元实体的合作实践形式较为常见。对美国南部的一个州的18 所小学、初中和高中的卓越教师同伴小组（Teacher Peer Excellence Groups，TPEG）的研究显示，TPEG 教师合作学习模式由同一学科教师或同一年级水平教师组成的团队，定期合作进行课程计划、同行观察、同行反馈和课程修改等教研活动，TPEG 过程由教师领导并获得校长的支持，研究结果表明在教师教学实践去私有化过程中他们感到欣慰的关键前提就是校长领导的支持，强调校长为教师的教学领导提供灵活性和支持性条件的重要作用。[4] 另外，在 12 所爱尔兰中学，有研究人员对教师合作学习开展了一项持续的实验研究[5]，首先自愿参与的教师观察学生接受大学研究者授课的过程，然后教师将观察到的教学过程形成一个固定的模式并加以记忆掌握，两轮教学结束后，大学研究人员与教

①Kullberg A，Runesson U，Marton F，et al.Teaching one thing at a time or several things together?−teachers changing their way of handling the object of learning by being engaged in a theory−based professional learning community in mathematics and science[J].*Teachers & Teaching Theory & Practice*，2016，22（6）：745−759.

②Vangrieken K，Dochy F，KYNDT E，et al.Teacher collaboration：A systematic review[J].*Educational Research* Review，2015：15（1）：17−40.

③Supovitz J A.Developing communities of instructional practice[J].*Teachers College Record*，2002，104（8）：1591−1626.

④Cravens X，Drake T A，Goldring E，et al.Teacher peer excellence groups（TPEGs）.Building communities of practice for instructional improvement[J].*International Journal of Lesson and Learning Studies*，2017，55（5）：283−292.

⑤Girvan C，Conneely C，Tangney B.Extending experiential learning in teacher professional development[J].*Teaching and Teacher Education*，2016（58）：129−139.

师一起反思讨论，一年过后来自同一所学校的老师间可以合作地开展教学、观察和反思等活动，研究结果表明教师在合作学习过程中受益颇多，授课过程以学生为中心更加明显，同时证明有经验的教师可以领导学校专业学习活动，且该合作学习模式在没有大学研究者参与的情况下同样可以运行。

第三个范畴为教师合作学习深度研究。知识（knowledge）、课堂（classroom）、信念（belief）、探究（inquiry）、资料使用（data use）和决策（decision making）在表2-5中的共现频次分别为18、17、14、7、5、5，其中课堂的突现率为3.14；在摘要信息的第三大聚类标识词合作（#2collaboration）中，多见的词汇包括基于资料的决策制定（data-based decision making）、课堂交流（classroom talk）和资料组干预（data team intervention）等。从文献计量结果来看，研究涉及合作过程的词汇较多，通过文献深度阅读发现，这些计量信息指引下的研究内容主要是教师合作知识、信念和过程的研究，尤其是聚焦于课堂教学及资料使用的对话、决策、行动等合作学习探究环节的探讨，可归结为合作深度研究。安布勒（Ambler）对6个澳大利亚小学教师的质性研究发现，课堂和学校为教师的专业学习提供了诸多机会，教师需要学会与他人交谈并把获得经验运用到日常教学实践，即教师需要与他人共同工作并从日常实践中学习。[1]然而，在真实教育实践中要做到与他人合作工作也会出现困顿局面。有研究发现，一些教师合作仅限于教学材料、教学活动、测试内容和教学进度等日常教学的讨论，而在教学法、教学难点、观课评课、教学评价等方面交流甚少[2]；霍恩等人（Horn）通过对美国中学77次教师小组会议的质性研究发现，教师很少对即将开始的教学具体环节进行集体的交流解释，且沟通内容仅停留在课程教学环节和教学主题上[3]。对于合作学习浅表化现象，有人归因于回避冲突的文化取向，即冲突一方面有碍人际关系的维系，而另一方面却利于有意义争论的迸现，然对其试图规避却又尝试留存

[1]Ambler T B.The day-to-day work of primary school teachers：a source of professional learning[J].*Professional Development in Education*，2016，42（2）：276-289.

[2]Cheng L P, Ko H.Teacher-team development in a school-based professional development program[J].*The Mathematics Educator*，2009，19（1）：8-17.

[3]Horn I S，Garner B，Kane B D，et al.A taxonomy of instructional learning opportunities in teachers- workgroup conversations[J]*Journal of Teacher Education*，2017，68（1）：41-54.

的尴尬抉择让很多合作学习浮在表面[①]；菲利普斯（Phillips）访谈中学教师，让他们陈述学校改革中的合作学习实践形式，包括教师互相观课、录像复习案例课、集体探究新的教学实践、教学技能素养提升课程和加入同伴评议组等，诸如此类的合作方式对教学实践都产生了重要影响，强调学校合作学习文化从传统教学实践中的孤立主义向合作主义的根本性转变，是扭转合作浅表化现象的重要举措。[②]综上所述，教师合作深度不一，嵌入个人主义的合作多强调个体责任和自主性，那些脱离教学实践的合作多关注任务导向和责任划界，而真实的合作则是在共同愿景下围绕课堂教学实践而有效生发的，理想的合作必然是教师自然地共同立足于教学改进、实践共享和学生学习的高效互动。

第四个范畴为教师合作学习影响因素研究。聚类标识词校长（#0principals）、学科组长（#9department heads）；关键词环境（context）、分布式领导（distributed leadership）、组织（organization）和态度（attitude）均有着较高的共现频次，结合具体文献，这一类关键词和聚类指向的研究可归纳为教师合作学习的影响因素研究。研究表明，积极因素可概括为个人品性特征、结构规范特征、群组背景特征、过程环节特征和组织环境特征五个向度。个人品性特征方面，主要是与个体成员的态度、个性或能力有关的积极因素，如合作意愿或承诺、合作认同等；[③]结构规范特征，主要指合作进程中的结构性元素，涉及时间规划、成员稳定性、设施匹配性、规则适用性、专业互动性等；[④]群组背景特征，包括规模、周期、支持性氛围、领导力和效能感等；[⑤]过程环节特征，主要与合作

① Kelchtermans G.Teacher collaboration and collegiality as workplace conditions： A review[J]. *Zeitschrift für Pädagogik*，2006（52）：220–237.

② Phillips J.Powerful learning： Creating learning communities in urban school reform[J]. *Journal of Curriculum and Supervision*，2003，18（3）：240–258.

③ Stephenson L G，Warnick B K，Tarpley R S.Collaboration between science and agriculture teachers[J]. *Journal of Agricultural Education*，2008，49（4）：106–119.

④ Meirink J A，Imants J，Meijer P C，Verloop N.Teacher learning and collaboration in innovative teams[J].*Cambridge Journal of Education*，2010，40（2）：161–181.

⑤ Truijen K J P，Sleegers P J C，et al.What makes teacher teams in a vocational education context effective?A qualitative study of managers' view on team working[J]. *Journal of Workplace Learning*，2013，25（1）：58–73.

过程有关的灵活性、人际关系、冲突应对、任务重点、互动交流和专业自主性等；[1]组织环境特征，如学校文化氛围、监督评价体系、管理结构等。[2]综合分析发现，个体努力程度不足、知识技能缺失、合作意愿不强、合作观念偏差，群组成员存在山头主义、目标分歧、沟通不畅、流动性差，合作组织存在虚假合作、无效领导，诸如此类的人为性因素必然会对合作产生不利的影响。另外，时间不足和工作压力是较为普遍的过程性阻碍因素；个人主义、独立性和隐私性并存的专业发展传统是较为突出的文化层面的阻碍因素。关于其他的影响因素研究，如布劳内尔（Brownell）等人在一篇关于教育合作的研究综述中发现，积极的情感因素、提高效能感和增强知识基础等对教师合作学习实践存在积极的影响。[3] 对此，沙哈尔（Shachar）等的研究也给出了证据，高水平的自我效能感与教师合作行为的增加有关联。[4]另外，沟通交流作为教师合作学习的必要实践环节，沃瑞克（Vrikki）等人借助一个由30名中小学教师（27名小学教师，3名初中教师，教师分组时多为3人一组，参加项目时间为3~7个月）参加的课程研究（Lesson Study）项目进行追踪研究，目的是了解教师之间的对话如何促进他们的学习，并运用质性研究挖掘对话沟通的发生机制。研究者通过分析小组学习中教师观课后的反思性对话视频，从对话言行（Dialogic moves）、讨论范围（Scope of discussion）和学习过程（Learning processes）三个维度展开。对话言行包括要求、观点、意见和说服（requests for information，opinions and clarifications，building on ideas，and providing evidence or reasoning），研究表明

①Somech A.Managing conflict in school teams：The impact of task and goal interdependence on conflict management and team effectiveness[J].*Educational Administration Quarterly*，2008，44（3）：359–390.

②Sukru B M，Bulut O，Gedik S.Investigating professional learning communities in Turkish schools：the effects of contextual factors[J].*Professional Development in Education*，2017，43（3）：353–374.

③Brownell M T，Yeager E，Rennells M S，et al.Teachers working together：What teacher educators and researchers should know[J].*Teacher Education and Special Education*，1997（20）：340–359.

④Shachar H，Shmuelevitz H.Implementing cooperative learning，teacher collaboration and teachers' sense of efficacy in heterogeneous junior high schools[J].*Contemporary Educational Psychology*，1997（22）：53–72.

建立在个人观点基础上的对话行为影响着教师个体的描述性学习过程（关注的是实践层面的具体案例），没有发现明显的对话行为对解释性学习过程（将具体实践与理论联系起来）有所影响。[①]

第五个范畴为教师合作学习定义研究。合作可以定义为群体联合互动地执行共享任务所需的活动。这个概念不是一成不变的，但不同类型的合作可能会导致合作深度不尽相同，在某种意义上合作可以看作是一个涵盖性的学术统称。[②] 韦斯特（West）把合作是看作一种互动，涉及两个或两个以上团队成员的计划或解决问题的过程[③]，该定义增加了清晰度，它涵盖了作为合作互动部分的两个具体行为（计划和问题解决）。教师合作学习，索耶（Sawyer）给出的定义，指教师在互动过程中解决问题或制订计划的发生才能视为合作学习[④]。除此之外，巴洛特（Barott）在学校合作组织转型难的讨论中，他们提出在组织中或教师群体中合作学习的另外一种特征，即在将学校改变成具有协作性的组织过程中，要求人们分享信息、共同决策、一起工作，本质上是要求他们改变彼此间的关系模式，从而让教师们变得更加相互依赖。[⑤] 互动、共享是合作学习必要因素，但共享属于合作学习的高级状态，如决策共享、知识共享等，即共享是一种深层次的合作学习样态。比较而言，布鲁斯（Bruce）定义较为妥当：教师合作学习指涉及两个或两个以上的教师在相互依赖的关系中通过共享的信息、知识、计划和解决问题而展开的互动过程。[⑥] 从这个意

①Vrikki M，Warwick P.Teacher learning in the context of Lesson Study ： A video-based analyses of teacher discussions[J].*Teaching and Teacher Education*，2017（61）：211-224.

②Vangrieken K，Dochy F，Raes E，et al.Teacher collaboration ： A systematic review[J]. *Educational Research* Review，2015，15（1）：17-40.

③West J F.Educational collaboration in restructuring of schools[J]*Journal of Educational and Psychological Consultation*，1990，1（1）：23-40.

④Sawyer L B E，Rimm-Kaufman S E.Teacher collaboration in the context of the responsive classroom approach[J]. *Teachers and Teaching ： Theory and Practice*，2007，13（3）：211-245.

⑤Barott J E，Raybould R.Changing schools into collaborative organizations[C].In D. G.Pounder （Ed. ），Restructuring schools for collaboration ： Promises and pitfalls.Albany，NY ： State University Press，1998 ： 27-42.

⑥Bruce H E.Finnish teacher collaboration ： The behaviors，learning，and formality of teacher collaboration[D].Utah State ： Brigham Young University Doctoral dissertation，2017 ： 4.

义上来看，国外教师合作学习文献搜索规则中教师合作学习的概念相对而言也是一个上位的概念，总体上参照布鲁斯的定义，没有明确界定教师合作学习的概念内涵，而是把形如教师组、教师专业学习共同体和实践共同体等教师合作学习实践形式合并纳入研究。

第六个范畴为教师合作学习实践形式研究。合作教师群体可能是固定的，也可能在合作学习的意义上自然形成的较为松散组织。从这个角度来看，固定或者自组织的合作学习形式划分不依赖于任何一种形式或系统的合作，可以应用于更广泛的领域或背景环境中。因此，正式和非正式合作成为教育组织行为研究和社会网络研究中的常用学术术语。正式和非正式教师合作学习概念的提出是为了阐释教师合作学习过程，以区分固定合作和自然合作。索耶提出了三种区分方式[1]：第一，合作学习是教师自愿的还是学校要求的，若为学校统一要求，则可称为校本合作；第二，非正式的合作更多是自发的，正式的合作则是有组织或有计划的；第三，合作的环境，非正式的合作发生在走廊、办公室、休息室等任何场所，而正式合作的发生多为官方设置，如教职工会议、合作组或专业发展会议。这种正式与非正式合作区别，也为多数研究者所接受。然而，关于哪种合作方式是有效的，则观点不太统一。例如，莱纳德（Leonard）认为非正式合作比正式合作更有效。[2] 有研究发现，教师休息室交流等非正式的合作学习在知识共享过程中也发挥着重要作用，希夫（Schiff）认为非正式合作与学校组织的正式会议组等正式合作学习组具有相似的功能[3]。艾伦（Allen）则强调两者均具有重要作用，正式和非正式合作学习组织形式均是教师个体间进行沟通和传播知识的途径，其中应该强调共享信息和知识是二者共同的关键行为，正式合作组织是由管理部门

①Sawyer L B E, Rimm-Kaufman S E.Teacher collaboration in the context of the responsive classroom approach[J].*Teachers and Teaching：Theory and Practice*，2007，13（3）：211-245.

②Leonard L J, Leonard P E.Reculturing for collaboration and leadership[J].*The Journal of Educational Research*，1999，92（4）：237-242.

③Schiff D，Herzog L，FARLY-RIPPLE，E，et al.Teacher networks in Philadelphia：Landscape，engagement，and value. Perspectives on Urban Education[EB/OL].[2018-12-8] Retrieved from http：//www.urbanedjournal.org/.

规定并强制产生的，通常是遵循组织战略与使命，非正式合作组织是非官方认定、不受管控的组织结构。[①] 因此，从艾伦等人的观点来看，非正式的和正式的教师合作都可以存在于学校组织中，所以在本质上正式和非正式合作都是分享信息和知识的机会。[②] 在西方研究文献中，正式合作（学校要求的）或非正式（自愿的）合作学习在很多研究中同时存在，除非刻意研究两者的区别。

第七个范畴为教师合作学习评价研究。首先从教师合作评估工具的来看，加达（Gajda）创建的教师合作评估提纲（Teacher Collaboration Assessment Rubric，TCAR），作为一种形成性评价工具用来评估教师合作学习的质量，主要是在教师专业学习共同体中的合作形式。[③]TCAR 包括四个要素——对话、决策、行动和评价，也就是对古德莱德（Goodlad）提出的 DDAE "探究环"理论的应用与拓展。"探究环"是由古德莱德和曼特尔－布罗姆利（Goodlad&Mantle-Bromley）最早概括提出，认为其是一个围绕共同目标而进行对话、决策、行动和评价的持续性过程，缩写为 DDAE，并称之为学校革新最为重要的媒介[④]。对话（Dialogue），描述了组织在领导力、教学实践及其改进方面的人际沟通程度；决策（Decision making）是指组织评价其实践的有效性或价值，然后决定合适的实施步骤；行动（Action），描述了组织在做出决定后实际执行决策的程度，因为决策本身是没有意义的；评价（Evaluation）是指组织通过系统地收集检查表现数据对实践效果的评估。TCAR 的四个要素中的每一个都被划分为三个类别或描述符，让评价者决定组织的特定要素的运作程度。在实践中，TCAR 提供了可操作的评价方式，对教师专业学习共同体中教师合作学习实践的改进有着重要作用，同时也为管理者的量化评价实践提供重要的数据来源。另外，从教师合作效果来看，多数研究集中在学生

---

①Allen J，James A D，Gamlen P.Formal versus informal knowledge networks in R&D：A case study using social network analysis[J].*R&D Management*，2007，37（3）：179-196.

②Ipe M.Knowledge sharing on organizations：A conceptual framework[J].*Human Resource Development Review*，2003，2（4）：337-359.

③Gajda R，Koliba C J.Evaluating and improving the quality of teacher collaboration：A Field-tested framework for secondary school leaders[J].*Nassp Bulletin*，2008，92（9）：139.

④Goodlad J，Mantle-Bromley C，Goodlad S J.Education for everyone：Agenda for education in a democracy[M].San Francisco：Jossey-Bass，2004：110.

学习成绩，也有少数研究从教师学习改进和学校发展的视角进行端量，总体上积极层面的研究结论居多，然而也有部分研究得出了负面的影响，如教师合作学习导致教师人际间的竞争、冲突等。教师合作实践评价研究为教师合作学习实践改进提供了重要前提。教师合作的微观过程是整个改进环节的落脚点，而合作实践组织的优化则为其提供了操作平台。具体言之，微观合作过程的完善，首先要对合作过程质量进行有效评价，然后根据评价结果指导教师在合作中做出精准调整，最后作为外部评价主体的管理者或参与人需要设计有效的认可或奖励机制，以进一步强化微观过程的改变。在实践环节中，评价框架与质量指标体系的构建是整个微观过程完善的关键。

三、教师专业学习共同体研究

从教师合作学习文献综述结果来看，教师专业学习共同体是一个常见的研究术语，尤其是国外教师合作学习研究，这一点充分印证了教师合作是教师专业学习共同体的核心运行环节之一的理论界说。事实上，教师专业学习共同体是一个多义的概念术语，可以理解为一种实践形式，也可以看作为一种实践理念，在不同研究视域中有着不同的内涵。正如前文综述可知，有些研究中将教师专业学习共同体视为一种具有操作性内涵的合作学习实践，而本研究中教师合作学习则是基于教师专业学习共同体理念的一种实践形式。因此，对国内外教师专业学习共同体研究文献的系统梳理，可以更加清楚地了解相关研究主题的脉络及其理论演进，进而为本研究顺利开展提供知识基础和方向。

（一）国外教师专业学习共同体研究

从 20 世纪 80 年代滕尼斯的社会学名著《共同体与社会》问世以来，共同体理论逐渐受到关注，涵盖血缘、地缘和精神共同体，分别基于血缘的纽带、地缘的邻近以及共同精神追求而构建起来，其中精神共同体是最高形式的共同体。[①] 圣吉最早将共同体概念放置于实践中，提出"学习型组织"的

---

① 斐迪南·滕尼斯. 共同体与社会：纯粹社会学的基本概念 [M]. 林荣远，译. 北京：商务印书馆，2010：65.

五个概念特征：对自我的不断超越、心智模式的改善、共同愿景的建立、系统思考和集体学习。学校教育系统组织需要坚守提高学生知识水平的教育职责，然而教与学的方式正面临着前所未有的挑战，正如圣吉所言："我们需要创建一个学习的地方，更确切地说是学习的教室、学习的学校和学习的共同体，如此才能点燃适应社会发展和知识变化的学习的希望。"① 继而，学习型组织概念在全社会得到广泛传播和引用，并逐渐由欧美教育学者植入教育理论研究与实践。埃克（Eaker）进一步将学习共同体引入学校，认为学校能够获得实质性发展的关键是让教师团结起来形成一个专业学习共同体。② 经过杜福尔（Du-Four）、霍德（Hord）、胡弗曼（Huffman）和希普（Hipp）等多位学者的研究，先后提出了教师专业学习共同体概念框架、基本特征，并展开实践研究。

1. 教师专业学习共同体概念研究

关于教师专业学习共同体概念，杜福尔（DuFour）认为其在先前很多研究文献中都是模糊不清的③，对此拉莫斯（Lomos）等人将这种现象归因于定义的多样性和内涵的差异性④。相比而言，斯里格斯（Sleegers）则竭力避免概念的模糊性，他将专业学习共同体描述为包含组织、个体和人际三个维度的概念模型⑤：组织维度包括资源、结构和系统等支持条件，时间、信息、材料等可用资源，信任、尊重、融洽等人际氛围，以及激励、共享、参与型等领导文化；个体维度指教师对知识的主动反思与建构，即教师对认知结构的调整和对知识的灵活运用；人际维度主要指包含行为要素的交往实践，如教师间共享实践、协作、对话，以及规范要素层面的价值观念，如共同的愿景和共

①Senge P.Schools that learn：A fifth discipline filedbook for educators，parents，and everyone who cares about education[M].New York，NY：Doubleday，2000：25.

②Eaker R，DuFour R.Getting started：Reculturing schools to become professional learning communities[M].Bloomington，IN：Solution Tree，2002：121.

③DuFour R.What is a "professional learning community"?[J].*Educational Leadership*，2004，61（8）：6-11.

④Lomos C，Hofman R H，Bosker R.Professional community and student achievement-A meta-analysis[J].*School Effectiveness and School Improvement*，2011，22（2）：121-148.

⑤Sleegers P.Towards conceptual clarity：A multidimensional，multilevel model of professional learning communities in Dutch elementary schools[J].*The Elementary School Journal*，2013，114（1）：118-137.

同的责任等。在此三维度概念内涵出现之前，学者们对于组织、个人和人际三个层面内涵的侧重程度不太一致。奥利维尔（Olivier）[1] 和维斯切（Visscher）[2] 等人仅把组织文化作为专业学习共同体概念的子维度，而麦克劳克林（Mc-Laughlin）则着重引入个人能力 [3]，瓦尔斯特伦（Wahlstrom）和路易斯（Louis）等学者强调人际层面的内涵解读，他们仅把组织和个人视为影响人际特征的可能性因素 [4]，贝恩科特（Bénédicte）在实证研究中把人际特征作为专业学习共同体的结果变量，而把组织或个体层面的领导力作为因素变量，其中人际特征包含行为和规范两个维度，如行为特征中的共享实践、规范特征中的共享的教师角色愿景等 [5]。从对西方教师专业学习共同体概念内涵研究进行梳理发现，组织、个体和人际三个维度是重要的组成因子，而其中概念间的解释差异在于三者间存在关系的解读。

在具体实践中，有学者认为不同实践背景下教师专业学习共同体内涵维度的解释不一，但从其演进历程来看存在着一个国际性共识，即它导引着以群组为单位的教师选择以一种持续的、反思的、合作的和包容的专业学习发展方式，并在以学生学习为中心的共同愿景下共享并检视彼此的教学实践。[6] 路易斯等学者从专业共同体的功能出发，强调只有提供更多的具有支

①Olivier D F，Hipp K K.Assessing and analyzing schools as professional learning communities[C]. In Hipp K K，Huffman J B（Eds.），Demystifying professional learning communities：School leadership at its best.Lanham，MD：Rowman & Littlefield，2010：29-42.

②Visscher A J，Witziers B.Subject departments as professional communities?[J].*British Educational Research Journal*，2004，30（6）：786-801.

③McLaughlin M W，Talbert J E.Professional communities and the work of high school teaching [M].2nd ed. Chicago，IL：University of Chicago Press，2001.

④Wahlstrom K，Louis K S.How teachers experience principal leadership：The roles of professional community，trust，efficacy，and shared responsibility[J].*Educational Administration Quarterly*，2008，44（4）：458-496.

⑤Bénédicte Vanblaere，Devos G.Relating school leadership to perceived professional learning community characteristics：A multilevel analysis[J].*Teaching and Teacher Education*，2016，57（5）：26-38.

⑥Stoll L，Bolam R，Mcmahon A，et al.Professional learning communities：A review of the literature[J]*Journal of Educational Change*，2006，7（4）：221-258.

持性、吸引性的工作氛围才能增进教师的研究能力并使他们更加有效地培育学生；霍德从专业共同体过程与结果融合视角把教师专业发展与学习实践联结起来，首次在文献中完整地呈现专业学习共同体概念，并对从学习者的专业共同体和持续的探索与改进共同体两个拆分而来的子概念加以论述，指出其实质性内涵，即在提升专业能力和促进学生学习的目的下，学校教师和管理者不断探究、共享学习经验并改进教学实践的过程样态。近来也有学者把其解析为一种实践文化，认为教师实践共享固然必要，而更重要的是建立一种包容、自然、持续的以及聚焦于检视实践的合作文化，并以之更好地促进学生学习。维特海默把专业学习共同体视为专业共同体的子集①，前者限定来自同一个学校的教师组建的不同群组教师共享并批判性地检视实践以促进专业发展，而后者则包括所有为了专业发展而共同努力的教师群体，可以是来自不同学校的教师。总之，从专业共同体到专业学习共同体概念演进，裹挟着因素、功能、过程、结果及文化的复杂性，这一点在不同研究文献的术语运用上可以得到印证。

2. 教师专业学习共同体的特征研究

加拿大埃德蒙顿大学的一个课题组在 2006 年总结概括认为教师专业学习共同体具备四个特征②：第一，强调探究和反思的学习立场，通过持续的学习过程来发挥作用，如对教学现状、人际关系、组织文化等组织氛围的改进；第二，培养了领导力、学习力等成长方面必需的能力，并提供学习组织需要的物质、人力资源支持；第三，强调教学过程，关注教学实践蕴含的专业知识，尊重成人学习的原则，提供有意义的专业学习活动；第四，具备推动教育变革的动力，致力于提高教师实践素养和学生学业成就。杜福尔特别强调，教师专业学习共同体应该秉持的核心原则是学生主动学习而不是被

---

①Westheimer J.Learning among colleagues：Teacher community and the shared enterprise of education[C].In M. Cochran-Smith，S.Feiman-Nemser，J.McIntyre（Eds.），Handbook of research on teacher education.Reston，VA and Lanham，MD：Association of Teacher Educators and Rowman，2008：756-782.

②InPraxis Group Inc.Professional learning communities：An exploration[R].Edmonton，Alberta，Canada：Alberta Education，2006：7-8.

动受教，并提出助推专业学习共同体实践的三个问题[①]：想让学生学习什么；如何知晓什么时候怎样学的；如何应对学习困难的学生。专业学习共同体的本质思想是使得上述三个问题中的任何一个都可以在教师合作情境中较好地解决。随着研究的深入，杜福尔和埃克明确界定教师专业学习共同体具有的核心特征[②]：愿景、使命、价值观和目标都聚焦于学生学习，教育者要为了学生而接受高强度的学习；以学习为中心的合作学习文化，通过协作工作、相互负责，以实现与全员学习目的相联系的共同目标；对最佳实践方案和实际问题的集体探究，共享知识让教师能够做出更明智的决定，并增加达成共识的机会与可能；以行动为导向的方法，围绕着从实践中学习的原则，让教育者明白最有效的学习总是在采取行动的前提下发生的；对持续改进的承诺，表现为对现状的持续不安，并不断寻找实现组织目标的方法；以结果为导向，成员明白对付出努力程度的判断评价基于学生学习结果而非教师教学自身。霍德[③]和纽曼[④]强调教师实践去私有化的重要性，即公开教学实践使同事之间能够互相观察、评价并提供有意义的反馈意见。同样，富兰（Fullan）提出的专业学习共同体的基本属性包括以探究为基础；以学生学习为中心，以目标和结果为导向，合作，反思，基于共同的价值观和信仰，持续改进。[⑤]总之，不同学者对教师专业学习共同体特征的归纳各有侧重，但有一点是共通的，即学者们均把教师专业学习共同体置于学校背景下，参照一定理论将其描述为一个专业组织，且所有教师组织成员在具有包容性、支持性和定义清晰的共同体内致力于专业学习。

---

①DuFour R.What is a professional learning community?[C].In DuFour R，Eaker R（Eds.），On common ground：The power of professional learning communities.Bloomington，IN：Solution Tree，2005：32-33.

②DuFour R.Revisiting professional learning communities at work：New insights for improving schools[M].Bloomington，IN：Solution Tree，2008：15-17.

③Hord S M.Learning together，leading together：changing schools through professional learning communities[M].New York，NY：Teachers College Press，2004：7.

④Newmann F M，Associates.Authentic achievement：Restructuring schools for intellectual quality[M].San Francisco，CA：Jossey-Bass，1996：181-183.

⑤Fullan M.Change forces：Probing the depths of educational reform[M].London：Falmer Press，1993：80.

毋庸置疑，教师专业学习共同体的最终实践目的是提高学生的学业成绩，教师合作探究促进学生有效学习的方法，也能够聚焦于探讨改进课堂教学的策略。① 目标达成的关键是教师合作学习，一些学者认为人际合作的体现是一个社会学习系统成员们分享实践并一起协作实现预期结果，也就是说把教师专业学习共同体看作为教师合作功能最强的形式。② 在理论构建时，教师专业学习共同体内涵的特征肯定存在一些区别，这一点从上述学者对专业学习共同体的特征概述中可以得到确证。然而，从具体叙述中也可以发现一些重叠的特征维度：首先，建立一个合作文化旨在解决常见的专业实践问题并分享提高教学的策略；其次，承诺构建一个确保高效率学习的共同愿景或定义明确的价值体系；最后，强调教师实践去私有化重要性，以利于教师间的相互学习。因此，不难发现，教师协作、共享实践和共同愿景是教师专业学习共同体的核心内涵特征。

（二）国内教师专业学习共同体研究

鉴于国内外教师专业学习共同体概念术语的差异性，以及相应理论的本土化研究现状，国内教师专业学习共同体研究综述的目标文献从两个方面展开搜索：一方面在 CNKI 数据库中以"专业学习共同体"为关键词、主题词，筛选博士论文及北京大学核心期刊、CSSCI 来源期刊论文，同时查阅搜集专业学习共同体研究的专著；另一方面以"校本教研"为关键词、主题词和篇名，在 CNKI 数据库中检索 CSSCI 来源期刊论文。通常，国内学者多赞成教师专业学习共同体是由学校教师组成，以专业发展、促进学生学业进步为共同愿景，以合作学习为基本行为方式，以相互支持、信任和共享为核心组织文化的合作型教师专业学习群体或团队。③ 在我国基础教育阶段的学校教育背景下，校本教研是教师专业学习共同体理论的重要实践操作范式。

①City E A，Elmore R F，Fiarman S E，et al.Instructional rounds in education：A network approach to improving teaching and learning[M].Cambridge，MA：Harvard Education Press，2009：50-58.

②Gajda R，Koliba C.Evaluating the imperative of intraorganizational collaboration：A school improvement perspective[J].*American Journal of Evaluation*，2007，28（1）：26-44.

③ 刘燕飞.组织行为学视角下合作学习共同体研究 [D].济南：山东师范大学，2016：91.

1. 教师专业学习共同体研究的核心范畴

关于对国外教师专业学习共同体理论的本土化研究。从术语使用到概念界定，再到价值意义的澄清，邱德峰、李子建对教师专业学习共同体与实践共同体相关理论演进的比较研究使二者在我国教育领域中的研究思路与实践导向越加清晰。[①] 在教师专业发展问题上，无论是教师专业学习共同体，还是实践共同体，均为教师的教育教学实践筹划了可以参照的理论图景，但前者更加重视共同体内部成员的共享愿景、信念和规范，以及特别强调其在促进学校发展、改进学生学业方面的功能，而后者则更多地强调参与和互动的实践过程。[②] 共同的愿景、价值和规范是专业学习共同体的核心特征之一，对此，孙元涛认为不应过分追求同质化的共同体价值规范，只有如此，在教师专业学习发展过程中教师才能葆有其独立思考的权利。[③] 郑鑫、张佳在跨文化研究视阈下，从愿景与目标、教师集体合作与学习、支持型领导三方面出发，比较了中西方教师专业学习共同体的文化差异，指出专业学习共同体中应该注重学习形式从静态向动态发展，兼顾教师合作的冲突性与一致性，融合校长专业领导和行政权力等在对其进行本土化研究中发挥着关键作用。[④] 另外，当前教师个人主义、学习权利异化以及合作学习困惑等窘境，仍然是我国教育实践情境中教师专业学习共同体理论应用及发展的主观性障碍。[⑤] 如何克服这些主客观影响因素，成为教师专业学习共同体理论本土化的关键。张莉从教师专业学习共同体的实践功能出发，将我国基础教育阶段的专业学习共同体分为教学改进型、教师发展型和教学研究型三种，其中教学改进型包括自上而下行政主导的学科组和教研组，教师发展型是由专业人员领导、行政人员

---

① 邱德峰，李子建. 教师共同体的发展困境及优化策略 [J]. 河北师范大学学报（教育科学版），2018，20（2）：53-58.

② 李子建，邱德峰. 实践共同体：迈向教师专业身份认同新视野 [J]. 全球教育展望，2016，45（5）：102-111.

③ 孙元涛. 教师专业学习共同体：理念、原则与策略 [J]. 教育发展研究，2011（22）：52-57.

④ 郑鑫，张佳. 中西方教师专业学习共同体的差异：跨文化比较的视角 [J]. 外国教育研究，2015，42（8）：83-94.

⑤ 杜静，常海洋. 专业学习共同体视阈下教师专业发展的遮迷与重塑 [J]. 现代教育管理，2018（6）：59-63.

主导下致力于课程改革的学习材料经验交流与分享的共同体，教学研究型共同体是行政人员号召下、教师主动申请的以探索特定教育理念和实践目标的行动研究团队。① 可见，教师专业学习共同体在实践中的文化差异性需要在理论创新和实践尝试中加以克服，才能更好地在具体教育实践中本土化应用并充分发挥其功能优势。

关于教师专业学习共同体中的合作文化研究。教师的专业发展往往围于教师职业的孤独性而停滞不前，换言之，教师主体间的对话与合作的缺失将会严重限制教师的专业发展，甚至在不同程度上带来职业倦怠等负面情绪体验。教师个体世界和群体世界共存的教师教育生活观成为教师教育改革进程中的焦点论题，也就是说，合作文化的创建直接关乎教师专业发展的实现水平。对此，时长江等人将合作文化视为教师在教育教学活动中生成的群体性的思维方式、价值取向与行为方式的综合反映。② "人为""自然"是国内研究者较为公认的两个用来区分、判断教师专业学习共同体文化样态的词汇。薛正斌等人把自然合作文化作为教师专业学习共同体文化核心，并建议摒弃管理制度、行政部门主导下"硬造"的人为合作，教师的合作意识、合作效果和合作积极性方能得到有效提升。③ 陈晓瑞、龙宝新把教师个人的教育生活和教育实践称为教师专业发展的第一摇篮，专业学习共同体是第二摇篮，指出教师个体教育生活实践主导下的个人世界和注重专业学习共同体构建的群体世界在教师专业发展中都发挥着支撑性的作用，且在差异性互动过程中逐渐巩固成型的互动合作文化将会促进教师合作实践，进而提升教师专业发展水平。④

关于教师专业学习共同体的实证研究。有学者在专业学习共同体理论视角下对北京市的教研组现状进行调查，研究结果指出重新定位教研组、提高

---

① 张莉.专业共同体中的教师知识学习研究[D].长春：东北师范大学，2017：1.

② 时长江，陈仁涛，罗许成.专业学习共同体与教师合作文化[J].教育发展研究，2007（22）：76-79.

③ 薛正斌，陈晓端.基于自然合作文化的教师专业学习共同体建构[J].教育科学研究，2011（1）：70-73.

④ 陈晓端，龙宝新.教师专业学习共同体的实践基模及其本土化培育[J].课程·教材·教法，2012，32（1）：106-114.

教研组长领导力、改善教师工作状态、改革不公平的学校生存状态等是让教研组获得更多生存空间的重要实践策略。[①] 宋萑对上海地区学校的田野调查，着重探查了教师赋权增能的政策支持对教师专业学习共同体的影响作用，研究分析发现课程改革的推进与深化有效助推了教师专业学习共同体实践运行及其发展，但应把握对教师赋权、增能和问责三种策略间的均衡尺度。[②] 段晓明的案例研究表明教师专业学习共同体的功能不应仅仅局限在教学、课程变革等微观变革价值层面，也不应该只限于作为一种教师专业发展的途径，而应将教师专业发展、领导角色、学校效能改进统整起来，形成以学生学习提高为中心的学校发展模式，即让专业学习共同体制度与文化不断渗透、磨合，以发挥更大的实践价值功能。[③] 国内教师专业学习共同体的实证研究不多，但近几年有明显的增加趋势，这也说明研究者逐渐把研究的重心转移至对教师专业学习共同体的实践现状、实践功效和改进策略等的研究。

教师专业学习共同体实践模式的创新研究。国内的一些教师专业学习发展组织或平台在保持固有实践特色的同时，也在不断汲取国外专业学习共同体的理论精华，如单志艳认为教研组是具有中国特色的教师专业学习共同体[④]。我国中小学校中完善的教师集体备课制度一方面有利于新上岗教师提升自身教育教学能力，另一方面也成为职后教师专业发展的有效途径，其为教研组的重要实践优势。然而，不可否认，我国的教研组制度也存在着一些弊端，如蒋福超和刘正伟指出目前教研组有着明显的事务化和形式化倾向[⑤]。有鉴于此，秉持自主、平等、合作型的教师文化，在教师专业学习共同体本土化建设过程中，尤其对如教研组、课题组、年级组等中国式的专业学习共同体的变革进程中亟

① 胡艳.专业学习共同体视角下的教研组建设——以北京市某区中学教研组为例[J].教育研究，2013，34（10）：37-43.

② 宋萑.课程改革、教师赋权增能与教师专业学习共同体——上海市四所小学的个案研究[J].教育学报，2011（3）：63-74.

③ 段晓明.学校变革视域下的专业学习共同体[J].比较教育研究，2007（3）：74-77.

④ 单志艳.走向中国特色教师专业学习共同体的教研组变革[J].教育研究，2014（10）：86-90.

⑤ 蒋福超，刘正伟.专业学习共同体视角下的教研组变革[J].教育发展研究，2009（10）：83-87.

待加强。有学者强调以促进学生学习为终极目标，教研组、课题组等组织成员要有共享的价值观、愿景，并从终身学习意识、探究精神、合作思维、反思能力等教师素养提升入手，同时要有完善的评价体系、有效的平台资源支持等外部条件的保障。①另外，教师专业学习共同体的实践形式也在不断创新。王淑莲等学者通过对城乡教师专业发展现状的考察强调，在组织上应采用线上线下、虚实结合、外驱内发、形散核实的学习共同体形态，在学习方式上应采用混合学习、真实情境、行动探究的深度学习方式，在动力驱动上应采用发展性评价、他组织与自组织协调、教师领导的方式②。在教育公平理念下，城乡教师资源配置差距问题日益成为学者关注的热点，其中构建城乡教师间的专业学习共同体的必要性越发明显。因此，教师专业学习共同体无论在校内还是在校际均有不可替代的实践优势，其相关实践模式的创新同样十分必要，如"校际区域联盟""互联网+"等创新实践模式相继出现，也在一定层面上说明我国教师专业学习共同体实践正在迈向全面的、深入的创新发展阶段。

2. 校本教研的主要内容

校本教研在基础教育改革与发展进程中的价值功能越来越受到学界的重视，并逐渐演变为一种具有共识性的教师专业发展理念。③校本教研是在学校教育情境下，从教育教学实践问题着眼，一种以总结经验、探查规律、凝练理论为主要行动路线的教师专业成长方式，且这条路径的三个标志性实践维度包含教师反思、同伴交流和专业支持。从中可以看出，校本教研与教师专业学习共同体有着许多共通之处，如实践共享、合作交流以及聚焦于学生学习等。在我国课程改革的教育政策的指导推进下，并伴随着基础教育综合改革的不断深化，有关校本教研的理论研究与实践探索相继展开，同时也积累了许多宝贵的实践经验和富有理论价值的文献素材。

校本教研的内涵研究。关于校本教研有学者将其界定为一种国外舶来的

① 陈勤，袁守华，陈谦.内涵式发展背景下有效学习共同体对教师专业发展的思考[J].中国教育学刊，2018（S1）：199-201.
② 王淑莲，金建生.城乡教师协同学习共同体深度学习：问题、特点及运行策略[J].教育发展研究，2018，38（8）：72-76，84.
③ 谭天美，范蔚.校本教研主体互动的缺失与回归[J].中国教育学刊，2017（1）：79-84.

教育理念，也有人认为其是我国教育教学中固有的实践样态的全新表述。从词源的分析来看，"校本"的英文表述有很多种，如"school-based""school-focused""school-centered""school-site"等。在我国课程改革背景下，"校本"是指以学校为基础、焦点、中心和实践场所的全新教育理念①。如戚群认为，"校本教研"是原本存在的教育实践样态在新时期教师教育背景下被赋予了新的名称，即在学校组织系统中教师主体以行动为导向的教育教学研究，并不能视为一种新的概念。②另外，也有人认为"校本教研"是一种新的教育理念和教育研究方式。20世纪60年代末，斯腾豪斯提出"教师成为研究者""研究作为教学的基础"口号后，行动研究逐渐成为一股重要的研究思潮。肖川和胡乐乐认为，校本教研的本质内涵就是源起于20世纪80年代引入中国的行动研究，行动研究强调教育研究对教育实践的影响，即客观评价各种因素对教育实践的影响，以达到改进教育教学的目的，"校本教研"即对"行动研究"概念的本土化呈现，可称之为一种新的教育教学研究模式。③同样，刘方也把校本教研看作是适应新形势发展需要而产生的一种全新的教育实践理念，即在学校中教育者为研究主体，研究教育教学实践中的真实问题，通过归纳总结教学经验、探索发现教学规律，进而促进教师专业成长和提高学生学业成绩的一种研究活动。④不论是本土化的还是原生态的校本教研概念，其作为一种教师专业发展方式、一种促进学校教育实践改进的策略的本质意蕴是不可否认的：针对教育实践问题展开研究，并将相关研究成果及时应用在具体教育实践中的教育教学研究活动⑤；为了改进学校的教育教学，基于实践问题、依托学校自身资源优势而开展的教育教学研究活动⑥。再有，有学者将校本教研的内涵定位于教师间主体性、互动性和自主性的实现，即认为"校本教研是一个以教师为主体，通过主体之间信息交换和行为交互，以解决教

① 丁伟红."校本"的内涵与要素[J].教育理论与实践，2006（1）：46-49.
② 戚群，李建平.新课改推动教师走校本教研之路[N].北京：中国教育报，2003-03-01（3）.
③ 肖川，胡乐乐.论校本教研与教师专业成长[J].教师教育研究，2007（1）：17-21.
④ 刘方.校本教研的理念及特征简析[J].教育理论与实践，2004（1）：14-16.
⑤ 姜丽华.校本教研：内涵、特征及其价值[J].教育科学，2004（6）：35-36.
⑥ 韩江萍.校本教研制度：现状与趋势[J].教育研究，2007（7）：89-93.

育教学实际问题为目标的互动过程"①。因此，虽然校本教研的概念界定在不同研究者间存在着一定的差异，但究其本质可以发现，校本教研可视为一种立足学校教育场域中的教学实践议题，强调教师主体间互动、交流与合作的行动方式，并以教师专业发展和学校教育实践改进为终极目标的教学研究方式。

校本教研模式研究。校本教研的模式研究主要分为管理模式和操作模式两种。首先，校本教研的管理模式分为"自上而下""自下而上"两种。"自上而下"的模式在学校运行体制中较为常见，其在一定程度上也缘于科层化的学校管理制度而存在很多缺陷。赵敏认为"自上而下"的校本教研管理模式既无法体现生命价值与人本关怀，也不能有力地回应生命体验和价值理性的应然期盼，最终导致教师接受型的被动的"自上而下"式教研思维的出现，这对于校本教研促进教师专业发展的宗旨的实现是极其不利的。②当然，对于"自上而下"的管理运行模式也有其存在的必要性，如关于国家层面的政策性倾向和咨询主题，需要以"自上而下"的课题立项的管理模式进行逐层推广。相对而言，"自下而上"的模式可以充分根据学校教师自身的实际问题，提出一些有利于改进教育教学实践的主题展开研究，有效地避免了虚假的教学研究现象。正如汪真东所言，校本教研主张教师研究自己的问题、亲自研究问题，进而实现以研究促进教学之目的。③显然，"自下而上"的管理与运行模式可以避免很多校本教研中存在的问题，可以从学校内部、教师自身的角度展开教育教学研究。其次，随着时代的进步和信息科技的发展，教师间的教研形式也在发生着变化，校本教研的实践操作模式也变得丰富起来。一方面大数据时代④的来临以及互联网⑤等沟通媒介的普及给校

---

① 谭天美，范蔚."互联网＋教研"：校本教研主体互动新契机 [J].教育科学研究，2017（4）：11-14.

② 赵敏，蔺海沣.校本教研共同体建构：从"共存"走向"共生"[J].教育研究，2016（12）：112-129.

③ 王真东，刘方.校本教研制度建立的必要性及价值 [J].江西教育科研，2004（3）：19-21，24.

④ 洪亮.大数据时代校本教研转型策略及路径 [J].中国教育学刊，2015（7）：78-81.

⑤ 谭天美，范蔚."互联网＋教研"：校本教研主体互动新契机 [J].教育科学研究，2017（4）：11-14.

本教研的实践模式带来了新的契机。在具体实践中，如联片教研、城乡互动等[①]跨学校、跨地区的合作研究呈上升趋势。另一方面，随着校本教研实践的推行，其在促进教师的专业成长、落实课程改革政策等层面的目标有所达成，但教师参与积极性不高、教研制度规则烦琐、校本教研收效甚微等问题也相继显现。为此，校本教研的实践模式也在不断地创新和发展。例如"同伴互助"模式，该模式把教师集体的共同进步作为出发点和目标，这种理论图式和操作思路使得校本教研的模式得到了扩充，并成为诸多学校校本教研实践的操作指南；[②]也有学者从生态学的视角，结合共生理论构建校本教研的操作模式，即借鉴共生系统由共生单元、关系和环境组成的理论思路，论证了校本教研共同体构建的理论基础和实践框架；[③]关于校本教研实践操作改进策略研究，有学者探讨了共享型领导方式的实现机制，尝试构建让每个教师参与其中并充分发挥主体功能的校本教研模式[④]。总之，在经历了多年的实践探索后，我国校本教研从一种非正式的活动变为一种具备正式制度的实践活动，相应地教师主体的教研状态也由非自主性渐渐转变为自主性。可见，无论在管理制度上，还是在实践操作上，我国校本教研都积累了一定的实践经验和理论成果。

校本教研文化研究。校本教研文化在促进教师合作层面发挥重要作用，同时其对教师主体合作行为也起到熏陶、启发作用，尤其在当下工具主义、技术理性空前高涨的时代中，一种优秀先进的校本教研文化可以作为教师合作实践的重要精神支柱。首先，在校本教研文化结构研究层面，金春兰秉持校本教研应从技术理性向文化取向转变的思路，强调校本教研制度建设的关键前提为校本教研文化建设，并参照文化结构的层次理论，根据校本教研实践情况，对校本教研文化结构层次进行如下划分[⑤]：第一层面参照文化体系的三

---

① 韩江萍.校本教研制度：现状与趋势[J].教育研究，2007（7）：89–93.

② 朱宁宿，张萍.教师同伴互助的校本教研模式探析[J].教育科学，2007（6）：16–20.

③ 赵敏，蔺海沣.校本教研共同体建构：从"共存"走向"共生"[J].教育研究，2016（12）：112–129.

④ 蔺海沣，赵敏.教师团队自省中共享型领导的阻力与实现机制[J].中国教育学刊，2016，（7）：75–82，88.

⑤ 金春兰.校本教研文化研究[J].教育研究，2007（4）：72–78.

分法，划分为精神文化、制度文化和物质文化；第二层面是将校本教研制度文化进一步细划为制度文化和行为文化，即划分为精神文化、制度文化、行为文化和物质文化。其次，在校本教研文化的重要性方面，在教育教学一线的实践者李军总结认为，最重要的办学经验是学校要始终立足校本教研，努力创设教师之间互相交流切磋、互相促进、互相关爱的文化氛围，进而促使学校成为一种利于教师专业成长、提升生命价值体验的学习型组织。[①] 学校积极正向的校本教研文化，在一定程度上可以促进教师专业成长、形塑学校发展的特色品牌，更为重要的是其对学生成长及学业成就具有重要意义，因为，一切教育实践活动的终极目的都是为了学生的发展。再次，在校本教研文化的特征研究视角下，刘方认为要把握校本教研的文化特征及其内涵，需要慎重处理实践过程中的继承与创新、统一与个性、形式与实质间的关系，抓住其"鲜明的人本性、典型的主动性和大众性、强烈的针对性和情境性、突出的实践性、明显的实效性、较强的依托性"[②] 等文化特征，以更好地付诸实践。最后，有关校本教研的负面文化因素存在的研究。在看到校本教研正面文化的同时，教育理论与实践者也应该看到校本教研的"非校本化"倾向的负面表现，如徐文彬指出，在具体实践中存在把校本教研当作一种时尚潮流而非适时主流的现象，且多屈服于外在力量的强迫而非内在生成。[③] 据调查，教研认识不到位、课题选择不恰当、教师受主客观因素限制、专家引领走向极端、学校制度建设不到位等问题[④] 是阻碍有效的、积极的校本教研文化生成的不利因素。

总之，校本教研在促进学校内涵式发展及引领教师专业发展的过程中发挥着重要作用。正因如此，在我国基础教育课程改革不断深化的背景下，校本教研被视为学校教育场域教师专业发展不可或缺的实践构成要素。然而，

① 李军，徐瑞芳.立足校本教研，促进教师发展 [J].中国教育学刊，2010（12）：73-74.

② 刘方.校本教研的理念及特征简析 [J].教育理论与实践，2004（1）：14-16.

③ 徐文彬.校本教研的"非校本化"倾向及其成因分析 [J].全球教育展望，2007（12）：25-30.

④ 吴焕庆，马宁.系统化校本教研有效实施的策略研究 [J].电化教育研究，2013（5）：97-103.

综观既有文献，研究者大多在理想化教育情境中探讨校本教研对于教师专业发展实践的可能意义和价值，以及在学校特色发展的宏观愿景下畅谈如何促进或影响学校的整体发展。不难发现，有很少一部分学者能够从教育现实的复杂情境视角去研究校本教研的运作机制，如林美和刘莉采用个案质性研究方法发现"观课、评课的精细化操作让教师教学过程透明化的同时也陷入去技能化的危机"[①]的实证研究结论较为少见，但对教育实践改进具有重大指导意义。学界依托实证性研究方法展开的校本教研对教师专业发展、学校发展及学生发展等方面的影响研究相对匮乏，这一点是学者们应该慎思的地方。总之，校本教研作为我国教育实践背景下的一种特殊的教师专业学习形式，从其概念、模式、文化等层面都体现着教师专业学习共同体的理论痕迹。正因如此，我国教师专业学习共同体，更多地是指学校教师群体或组织在校本教研制度下以教研组、备课组、课题组等为组织依托而进行的教师专业学习实践。在我国科层制学校管理氛围下，校本教研实践在一定程度上盘活了教师专业发展资源、营造了教师合作文化氛围，体现出重要的实践价值。

---

① 林美，刘莉.校本教研对教师专业发展的影响研究——基于北京市S小学的个案调查[J].教育学术月刊，2016（8）：74-80.

第三章　初中校长多元领导
对教师合作学习影响研究的假设与工具

　　本章主要涉及内容是初中校长多元领导对教师合作学习影响的路径构建。首先，着重引介路径构建的理论基础；其次，初步构建并论证、推演影响路径的理论模型；最后，系统研制用于路径验证的调查工具。凡此三点，皆是保障整个研究合理、科学、有效开展的关键基础。具体而言，本研究的理论基础，主要包括文化自我表征理论、交往行为理论和组织行为理论；路径模型的构建是初中校长多元领导对教师合作学习影响研究的核心环节，贯穿于问题提出、假设检验和结论讨论的整个研究过程；调查工具的研制，一方面是对国内外已有调查问卷的系统修订，另一方面是严格按照问卷编制程序的自主研发，且都有扎实的理论依据，分为校长多元领导问卷、教师合作学习问卷、教师专业学习共同体文化感知问卷、教师言语互动行为问卷和教师集体效能感问卷。

一、初中校长多元领导对教师合作学习影响研究的理论依据

　　初中校长多元领导对教师合作学习影响研究的理论基础，主要包括哈贝马斯的交往行为理论、埃雷兹的文化自我表征理论和罗宾斯的组织行为理论。参照本研究设计的总体思路，首先，哈贝马斯的交往行为理论为教育教学实践交往属性的理解提供了思辨的方向，校长与教师是管理者与被管理者的关系，同样也是领导与被领导的关系，而教师主体间主要是以教师合作学习为实践形式的交往关系。其次，文化自我表征理论主张管理实践、组织文化

和自我观念相互影响并共同作用于工作行为，其是初中校长多元领导、教师专业学习共同体文化、教师自我观念和教师合作学习影响作用路径研究的重要理论基础。最后，组织行为理论强调每一种群体组织皆具有发生、发展和稳定阶段，且每个阶段中组织面临的目标、任务和情境定会有所差异，其对教师合作学习组织的实践运行提供了发展路向，尤其对合作学习实践改进具有重要借鉴意义。

（一）哈贝马斯交往行为理论

随着神话、巫术思想的解神秘化（祛魅），即神学原理和本体论原理的可信性内涵被能够创造意义的宗教世界观取代，导致文化价值领域的分化以及知识和信仰的主观化，进而出现了主观理性主导下的工具理性，其发挥的是一种捍卫自我的功能，但无法再给出任何意义，这使得现代生活世界的同一性严重危及社会化主体的认同及其社会团结。"如果说意义丧失主题是从内在结构可以重建的文化合理化过程中推导出来的话，那么，自由丧失的主题则源于社会合理化过程。"① 社会组织要求个体行为的目的合理性必须独立于组织成员的价值理性判断和价值理性决策，其对个体行为有所控制，表现为主体只要把这些行为和一般的功利主义动机联系起来就可以摆脱道德实践理性的束缚，出现了"没有精神的专业人士""没有灵魂的享乐人士"两极态势，"主体越来越要听从于周围环境的命令"②。在当下社会中，这样的论证理路依然有着强劲的说服力。哈贝马斯的哲学理论之最终鹄的在于超越传统的本体论，终结自古希腊以来的主体理性主义物性逻辑思维传统。③ 他秉持主体间理论范式，认为工具行为和交往行为是人的社会行为的两个子维度，且主体对客体的目的性行为是工具行为的本质，而交往行为则更注重主体间的相互理解行为。从整体上而言，哈贝马斯从批判近代的"工具—目的合理性"范式入手，"以主体为中心的理性到交往理性范式的转变"④，进而确立"交往合

---

① 尤尔根·哈贝马斯.交往行为理论：行为合理性与社会合理性（第一卷）[M].曹卫东，译.上海：上海人民出版社，2004：332.

② 同上：334.

③ 焦明甲.试论哈贝马斯社会交往行动理论的得与失[J].社会科学辑刊，2007（4）：32–35.

④ 尤尔根·哈贝马斯.现代性的哲学话语[M].曹卫东，译.南京：译林出版社，2004：352.

理性"范式。然而，囿于"纯粹理性"的理想，在其强调交往理性的价值意义时，直接把工具行为和交往行为对立起来，虽然有形而上学的学理性说教之嫌，但在当前时代对教育理论与实践中主体性的关注及解释仍具有重要的指导意义。

1. 哈贝马斯生活世界的内在意蕴

现象学中的"生活世界"和结构功能主义的"系统"是哈贝马斯旨在拯救现代性危机的交往理论的一对核心概念范畴。在哈贝马斯的交往行为理论看来，"生活世界"是基础，而那些所谓的"系统"则建于其上。例如，哈贝马斯认为虽然资本主义社会的生活世界是依赖于经济系统或行政系统，但这并非是唯一的层级关系，也就是说，"合理的经济活动和合理的行政管理就有可能具有一种受到金钱和权力控制的亚系统结构"①，更好的处理方式是将权力和货币等控制中介嵌置于生活世界的种种建制之中。如此，"生活世界"的合理化使得"系统"从生活世界中不断分离开来，导致系统和生活世界自身的各种分化。按照韦伯的观点，"亚系统结构就是价值领域的分化，正是这些价值领域构成了现代文化合理化与现代社会合理化的核心"②。交往行为理论中的"生活世界"的内在意蕴可从以下四个方面展开理解。

（1）交往行为理论中"生活世界"概念的演变路径。"物理对象或物理状况的世界""意识状况或精神状况的世界""客观思想的世界"是波普尔首次区分的三个世界范畴③，他的"客观思想的世界"包括科学思想、文学思想以及艺术作品等，即理论、论据和问题等抽象思想以及社会制度和文艺作品等实体存在共同构成了所谓的"第三世界"。然而，从本体论的角度把第三世界理解为客观存在的实体的总和，在社会学基本问题中的应用有着一定的局限性，如社会生活关系是人类精神的产物，但在人类精神活动面前又保持相对的独立性。对此，贾维使用第三世界的模式来分析社会生活关系并进一步澄清，"社会是处于'坚硬的'物质世界与'柔软的'心灵世界之间的一个独

---

① 尤尔根·哈贝马斯.交往行为理论：行为合理性与社会合理性（第一卷）[M].曹卫东，译.上海：上海人民出版社，2004：71.
② 同上：71.
③ 同上：75.

立的领域。"①由此，"生活世界"的概念，以波普尔的三个世界理论为源起，经由贾维的发展，即他把波普尔的三个世界理论从认识论语境迁移到行为理论语境，并澄清了社会学行为与其中所预设的行为者的世界关联之间的重要联系，最后由哈贝马斯批判性继承与创造，提出了囊括客观世界、社会世界和主观世界的"生活世界"概念。至此，"生活世界"在具有文化、社会和个性之内在结构的同时，还外在地与客观世界、社会世界与主观世界之所谓的"世界"发生关联、相互作用。

（2）"生活世界"具有包含文化、社会和个性的三维结构。在帕森斯结构功能主义理论基础上，哈贝马斯深入论证了在何种意义上文化、社会和个性是构成"生活世界"内在结构体系的三个维度。具备纷繁复杂的意义关系的生活世界之所以形成，其关键原因在于个体与他人在互相联结的、复杂的网络关系中发生着互动，且这种网络关系主要是通过交往语言的共同中介而交叠起来②："自我—他人"的互动，一方面让个人从中获得了能力与动机，另一方面社会为其提供了丰富的资源，同时个人在此过程中发挥着形成和维护社会的作用，如此自我与他人渐渐演变为具有所谓的社会性整合的关联体。此外，文化是"自我—他人"互动过程中知识资源的提供方，同时个人在"自我—他人"互动之中也不断地创造、生产新的文化知识。

（3）"生活世界"是作为交往行为的背景因素。在"生活世界"中，相互理解的交往行为不断发生，换言之，交往的行动者始终是在生活世界的视域内行走的。值得注意的是，在哈贝马斯看来，"语言行为"是交往行为者行走于"生活世界"的关键媒介。言语表达者和言语受听者在生活世界中相遇，通过彼此间交互地提出要求，进而让各自表达和理解与"世界"（客观世界、社会世界和主观世界）相互协调，同时在此过程中也不断地"批判和证实"③所谓的有效性要求，并经排除不一致而取得认同。也可以说，生活世界是交

① 尤尔根·哈贝马斯. 交往行为理论：行为合理性与社会合理性（第一卷）[M]. 曹卫东，译. 上海：上海人民出版社，2004：78.

② Habermas J. On the pragmatics of communications[M]. Cambridge：MIT Press，1998：253.

③ Habermas J. The theory of communication action（Vol.2）[M]. Cambridge：Polity Press，1989：126.

往行为的背景，而且生活世界同时又是构成交往互动的必不可少的内在要素。在人类社会交往实践中，正是"生活世界"塑造的背景知识发挥着指导、规约交往行为的作用，参与主体间的互相理解才有可能达成。哈贝马斯认为，主体性领域与外在世界相互补充，而外在世界则有主体和其他主体共同分享①：作为事实的整体性，客观世界被假定是共有的，所谓事实是指关于相应事态的存在的陈述命题是真实的；作为人际关系的整体性，社会世界也被假定是共有的，这里的人际关系在所有参与者看来是合法的；主观世界相应构成了经验的整体性，而只有个体才能掌握这些经验，主观世界这种说法的合理性在于所有参与者都共同假定，相对于客观世界和社会世界还可以区分出来一个非共有的领域，与二者是一种平等关系。

（4）"生活世界"是相互理解的信息源。"生活世界"在交往行为者相互理解的过程中还扮演着"信息储存库"的角色。伽达默尔的现代哲学解释学理论观点也为哈贝马斯提供了重要借鉴思路，相互理解的信息库的表述正是借鉴之一，"在具体情境中，交往者凭借'生活世界'，这一稳定的信息资源储存库，可以获得有助于交往解释过程的自我理解力和信念"②。生活世界除了具备信息储存功能，还具有信息传输的功能，即生活世界作为信息库在交往过程中执行着信息输出的功能。或者说，行动情境脉络是生活世界传递的较为直观的资源平台，并在解释过程中发挥着重要作用，也正是在这种解释过程中，交往参与者不断得到彼此间理解需要的满足，这些交往行为及其目标的达成在很大程度上缘于生活世界为解释过程提供的信息资源。

2. 哈贝马斯交往行为内涵

交往行为的概念界域。在哈贝马斯的理论体系中，与"生活世界"相关联的另一对概念范畴是交往行为和工具行为。根据所涉及的是主客体关系还是主体间关系对行为进行分类，针对主客体关系而产生的行为被视为"工作"或"劳动"，而取向于主体间关系的行为则称为"交往"或"互动"。在哈贝

---

① 尤尔根·哈贝马斯. 交往行为理论：行为合理性与社会合理性（第 1 卷）[M]. 曹卫东，译. 上海：上海人民出版社，2004：52.

② Habermas J.The theory of communication action（Vol.2）[M].Cambridge：Polity Press，1989：124.

马斯看来，技术性规则支配着工具行为（非社会行为），而在至少两个主体间所承认的具有约束力的共识性规范则支配着交往行为（社会行为），前者的衡量标尺为成功与否，后者则是理解的达成与否。正是在这种意义上，工作和互动在哈贝马斯的理论中分别对应着工具行为和交往行为，且交往行为尤为受到重视。哈贝马斯根据行为与不同"世界"（客观世界、主观世界和社会世界）的关联性，首先划分出了三种行为概念①：目的（策略）行为、规范行为、戏剧行为。目的（策略）行为，其与客观世界关联，指行为者为了实现某种目的或进入一种理想的状态而运用的有效手段或恰当方法，当目的行为增添了功利主义色彩后便发展成为策略行为；规范行为，与社会世界和客观世界关联，规范是一个社会群体中共识的表现，服从规范的核心意义在于满足一种普遍的行为期待；戏剧行为，与主观世界和客观世界关联，互动参与者彼此间互为观众，并在对自身的经验表达修饰的基础上向对方表现自己。在此基础上，第四种行为概念即为哈贝马斯界定的交往行为，相比于上述三种行为概念，交往行为中语言是交往参与者实现全面沟通的有效媒介，同时在沟通过程中言语者和听者将各自的"生活世界"与"世界"关联起来以进入共同的语境，这些相关的解释性的语言行为也是哈贝马斯不同形式语用学类型划分的原始起点。

交往行为的实现机制。哈贝马斯的交往行为理论把语言的相互理解、沟通功能视为协调行为的基本机制，即语言承担着行为协调功能，而对于这一点的理解，是获得交往行为概念的关键所在。对此，哈贝马斯首先将行为与身体活动和操作活动区分开来，"因为身体活动和操作活动只是行为的连带现象，具有次要意义"②，即把行为视为一些符号表达，而行为者正是依靠这些符号至少与一个世界（通常为客观世界）建立关联。因此，有必要将主体表现意义的交往行为与主体进入世界的工具行为区别开来，这也是深入理解交往行为的必然要求。那么，交往行为如何构成、表现意义，这就涉及对交往行为与"世界"间关系的探讨，也是哈贝马斯重点论证的有关交往行为实

---

① 尤尔根·哈贝马斯.交往行为理论：行为合理性与社会合理性（第1卷）[M].曹卫东，译.上海：上海人民出版社，2004：83-93.

② 同上：97.

现机制的核心议题。因此，哈贝马斯的交往行为概念把语言设定为沟通过程的媒介，但语言只有上升到语用学的层面才具有沟通的意义，才能通过言语者把"世界"整合为一个系统，并将其用于实现沟通的解释框架。语言作为一种符号，在言语互动行为中起着关键的媒介作用。这一点在应用语言学研究者那里也有体现，语言"表达内容"的功能被称为交易性的，即把用来传递关于事实或命题信息的语言称为交易性语言，而将关涉个人态度和社会关系的功能描述成互动性语言。①

交往行为的理论价值。交往行为理论是哈贝马斯现代性重建思路的重要路径之一，是其在反思文艺复兴（14—16世纪），及至欧洲启蒙运动（17—18世纪），再到以经济发展为主导因素的全球性现代化运动（19—20世纪）等历史事件中蕴藏的现代性思想基础上的宏大构图。众所周知，从笛卡尔的"我思故我在"的抽象主体性，到康德的"绝对自我意识"，再到黑格尔强调"绝对理性""绝对精神"，在一定程度上都在试图调节感性与知性、自我与非我的矛盾，且黑格尔首先发现"主体性"这一重要的时代性原则。哈贝马斯则以黑格尔哲学作为现代性反思的起点，并尝试从围绕主客体的主体意识哲学转向语言哲学的交往行为理论。在哈贝马斯看来，交往行为应该为社会学行为理论的起点，因为在社会范围内，行为协调必然要求人们进行一定意义上的交往，而且要想实现行为的有效协调，言语行为的功能尤其应该受到足够重视。所以，交往行为理论所关注的问题是如何借助有效的沟通机制把不同行为者的行为联系起来，进而使这些行为在社会空间和历史时间范围内组成一个网络。交往行为理论可以算作在现代理性重构中点燃理性的一盏明灯，相比于存在主义非理性思考的焦虑以及后现代主义排斥理性的彷徨，有着重要的理论意义。

3. 哈贝马斯言语互动行为类型

在哈贝马斯的交往行为理论中，"策略行为""会话行为""规范行为""戏剧行为"分别代表着对应交往行为模式中的言语行为类型概念及其特定功能。简单而言，策略行为重在影响对方，参与者关注的是自己的目的；

---

① 丁建民. 语言的互动性使用和英语教学 [J]. 外语与外语教学，2000（1）：35–36.

会话行为通过呈现事态，参与者客观真实地陈述事实；规范行为意在建立人际关系，参与者把一些规范共识付诸实践；戏剧行为多为自我表现，参与者向对方展现自我。交往行为理论注意到语言的不同功能，"贯穿于由米德的符号互动论、维特根斯坦的语言游戏概念、奥斯汀的言语行为概念以及伽达默尔的解释学等共同开创的不同的社会科学传统中"[①]。可以看出，不同交往行为模式有着不同的语言功能，影响他人、呈现事态、建立人际关系或表现自我。在哈贝马斯交往行为理论视域内，语言互动的纯粹类型和形式语用学特征见表 3-1，可从中查看交往行为理论对言语互动行为的应用与解读。

表 3-1　言语互动行为的纯粹类型及特征表[②]

言语行为类型	形式语用学特征							
	典型言语行为	语言功能	行为取向	基本立场	有效性要求	世界关联	知识类型	实证形式
策略行为	以言表意命令式	影响对方	以目的为取向	客观立场	现实性	客观世界	技术策略知识	理论话语
会话行为	记述式	呈现事态	以沟通为取向	客观立场	真实性	客观世界	经验理论知识	理论话语
规范行为	调节式	建立人际关系	以沟通为取向	规范立场	正确性	社会世界	道德实践知识	实践话语
戏剧行为	表现式	自我表现	以沟通为取向	表现立场	真诚性	主观世界	审美实践知识	审美批判

　　语言媒介的价值实现需要依赖于沟通，而"沟通"一词的基本含义在于至少两个具有言语和行为能力的主体共同理解了一个语言表达"[③]，任何一种沟通都是主体间为了相互承认语境而相互合作解释过程的一部分。通过解释，交往共同体的成员把客观世界及其主体间共有的社会世界与个人以及其他集体的主观世界区分开来。三个世界概念在其中充当的是共同设定的协调系统，背景井然有序，以便参与者能够达成共识，并可以把这种共识当作事实或有效规范以及主体经验加以对待。[④] 在特定世界关联场域中，以语言为中介的交

① 尤尔根·哈贝马斯.交往行为理论：行为合理性与社会合理性（第 1 卷）[M].曹卫东，译.上海：上海人民出版社，2004：95.

② 同上：312-317.

③ 同上：292.

④ 同上：69

往行为模式，具体可以分为以下四种类型：

（1）目的行为。目的行为可以从现实性的角度来加以评判，行为规则表征的是技术知识和策略知识，这种知识储存在技术和策略当中，可以用对经验知识增长的反馈来加以改进。其典型的言语行为是以言表意、行为命令式的，主要语言功能是影响对方，促使对方实现具体语境中的理想状态。

（2）会话行为。记述式行为不仅表征知识，而且体现着经验理论知识，可以从真实性的角度加以评判，言语者试图再现一个事态，一旦命题的真实性持续受到质疑，理论话语就用其他手段把沟通行为坚持下去。其典型的言语行为是记述式的，如果参与者在沟通过程中打破了论证瓶颈，就会出现急剧的知识增长效果，这种知识储存在理论当中。

（3）规范行为。规范行为具有调节功能，道德实践知识其主要表征的知识模式，可以从正确性的角度对其进行评判，即言语者想建立一种人际关系，其典型的言语行为是调节式的，一旦调节功能受到阻碍，实践话语就用其他手段把共识行为继续下去。参与者既可以用一定的规范来检验具体行为的正确性，也可以进而检验规范自身的正确性，这种知识表现为法律观念和道德观念。

（4）戏剧行为。戏剧行为表征的是行为者自身的主观知识，也可以说一种审美实践知识，它可以从真诚性的角度加以评判，言语者试图把特有的经历展示给公众，其典型的言语行为是表现式的。对言语者自身来说，价值标准依靠评价、表达不断推陈出新，这种知识集中反应在艺术作品中。

（二）埃雷兹文化自我表征理论

在社会心理学研究领域，从马库斯（Markus）提出文化与自我概念的理论模型以来[①]，研究者开始由寻找普遍法则转向探索文化多样性的研究范式。随后的研究中，马库斯等人指出不同的自我观念对涉及自我的一切认知加工过程都会有影响[②]。由此，这种理论研究视角在很大程度上推动了基于不同文

[①]Markus H R, Kitayama S.Culture and the self : Implications for cognition, emotion, and motivation[J]. *Psychological Review*, 1991（98）：224–253.

[②]Markus H R, Kitayama S.Culture, self, and the reality of the social[J].Psychological Inquiry, 2003（14）：277–283.

化认知差异下的个体行为研究。在社会学研究中，埃雷兹（Erez）的文化自我表征理论模型（Cluture self-representation Theory）正是在此背景下发展形成的。简单地说，文化自我表征理论是一种基于文化的组织工作行为理论，可以追溯到班杜拉的社会认知理论，其核心是对工作动机的认知和解释，尤其强调个体在组织环境中依赖自我调节过程和保持自我的积极表征，而这种自我调节与组织文化特征关联紧密。

1. 埃雷兹文化自我表征理论背景

二十世纪六七十年代，组织行为理论和工作动机理论模型开始发展起来，许多理论仅关注员工个体，并没有从群体层面考察个体目标、期望、自我效能和需求满足。埃雷兹提出，文化可以为评价某些动机策略和管理实践提供解释标准及依据。然而，很长一段时间内西方组织行为理论的发展进程中并没有把文化的差异性考虑在内。这在一定程度上，导致研究者对那些可能解释文化如何与组织行为和工作动机相关的理论的淡化、忽视，而仅从认知方式视角去探讨信息加工和社会认知过程。对此，埃雷兹坚持认为，适应复杂环境的变化需要对信息加工的认知机制进行分析，进而去解释员工如何评估现况以及他们的工作动机和行为如何被这些过程所影响。因此，工作动机模型中的关键因素，如目标（Goal）、组织承诺（Organizational Commitment）则自然地就具有可评估性。因为员工对目标难易度、自我提升（Self-Enhancement）的机会以及个体内外在满意度的评估受到文化的影响，也正在此基础上，他们会对内在需求或目的进行调整，并对当下工作的组织目标作出适当承诺。然而，组织行为理论无法提供一个理解文化、管理实践和工作行为相互作用的概念框架，这也正是埃雷兹提出文化自我表征理论的重要原因。

埃雷兹对美国工业／组织心理学（Industrial/Organizational Psychology，I/O）研究领域约定俗成的观点及发展现状的分析，为其文化自我表征理论的构建奠定了基础。一般而言，创建一个新理论不是最终目的，而是实现最终目的的基础。换言之，一个好的理论模型可以提供一系列诊断和解决问题的步骤。因此，在坎贝尔（Campbell）看来，任何一个理论模型要经过三个层面的检验才能得到改进[①]：其一，通过解释式推导；其二，经过研究领域专家的评估；其三，实证性评估。埃雷兹研究发现，在美国 I/O 心理学研究领域，实证研究占据主流，但这些理论在跨文化研究探索方面有所欠缺的。实证研究面临的挑战是对于科学假设的意义和有效性的探讨，即当一个理论未被实证研究证实时该如何应对？在逻辑实证主义看来，理论是有对错之分的，关键是对理论有效性的把握；在情境主义立场中，探索环境的持续过程中会发现有些假设是正确的，而有些则是错误的，需要考虑理论模型的适用条件。因此，埃雷兹在情境主义方法论视角下，阐述了文化因素在管理实践策略对工作行为影响过程中的作用。另外，在专家评价层面，埃雷兹发现研究者承认跨文化心理学研究理论发展的贫瘠性，然而，I/O 心理学理论改进的势头仍然不强，这一点受到许多批判，尤其表现在跨文化研究缺乏普遍有效性方面。可见，文化因素在组织行为研究中是十分薄弱的。最后，在理论评估层面，埃雷兹发现 I/O 心理学研究中存在三个不成文的惯例：调节过程不具备促进工作动机行为的杠杆作用；认知信息加工抑制了组织行为情境模型的发展；目前还没有办法将微观研究中基于员工个体行为的解释与宏观研究中基于环境背景的解释关联起来。在对其进行批判的基础上，埃雷兹尝试提出由认知、调节和自我管理构成的自我概念是跨文化 I/O 心理学发展必要理论之维。这种模型有助于理解员工如何根据文化价值观和规范对管理实践的组织线索进行加工、评估和解释，即自我管理的调节过程可以促进员工工作动机，认知过程有助于更好地理解环境刺激是如何被个体加工和解释的，"自我管理的认知模式可以有效地沟通宏观的文化、管理实践与微观的个体行为"[②]。

2. 埃雷兹文化自我表征理论模型

埃雷兹认为，对信息加工的认知过程选择性地识别、评价和解释了外部环境信息及其对个体行为的影响。也就是说，元认知模型是文化自我表征理论构建的基础，其中自我管理过程是个体对自己的认知过程有意识地干预、监控和评价。另外，个体有关自己认知过程的知识是由自我（Self）获

---

①Erez M.Culture，self-identity，and work[M].New York：Oxford University Press，1993：19.

② 同上：20.

取的，这个自我根据公认的文化价值和规范以及自我需求的实现程度来解释管理实践和动机策略，即影响自我管理的根源是自我，自我处理信息、解释信息以及相应地激活反应方式。班杜拉将自我界定为通过直接经验和重要他人那里获得的评价而形成的综合概念，自我具备自我评价的功能。根据元认知概念模型，埃雷兹最终构建了基于文化理解组织行为的文化自我表征理论模型（图 3-1），具体包括四个要素：主导个体内外部环境的文化价值观和规范；一定工作环境下的管理实践；由文化形塑的自我，作为基于一定文化价值和规范对管理实践和动机策略的解释者，并与自我实现需求相关；工作行为。

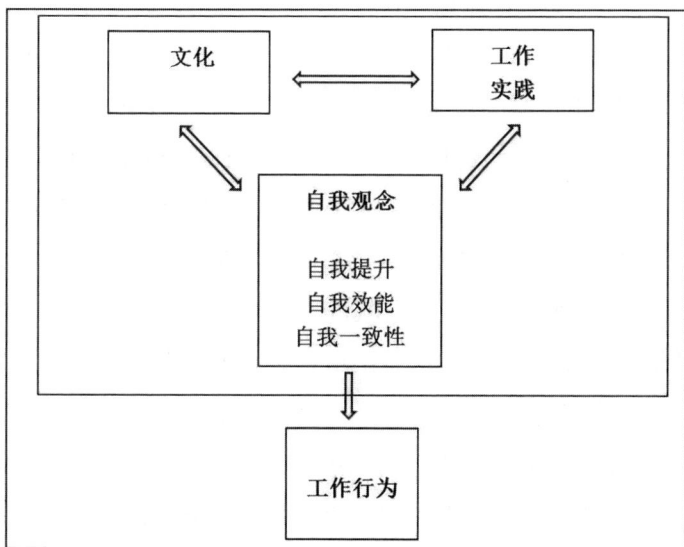

图 3-1　文化自我表征理论框架图 [1]

首先，关于文化的界说。埃雷兹强调要想弄清为什么不同的管理实践和动机策略出现在不同的文化中，以及为什么一些策略在经过跨文化的转换后失去效果，这就需要深入研究文化在工作行为塑造过程中所发挥的作用。出于这个目的，埃雷兹采用认知信息加工的理论来理解文化 [2]：文化是一种共享的知识结构，它的存在使得个体应对不同社会刺激的差异性降低；文化是在一定的生态环境中产生的，适应不同的环境需要不同的认知复杂度的

---

[1] Erez M.Culture，self-identity，and work[M].New York：Oxford University Press，1993：22.
[2] 同上：23.

参与；文化凝聚着社会的核心价值和规范，并在代际之间通过观察和社会学习而共享、传递；文化根据分析水平可以分为群体层面、组织层面和国家层面；文化在内容构成上具有差异性，最为重要的差异维度是个体主义和集体主义。因此，文化对组织结构和个体行为具有即时性的影响，管理实践和动机策略在某一种文化氛围中是合理的、被认可的，而在另外一种文化中则有可能不被接受。由此，埃雷兹认为在评价不同管理实践和动机策略的有效性时需要将文化因素考虑在内。

其次，管理实践（Management practices）和动机策略（Motivational techniques）是关涉工作实践的术语。在特定组织环境中，员工行为受到人力资源管理实践和动机策略的影响。埃雷兹考察发现，美国倡导个人竞争性的管理文化与日本崇尚团队家人式的管理文化有着明显区别，对此他认为文化差异决定着管理实践策略的差异。由此推论，基于个体自我价值观的不同管理策略的效果是通过文化价值观和规范被个体自我管理过程所解释的。也就是说，中观层面管理实践和动机策略需要结合宏观层面的文化因素加以研究。

再次，关于自我观念的界说。埃雷兹认为自我观念是经由文化形塑的，且是在自我层面对管理实践和动机策略意义及重要性的解释者。"自我是由一个人对'我'的陈述构成的，包含主格'我'、宾格'我''我的'和'我自己'。"[①]即个体的态度、目的、角色和价值共同表征着自我。具体而言，在文化自我表征理论中，自我观念中的自我提升（Self-Enhancement）受到环境中机会以及对这些机会进行评估和解释的自我认知调节过程的影响。例如，个体总是对与自己高度相关的刺激更加敏感，且更有效地加工与自我一致的刺激信息而抵制不一致的信息。自我效能（Self-Efficacy），埃雷兹继承了班杜拉自我效能概念，"对完成一定水平任务的能力的判断"[②]，基于真实的经验掌握的成就、替代性经验、言语说服和身心状态是构成自我效能的四大信息源，其中替代性经验和言语说服是社会学习过程的表达，直接关涉社会环

---

①Triandis.The self and social behavior in differing cultural contexts[J].*Psychology Review*，1989，96（20）：506.

②Bandura A.Social foundation of thoughts and action：A social cognitive theory[M].Englewood Cliffs，NJ：Prentice-Hall，1986：391.

境的影响。同时，埃雷兹也将集体效能感的概念引入进来，尝试思考集体效能感是如何被环境塑造、是否在特定文化中容易产生等问题。自我提升、自我效能已经被广泛研究，但自我一致性（Self-Consistency）却很少受到实证研究的关注。连续性和一致性有助于个体将当前的社会事件与过去的经验联系起来，并保持一致的观点，并在特定环境中有效地运作。自我一致性的动机有两种表现，一方面导致记忆的积极构建以及同先前事件相一致的选择性感知，另一方面激励、指导人们按照他们所承诺的身份、所隐含的价值观和规范行事。总之，自我提升、自我效能和自我一致性是自我调节过程的重要部分，它们的实现取决于自我评价，而文化价值观则提供了用以自我评价的标准，即在不同文化价值观下共同阐释着自我的价值。

最后，关于工作行为的界说。广义的工作行为，指包括发生在个体、群体和组织层面与工作相关的行为过程。这些行为过程可以从主观和客观两个标准层面加以测量，客观标准包括表现数量、表现质量，如旷工、加班等拖延行为及超出预期的角色行为；主观标准包括感知、归属、态度、动机和承诺等。工作行为受到管理实践和动机策略的影响，而管理实践是根据其对员工自我价值和幸福感的贡献来评估的，文化价值观和规范构成管理实践对员工自我价值潜在贡献的评估标准，积极的评估导致积极的工作行为，是自我调节、管理实践和工作行为之间的作用关系。

3. 埃雷兹文化自我表征理论的应用

埃雷兹文化自我表征理论强调："不同管理策略的潜在效能是通过对自我提升的贡献、自我效能和自我一致性的感知来评价的，评价的标准是由文化价值观和规范决定的，而且这些标准在强调集体自我的文化氛围和强调个体自我的文化氛围中存在差异性，注重个体对群体贡献的管理策略是与集体主义文化一致的，而基于个体意识系统的管理策略则倾向于个体主义文化。"[①]诚然，领导管理者都希望不同的管理策略能够在不同文化中具有效力。例如，在中西文化对比视角下的研究发现，西方文化观促使人们关注自我认同，容易导致独立型自我的产生，表现为自我倾注、关注自己；东方文化易催生互

---

① Erez M.Culture, self-identity, and work[M].New York：Oxford University Press，1993：36.

依型自我，强调基本社会联结，对重要他人的信息更为敏感，同时关注自我与亲密他人。[①] 在以上文化自我表征理论模型简介中发现，其核心机制是员工对管理实践和动机策略的评估，这种评估依据的是自我提升、自我效能和自我一致性的实现程度，更为重要的是，评估标准是由员工根据个体文化价值观和规范来确定的。也就是说，管理实践对员工工作行为的作用是通过自我概念实现的。

近年来，缘于文化自我表征理论在有效解释领导管理实践中相关主体行为间影响作用机制的重要价值，形如领导者与被领导者、管理者与被管理者等，其理论框架及观点在学界得到较为广泛的应用。例如，有学者在文化自我表征理论框架下研究了授权型领导（Empowering Leadship）和员工权利距离（Power Distance）的交互作用对员工责任（Taking Charge）的影响，运用多层次文化自我表征理论模型解释授权型领导引起追随者负责任行为的原因，证实员工自我效能感在授权型领导对个体负责任行为影响过程中起到中介作用。[②] 另有研究者在文化自我表征理论基础上构建了威权型领导与集体主义交互作用对于员工创造力影响的研究模型，证实集体主义在威权型领导风格对员工创新自我效能感的负向影响关系中具有调节作用。[③] 由此，文化自我表征理论可以为校长领导情境对教师个体评价、认知和行为影响作用路径的理论构建提供必要的社会心理学基础，即可从教育领导管理实践、教师自我观念与组织文化因素交互作用视角下探讨教师合作学习实践的发生、发展与改进。

（三）罗宾斯组织行为理论

在组织行为学（Organizational Behavior）中，个体、群体和结构是重要

---

① Erez M.Culture, self-identity, and work[M].New York : Oxford University Press, 1993 : 97–103.

② Li S L, He W, Yam K C.When and why empowering leadership increases followers' taking charge : A multilevel examination in China[J].*Asia Pacific Journal of Management*, 2015, 32（3）: 645–670.

③ 宋德润.公共部门中威权型领导风格和集体主义对员工创造力的影响机制研究 [D].合肥：中国科学技术大学，2018.

研究对象，关于它们对组织内部行为影响研究是关键内容，应用这些研究获得的知识结论改善组织绩效则为核心宗旨。具体而言，第一，组织行为学可以看作是一个研究领域，而且被视为一个由共同知识体系而组成的具有独立特征的专业知识领域；第二，个体、群体和结构是组织行为学重点关注的影响组织行为的三大因素，并围绕它们对组织行为的影响进行研究；第三，组织行为也关注组织运作的效率，故而会将那些通过个体、群体和结构对组织行为影响的研究而获得的知识加以综合运用。概而言之，组织行为学最为核心的关注点是组织成员的行为，以及组织成员行为对组织绩效的影响。当下学界对组织行为学研究的核心课题基本上已经达成共识[①]，主要内容包括动机；领导行为和权利；人际沟通；群体结构与过程；态度形成与知觉；变革过程；冲突和谈判；工作设计。以下主要从罗宾斯（Robbins）组织行为学的组织行为理论进行简要介绍，以期本研究的设计思路能从中获得学理上的支持与启发。

1. 群体

群体（Group），指为了完成一定目标而组合到一起，并形成互动和互依关系的两个或多个人，有正式与非正式之分[②]。正式群体是指根据组织结构、工作岗位确定工作任务的群体，且正式群体中成员个体及其行为受到组织目标的规约而努力去实现；非正式群体则指既没有正式结构，也没有经组织指定的群体，通常非正式群体是人们为了满足社交需求而在工作情境中自然结合而成，在非正式群体中成员之间的互动虽然是非正式的，但是能够显著影响他们的行为和绩效。社会认同理论认为："人们会对自己所在群体的成败产生情绪，因为，个体自尊与群体表现是紧密关联的。"[③]人们形成某种社会认同与以下几个特征非常相关：相似性，与组织中的其他员工有相同的价值观或特征会使人们产生更强烈的群体认同感；独特性，人们更可能注意哪些能够

---

① 斯蒂芬·罗宾斯，蒂莫西·贾奇.组织行为学 [M].孙健敏，王震，李原，译.北京：中国人民大学出版社，2016：9.

② 同上：218.

③ Hoff M A，Terry D J.Social identity and self-categorization processes in organizational contexts[J].*Academy of Management Review*，2000，25（1）：121.

将他们与其他群体区别开来的特征；地位，人们运用社会认同来定义他们自己并提高自尊，所以他们更有兴趣将自己与那些地位高的群体联系起来；降低不确定性，群体成员的资格还可以帮助某些成员了解自己是谁以及如何适应这个世界。

2. 群体属性

群体属性，指能够塑造群体成员行为，并且帮助解释和预测群体内的个体行为以及群体绩效的工作群体特性，包括角色、规范、地位、规模、凝聚力和多样性。角色（Role），指人们对一定社会组织单元中具有特定位置的个体所期望的一套行为模式，包括个体对自己在特定情境下的角色知觉和角色期望，以及因遵守某种角色要求而使另外一种角色要求难以实现的角色冲突。规范（Norms），指人们共同认可的一套行为标准，其指引群体成员在特定情境下知道应该做什么，被群体成员共同认可的规范可对群体成员行为造成影响。地位（Status），指人们对群体组织内成员位置或层级的判定，其中个人特征、驾驭他人的权利和对群体目标做出贡献的权利是地位特征的三个来源。规模（Scale），群体规模能够影响群体的整体行为，社会惰化理论认为个体单独工作比在群体中工作更加努力，个体职业道德感越强就越不可能产生社会惰化[1]，防止社会惰化的方法包括设立群体目标、增加群体的竞争、开展同事评估、挑选愿意在群体中工作的拥有较高积极性的成员及群体奖励按照成员的独特贡献制定。凝聚力（Cohesiveness），指的是成员之间相互吸引及愿意留在该群体中的程度，减缩规模、强化目标认同、延长共处时间、鼓励与其他群体竞争、奖励群体而非个体和提高空间自主性等措施可以有效提高群体凝聚力。多样性（Diversity），即群体成员在多大程度上相似或彼此不同，分为表层多样性和深层多样性。多样性对组织的影响是复杂的，随着时间的推移，多样性会帮助群体成员变得更加开放、更有创造力、做得更好，但也有可能出现负面的冲突影响，断裂带就是一个典型的负面影响。断裂带指的是那些具有表层多样性的团队，群体由于某些可见的差异（性别、种族、年龄、工作经验、受教育程度）而分裂为两个或两个以

[1]Smat D L, Karau S J.Protestant work ethic moderates social loafing[J].*Group Dynamics–Theory Research and Prcactice*, 2011（9）：267.

上的小团体。也有研究表明，断裂带也有积极的一面，在强调结果的组织文化中，基于不同的技能、知识、专业而产生的断裂带是有益的。

3. 群体发展五阶段模型

群体的五阶段模型[①]，即群体发展的形式阶段、震荡阶段、规范阶段、执行阶段和解体阶段五个模型。形成阶段（Forming Stage），不确定性是该阶段的主要特点，尤其表现在组织的目的、结构和领导方面，只有当所有成员把自己看作群体不可缺少的一分子时该阶段正式结束；震荡阶段（Storming Stage），内部冲突是该阶段的主要特点，表现为群体成员虽然承认自己为群体一员，但不愿意接受群体的约束，当成员在组织发展上达成共识且出现清晰的领导层级关系时该阶段正式结束；规范阶段（Norming Stage），凝聚力是该阶段的主要特点，当组织结构稳定且人们对正确行为表示认同时该阶段正式结束；执行阶段（Performing Stage），该阶段群体组织结构充分发挥作用，群体成员的精力集中在完成任务上；正式稳定的群体包括以上四个阶段，但如果是临时组建的群体组织还将涉及解体阶段（Adjourning Stage），该阶段群体任务结束，此时为活动收尾并为群体解散做好准备，该阶段有人为群体取得的成就而兴奋不已，也有人会因失去群体生活而有负面体验。

群体阶段划分旨在说明组织群体的形成、发展是具备一定过程性特征，但是这个过程同样伴随着冲突和变动。罗宾斯指出："群体在经历不同发展阶段的过程中，前进速度是不一样的。那些有着强烈目标感和策略的群体会迅速实现较高的绩效，并随着实践的推移不断提高，而那些没有什么目标感的群体则发现它们的绩效会随着时间的推移越来越差。同样，那些一开始就有积极社会关注点的群体，能够更快地达到执行阶段。"[②]另外，关于群体发展的五个阶段，它们不一定会按照明确的顺序往前发展，有可能出现倒退，或者两个阶段同时出现，如震荡和执行阶段。

---

① 斯蒂芬·罗宾斯，蒂莫西·贾奇.组织行为学 [M].孙健敏，王震，李原，译.北京：中国人民大学出版社，2016：219-220.

② 同上：220-221.

二、初中校长多元领导对教师合作学习影响路径模型的假设推演

本研究基于哈贝马斯交往行为理论、埃雷兹文化自我表征理论和罗宾斯组织行为理论，首先，提出了校长多元领导对教师合作学习影响的路径模型假设，并根据假设初步设计出主要的研究问题；其次，解构了教育教学实践的交往属性，即在何种意义上教育教学、教师专业学习和教育管理可以理解为交往行为实践；再次，基于文化与交往的辩证关系，阐释了教师专业学习共同体文化在校长多元领导实践与教师合作学习实践间的形成及作用机理；最后，立足教师专业学习共同体文化和教师自我观念在校长多元领导对教师合作学习影响路径中的作用，论证推演校长多元领导对教师合作学习影响路径及其实现方式。

（一）模型假设与研究问题

在交往行为理论、文化自我表征理论和组织行为理论的基础上，构建校长多元领导对教师合作学习影响的路径模型，并采用量化研究的方式验证校长多元领导对教师合作学习影响路径的一系列研究假设，同时通过个案研究进一步作描述性补充。另外，研究结论可为教师合作学习实践的优化提供操作思路。研究问题思路如图 3-2 所示，具体而言主要研究以下六个问题：

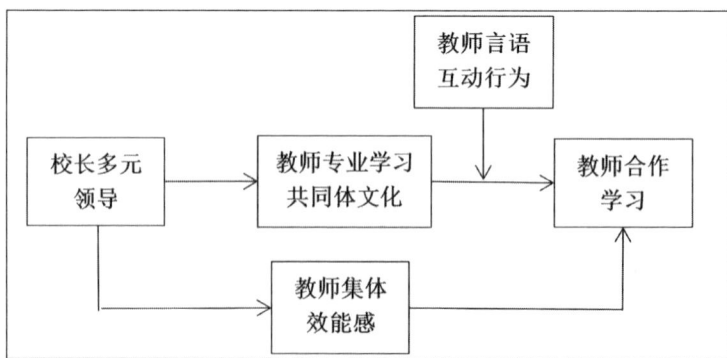

图 3-2　初中校长多元领导对教师合作学习影响的理论模型

第一，校长多元领导对教师专业学习共同体文化形成的影响作用研究。校长多元领导究竟如何作用于教师专业学习共同体文化？本研究基于选择鲍曼和迪尔的多元领导理论以及霍德的教师专业学习共同体理论，在学校组织

情境中探索校长多元领导对教师专业学习共同体文化的影响作用过程，即检验结构型、人力资源型、象征型和政治型不同领导向度对教师专业学习共同体文化感知是否存在交互影响（调节）作用。

第二，教师专业学习共同体文化感知对教师合作学习的影响作用研究。在特定的教师专业学习实践情境脉络中，教师专业学习共同体文化感知与合作学习间存在怎样的关系？本研究根据哈贝马斯交往行为理论中的言语互动行为类型，构建教师专业学习过程中言语互动行为的操作性概念维度，并编制对应量表，以实证性检验教师言语互动行为在教师专业学习共同体文化感知与教师合作学习间是否存在中介作用。

第三，校长多元领导对教师合作学习影响的完整路径研究。本研究采用层级回归分析等统计分析技术，尝试检验校长多元领导对教师合作学习影响过程中教师专业学习共同体文化感知和教师集体效能感的中介作用。另外，根据结构方程模型（SEM）的验证思路，构建由校长多元领导、教师专业学习共同文化、教师集体效能感、教师言语互动行为和教师合作学习五个测量模型组成的影响路径结构模型，在对结构模型适配指标检验的基础上，参照数据结果、教育理论及实践做出对应的模型修正研究，同时尝试检验是否存在链式中介作用。

第四，教师集体效能感在校长多元领导对教师合作学习影响过程中的作用研究。在既往实证研究中，许多研究结论表明校长领导对教师专业发展的影响显著存在，但教师集体效能感在校长多元领导对教师合作学习影响过程中的作用仍需进一步探索，尤其要检验教师集体效能感在校长多元领导通过教师专业学习共同体文化，感知影响教师合作学习过程中是否存在调节作用，即教师集体效能感有调节的中介作用检验。

第五，校长多元领导对教师合作学习影响的个案研究。本研究拟选择一所初中学校，首先通过在多元领导理论框架内实证性调查分析并确定校长的领导风格，进而从教师专业学习共同体文化表征、教师自我观念和教师合作学习基本样态三个方面进行描述性分析，以刻画校长多元领导对教师合作学习影响路径的实现过程，也在一定意义上观照定量研究的结论。

第六，教师合作学习改进策略研究。根据校长多元领导对教师合作学习影响研究的定量研究结论和个案研究成果，结合国外成型的实践经验，尝试阐述、论证我国教师合作学习实践改进的操作性策略。

（二）教育教学的交往实践属性解构

本研究致力于探索校长多元领导对教师合作学习的影响路径，因此，主要从校长、教师身处的教育教学实践的"生活世界"出发，以哈贝马斯交往行为理论为论证基点，进而有效地解释、澄清和判断其中的交往现象。那么，教育教学作为一种交往实践究竟在何种意义上，教育、教学和管理可以理解为交往行为实践是本研究的重要论题之一。具体而言，教育教学实践的交往属性，可以从教育教学活动、教师专业学习实践和教育管理实践三个方面加以分析解构。

1. 教育教学活动中的交往

卡尔·雅斯贝尔斯（Karl Jaspers）认为："所谓教育，不过是人对人的主体间灵肉的交流活动。"[①]换言之，年长者对年轻人的影响即可完成一种传递知识、启迪智慧、领悟生命和掌握规范的教育活动，这种影响可以看作教育教学交往属性最为直接的体现形式。同样，20世纪70年代，德国兴起的交往教学论流派认为，解放学生的根本途径是师生之间"平等交往"，其中"解放"就是重视学生自我个性发展以及自主能力的培养。[②]20世纪末期，"交往"概念被引入我国教育研究领域，教育研究者开展了富有成效的探讨，具体表现为交往观下教育教学理论的构建和教育教学主体存在的多维性。

（1）交往观下教育教学的理论构建。随着交往的教育过程观的发展，不同交往理论视阈下的教育理论研究及探索相继展开，马克思主义经典理论中"人们的交互作用"[③]的论述、胡塞尔"生活世界"的阐释[④]等有关交往意义及其价值的探寻，同哈贝马斯交往行为理论一起为我国教育交往过程观

---

① 卡尔·雅斯贝尔斯.什么是教育[M].邹进，译.北京：生活·读书·新知三联书店，1991：3.

② 李其龙.德国教学论流派[M].西安：陕西人民教育出版社，1993：121-122.

③ 任平.马克思主义交往实践观与主体性问题——兼评"主体—客体"两极哲学模式的缺陷[J].哲学研究，1991（10）：11-19.

④ 胡塞尔.欧洲科学的危机与超越论的现象学[M].王炳文，译.北京：商务印书馆，2001：156-167.

理论研究提供了大量哲理素材。对此，张应强认为教育学界把"交往"概念引入的原因有两点：一方面，"交往"被视为学生发展的影响因素之一，并坚持认为其与"活动"一样存有发展价值；另一方面，"交往"让学生成为教育教学实践中的主体，也体现着一种平等的师生关系。① 对于前者，"交往"被视为同"活动"一样对学生发展具有重要的教育价值，也正如杜威在《民主主义与教育》中写道："当青少年参与他们所属的各种群体的活动时，他们的倾向不知不觉地得到更为深刻和更为密切的教育陶冶。"② 对于后者，交往观主导下的师生关系体现着平等，这一点从我国 21 世纪初期发起的新一轮基础教育课程改革理念中也可以得到印证，即尤其强调教师主导、学生主体的双主体地位，在一定意义上把师生关系上升为平等的交往关系。有教育学者认为："教育起源于交往，隶属于交往范畴，是一种特殊的交往形式，教育活动是主客体对象化活动与主体间交往活动的有机统一。"③ 生命·实践 ④ 教育学派坚持用生态思维模式研究教育、践行教育，因为生态模式是一种交互作用，构成生态的是活体，它是变化生长、相互作用的。在生态教育观中，教育的中心并不是哪一个，而是围绕在教与学过程中的交互作用，着眼于教育过程的"生成"和"涌现"，教育最好的结果是生命力的呈现，教师也不再是"春蚕""蜡烛""园丁""工程师"，而是与学生同生共长，走向更高的发展水平的受益者。

（2）教育教学交往主体存在的多维性。教育是一种旨在培养人的社会实践活动，因此在整个教育实践活动范畴内，交往主体并不仅仅限于师生之间，从教育的三种最为基本的要素来看，围绕教育者、受教育者和教育中介构建的交往形式，至少还应包括教育者之间和受教育者之间的交往形式。由此，教育教学交往属性的内涵阐释便从教育教学活动中的师生主体间关系延展至教育者之间、受教育者之间以及教育管理者与被管理者之间的主体间关系。同时，这种教育教学交往主体存在的多维性理解，也为本研究中深入

---

① 张应强."交往的教育过程观"批判 [J].教育研究，2001（8）：25-29.

② 约翰·杜威.民主主义与教育 [M].王承绪，译.北京：人民教育出版社，1990：29.

③ 李德显，李海芳.论交往视域下的教育要素 [J].教育科学，2013，29（2）：1-6.

④ 叶澜."生命·实践"教育学派——在回归与突破中生成 [J].教育学报，2013，9（5）：3-23.

解读教师专业学习中的交往主体及教育管理实践中的交往主体奠定了一定的基础。

2. 教师专业学习中的交往

正如杜威所言："社会不仅通过传递、沟通继续生存，或可说，社会在传递中、在沟通中生存，在任何一个共同体中的人们，交往是他们达到占有共同东西的方法及形式。"① 在教师专业学习实践背景下，发生于教师主体之间的交往实践对教师专业成长与发展的作用举足轻重，如校本教研、教研组、集体备课组等教师合作互动的实践形式在我国基础教育阶段教师专业发展过程中占有重要地位。交往行为理论视域下，教师合作互动重要前提或载体即是教师主体间的交往。事实上，教师生存方式的转变一直以来备受学界关注②，我国教师职业从专业性程度低的窘迫状态到逐渐定型的类生存方式③，再到走向主体化的生存诉求，可以从一定层面上反映教师职业及教师主体存在的变化路向。在此过程中，教师主体性缺失和教师主体角色多样性是无法回避的两个问题。

（1）教师专业学习中交往主体性缺失。在哲学研究论者看来，随着机械化、标准化等劳动过程特征的出现，"人逐渐作为一个结合在机械系统中的部件而出现"④。卢卡奇运用马克思《资本论》中拜物教的分析理论，阐述了其"物化"的概念，认为在物化的劳动过程中人也被物化了，甚至蔓延至人的心灵和意识层面，"物化的结构逐步越来越深入地、致命地、决定性地沉浸到人的意识中去"⑤。如今，这种物化不仅仅存在于经济领域，逐渐进入人类生活的各个过程中。教师作为教师专业学习共同体的一员，被视为组织系统运行的"部件"，有着一定的存在意义。然而教师主体的客体化（物化）、工

①Dewey J.Democracy and education : An introduction to the philosophy of education[M].New York : Macmillan Company, 1916 : 4–5.

② 谌安荣. 从自在自发到自由自觉——我国教师生存方式的转型 [J]. 高等教育研究，2007（5）：48.

③ 吴惠青. 论教师个体的生存方式 [J]. 教育研究，2003（6）：42.

④ 卢卡奇. 物化和无产阶级意识 [M]. 张庆熊，陆梅林，程代熙. 异化问题（上）. 北京：文化艺术出版社，1986：347.

⑤ 同上：342.

具价值理性、功利主义思维把教育实践中人的主体存在价值异化，一方面教育作为一种培养人的社会实践活动被物化为社会经济发展的附属物；另一方面教育实践活动中的人的主体存在价值也被简单的工具化、符号化。由此，近年来教研过程中教师主体被漠视、教研实效被弱化，诸多涉及教师专业发展的教研活动并未能达到其原初的实践宗旨。究其原因，有学者研究认为教师主体性缺失是导致教师专业发展过程中交往受阻的原因，具体表现为"工具理性主导下的教师互动精神式微"[①]。

（2）教师专业学习中交往主体角色多样性。教师专业发展过程中，教师主体的特殊性也应受到关注，尤其表现在教师角色转换层面的交往类型变化上。缘于岗位及职业发展的需要，教育主体间的交往形式往往并非是单一、固定的，其会随着彼此间角色关系的转换而改变。在教育实践场域中，各方主体间的交往行为及其互动方式存在多样化，这种多样化是由处在教育实践共同体中不同主体的发展需要决定的。例如，当教师作为教育者时他与学生的交往形式会延续着惯常的师生关系而展开教育实践，然而当教师作为一个专业学习者时，他们会在教师学习共同体中重新呈现一个特殊的受教育者形象，另外，当教师作为理论与实践界常提及的教师专业发展过程中的反思性实践者时，教师的主体角色就要从自身出发，与自己的思想交流、与自己所经历的教育教学实践交流，进而以反思者的身份不断改进教育教学实践。

3. 教育管理中的交往

在教育管理实践中，管理者与被管理者之间或领导者与被领导者之间的实践关系，也构成教育教学主体间交往实践的范畴。一方面，这是由普遍交往实践的基本属性决定，另一方面也是教育管理理论研究中对"主—客"研究范式的超越。

教育管理实践隶属于普遍的交往范畴。"物质交往""精神交往""语言交往"共同构成了普遍的总体性交往范畴[②]，其中表现为多极主体间物质交换过程的"物质交往"是精神与语言交往的基础，这种普遍的交往范畴的理

---

① 谭天美，范蔚. 校本教研主体互动的缺失与回归 [J]. 中国教育学刊，2017（1）：79-84.

② 任平. 走向交往实践的唯物主义 [M]. 北京：人民出版社，2003：2.

解方式可以追溯至马克思关于"自然关系和社会关系"[①]的经典论断，即生产相对应的是自然关系，而社会关系则对应着交往。具体来说，第一种实践范畴（生产）表现为人对物的改造，而第二种实践范畴（交往）体现为人与人的互动，前者遵循一定的技术规范，后者则重在参考伦理规范。关于教育领域的交往实践观，有学者认为[②]，从对象来看，交往是作为主体的人之间的相互作用；根据结构划分，交往实践具有"主体—中介—主体"式的结构层次；具体到内容层面，物质的交换和精神的交流都是交往实践的内容；从过程来看，交往实践是主体间双向建构的过程。据此，教育管理实践无论是在对象、结构上，还是在内容、过程上，均可判断其隶属于普遍的交往范畴，这也在一定意义上指导着教育管理实践及其相应的理论研究。

在教育管理理论研究视域中，有学者从"交往实践观"的视角论述了教育管理者与被管理者之间的主体关系，"把教育管理本质定位为交往实践"[③]。这种引入在理论上不仅超越了传统教育管理中的"主—客"范式[④]，而且对现代教育管理的"主—主"范式[⑤]也进行了有益的补充，可以说对实践中的教育管理改革具有重要意义。交往实践观中"主—客—主"关系范式，把教育管理中单一的"主客"关系调整为多极主体间关系，强调管理者不是对被管理者的控制和利用，而是相互交流、理解。换言之，在交往实践观下，教育管理实践既可以被视为主体改造客体的对象性活动，同时，也可以被看作主体和主体间的社会交往活动。因此，在教育管理的交往主体层面，无论是教育管理者还是被管理者之间，既然交往行为是教育管理实践的基本形式，那么就可以确定教育管理实践作为教育实践活动的一部分同样蕴含着交往的本质属性。

---

① 马克思，恩格斯. 马克思恩格斯选集（第 2 卷）[M]. 中共中央马克思格斯列宁斯大林著作编译局，译. 北京：人民出版社，1995：80.

② 岳伟. 教育：主体间双向建构的主体交往活动 [J]. 教育研究与实验，2008（1）：15-18，31.

③ 陈大超，郑天坤. 走向交往实践的教育管理 [J]. 教育科学，2005（6）：46-49.

④ 李帅军. 论教育管理的主客体及其相互关系 [J]. 教育研究，2003（9）：90-94.

⑤ 冯建军. 主体间性与教育交往 [J]. 高等教育研究，2001（6）：26-31.

（三）教师专业学习共同体文化与教育交往实践的关系辩证

教育交往实践，一方面指校长领导实践，即管理者与被管理者间的交往行为实践，另一方面则为教师专业学习实践，即教师合作学习实践过程中教师主体间的交往行为实践。在前文教育交往实践的基本属性解构的前提下，教师专业学习共同体文化与之存在的关系是重点论证的议题。具体而言，从对教师专业学习共同体文化内涵理解开始，重点论述了教师专业学习共同体文化的形成及其作用，也即分为校长多元领导对教师专业学习共同体文化形成的影响，以及教师专业学习共同体文化对教师合作学习实践的影响作用两个层面。

1.教师专业学习共同体文化的理解

何为文化？在现代汉语中"文化"是一个词，在古代汉语中是由两个字构成的，代表文章、文字和礼乐的"文"，及人受教而变化的"化"。"文化"二字合并使用，取用文转化人的气质之意涵，即所谓的"文以化人"。文化的出现，让人类的进步更具崇高的意义。文化不仅是人类历史的共同财富，也是人类群体认同的核心，正由如此，其在一定意义上让人从物质个体转向精神个体成为可能。在一般的文化学观念中，人类创造的物质文化和精神文化的总和即构成了文化的核心要义；在文化哲学理论视域下，文化则被视为人类特有的行为方式，重点在于"揭示文化与人的生命存在及其活动的本质联系"[1]。例如，国内一些学者把文化看作"人类自我相关的中介系统"[2]，另有学者强调"文化是人以自己的生命存在的意向性为理由不断地改造他周围自然世界的创造性的劳动过程"[3]，即文化是人的自我生长、自我组织的过程。在西方文化体系下，不同学者对文化也有着不同的理解，埃雷兹梳理了一些学者对于文化的定义，具体内容见表 3-2。

---

① 彭虹斌.文化哲学视野下的教育交往 [J].华南师范大学学报（社会科学版），2002（3）：83–88，108.

② 李燕.文化释义 [J].北京：人民出版社，1996：57–97.

③ 李鹏程.当代文化哲学沉思 [M].北京：人民出版社，1994：71.

表 3-2 国外学者关于文化的定义[1]

作者	定义
Herskovits	文化是环境中人为制造的那一部分
Parsons & Shils	在文化层面上，我们把有组织的一套规则或标准看作是抽象的，也就是说，从那些以自己的价值取向致力于遵守这些规则的行动者那里抽象出来的。因此，文化包括一套标准，一个人的价值取向是他对这些标准的承诺
Kluckhohn	文化的本质核心是传统的思想以及价值观念，是由思维、感觉和行为的模式化方式构成的，其获得与传播主要通过符号完成的
Hofstede	文化是由一套心理程序构成的，他控制一个人在特定环境的反应
Triandis	文化是对环境中人造部分的主观感知。文化的主观方面包括个体共享的社会刺激与关联、信念、态度、规范、价值和角色
Andrade Geertz	文化是一种符号化的话语模式，需要通过解释和解密才能被完全理解

  克拉克洪（Kluckhohn）的文化概念更容易被人接受，思维、感觉和行为模式是文化的主要构成，这也在一定程度上强调文化作为思想和价值观念的本质意涵。相对而言，霍夫斯泰德（Hofstede）界定的人在特定情境下的心理程序，帕森斯（Parsons）等人阐述的高度发展的社会中共享的标准，以及其他的符号化的话语模式、共享的意义系统、人们行为发生机制的未经检验的假设等描述方式显得有些晦涩。另外，赫斯科维茨（Herskovits）、特里安迪斯（Triandis）等学者把文化定义为环境中的人造（Man-made）部分，该定义中文化本质更具实践性或操作性。在多元系统视角下，人造部分的文化涉及主观和客观两个层面，客观层面指传统定义中人们生产的工具和实物，主观层面指文化人类学和心理学等新兴学科中关注的社会刺激与关联、信念、态度、规范、价值和角色等。由此，特里安迪斯认为文化指在特定群体中的个性特征的共识，即相互关联系统中的一种功能。这里的系统包括生态系统（物理环境、资源）、生存系统（打猎、捕鱼、建工厂）、社会文化系统（规范、角色、价值）、个体系统（动机、感知、学习）和个体间系统（社会关系），他强调这些系统本身不支配文化，但可以用来理解文化及

---

[1] Erez M.Culture, self-identity, and work[M].New York：Oxford University Press，1993：41.

其与个人、集体行为的关系。"人造部分"文化本质观，为教师专业学习共同体实践情境中的文化内涵解析，提供了重要的概念框架和逻辑支撑。

　　教师专业学习共同体文化的解释。在教育教学实践中，教师主体在特定实践场域中共享一套价值规范，如教育领导理念、专业发展规范等，不同的场域中教师主体也会呈现着不同个性特征，如处事风格、工作方式等。那么，在具体研究视角下，对教师专业学习共同体文化进行研究，其首要问题就是要找到一个适切的文化概念的解释框架。因此，从"人造部分"文化本质观来看，特里安迪斯的主观文化模型可以提供重要参考，强调文化是对环境中人造部分的主观感知，即对"人造部分"主观方面的文化界定，包括个体共享的社会刺激与关联、信念、态度、规范、价值和角色，且主要关涉社会系统和个体间系统两个范畴。教师专业学习共同体文化的解读，从关联系统来看，一方面为个体间系统，即包括教师个体间以及学校管理者与教师个体间，另一方面则为社会系统，即教师专业学习共同体实践组织系统或更大层面的学校组织系统；从文化元素来看，个体间系统主要表现为社会关系的维持，社会系统则体现为组织群体成员的角色、规范、态度和信念。因此，教师个体在学校或专业学习实践组织环境中的行为既是文化习得的产物，也是教师个体通过独特的经验而构建的知识系统产物。这就是说，如果把教师专业学习共同体文化视为学校组织中的核心价值观和信仰，那么在复杂的组织环境和知识系统下，教师个体的价值观和信仰则会不断地得到强化。

　　为了进一步理解教师专业学习共同体文化，根据纽曼在教师专业学习共同体理论发展早期概括的教师专业学习共同体内涵特征[1]，对其进行初步的解析。首先，毫无疑问共同价值观和规范可以代表教师专业学习共同体文化的一个层面，如对待学生学习成绩的态度，关于父母、教师和管理者的角色认知，以及合理利用时间、空间和其他教学资源的原则等；其次，关注学生的学习，这是教师个体对于教育的信念，其规约教师专业学习共同体中实践行动需要以保障学生有更好的学习机会、提高学生学业成绩为中心；再次，反思性对话，可以解析为一种协作的文化，通过鼓励教师之间对课程、教学

---

[1]Newmann F M.Authentic achievement：Restructuring schools for intellectual quality[M].San Francisco，CA：Jossey-Bass，1996：181-183.

和学生进行广泛、持续的对话和反思，并让教师在对话过程中进行评价同伴、自我评估；最后，教师个体实践的共享性，即教师个体间分享彼此的实践，如通过观课和评课作为评价反馈的资料来源，而共享实践的进一步深化就达到了合作层面，教师彼此间通过互相分享专业知识、合作开发教材和设计教学活动等合作方式改进教学实践，可视为一种合作文化。随着教师专业学习共同体理论的发展，西方学者们相继论证了不同的教师专业学习共同体特征，虽然不同学者的归纳各有侧重，但有一点是共通的，即学者们均把教师专业学习共同体置于学校组织环境下，并将其描述为一个专业群体，且所有教师成员在具有包容性、支持性和定义清晰的共同体中聚焦于专业学习。综观研究文献，霍德的教师专业学习共同体特征维度划分方式在学界影响较大，且被应用在许多理论与实证研究中，同样被本研究视为教师专业学习共同体文化维度划分的理论依据。

2. 校长多元领导对教师专业学习共同体文化形成的影响

（1）作为交往现象的文化。文化和交往是紧密相关的一对概念，一般而言，人们比较一致地习惯将交往定义为使用符号传递信息、思想、情感和技能的过程。事实上，交往的研究即是对社会过程的研究，其中许多重要的符号形式被创造、理解、使用和保存。利特尔（Little）认为："交往是维系社会结构的一根线，通常文化是根据它的现实意义来定义的，而意义来自社会群体间的相互作用。"[1] 韦克（Weick）认为："社会可以被视为一种交往形式，而交往则是人类组织的基础，文化则为组织环境的构成部分。"[2] 在韦克的组织环境形成理论基础上，埃雷兹认为："组织活动涉及相关联的行为和双向互动，指第一个人行为发生后得到反应，然后其根据这个反应再次采取行动，它的顺利进行取决于行为者和反应者赋予活动的共同意义。"[3] 因此，可以说明，组织成员间的交往是有助于获得共同的意义。对于这个过程，特里安第斯认为："把

---

① Little S W.Theories of human communication[M].3rd ed.Belmont, CA：Wadsworth, 1988：110.

② Weick K E.The social psychology of organizing[M].5th ed.Boston, MA：Addison-Wesley, 1979：3.

③ Erez M.Culture, self-identity, and work[M].New York：Oxford University Press, 1993：120.

注意、选择和保持作为意义生成的潜在过程，当这些过程被特定群体成员所共享时，它们就会形成特定群体的主观文化。"①换言之，组织活动会在创生、选择和保持前提下顺利进行。正是在这个意义上，埃雷兹认为文化是由交往过程而创生的，是一种有关交往的现象。埃雷兹把文化定义为共享的意义，这与象征性人际互动主义观的理论一致，该理论认为共享意义和象征是一种具备约束力的社会因素，换言之，象征性意味着可解释性、拥有互动意义和价值，其理论内涵主要基于以下假设②：解释的基本社会单元是社会行为；个体利用象征物进行交往；意义是由主观解释而派生的；意义是由个人的处境和行为方向所决定的。因此，象征性人际交往主义者认为文化是一种人们用来生成对组织生活的主观性解释的交往实践过程。相应地，"交往行为就是积极创造并维持文化的基本动力，顺利交往创造着强有力的文化"③，在这种交往与文化关系理解前提下，校长多元领导的互动本质以及其领导管理实践的交往属性决定着其对教师专业学习共同体文化的形成存在重要的影响作用。

（2）校长多元领导兼具领导与管理的双重交往属性。罗宾斯认为领导是影响一个群体实现愿景或目标的能力④，他将这种影响的来源分为正式和非正式两种，其主要根据在组织中是否拥有管理职位来划分的，即并非所有的领导者都是管理者，也不是所有的管理者都是领导者。由此，在罗宾斯群体行为理论视角下，对于群体领导者的产生，他认为既可以是通过外部正式任命的方式，同时也可以在群体内部自发形成。最佳领导效果的出现，需要组织具备强有力的领导，同时还需要强有力的管理。在此情况下，作为组织的领导者，可以挑战常规提出愿景，并借由领导力激励组织成员实现愿景；而作为组织的管理者，需要制订详细计划，设置有效的组织结构，并监管组织的日常运行。通过文献梳理发现，领导特质理论研究中围绕五大人格框架的划

①Triandis H C.The analysis of subjective culture[M].New York：Wiley，1972：10.

②Sypher B D.Cultural and communication in organizational contexts[M].Beverly Hills，CA：Sage，1985：13-29.

③Deal T，Kennedy A.Corporate culture：The rites and rituals of corporate life[M].Boston，MA：Addison-Wesley，1982：28.

④斯蒂芬·罗宾斯，蒂莫西·贾奇.组织行为学[M].孙健敏，等，译.北京：中国人民大学出版社，2016：295.

分才使领导特质具备一定程度的界限维度，进而能够发挥预测领导的效果，但这种预测仅限于表明某些人被认为是领导者，至于其能否带领所在群体实现那些预期目标则仍是未知数。对此，罗宾斯认为领导特质理论的失败导致学界开始探索有效的领导者在行为方式上的独特属性。此后，聚焦于结构和关怀两大维度的领导行为理论盛行开来。然而，管理实践中有些领导者表现出正确的特质和行为，但领导效果仍然不佳。随后，权变理论则把情境考虑进来，从领导风格与特定情境匹配的视角解读有效的领导。费德勒权变模型确定关系导向型和任务导向型两种风格，与领导—成员关系、任务结构和职位权力三个权变变量决定的情境进行匹配。权变理论的假设前提是领导风格固定不变，如果要想达到最佳的实践效果，要么改变情境，要么更换领导，而且罗宾斯认为权变理论在实践者评估权变变量时过于复杂。领导—成员交换理论、魅力型领导和变革型领导从领导与下属的关系视角出发，如领导—成员交换理论强调领导会区别对待下属，这种交换关系对员工绩效和态度关联密切，魅力型和变革型理论均认为领导者是通过其语言、观念和行为来鼓舞下属的人。由此可知，罗宾斯对领导与下属关系方面的领导理论关注较多，他认为变革型领导方式在提升下属努力程度和绩效水平方面意义较大，与交易型领导方式应该相得益彰，即最好的领导者既是交易型的也是变革型的领导者[①]。多元领导理论体系下，结构型和政治型领导向度倾向于管理权的介入，与交易型领导方式较为一致，而人力资源型和象征型领导注重领导力的实现，与变革型领导方式颇为相似。

（3）校长多元领导对教师专业学习共同体文化影响的可能路径。国内有学者[②]在哈格里夫斯教师文化分类基础上，并结合格瑞迈特（Grimmett）划分的教师协作形式，将校长领导与管理实践纳入研究视域，较为系统地呈现了校长领导实践的影响过程，为多元领导对教师专业学习共同体文化的影响路径提供了重要参照。格瑞迈特区分出相互依赖的协作和人为的协作，且把人

---

① 斯蒂芬·罗宾斯，蒂莫西·贾奇.组织行为学 [M].孙健敏，王震，李原，译.北京：中国人民大学出版社，2016：318.

② 宋萑.课程改革背景下的教师专业学习社群与教师发展：上海的个案研究 [D].香港：香港中文大学，2007：173.

为协作分为组织引导性协作和行政强制性协作，在此协作形式划分下，他认为组织引导性协作通过校长领导实践可以走向两个方向，即既可走向相互依赖的协作，也可能通向行政强制性协作。校长领导实践主要根据校长—教师经验或校长—教师关系以及教师的价值观是否与预期的改革相一致加以判断，即校长和教师均经验丰富，且两者关系良好，同时教师的价值观与校长推行的改革一致，那么组织引导性协作转向相互依赖的协作，反之，组织引导性协作则会迈向行政强制性协作。宋崔在此基础上引入了管理和领导的不同影响程度，即将管理和领导划分为强、弱两个维度。另外，德依（Day）认为，学校文化发展中，个人主义文化向完全的协作文化过渡中会遭遇山头主义、舒适的合作和人为协作三种文化，进一步将学校文化分为隔离的文化、联结的文化和统整的文化。[①] 因此，本研究在界定的教师专业学习共同体文化基础上，参照既往研究结论，引入校长多元领导实践，具体影响路径如图 3-3 所示。

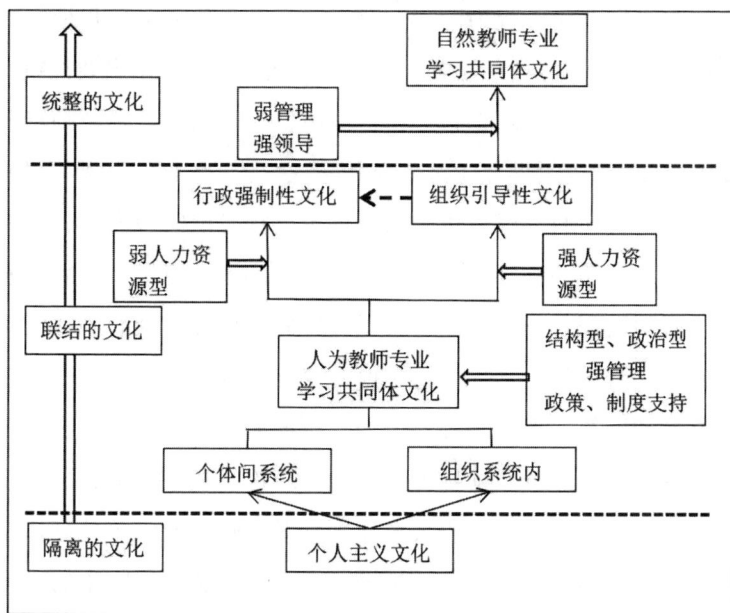

图 3-3　校长多元领导对教师专业学习共同体文化影响路径图

本研究构建的校长多元领导对教师合作学习影响的可能路径中，类似于

---

①Day C.Developing teachers：The challenges of lifelong learning[M].London：Falmer Press，1999：79.

大多数领导行为理论把领导风格归为任务导向（结构）和员工导向（关怀），校长多元领导实践的领导向度或行为也被划分为两个维度，管理导向（结构型和政治型）和领导导向（人力资源型和象征型）。校长多元领导实践作用主要在学校组织系统内的联结的文化阶段产生，通过政策、制度等强管理领导后，人为的教师专业学习共同体文化经过不同程度的领导实践后，可能走向两种文化形式，即弱领导会导致一种行政强制性的教师专业学习共同体文化，强领导会导致一种组织引导性的教师专业学习共同体文化。随后，在联结的文化向统整的文化转变过程中，主要表现为组织引导性的文化由强领导和弱管理的校长多元领导实践，而逐渐形成自然的教师专业学习共同体文化。罗宾斯认为："在理解群体行为时，领导者发挥着核心作用，因为通常是领导者带领我们去实现目标，因此，了解如何成为一个优秀的领导者，对改善群体绩效具有重要价值。"[①]郑鑫和张佳在跨文化研究视阈下，参考霍夫斯泰德的三维国家文化（权力距离、个人主义与集体主义、长期定向与短期定向），着重分析了中西方专业学习共同体文化的差异，指出要注重发挥校长的行政权力与专业领导力的综合作用，或可以说校长领导在教师专业学习共同体文化形成过程中是重要的客观影响因素之一。[②]然而，一种领导理论或实践模式并不能解决所有问题。正如领导理论研究发展阶段表明，研究最初是要寻求一套普遍使用的领导特质，但这些努力都失败了，不过后来研究者通过五大人格框架发现外倾性、责任心以及经验开放性与领导实践结果之间存在始终一致的显著关系，领导行为理论的主要贡献在于把领导归为任务导向和员工导向两种风格，考虑领导者所处的情境的权变理论则具有改进行为理论的潜力，魅力型、变革型领导等新兴领导理论研究在理解领导效果方面也产生了重要影响意义。在此，校长多元领导对教师专业学习共同体文化影响路径的构建，仅仅为理论上的论证推演，至于具体领导实践中的文化形成仍有待进一步的检验。正如罗宾斯提出领导概念正面临着挑战，领导的重要性

① 斯蒂芬·罗宾斯，蒂莫西·贾奇.组织行为学 [M].孙健敏，王震，李原，译.北京：中国人民大学出版社，2016：315.

② 郑鑫，张佳.中西方教师专业学习共同体的差异：跨文化比较的视角 [J].外国教育研究，2015，42（8）：83-94.

也在一定程度上遭到质疑^①，一方面，在领导归因理论看来，领导者归因为具有高智商、语言表达力强或进取勤奋的人，在组织层面上不管对与错，都倾向于认为领导者应当对极坏或极好的绩效结果承担责任；另一方面，有领导理论表明在很多情境下，领导者的行为无关紧要，经验和培训可以取代很多领导者特有的能力因素。

3. 教师专业学习共同体文化对教师合作学习实践的作用

作为文化现象的交往。埃雷兹认为："大量研究考察了文化对交往的影响作用，然而能够整合无数研究的概念模型是不可能存在，我们的目的是创建一个概念框架，可将相关研究整合到一个模型中。"在文献研究中，他重点介绍了古迪昆斯特（Gudykunst）和特里安迪斯的研究模型。古迪昆斯特多元模型描述了文化和交往间的作用路径，其中文化对交往的影响主要包括两个调节变量层，第一个调节变量层有四个因素，分别是社会认知过程（信息加工、说服策略选择、冲突管理风格、个性、社会关系和自我认知）、情境因素（语言结构、角色、环境设置）、影响（情感表达与反应）和习惯（由社会化过程的一系列自动反应），第二个调节变量层由意图（指导着如何交往）、理解（对刺激的解释以及描述、预判和解释这些刺激的能力）和促进因素（确保个体能够有效行事）构成，第一个调节变量层的调节变量影响第二个调节变量层，二者共同影响交往。可见，社会文化变量体现在上述所有变量上，进一步影响交往实践。然而，埃雷兹发现，古迪昆斯特的研究模型的只能部分得到一些研究的验证。相比之下，特里安迪斯则构建一个更加聚焦的模型，其中心落脚点是认知框架，该模型假设交往是由文化塑造的，因为交往需要一定程度的共享意义、共享的言语理解和非言语象征物，以及相似的参考框架。对此，文化则为社会成员提供了认知框架去帮助他们集中对特定环境刺激的注意力，以及评价、解释加工过的信息。综合考虑既往研究，埃雷兹提出关注两个方面的认知因素，即文化价值观和认知风格。文化价值观可以赋予信息意义，同时抓住文化变量的主要部分；认知风格反映了差异性水平、认知复杂度和抽象程度等，并清晰地影响认知信息加工。另外，认知风格塑

① 斯蒂芬·罗宾斯，蒂莫西·贾奇.组织行为学 [M].孙健敏，王震，李原，译.北京：中国人民大学出版社，2016：315-316.

造着个体自我和集体自我，反过来又影响交往方式。交往的维度主要包括交往风格、决策过程、冲突解决三个方面。最终，埃雷兹构建的文化认知与交往关系的研究框架见表3-3。

表3-3　文化认识与交往关系的研究模型[①]

认知框架	交往方式		
	交往风格	决策制定	冲突解决
文化价值观			
个人主义	显性风格	个体理性面对	直接面对
集体主义	隐式风格	群体共识	避免对抗
低权力距离	非正式/直接	自下而上	关系网
高权力距离	正式/直接	自上而下	服从
低不确定性规避	隐性	委托	隐性
高不确定性规避	显性	集中制	显性
男性气质	理性	事实	理性
女性气质	感性	表达情感的	感性
认知风格			
场依存型	社会线索信息查找	参与	表达情感的
场独立型	内部参考	个人	自控
高环境文化	具体/表达情感的	面子	冲突问题与人不分开
低环境文化	抽象	对抗	对事不对人
自我			
个体自我	为了自己面子	个人目标	考虑自己面子
集体自我	为了他人面子	集体目标	考虑他人面子

教师言语互动行为在教师专业学习共同体文化对教师合作学习影响过程中的作用。埃雷兹认为要想在"跨文化"[②]语境下创建一个严谨的理论，最为关键的是必须认识到文化与人密不可分，且研究者必须要认识到人们各自经

[①]Erez M.Culture, self-identity, and work[M].New York : Oxford University Press, 1993 : 122.

[②] 埃雷兹的跨文化（intercultural）语境，可以划分为宏观层面和微观层面，他指出面对国际化工作组织的出现，跨越国界的工作环境日益增多，这种跨文化语境的组织行为学研究十分必要，但同时他也指出"文化"和"国家"不是同义的，他的目的是想构建一个能够预测国家"之间"和"之内"的人们组织行为多样性的文化概念，而后者则更加具体到人的自我内心（intrapersonal）、人际之间（interpersonal）和组间（intergroup）三个层面，本研究中则主要基于后者展开研究与借鉴。

营的生活的多样性，同时这种多样性在某一群体以及群体间是可以预测的，这是研究文化的关键。教师合作学习是发生在学校组织中的群体行为，一种教师专业学习的交往实践，本研究的教师合作学习概念是在校内专业学习共同体视角下界定的，教师合作交往实践发生的群体组织既可以是按照学科结构而自然形成的教研组，也可以是依托学校课题、省市级研究课题而组织起来的课题组，还可以是基于临时性需要而组建的专业学习组或团队。根据群体行为理论，教师合作学习实践所依托的任何一种群体组织都有着其自身的结构属性、制度文化、成员责任，也有着不同的发展阶段和运行状态。任何文化都具有多样性，但其并不是立即显现在每个社会成员身上的，"如果我们认同个体拥有文化知识结构的同时也具有特别的个体结构的话，那么文化就可以在个体层面加以分析"[①]。也正如昆斯特和特里安迪斯都把语言作为文化与交往关系研究模型的变量，其中前者强调语言的结构，作为一种情境因素在二者间起着调节作用，后者把共享的言语理解作为文化塑造交往的关键因素。哈贝马斯界定的四种言语互动行为类型分别关联着"社会世界""客观世界""主观世界"，而且三种"世界"的划分与教师专业学习共同体文化的维度划分存在重叠一致的部分，如个体间系统文化和社会系统（组织系统）文化。具体而言，关联"社会世界"的规范行为作为一种调节式言语行为，主要目的在于维持人际关系；关联"客观世界"的策略行为作为一种以言表意或行为命令的言语行为，主要功能在于影响对方；关联"主观世界"的会话行为作为一种记述式的言语行为，主要从真实性的角度评判，陈述再现事态。综之，言语互动行为对教师专业学习共同文化影响教师合作学习实践的过程存在一种中间作用。

（四）初中校长多元领导对教师合作学习影响的路径实现

初中校长多元领导对教师合作学习影响的总体路径，一方面可以由教师专业学习共同体文化实现，这一点前文已作论述；另一方面文化自我表征理论中的自我观念的介入也发挥着重要作用，但仍需进一步的统整教师专业学习共同体文化、自我观念、校长多元领导的关系，以更加清晰地判断相关因

---

① Erez M.Culture, self-identity, and work[M].New York：Oxford University Press，1993：43.

素间的关联作用。

1.教师专业学习共同体文化与自我观念的统整

不同学科视域下文化观的转变趋势。埃雷兹对20世纪以来的相关研究的梳理发现，不同学科领域秉承的文化观虽然不同，但是有一个极其相似的理论研究转向趋势，即大多数学科都不再强调把价值观作为描述文化的唯一方式。从文化人类学、组织行为学、心理学和社会学研究视角出发，围绕价值模型（Value Models）、主观文化（Subjective Culture）、认知结构（Cognitive structures）和组织文化（Organizational culture）等，埃雷兹简明地概括了不同学科视域下的文化观演进脉络，详见表3-4。究其原因，埃雷兹认为这种理论研究转向或可归因于霍夫斯泰德的文化观理论，他主张从个体视角利用认知框架将文化视为一套共享的心理程序，且这些程序可以与不同结果间建立起假设性关联。具体而言，在社会学研究领域，人们不再有兴趣把文化看作组织规范和社会结构等隐含意义的理解，即不再把文化视为社会结构的潜在物，而是强调文化对组织和社会的发展具有明确影响，将其视为一种外显的变量加以研究。在心理学研究领域，有两种主流的思想，包括主观文化和价值模型，而且后者尤为受到青睐，如施瓦茨（Schwartz）等学者的价值模型，将动机、目标和兴趣作为描述社会价值的一种方法，且这种方法可以用来描述价值如何影响共享的知识结构，从而在宏观和微观领域间提供所需要的联系。在组织行为学研究领域，许多研究大多模仿或者落后于其他学科，20世纪60年代的组织行为研究方法遵循了社会学和人类学的价值观研究方式，而随后有关合作文化的研究则大量借鉴20世纪70年代的人类学方法，有意思的是，最近的文化人类学研究又多依赖于心理过程理论研究方法。埃雷兹认为，"组织文化研究和跨文化心理学家之间最大的差异在于方法论（实验与人种志方法论），而不是真正的范式的冲突。质性研究方法在许多研究项目的早期阶段十分必要，提供了许多有用的资料数据，问题是许多研究者到此停了下来，事实上研究还需要定量的研究方法去测验、确认和完善假设，即多元方法的使用非常关键"。[1]

---

[1]Erez M.Culture，self-identity，and work[M].New York：Oxford University Press，1993：72.

表 3-4　不同学科视域文化观的研究趋势 [1]

文化人类学	经由人种志研究的文化	文化制度规范的使用；参与式观察	认知信念和实验；模式变量	共享的认知结构；解释学观点	脚本／图式；解释意义系统
组织行为学				价值观（方式）	共同体文化和竞争性管理
心理学	心理过程解释的文化仪式	需要结构和价值的研究	需要和价值观	主观文化；成就动机	价值模型；自我观念
社会学	社会结构决定文化		价值观和模式变量使用	文化不是一种外显变量，而是强调文化是社会结构的隐含性结果；文化是对组织规范的影响；最近研究中重新强调文化作为一种外显的变量	
时间区域	1900—1920	1920—1940	1940—1960	1960—1980	1980—至今

　　综合上述文化观的研究趋势，埃雷兹文化自我表征理论模型，主要把共享的知识和价值观作为描述文化的方式，认为文化、自我观念和工作行为是相互作用的。埃雷兹运用信息加工方式对其文化自我表征理论进行构建，在最为一般意义上来看，他从心理学方法视域出发的理论模型聚焦于个体的自我观念、文化和工作环境的相互作用。也正如埃雷兹所说："我们无意于构建一个适合描述社会各方面的宏大理论体系，而是想提供一个理论框架去捕捉文化和自我在特定组织环境背景下的相互作用状态，为此，我们借鉴了信息加工理论中的许多观点、特里安迪斯的主观文化模型和自我机制理论。" [2]因此，文化自我表征理论模型关涉的是组织行为的微观方面，主要包括工作动机、群体动态、领导和管理冲突等主题。

　　可见，将教师专业学习共同体文化置于校长多元领导对教师合作学习的影响路径中，其中必定无法避开教师自我观念。在教师专业学习组织中，教师工作行为，在本研究中即指教师合作学习行为的研究，这是应用文化自我表征理论进行解释的关键之处。"既有的研究模型大多已经关注到文化对组织的影响，但对于特定文化背景下的组织行为的探讨略显不足" [3]，因此，在文化

① Erez M.Culture，self-identity，and work[M].New York：Oxford University Press，1993：71.

② 同上.

③ 同①：75.

自我表征理论视域下，教师专业学习共同体中教师合作学习行为则有着特别之处，即可理解为文化与自我观念有机统整下个体内心、人际之间和学习组织系统的动态性描述。简言之，教师合作学习行为与教师专业学习共同体文化以及基于教师个体间和学习组织系统内互相关联的核心价值建构的自我观念密不可分，倘若移除那些一般性的教师专业学习共同体文化背景就无法完全理解它。正如埃雷兹强调，"虽然文化模型旨在阐明管理策略如何在不同文化中的应用或适应情况，但重点是理解特定文化背景下的工作行为的动态"①。在教师专业学习共同体文化中，正如大多数文化模型解释逻辑一样，定会涉及个体的社会关联性，较为直接的表现即所谓的个人主义和集体主义，这对旨在促进教师专业发展、改进学生学业成绩和提高学校效能的教师合作学习之互动行为来说，二者间的动态关系可以说是合作学习组织，乃至学校组织系统的核心。因此，基于互相关联的核心价值而构建的自我效能、自我提升和自我一致性等自我观念的介入使得从微观层面聚焦式地描述文化与自我统整下的教师合作学习实践成为可能。

2. 校长多元领导在文化自我表征理论中的实现方式

校长多元领导作为一种影响行为的本质意涵。在本研究中，领导指在学校组织情境下，校长为实现某种学校教育发展目标而在指引教师个体或教师组织群体的行动过程中表现的具有一定影响力的行为方式。在组织行为学文献中，领导是最让人困惑的术语之一，在一般意义上，它意味着权力、权威、管理、控制和监督，有着不同的定义内涵。领导可以理解为在群体内，一个成员拥有告诉其他成员如何行事的权力。雅各布斯（Jacobs）交换导向的领导观点认为领导是"在一定群体范围的交往过程中，一个人展现的特有一类信息，其他人相信根据其建议或期望的方式行事将会改善行为及其结果"②。伯恩斯在比较变革型领导和交易型领导的内涵时指出，变革型领导者主要是给被领导者提供一种成长的环境，"在这种环境中领导者和被领导者都能在动机水平或道德水平上获得提升"③；交易型领导指被领导者按照领导者

---

① Erez M.Culture，self-identity，and work[M].New York：Oxford University Press，1993：75.
② 同上：172.
③ Burns J M.Leadership[M].New York：Harper&Row，1978：20.

要求行事，可以获得有形的实物或结果，伯恩斯认为只有在变革型领导下领导者和被领导者才可以建立一种永恒的关系纽带。多元领导理论，作为一种新兴的多元的、多层块的领导理念，其中的领导之本质意涵的理解，关涉两个及两个以上主体之间的互动、领导者对被领导者行为的有目的影响，以及根据特别目的而展开的行动等方面。这种融合式的领导本质观是在汲取诸多领导理论研究成果的基础上综合而成的，正如前文所述，在一定意义上多元领导融合了变革型领导和交易型领导的内涵。豪斯（House）区别交易型和魅力型领导时论述道[①]，"交易型、变革型或魅力型领导理论的区别在于受领导者行为影响的下属动机成分以及领导者影响下属动机成分的特殊行为，交易型领导对下属的认知和能力有重要影响，而魅力型领导对下属的情绪和自尊有重要影响（情感动机变量而不是认知变量），尽管有过度简化的危险，但是交易型领导描述的领导行为，在跟随者实现既定目标时变得更具有指导作用，同时为组织目标的实现做出相应贡献，相比之下，魅力型或变革型领导强调的行为主要在于改变下属的价值观、目标、需要和抱负"。埃雷兹认为，"从交易型领导与变革型领导或魅力型领导的区别中可以提供领导者被领导者、关系与文化背景之重要关联的解释路向。领导是根据一个调节过程来定义的，其假设性前提是领导会影响下属的行为"[②]。正是从这个层面上，为本研究提供了校长多元领导与教师专业学习共同体文化背景关联的解释依据。

教师专业学习共同体文化和自我观念在阐释领导者、被领导者关系层面的作用实现。埃雷兹文化自我表征理论模型中的领导框架主要参考尤克尔综合模型[③]而构建起来的，主要包括领导者、被领导者和中间过程三个维度，而且在文化框架中进行呈现、表征。文化框架不是组织的文化，而是把组织文化视为中间过程的内在部分，文化框架涉及的社会是组织运转的背景环境，它的影响遍及领导的各个方面，并体现在个体与他人之间形成的各种关系中。领导与文化自我表征理论的解释框架如图3-4所示。领导者和被领导者的

---

①House R J, Singh J.Power and personality in organizations[J].Research in organizational behavior, 1988（10）: 305-357.

②Erez M.Culture, self-identity, and work[M].New York : Oxford University Press, 1993 : 173.

③Yukl F A.Leadership in organizations[M].2nd ed.Prentice Hall, NJ : Englewood Cliffs, 1989 : 269.

关系取决于每个人的自我观念及其与文化的关系。例如，在浓厚的集体主义文化氛围中，对一个领导者的评价主要是基于他或她对推动团队朝着有价值目标前进的程度，被领导者对领导者的信服主要来自领导者对团队成功的重要性；在个人主义文化中，领导者与被领导者之间会形成一种情感纽带，这种关系是通过二者间亲密关系体现出来的，且被领导者视为个人成就和认可的来源。总之，领导者与被领导者的自我观念勾画了彼此间作用关系的本质。为了进一步解释这种关系，埃雷兹首先借鉴了洛德（Lord）等人提倡的方法对模型的信息加工过程方面进行描述，即用脚本理论[1]来描述个体与他人的相互作用以及在不同环境下的行为方式。领导者和被领导者各方面的行为之所以可以用脚本和图式理论进行描述，是因为二者间很多相互作用是常规的或脚本化的。对此，埃雷兹也特别说明，其理论框架下的领导和被领导者的行为并不是像其他领导理论所描述的"自由形式"，因为脚本或图式是有文化根源或个人根源的。因此，文化对领导过程的影响是可以部分地通过对信息加工过程的理解加以追溯的。其次，关于自我观念，埃雷兹鉴于既有领导理论忽视了授权、归因、向上影响和行为后的合理化等问题，而且过于强调领导者个性对共同结果产出的影响，以至于忽视了被领导者的行为，在其理论框架中则把领导者和被领导者行为视为独特且同等重要的，并各自创造着集体的、个体的行为结果。再次，埃雷兹的领导力框架关注的是特有的文化本质，即并不认为文化是领导者和被领导者行为的前因或缘由，而是通过自我观念的一种直接影响形式。在一般文化背景下，领导力的内在本质反映在工作场景中的结构、关系和角色等方面。最后，领导内容层面考虑的是个体与他人关系的本质，这种作用关系同样受到文化的影响。霍夫斯泰德认为，"权力距离影响特定领导风格的有效性，在平等主义价值观（低权力距离）占据主导地位的文化中，更具参与性的领导风格是合适的"[2]。上述文化自我表征理论中领

---

[1]Lord R G, Foti R J.Schema theories, information processing, and organizational behavior[C]. In H. P. Sims and D. A. Gioia（Eds.）, The thinking organization.San Francisco: Jossey-Bass, 1978: 21-48.

[2]Hofstede G.Culture's consequences: International differences in work-related values[M]. Newbury Park, CA: Sage, 1980: 30.

导作用实现机制，为校长多元领导对教师合作学习影响路径中教师专业学习共同体文化与自我观念中间变量存在的合理性提供了学理上的支撑。

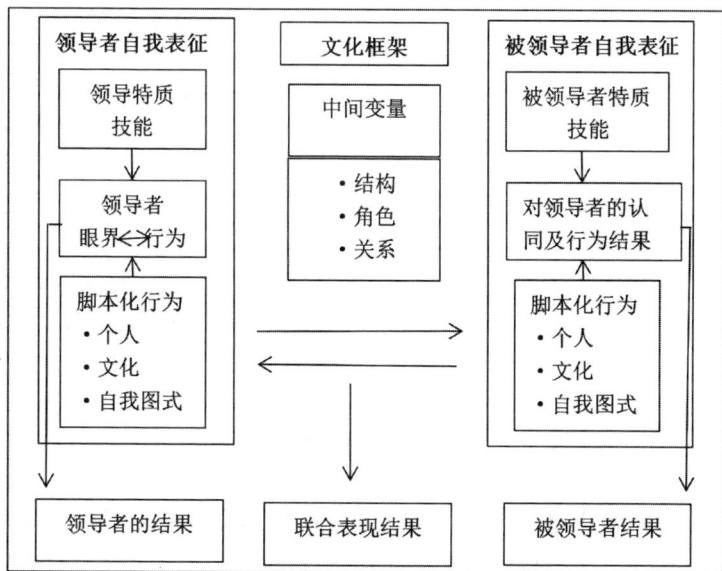

图 3-4　领导与文化自我表征理论[①]

3.教师集体效能感在校长多元领导与教师合作学习间的作用

从成败经验来看，在学校组织中过往成功经验的累积有助于教师成功信念的提升，反之失败经验则削弱了它，同时，在一个组织中成功是常见而容易的，那么当他们失败时则更加容易产生沮丧感，即强大的教师集体效能需要经过持久的努力而最终克服困难的经历中磨炼生成。从替代经验来说，教师集体在观察同行教师教学过程中，那些成功教学行为往往会提高集体效能，正如个体效能作用机制一样，当个体发现相似他人取得成功，从而可提升自我个体效能。另外，通过不相同，但已经实现较高成就目标的榜样，集体效能也能得到提高。社会劝说视角下，集体成员间凝聚力越强，集体就越有可能被正确的舆论所引导，鼓舞集体成员更加努力、增强克服困难的信心也是社会劝说可以实现的；社会劝说能够让教师集体成员更加具备毅力，坚持不懈地解决问题。情绪体验维度下，情绪状态也可以从学校组织层面显现，高集体效能感学校在面临突发事件时能够勇敢面对、承受压力和迎接挑战，反

---

①Erez M.Culture，self-identity，and work[M].New York：Oxford University Press，1993：175.

之低效能感的学校则会陷入混乱。哥达德在班杜拉的集体效能理论和教师个体效能感模型基础上构建教师集体效能感形成与作用模型如图 3-5 所示。①

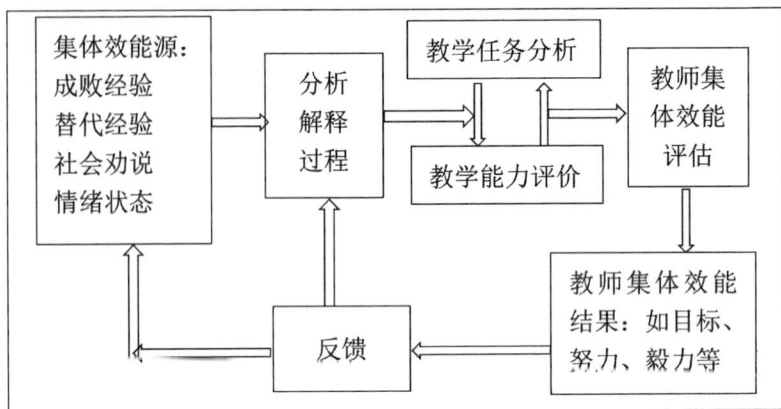

图 3-5　教师集体效能感形成和作用模型

在教育情境中哥达德等人认为集体效能的信息来源主要聚集在教学任务和教学能力层面，或可以说，教师集体效能的产生来源于教师对教师集体教学能力的评价和教学任务的分析。教学任务分析，指教师会预计他们在教学任务中需要做些什么，可分为个体水平和学校水平两个层面。在学校水平，分析过程是推断在这所学校的教学挑战是什么，也就是说如果教师想获得教学成功需要应对哪些问题，如学生的能力和动机、教学材料、社区资源与限制，以及学校的硬件设施等。简单地说，教师要分析怎样算作成功教学、需要克服哪些困难及拥有哪些资源有助于获得成功。教学能力评估，通常教师在教学任务分析的同时会涉及对教学能力的评估层面，换句话说，教师能够精准评价同行教学能力，是以其对学校教学任务的分析为前提的。在学校水平上，教学能力评估是对学校教师的教学技能、方法、练习和专业知识，还包括对教师是否具有让所有学生都获得成功的能力信心的判断。教学任务分析与教学能力评估是同时发生的，很难明确地划分教师集体效能的两个维度界限，两者相互作用共同形成教师集体效能。由此，教学任务分析和教学

---

① Goddard R D, Hoy W K, Hoy A W.Collective teacher efficacy : Its meaning, measure, and impact on student achievement[J].*American Educational Research Journal*, 2000, 37（2）: 479-507.

能力评估，作为教师集体效能产生的关键机制，主要还是通过对以上效能信息源的归因与解释的认知加工过程而实现的。

在文化自我表征理论中，自我观念调节交往过程。交往通常被定义为信息加工过程，这个过程从信息源开始，信息源决定发送那条信息，以及采用什么信号和符合对信息进行编码。然后，信息通过特定的渠道传递给接收者，接收者对信号进行解码、解释，并做出相应的反应。当传输的信号按照信号源所期望的方式被解释时，则会产生平滑的交往样态。交往的过程受到自下而上和自上而下两种加工方式的影响，前者包含从感受器传递到大脑的信息，而后者包含由高层次认知过程指引的信息，这些认知过程包括由自我所表征的期望、动机和价值观，而且最终被塑造成感知者内在的认知图式。在人际交往中，至少涉及两个主体，即信息发出者和接收者。自上而下的过程同时发生在两个主体的交往渠道中，如此情况下，信息编码和解码默契度是由发出者和接收者共享的编码系统决定的。自上而下的加工过程是被同一社会或组织群体成员所共享，可以被看作主观文化的基本构成部分。文化传递共享的知识、信息和意义，因此，人际交往的流畅性很大程度上是由自我观念的调节过程所决定。具体可以从以下两个方面找到例证：一方面，文化作用于社会感知。卡曾斯（Cousins）认为，"非西方文化是具体的，因为它们关注点是与情境关联的行为或社会角色，而不是抽象的个性特征或性情"[①]。具体性（Concreteness）通常可以归因于从事分析思维的认知能力，即可以从环境中抽象出行为特征。这种抽象过程依赖感知刺激，即倾向于将客观事物视为现实生活的一部分，人们从中获取意义的途径是通过概念的相似性在不同环境背景下进行概括，而并非仅在内心里抽取事物的属性。埃雷兹认为，这种理解视角的假设性前提是"刺激约束下的感知比抽象性地概括事物类别的成熟思维更加原始（简单）"[②]。然而，有学者认为这是一种认知的缺陷，"导致在

---

① Cousins S D.Culture and self-perception in Japan and United and States[J] *Journal of Personality and Social Psychology*，1989（56）：124-131.

② Erez M.Culture，self-identity，and work[M].New York：Oxford University Press，1993：131.

非西方文化中的人们看来，具体日常生活环境中的个人不是独立的个体"①。然而，米勒研究发现②，印度人对他们认识的人的描述比美国人更加具体，同时他还发现美国人倾向于将行为归属为个人性格，而印度人则将其归属为环境，然而，对两组人的抽象思维的测验中并没有明显的区别，这一结论排除了认知的缺陷，同时证明本土文化意义对社会感知影响作用的存在。另一方面，自我观念作用于交往方式。文化差异性，尤其是个人价值观和认知框架的差异塑造着不同的自我观念。个体自我主导的文化具有个体主义价值观、场独立型认知风格，以及低情境导向的本质属性，而集体自我在社会交往中得到塑造，具有集体主义文化属性，如场依存型和高情境导向。同时，个人主义文化中的个体自我存在与社会分离的部分，而集体主义文化中的集体自我是通过与他人的交往联系中获得意义。因此，个体自我和集体自我作为自我的两个维度，因文化而存在显著的差异性。进而可以推论，不同的自我将会作用于不同的交往方式。按照古德昆斯特的观点，"集体自我是通过与别人的交往互动中形成的，那么这个形成集体自我的过程可以称作为'面子工作'（Face work），面子在本质上是相关情境中自我形象的一种投射。在集体主义文化中自我是通过对面子关注视角（自我面子和他人面子）的主动协商而维持的，而个体主义文化中自我则被定义为一种内心现象"③。"面子的协商"反映的是价值观和认知风格的文化差异性。个体主义文化关注的是自我面子的维持、自主性的保护，以及对自己和别人的控制程度，表现为消极的面子需要；集体主义文化考虑的是他者的面子，注重的是内在的积极的自我需要。由此，埃雷兹认为，"文化塑造个体的认知框架，而认知框架又影响着交往，自我以及自我观念在二者的相互作用过程中起着重要调节作用"④。

社会认知理论强调，作为个体或者团体成员的人要对他们未来进行一定

---

①Bond M H，Cheung T S.College students' spontaneous self-concept：The effect of culture among respondents in Hong Kong，Japan，and United States[J]*Journal of Cross-Cultural Psychology*，1983，14（2）：153-171.

②Miller J G.Cultural and the development every-day social explanation[J]*Journal of Personality and Social Psychology*，1984（46）：961-978.

③Gudykunst W B.Culture and interpersonal communication[M].Beverly Hills，CA：Sage，1988：85.

④Erez M.Culture，self-identity，and work[M].New York：Oxford University Press，1993：134.

程度的控制。当个体或团体相信他们自己有能力达到既定的成就，他们可能会用更多的创造力、努力和毅力来实现这些目标以获得成功。[1]班杜拉认为在学校中非常适合做组织成就方面的集体效能感影响研究，因为在一个区域学校组织间，教师往往开展相同的教学实践任务并采用统一的学业成绩评估工具。[2]研究证明教师效能感与学生学业成绩之间存在显著的关系。石雷山对西方教师集体效能感的研究进展分析中，指出相关研究缺少校长领导与教师集体效能感的关系研究。[3]文化自我表征理论描述了一个多层次的组织行为过程，可以理解为领导管理实践与文化价值观和规范相互作用，以影响个体自我观念（如自我效能感、自我提升和自我一致），并进一步影响个体行为的多层次过程。因此，本研究中在研究理论构建过程中以文化自我表征理论为基模，其中从自我观念调节着交往过程的逻辑出发，认为在教师专业学习共同体文化背景下，教师集体效能感在校长多元领导对教师合作学习影响过程中存在调节作用。

▎三、初中校长多元领导对教师合作学习影响研究的工具开发

在本研究问卷编制和修订过程中，教师合作学习问卷、校长多元领导问卷和教师专业学习共同体文化感知问卷是在国内外既有问卷的基础上，并结合一定理论修订编制而成；教师言语互动行为问卷则是按照问卷编制原则、方法和程序自主编制而成；教师集体效能感问卷是引用国外成熟问卷，但对于部分题项进行语义上的修改以符合我国教育实践情境。总体上，问卷编制修订都经过问卷题项确定校审、问卷预测和问卷初测三个环节。在问卷题项编制环节，首先各问卷主体部分是在相关理论和研究综述的基础上形成各维度的操作性定义，并逐个将问卷的编制思路及具体维度题目向专家（教授 2 人、博士 7 人）咨询；其次，采用开放式问卷收集初步的问卷题项，请 20 名初

①Goddard R D，Skrla L.The influence of school social composition on teachers' collective efficacy beliefs[J]. *Educational Administration Quarterly*，2006，42（2）：216-235.

②Bandura A.Self-efficacy：Toward a unifying theory of behavioral change[J].*Psychological Review*，1977，84（2）：191-215.

③ 石雷山 . 教师集体效能：教师效能研究的新进展 [J]. 外国教育研究，2005（10）：72-75.

中教师在开放式问卷上对各预设维度的题项进行审阅并给出修改意见；最后，请 F 市教师进修学院 3 名优秀研训教师（1 位正高级职称、2 位高级职称）对20 名教师逐条审查后的题项信息再次修改、补充与合并，形成预测问卷。在预测环节，咨询了 10 名教师并向他们阐述了研究目的，并请他们按照预测问卷的题目进行问卷填写，收回并让一名擅长教育统计方法的博士研究生进行问卷表面效度的预测。经过以上问卷题项的编制删减过程，最终形成了正式问卷。问卷采用 5 点记分法，"非常不符合"记为 1 分，"不太符合"记为 2 分，"不确定"记为 3 分，"比较符合"记为 4 分，"非常符合"记为 5 分。在问卷初测环节，2018 年 6 月 8 日开始在 A 省 F 市初中学校发放问卷，学校样本分布见表 3-5，问卷皆采用现场发放、现场回收的方式，调查对象包括 15 所学校的 488 名教师。回收有效问卷 471 份，回收率 96.5%，剔除无效问卷 5 份，共计获得有效问卷 466 份。

表 3-5　问卷初测样本来源分布

学校名称	发放问卷	回收问卷	调查时间（2018）
F 市第十六中学	44	43	6 月 08 日
F 市第二十四中学	8	8	6 月 08 日
F 市第二十六中学	44	44	6 月 09 日
F 市第四中学	26	25	6 月 09 日
F 市铁路中学	46	44	6 月 09 日
F 市第四中学	54	54	6 月 12 日
F 市第六中学	46	46	6 月 12 日
F 市第九中学	32	31	6 月 14 日
F 市第三中学	16	16	6 月 14 日
F 市第一中学	20	10	6 月 15 日
F 市第十三中学	20	19	6 月 15 日
F 市蒙古贞中学	60	59	6 月 17 日
F 市第二十一中学	8	8	6 月 17 日
F 市第十八中学	20	20	6 月 17 日
F 市第三中学	44	44	6 月 18 日
合计	488	471	

对于回收的 466 份有效问卷按照奇数和偶数编号分成两份，奇数份数据

用于探索性因素分析，偶数份数据用于验证性因素分析。参考吴明隆和邱皓政的研究方式，采取以下程序和统计方法对预调查数据进行分析：第一步，采用探索性因子分析验证各量表内容的初始结构；第二步，采用 Cronbach's α 内部一致性信度系数检验问卷信度；第三，采用皮尔逊积差相关检验探索性因子分析各量表的效度；第四，对经过探索性因素分析删减后的问卷运用 AMOS16.0 软件进行验证性因素分析，以验证理论构建维度的匹配性以及与实践现况的契合度。

（一）教师合作学习问卷编制

1. 问卷维度

马克（Mark）归纳了既往研究者对于教师合作学习的内涵描述，具体包括"教师协作工作""改进实践的反思性对话""共同目标或共同愿景""关注学生学习或提高学生成绩"等短语。随后，他总结出教师合作学习实践的关键要素：共同工作、反思性对话、改进实践、提高学生成绩。[1] 国内学者崔允漷和郑东辉把意愿、任务、效益和规则[2]看作教师合作学习的关键，提供了教师合作学习行为发生在理念层面上的鉴别标准。教师合作学习的"探究环"[3] 理论，将对话、决策、行动和评估视为教师合作的关键环节。对话，描述了团队在领导力、教学实践及其改进方面进行的人际沟通程度；决策是指团队评估其实践的有效性或价值，然后决定合适的进展步骤；行动，描述了团队在做出决定后实际执行决策的程度，因为决策本身是没有意义的；评估是指团队通过系统地收集、检查表现数据对实践效果的评估。在马克编制的教师合作学习问卷基础上，深入教学一线开展访谈，并邀请教育学专家对教师合作学习的操作维度进行修订，结合既往研究结论，本研究确定的教师合作学习的主要评判维度包括意愿、对话、决策和行动四个层面，具体操作维度和

---

① Mark F Z.Is working together worth it?Examining the relationship between the quality of teacher collaboration, instruction, and student achievement[D].Massachusetts：University of Massachusetts Amherst, 2011：29-34.

② 崔允漷, 郑东辉.论指向专业发展的教师合作[J].教育研究, 2008（6）：78—83.

③ Goodlad J, Mantle-Bromley C, Goodlad S J.Education for everyone：Agenda for education in a democracy[M].San Francisco：Jossey-Bass, 2004：110.

问卷题项见表 3-6。

表 3-6　教师合作学习问卷维度

维度	指标	题项
意愿	合作目的	1、2
	合作倾向	3
	合作态度	4、5、6
对话	对话内容	7
	对话规则	8
	对话伦理	9、10
决策	决策过程	11、12
	决策结果	13、14
	决策执行	15
行动	行动准则	16、22
	合作实践	19、20、21
	行动评估	17、18

2. 主成分因子分析

主成分因子分析，指在观测变量中找到具有高度相关的公共因子。然而，具体统计分析过程中，主成分因子分析需要进行多次，因为每一次题项的筛选都将改变矩阵载荷因子及相关数据指标，只有循环往复的题项筛选分析，才能找到最佳的接近预期的因子维度。因此，以下探索性分析过程中，仅呈现第一次和最后一次主成分因子分析的结果。

第一次主成分因子分析结果。KMO 值、Bartlett 球形检验的卡方值、自由度和 p 值结果见表 3-7。根据相关学者的观点，"KMO 大于 0.9 是适合主成分因子分析的最好界值，大于 0.8 也是比较好的，大于 0.7 则为中等水平，如果小于 0.5 则不适合作因子分析"[1]。KMO=0.891>0.8，在接受范围内，Bartlett 球形检验结果显著（$p<0.05$），表明该数据适合做主成分因子分析。

___

[1] 张奇.SPSS for windows 在心理学与教育学中的应用 [M].北京：北京大学出版社，2009：291.

表 3-7　教师合作学习问卷 KMO 检验和 Bartlett 球形检验的结果

KMO 值	Bartlett 球形检验	
0.891	卡方值	2358.476
	自由度（df）	231
	p 值（Sig.）	.000

表 3-8 输出的结果，从左到右显示了提取公共因子前后每个调查变量的共同度。从表中可见，a7 题项的共同度为 0.337，其在统计学意义上低于 0.4，应该删除。

表 3-8　教师合作学习问卷测量题项的共同度

题项	提取前	提取后	题项	提取前	提取后
a1	1	0.744	a13	1	0.612
a2	1	0.695	a14	1	0.59
a3	1	0.602	a15	1	0.701
a4	1	0.631	a16	1	0.422
a5	1	0.579	a17	1	0.519
a6	1	0.598	a18	1	0.639
a7	1	0.337	a19	1	0.488
a8	1	0.625	a20	1	0.597
a9	1	0.67	a21	1	0.496
a10	1	0.62	a22	1	0.479
a11	1	0.459	—	—	—
a12	1	0.699	—	—	—

表 3-9 输出的结果为教师合作学习问卷因子旋转前后总方差的解释，观测变量的变异由某一因子所决定的比例，可用因子载荷平方进行解释。其中，共有四个因子的特征根值大于 1。

表 3-9　教师合作学习问卷因子旋转前后总方差的解释

因子	初始特征值			旋转前			旋转后		
	总计	变异率/%	总解释/%	总计	变异率/%	总解释/%	总计	变异率/%	总解释/%
1	8.14	36.98	36.98	8.14	36.98	36.98	3.55	16.11	16.11
2	2.20	9.98	46.96	2.20	9.98	46.96	3.43	15.58	31.70
3	1.38	6.25	53.21	1.38	6.25	53.21	2.99	13.61	45.31

因子	初始特征值			旋转前			旋转后		
	总计	变异率/%	总解释/%	总计	变异率/%	总解释/%	总计	变异率/%	总解释/%
4	1.10	4.99	58.20	1.10	4.99	58.20	2.84	12.90	58.20
5	0.95	4.33	62.54	—	—	—	—	—	—
6	0.92	4.17	66.71	—	—	—	—	—	—
7	0.83	3.76	70.47	—	—	—	—	—	—
8	0.75	3.42	73.89	—	—	—	—	—	—
9	0.70	3.16	77.05	—	—	—	—	—	—
10	0.64	2.93	79.98	—	—	—	—	—	—
11	0.57	2.58	82.56	—	—	—	—	—	—
12	0.53	2.42	84.98	—	—	—	—	—	—
13	0.47	2.12	87.10	—	—	—	—	—	—
14	0.42	1.91	89.01	—	—	—	—	—	—
15	0.41	1.88	90.89	—	—	—	—	—	—
16	0.38	1.70	92.59	—	—	—	—	—	—
17	0.35	1.59	94.18	—	—	—	—	—	—
18	0.32	1.44	95.61	—	—	—	—	—	—
19	0.28	1.28	96.89	—	—	—	—	—	—
20	0.26	1.17	98.06	—	—	—	—	—	—
21	0.22	1.00	99.06	—	—	—	—	—	—
22	0.21	0.94	100.00	—	—	—	—	—	—

表 3-10 显示的结果为旋转前公共因子与原始变量间的相关矩阵，根据系数的大小进行排序呈现。

表 3-10　教师合作学习问卷旋转前的因子载荷矩阵

题项	主成分因子			
	1	2	3	4
a8	0.68	—	—	—
a10	0.678	—	−0.368	—
a3	0.669	—	—	—
a4	0.664	−0.398	—	—

题项	主成分因子			
	1	2	3	4
a14	0.657	−	−	−
a12	0.647	−	−0.442	−
a5	0.632	−0.398	−	−
a9	0.628	−0.358	−	−
a6	0.628	−0.438	−	−
a21	0.623	−	−	−
a13	0.609	−	−	−0.359
a15	0.608	−	−	−0.407
a17	0.607	−	−	−
a18	0.586	−	−	0.442
a20	0.585	−	−	−
a1	0.578	−0.489	0.398	−
a7	0.565	−	−	−
a22	0.562	−	−	−
a2	0.562	−0.355	0.457	−
a11	0.556	−	−	−
a19	0.522	0.411	−	−
a16	0.487	0.399	−	−

表 3-11 显示的结果是旋转后公共因子与原始变量间的相关矩阵，根据系数的大小进行排序呈现。a6 题项在公共因子1、公共因子3上系数分别为0.571和0.5，a4 题项在公共因子1、公共因子3上系数分别为0.518、0.55，有着相近的载荷因子系数；另外 a7 题项共同度小于0.4，公共因子最大载荷为0.35。因此，根据主成分因子分析的意义及其筛选题项原则：删除在两个及两个以上的公共因子上因子载荷十分接近的题目，标准为小数点后首位数字相同；仅包括一个题目的公共因子删除；在公共因子上载荷小于0.35，共同度低于0.4 的题目删除。由此，需要删除题项 a4、a6、a7。随后，对删除后的题项再次主成分因子分析，直到探索出符合理论与实践预期的因子聚类。

表 3-11 教师合作学习问卷旋转后因子载荷矩阵

题项	主成分因子			
	1	2	3	4
a9	0.774	—	—	—
a8	0.707	—	—	—
a10	0.695	—	—	—
a5	0.607	—	0.42	—
a6	0.571	—	0.5	—
a7	0.358	—	—	—
a18	—	0.762	—	—
a20	—	0.72	—	—
a17	—	0.648	—	—
a19	—	0.638	—	—
a21	—	0.596	—	—
a16	—	0.526	—	—
a1	—	—	0.822	—
a2	—	—	0.798	—
a3	—	—	0.641	—
a4	0.518	—	0.55	—
a13	—	—	—	0.697
a15	—	—	—	0.696
a12	0.505	—	—	0.619
a14	—	0.367	—	0.602
a22	—	0.39	—	0.53
a11	0.408	—	—	0.526

表 3-12 教师合作学习问卷最终的 KMO 和 Bartlett 球形检验结果

KMO 值	Bartlett 球形检验	
0.842	卡方值	973.571
	自由度（df）	55
	p 值（Sig.）	.000

表 3-13　教师合作学习最终因子分析的总方差解释

因子	初始特征值			旋转前			旋转后		
	总计	变异率/%	总解释/%	总计	变异率/%	总解释/%	总计	变异率/%	总解释/%
1	4.55	41.32	41.32	4.55	41.32	41.32	2.76	25.09	25.09
2	1.56	14.2	55.52	1.56	14.2	55.52	2.24	20.4	45.49
3	1.08	9.82	65.34	1.08	9.82	65.34	2.18	19.85	65.34
4	0.75	6.84	72.19	−	−	−	−	−	−
5	0.63	5.74	77.92	−	−	−	−	−	−
6	0.51	4.64	82.56	−	−	−	−	−	−
7	0.48	4.38	86.94	−	−	−	−	−	−
8	0.45	4.12	91.06	−	−	−	−	−	−
9	0.38	3.48	94.54	−	−	−	−	−	−
10	0.33	3.02	97.56	−	−	−	−	−	−
11	0.27	2.44	100	−	−	−	−	−	−

表 3-14　教师合作学习最终因子分析旋转后的因子载荷矩阵

题项	因子		
	1	2	3
a20	0.775	−	−
a19	0.773	−	−
a21	0.695	−	−
a18	0.683	−	−
a17	0.635	−	−
a9	−	0.803	−
a8	−	0.784	−
a10	−	0.768	−
a2	−	−	0.864
a1	−	−	0.862
a3	−	−	0.684

最终的主成分因子分析结果。最后一次主成分因子分析，表 3-12 结果显示 KMO=0.842>0.8，且 p<0.05，可进行主成分因子分析。表 3-13、3-14 分别显示了总方差解释和旋转后因子载荷矩阵。

根据筛选题项的原则，以及反复进行主成分因子分析，删除 a4、a5、a6、a7、a11、a12、a13、a14、a15、a16、a22 共计获得用于组成最终问卷的 11 个题项，最终的问卷维度及题项构成见表 3–15。

表 3–15　教师合作学习最终问卷各因子题项组成及特征值、贡献率和累积贡献率

因子名	包含题项	特征值	贡献率 /%	累积贡献率 /%
行动	a17、a18、a19、a20、a21	4.545	25.092	25.092
对话	a8、a9、a10	1.562	20.398	45.49
意愿	a1、a2、a3	1.081	19.852	65.342

3. 问卷信效度检验

问卷的信度检验。信度系数是衡量测验好坏的一个重要技术指标，"信度系数在 0.9 以上可说明问卷信度高，0.8 以上的问卷信度也可以接受，0.7 以上的问卷信度说明问卷维度需要修订，但仍有价值，0.7 以下则不可采用，应重新设计"[①]。采用内部一致性信度（α 信度系数）和分半信度检验问卷的信度，具体结果见表 3–16，信度系数均在 0.70 以上，说明问卷有着良好的信度。

表 3–16　教师合作学习问卷的信度（n=233）

检验方法	行动	对话	意愿	总问卷
内部一致性系数	0.799	0.789	0.807	0.856
分半信度系数	0.748	0.738	0.700	0.762

问卷的效度检验。利用 Pearson 相关系数对问卷进行效度检验，结果见表 3–17 输出，即在统计学显著相关（$p<0.01$）。

表 3–17　教师合作学习问卷各因子分与总分的皮尔逊相关分析（n=233）

	行动	对话	意愿	总问卷
行动	1	0.475★★	0.405★★	0.841★★
对话	−	1	0.512★★	0.812★★
意愿	−	−	1	0.738★★
总问卷	−	−	−	1

注：*表示在 $p<0.05$ 水平上显著相关；**表示在 $p<0.01$ 水平上显著相关；下表同。

通过皮尔逊相关分析，结果显示，问卷总分与各因子分的相关系数在 0.74~0.84，各因子之间的相关系数在 0.41~0.51。整体上，各维度之间的

---

① 张奇.SPSS for windows 在心理学与教育学中的应用 [M].北京：北京大学出版社，2009：305.

相关性要低于各因子与总分的相关性，说明本问卷具有良好的效度。

4. 验证性因子分析

关于验证性因子分析（CFA），指检验观察变量与潜在构念（因素）间的关系，是一种验证性程序，通过结构方程模型（SEM）进行检验。结构方程模型除了检验观测变量与潜在构念关系外，还可检验潜在构念间的关系，分别对应的是测量模型和结构模型。验证性因子分析在 Amos 运行视窗中，长方形或正方形对象表示测量变量（也称观察变量、指标变量、显性变量），即量表的题项，如果是李克特五点量表，其数值应该为 1~5 分；椭圆形或圆形对象表示的是潜在变量（也称构念、无法观测变量、潜在因素），潜在构念是量表在探索性因素分析中的萃取因素，其无法直接获得而需要通过测量变量来反映。[①]

测量模型验证的基本理论：潜在构念间没有因果关系，只有共变关系，若协方差界定为 0，表示潜在构念间没有相关，此种测量模型称之为直交测量模型（在探索性因素分析中采用直交旋转法表示因素轴间的夹角成直角 90 度，因素轴间的相关为 0）；如果协方差没有限定为 0，则同一量表的潜在构念间通常会有某种程度的相关，此种测量模型称为斜交模型（在探索性因素分析中，采用斜交转轴法表示因素轴间夹角不是呈直角 90 度，因素轴间相关不为 0）。[②] 本研究中的测量模型均为斜交模型。

教师合作学习倾向量表共有 11 个测量题项，在探索性因素分析（EFA）中共萃取三个因素：合作意愿、合作对话和合作行动。按照吴明隆的操作要求，一方面假定测量误差项彼此间独立且没有共变关系，另一方面测量模型中不存在跨因素负荷量的指标变量，即所有指标变量归属的潜在构念唯一。[③] 验证性因子分析结果如图 3-6 所示。

---

① 吴明隆. 结构方程模型——Amos 实务进阶 [M]. 重庆：重庆大学出版社，2013：2.

② 同上：38.

③ 同上：43.

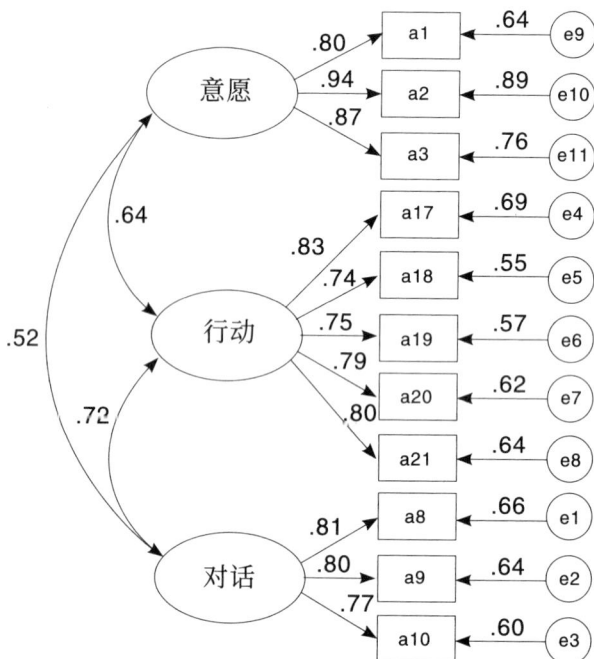

图 3-6　教师合作学习问卷一阶 CFA 标准化估计值模型图

在教师合作学习问卷一阶 CFA 标准化估计值模型图中，标准化回归系数未出现大于 1 的情况，模型可以收敛，模型中的参数没有不合理的解值。合作意愿因素构念 3 个测量指标的因素负荷量分别为 0.80、0.94、0.87；合作对话因素构念的 3 个测量指标的因素负荷量分别为 0.81、0.80、0.77；合作行动因素构念的 5 个测量指标因素负荷量分别为 0.83、0.74、0.75、0.79、0.80；合作意愿潜在变量与合作对话潜在变量间的相关为 0.52，合作意愿与合作行动潜在变量间的相关为 0.64，合作行动与合作对话潜在变量间的相关为 0.72。

表 3-18 显示，模型整体适配度卡方值为 112.798，模型自由度为 41，GFI 值等于 0.917（符合大于 0.900 的适配标准），RMR 值等于 0.025（符合小于 0.050~0.080 的理想标准），RMSEA 值等于 0.087（95% 置信区间为 0.03~0.08，数值不是理想范围，但考虑到采取绝对适配测量指标，且其他指标均优良，可以接受），NFI 值为 0.93（符合大于 0.90 的适配标准），TLI

值为 0.940（符合大于 0.90 的适配标准），CFI 值为 0.955（符合大于 0.90 的适配标准），IFI 值为 0.956（符合大于 0.90 的适配标准），卡方与自由度比值 $x^2/df=2.751$（符合小于 3 的理想标准，有的学者界定为 5，因为卡方检验存在一些争议[1]，多数明确而具有说服力的证据是卡方值显著性概率 p 不显著，即 p>0.5，表示观察协方差与被估计方差矩阵间没有差异，因而不显著时表示假设模型与观察数据契合度更佳，然而卡方值受很多因素影响，如样本大小会影响卡方值显著性，小样本不显著，大样本容易达显著水平）。

表 3-18　教师合作学习测量模型的拟合指数

指标	x^2	df	x^2/df	IFI	CFI	TLI	NFI	RMSEA	RMR	GFI
实值	112.798	41	2.751	0.956	0.955	0.940	0.932	0.087	0.025	0.917

教师合作学习问卷的编制结果显示，主成分因子分析筛选题项阶段，获得最终包含合作意愿、合作对话、合作行动三个维度 11 个题项的问卷，该问卷的内部一致信度和分半信度均在 0.694 以上，且通过皮尔逊相关分析显示问卷总分与各维度因子分的相关系数在 0.74 至 0.84 之间，各因子之间的相关系数在 0.41~0.51，各维度之间的相关性要低于各因子与总分的相关性，说明本问卷具有良好的信度和结构效度。进一步的验证性因子分析，说明测量模型的各项适配度指标良好，模型界定正确。总体而言，问卷维度与预期设计教师合作学习维度指标有着可供参考的一致性测量指标。这也说明在综合既有研究结果及理论，并扎根于我国教师专业学习实践背景的教师合作学习问卷编制过程有着较高的信效度，同时也具有一定的实证价值。

（二）教师专业学习共同体文化感知问卷编制

1. 问卷维度

教师专业学习共同体理论在霍德的推动下，逐渐发展成为一种主流的教师专业发展理论思潮，他提出的教师专业学习共同体五维度内涵特征是在总结既往研究的基础上，并历经实践检验而凝结出来的精要[2]：①支持型和共享

① 吴明隆.结构方程模型——Amos 实务进阶 [M].重庆：重庆大学出版社，2013：22.

② Hord S M.Learning together, leading together : changing schools through professional learning communities[M]. New York, NY : Teachers College Press, 2004 : 7.

型领导，要求具有领导能力的校长通过邀请教职工参与决策并采取行动，共同参与领导工作从而共享权力；②共同的价值观和愿景，包括对学生学习的坚定承诺，并在工作中不断地明确表达与强调；③集体学习和应用，要求学校所有教职工共同参与学习和应用过程以集体增进知识技能，并将所学知识应用到解决学生实际问题中；④支持性条件，包括物质条件和个体能力，其目的聚焦于教师集体学习以及保障组织运行顺畅；⑤共享实践，教师对同行教学行为的评价，提供反馈、建议以支持教师个体和共同体的改进。本研究中，教师专业学习共同体文化感知问卷理论维度即遵循霍德的理论，在其基础上借鉴国内学者宋萑有关专业共同体实证研究的问卷设计思路[①]，最终确定支持型领导、集体协作、共享实践、人际支持、组织条件、共同价值观和愿景，共计六个维度。具体指标维度见表3-19。

表3-19　教师专业学习共同体文化感知问卷维度

维度	指标	题项
支持型领导	决策参与	1、30、10、40
	创新支持	19、20、25
	领导权威	15、5、35
集体协作	协作条件	7、23、37
	协作原则	22、27
	协作内容	12、13、32
共享实践	相互评价	4、8
	分享经验	3、18、17、28
人际支持	学校层面	33、41
	个体层面	38、44
组织条件	资源支持	9、14、24、34
	组织结构	29、39、42、43、45
共同价值观和愿景	价值观	2、6、11、16、21
	目标期望	26、31、36

2. 主成分因子分析

第一次主成分因子分析结果。教师专业学习共同体文化感知问卷第一次

---

① 宋萑. 教师专业学习共同体研究 [M]. 北京：北京师范大学出版社，2015：11-12.

因子分析结果见表 3-20，其中 KMO=0.923>0.9，p<0.05，说明可以进行主成分因子分析。

表 3-20　问卷 KMO 检验和 Bartlett 球形检验结果

KMO 值	Bartlett 球形检验	
0.923	卡方值	5374.237
	自由度（df）	990
	p 值（Sig.）	.000

表 3-21 输出的结果为公共因子提取前后调查变量的共同度。从表中可见，45 个题项的共同度在统计学意义上均高于 0.4，没有需要删除的题项。

表 3-21　教师专业学习共同文化感知问卷测量题项的共同度

题项	提取前	提取后	题项	提取前	提取后
b1	1	0.682	b24	1	0.656
b2	1	0.676	b25	1	0.586
b3	1	0.596	b26	1	0.54
b4	1	0.629	b27	1	0.568
b5	1	0.654	b28	1	0.697
b6	1	0.604	b29	1	0.365
b7	1	0.604	b30	1	0.705
b8	1	0.56	b31	1	0.578
b9	1	0.581	b32	1	0.735
b10	1	0.537	b33	1	0.541
b11	1	0.551	b34	1	0.609
b12	1	0.669	b35	1	0.686
b13	1	0.673	b36	1	0.581
b14	1	0.667	b37	1	0.707
b15	1	0.691	b38	1	0.676
b16	1	0.683	b39	1	0.69
b17	1	0.687	b40	1	0.643
b18	1	0.615	b41	1	0.668
b19	1	0.521	b42	1	0.666
b20	1	0.658	b43	1	0.63
b21	1	0.638	b44	1	0.574
b22	1	0.71	b45	1	0.578
b23	1	0.554	—	—	—

表 3-22 输出的结果为初始特征值、未经旋转提取因子的载荷平方和、旋转后提取因子的载荷平方和。

表 3-22　教师专业学习共同体文化感知因子旋转前后的总方差的解释

因子	初始特征值			旋转前			旋转后		
	总计	变异率/%	总解释/%	总计	变异率/%	总解释/%	总计	变异率/%	总解释/%
1	15.63	34.74	34.74	15.63	34.74	34.74	5.05	11.22	11.22
2	2.72	6.04	40.77	2.72	6.04	40.77	4.67	10.37	21.59
3	1.97	4.37	45.15	1.97	4.37	45.15	3.78	8.39	29.98
4	1.57	3.49	48.64	1.57	3.49	48.64	3.74	8.32	38.30
5	1.49	3.31	51.94	1.49	3.31	51.94	3.53	7.85	46.15
6	1.36	3.02	54.97	1.36	3.02	54.97	2.81	6.25	52.41
7	1.21	2.68	57.64	1.21	2.68	57.64	2.03	4.50	56.91
8	1.15	2.56	60.20	1.15	2.56	60.20	1.27	2.82	59.73
9	1.03	2.28	62.48	1.03	2.28	62.48	1.24	2.76	62.48
10	0.98	2.18	64.66	—	—	—	—	—	—
11	0.95	2.11	66.77	—	—	—	—	—	—
12	0.91	2.03	68.80	—	—	—	—	—	—
13	0.85	1.90	70.69	—	—	—	—	—	—
14	0.83	1.84	72.53	—	—	—	—	—	—
15	0.79	1.76	74.29	—	—	—	—	—	—
16	0.77	1.70	75.99	—	—	—	—	—	—
17	0.73	1.62	77.61	—	—	—	—	—	—
18	0.66	1.46	79.06	—	—	—	—	—	—
19	0.62	1.37	80.43	—	—	—	—	—	—
20	0.59	1.32	81.75	—	—	—	—	—	—
21	0.53	1.19	82.93	—	—	—	—	—	—
22	0.52	1.15	84.09	—	—	—	—	—	—
23	0.49	1.09	85.56	—	—	—	—	—	—
24	0.47	1.05	86.61	—	—	—	—	—	—
25	0.45	1.00	87.61	—	—	—	—	—	—
26	0.43	0.96	88.58	—	—	—	—	—	—

因子	初始特征值			旋转前			旋转后		
	总计	变异率/%	总解释/%	总计	变异率/%	总解释/%	总计	变异率/%	总解释/%
27	0.42	0.93	89.51	–	–	–	–	–	–
28	0.40	0.88	90.39	–	–	–	–	–	–
29	0.39	0.87	91.26	–	–	–	–	–	–
30	0.37	0.83	92.08	–	–	–	–	–	–
31	0.34	0.76	92.84	–	–	–	–	–	–
32	0.34	0.75	93.59	–	–	–	–	–	–
33	0.30	0.66	94.25	–	–	–	–	–	–
34	0.29	0.64	94.89	–	–	–	–	–	–
35	0.27	0.60	95.49	–	–	–	–	–	–
36	0.26	0.58	96.07	–	–	–	–	–	–
37	0.25	0.55	96.62	–	–	–	–	–	–
38	0.24	0.54	97.15	–	–	–	–	–	–
39	0.21	0.47	97.62	–	–	–	–	–	–
40	0.20	0.45	98.07	–	–	–	–	–	–
41	0.20	0.44	98.51	–	–	–	–	–	–
42	0.19	0.43	98.94	–	–	–	–	–	–
43	0.17	0.39	99.33	–	–	–	–	–	–
44	0.16	0.36	99.69	–	–	–	–	–	–
45	0.14	0.31	100.00	–	–	–	–	–	–

表 3-23 显示的结果为各原始题项与公共因子的相关矩阵，并按系数大小降序排列。b34 题项在公共因子 1、公共因子 5 上系数分别为 0.432 和 0.418，b40 题项在公共因子 1、公共因子 4 上系数分别为 0.516、0.35，b41 题项在公共因子 1、公共因子 4 上系数分别为 0.424、0.441，b45 题项在公共因子 3、公共因子 9 上系数分别为 0.391、0.373，都有有着相近的载荷因子系数。另外公共因子 8 上只有 b43 题项。因此，根据主成分因子分析的意义及其筛选题项原则，需要删除题项 b34、b40、b41、b43 和 b45。随后，对删除后的题项进行第二次主成分因子分析，并重复操作以探索最为理想的因子聚类效果。

表3-23　教师专业学习共同体文化感知问卷旋转后的因子载荷矩阵

题项	主成分因子								
	1	2	3	4	5	6	7	8	9
b5	0.669	—	—	—	—	—	—	—	—
b30	0.646	—	—	—	0.479	—	—	—	—
b33	0.605	0.354	—	—	—	—	—	—	—
b10	0.602	—	—	—	—	—	—	—	—
b26	0.597	—	—	—	—	—	—	—	—
b24	0.596	—	—	—	—	—	—	—	—
b1	0.585	—	—	—	—	0.486	—	—	—
b25	0.547	—	—	—	0.431	—	—	—	—
b42	0.474	—	—	—	—	—	—	—	0.36
b34	0.432	—	—	—	0.418	—	—	—	—
b31	0.418	0.354	—	—	—	—	—	—	—
b22	—	0.771	—	—	—	—	—	—	—
b12	—	0.712	—	—	—	—	—	—	—
b32	—	0.686	—	—	—	—	—	—	—
b13	—	0.617	—	—	—	—	0.467	—	—
b23	—	0.596	—	—	—	—	—	—	—
b21	—	0.595	0.382	—	—	—	—	—	—
b11	—	0.496	—	—	—	—	—	—	—
b4	—	—	0.709	—	—	—	—	—	—
b8	—	—	0.622	—	—	—	—	—	—
b7	—	—	0.616	—	—	—	—	—	—
b14	—	—	0.477	—	0.38	—	—	—	—
b19	—	—	0.444	0.362	—	—	—	—	—
b45	—	—	0.391	—	—	—	—	—	0.373
b37	—	—	—	0.717	—	—	—	—	—
b39	—	—	—	0.698	—	—	—	—	—
b38	—	—	—	0.684	—	—	—	—	—
b36	—	—	—	0.602	—	—	—	—	—
b40	0.516	—	—	0.535	—	—	—	—	—
b41	0.424	—	—	0.441	—	—	—	—	—
b20	—	—	—	—	0.673	—	—	—	—
b16	—	—	—	—	0.664	—	—	—	—

题项	主成分因子								
	1	2	3	4	5	6	7	8	9
b15	–	–	–	–	0.658	–	–	–	–
b35	–	–	–	0.415	0.633	–	–	–	–
b2	–	–	0.424	–	–	0.611	–	–	–
b6	–	–	–	–	–	0.578	–	–	–
b9	–	–	–	–	–	0.523	–	–	–
b27	–	–	–	–	–	0.514	–	–	–
b28	–	0.498	–	–	–	0.511	–	–	–
b3	–	–	0.37	–	–	0.414	–	–	–
b18	–	–	–	–	–	–	0.611	–	–
b17	–	–	0.354	–	–	–	0.598	–	–
b43	–	–	–	–	–	–	–	0.769	–
b29	–	–	–	–	–	–	–	–	−0.505
b44	–	–	–	–	–	–	–	–	0.468

最后一次主成分因子分析。总方差解释、旋转后因子载荷矩阵，见表 3-24、3-25。

表 3-24　教师专业学习共同体文化感知最终因子分析的总方差的解释

因子	初始特征值			旋转前			旋转后		
	总计	变异率/%	总解释/%	总计	变异率/%	总解释/%	总计	变异率/%	总解释/%
1	5.86	39.07	39.07	5.86	39.07	39.07	2.93	19.53	19.53
2	1.72	11.46	50.53	1.72	11.46	50.53	2.59	17.24	36.77
3	1.09	7.26	57.78	1.09	7.26	57.78	2.18	14.51	51.28
4	1.00	6.68	64.47	1.00	6.68	64.47	1.98	13.19	64.47
5	0.81	5.39	69.85	–	–	–	–	–	–
6	0.69	4.57	74.43	–	–	–	–	–	–
7	0.62	4.14	78.57	–	–	–	–	–	–
8	0.52	3.46	82.03	–	–	–	–	–	–
9	0.51	3.38	85.41	–	–	–	–	–	–
10	0.44	2.92	88.33	–	–	–	–	–	–
11	0.41	2.74	91.07	–	–	–	–	–	–

因子	初始特征值			旋转前			旋转后		
	总计	变异率/%	总解释/%	总计	变异率/%	总解释/%	总计	变异率/%	总解释/%
12	0.40	2.69	93.76	—	—	—	—	—	—
13	0.34	2.29	96.05	—	—	—	—	—	—
14	0.31	2.08	98.13	—	—	—	—	—	—
15	0.28	1.87	100.00	—	—	—	—	—	—

表 3-25　教师专业学习共同体文化感知最终旋转后的因子载荷矩阵

题项	主成分因子			
	1	2	3	4
b12	0.819	—	—	—
b13	0.766	—	—	—
b22	0.748	—	—	—
b32	0.59	—	—	—
b23	0.586	—	—	—
b35	—	0.787	—	—
b30	—	0.768	—	—
b25	—	0.716	—	—
b15	—	0.705	—	—
b4	—	—	0.826	—
b8	—	—	0.713	—
b3	—	—	0.627	—
b42	—	—	—	0.812
b41	—	—	—	0.783
b44	—	—	—	0.595

经过反复的主成分因子分析过程，最终共计获得用于组成问卷的 15 个题项，问卷维度及题项构成见表 3-26。

表 3-26　教师专业学习共同体文化各因子题项组成及特征值、贡献率和累积贡献率

因子名	包含题项	特征值	贡献率/%	累积贡献率/%
集体协作	b12、b13、b22、b32、b23	5.86	19.527	19.527
领导支持	b35、b30、b25、b15	1.719	17.241	36.767

因子名	包含题项	特征值	贡献率 /%	累积贡献率 /%
共享实践	b4、b8、b3	1.088	14.512	51.279
人际支持	b42、b41、b44	1.002	13.187	64.466

3. 问卷信效度检验

问卷的信度检验。通过内部一致性信度和分半信度统计分析方式对问卷信度进行检验，具体结果见表 3-27，信度系数除条件支持和共享实践维度的分半信度未达到 0.70 外，总体上信度系数可以接受，说明教师专业学习共同体文化感知问卷的信度良好。

表 3-27 教师专业学习共同体文化感知问卷信度（n=233）

检验方法	集体协作	支持型领导	共享实践	条件支持	总问卷
内部一致性系数	0.83	0.79	0.73	0.77	0.89
分半信度系数	0.73	0.82	0.65	0.61	0.85

问卷的效度检验。利用 Pearson 相关系数对问卷进行效度检验，结果见表 3-28。通过皮尔逊相关分析，问卷总分与各因子分的相关系数在 0.76~0.82，各因子之间的相关系数在 0.40~0.58。整体上，教师专业学习共同体文化感知问卷每个维度因子之间的相关性低于各维度因子与问卷总分的相关性，说明本问卷具有良好的结构效度。

表 3-28 教师专业学习共同体文化各因子分与总分的皮尔逊相关析（n=233）

	集体协作	支持型领导	共享实践	条件支持	总问卷
集体协作	1	0.39★★	0.58★★	0.53★★	0.82★★
支持型领导	–	1	0.40★★	0.51★★	0.76★★
共享实践	–	–	1	0.51★★	0.76★★
条件支持	–	–	–	1	0.80★★
总问卷	–	–	–	–	1

4. 验证性因子分析

教师专业学习共同体文化感知经主成分分析共萃取四个维度，集体协作、共享实践、条件支持和支持型领导。运用 Amos 构建教师专业学习共同体文化感知测量模型，并进行验证性因子分析。图 3-7 为教师专业学习共同体文化感知测量模型的一阶标准化估计值模型。验证结果说明，标准化回归系数没有出现大于 1 的情况，模型可以收敛，模型参数解值均合理。集体协作因素构念的 5 个测量指标的因素负荷量分别为 0.70、0.66、0.75、0.70、0.72；共享实践因素构念的 3 个测量指标因素负荷量分别为 0.72、0.68、0.66；条件支持因素构念的 3 个测量指标因素负荷量分别为 0.77、0.80、0.63；支持型领导因素构念的 4 个测量指标因素负荷量分别为 0.71、0.68、0.71、0.68。集体协作潜在变量分别与共享实践、条件支持和支持型领导潜在变量之间的相关系数为 0.74、0.63、0.49；共享实践潜在变量与条件支持和支持型领导潜在变量间的相关系数分别为 0.64、0.54；条件支持潜在变量与支持型领导潜在变量间的相关系数为 0.64。

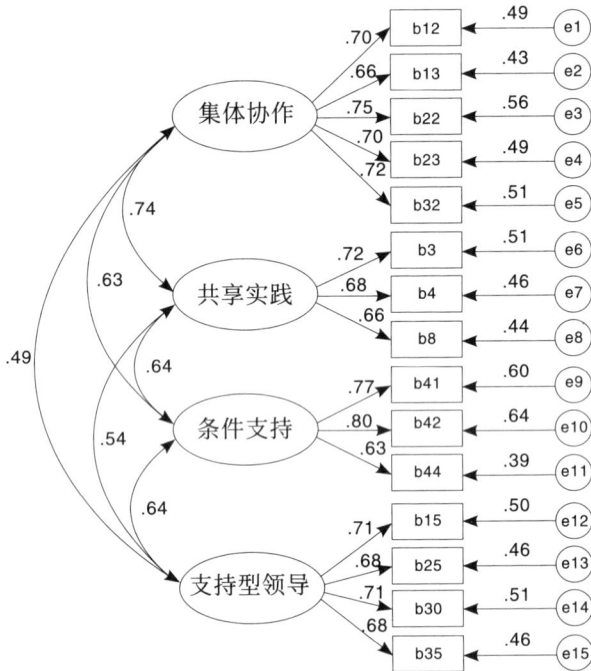

图 3-7 教师专业学习共同体文化感知一阶 CFA 标准化估计值模型图

表 3-29 显示，模型整体适配度卡方值为 177.120，模型自由度为 84，卡方与自由度比值 $x^2/df=2.109$（符合小于 3 的理想标准），GFI 值等于 0.908（符合大于 0.900 的适配标准），RMR 值等于 0.029（符合小于 0.050~0.080 的

临界标准），RMSEA 值等于 0.069（在小于 0.08 的临界范围内），NFI 值为 0.875（不符合大于 0.90 的适配标准），TLI 值为 0.911（符合大于 0.90 的适配标准），CFI 值为 0.929（符合大于 0.90 的适配标准），IFI 值为 0.930（符合大于 0.90 的适配标准）。从适配度各项统计指标来看，教师专业学习共同体文化感知问卷的 CFA 假设模型与观察数据可以适配，教师专业学习共同体文化感知问卷的 CFA 模型图可以得到支持。

表 3-29　教师专业学习共同体文化感知测量模型的适配指标

指标	x^2	df	x^2/df	IFI	CFI	TLI	NFI	RMSEA	RMR	GFI
实值	177.120	84	2.109	0.930	0.929	0.911	0.875	0.069	0.029	0.908

（三）校长多元领导问卷编制

1. 问卷维度

鲍曼和迪尔认为结构型领导、人力资源型领导、象征型领导和政治型领导是组织运行的四个重要领导向度。在具体领导管理实践中，他们指出要想成为艺术化的领导者，需要灵活地根据实践情境选择合适的领导向度，也就是说，重构领导能力的关键在于四种领导向度的灵活选择及运用。据此，鲍曼和迪尔将四种领导向度的有效管理者与无效管理者的身份呈现与作用过程细分为表 3-30。

表 3-30　多元领导向度的有效与无效管理身份比较[1]

向度（Frame）	有效的管理情况		无效的管理情况	
	领导者身份	领导能力作用过程	领导者身份	领导能力作用过程
结构型	分析师、建筑师	分析和设计	微型的独裁者	细节和条令管理
人力资源型	催化剂、服务者	支持、赋权	软弱、易被左右的人	退避
政治型	提倡者、谈判者	拥护、建立联盟	花言巧语、不诚实的人	操纵、欺骗

---

[1]Bolman L G, Deal T E.Reframing organizations: Artistry, choice, and leadership（4th ed.）[M]. San Francisco, CA: Jossey-Bass, 2008: 356.

向度 （Frame）	有效的管理情况		无效的管理情况	
	领导者身份	领导能力作用过程	领导者身份	领导能力作用过程
象征型	预言家、 诗人	鼓舞、 意义构建	疯狂的、 愚蠢的人	空、大、假

在结构领导视角下管理者关注组织结构和环境之间的关系，以建立一个分工明确、职责清晰的有效组织，扮演着分析师和建筑师的角色；关注人力资源视角的领导者把人看作组织的关键，认为个体如果发现其所在组织能够满足自己的需求并帮助实现个人目标，他们就会对自己所在的组织负责且表现出较高的忠诚度，是学校组织的服务者；政治型领导者具有娴熟地处理冲突的能力，在面对组织内外不同利益群体的资源分配不均等问题冲突时，能用谈判者的技艺去化解冲突；象征型领导者善于鼓舞士气，并能巧妙地运用具有凝聚力的组织文化，有着预言家和诗人般的魅力。

根据校长多元领导的概念界定，结合鲍曼和迪尔编制的结构型、人力资源型、政治型和象征型四维度多元领导行为问卷[1]，经过逐步翻译、修订，以及专家的审阅修改，最终得到的初始问卷维度及题项见表 3-31。

表 3-31　校长多元领导问卷维度

维度	具体指标	题项
结构型	分析力	2、4、7、9
	组织力	3、5、6、12
人力资源型	支持性	10、11、15、17
	参与性	13、14、16、27
政治型	强有力	24、28、31、32
	灵活性	8、26、29、30
象征型	鼓舞人心	1、20、21、22
	有魅力	18、19、23、25

2. 主成分因子分析

通过主成分因子分析程序，经过反复筛选题项，以下呈现最后一次主成分因子分析输出的结果及其解释。表 3-32 显示，KMO>0.8（p<0.05），适合

进行主成分因子分析；最终因子分析结果见表 3-32、表 3-33、表 3-34、表 3-35。

表 3-32 校长多元领导最终因子分析的 KMO 和 Bartlett 球形检验的结果

KMO 值	Bartlett 球形检验	
0.807	卡方值	1467
	自由度（df）	66
	p 值（Sig.）	.000

表 3-33 校长多元领导问卷最终因子分析的总方差的解释

因子	初始特征值			旋转前			旋转后		
	总计	变异率 /%	总解释 /%	总计	变异率 /%	总解释 /%	总计	变异率 /%	总解释 /%
1	5.13	42.77	42.77	5.13	42.77	42.77	2.36	19.69	19.69
2	1.66	13.81	56.58	1.66	13.81	56.58	2.30	19.13	38.81
3	1.27	10.54	67.12	1.27	10.54	67.12	2.30	19.12	57.94
4	1.08	9.01	76.13	1.08	9.01	76.13	2.18	18.20	76.13
5	0.64	5.34	81.47	—	—	—	—	—	—
6	0.49	4.04	85.51	—	—	—	—	—	—
7	0.44	3.68	89.19	—	—	—	—	—	—
8	0.37	3.07	92.26	—	—	—	—	—	—
9	0.30	2.47	94.73	—	—	—	—	—	—
10	0.26	2.15	96.88	—	—	—	—	—	—
11	0.20	1.64	98.52	—	—	—	—	—	—
12	0.18	1.48	100.00	—	—	—	—	—	—

表 3-34 校长多元领导最终因子分析的载荷矩阵

题项	主成分因子			
	1	2	3	4
c3	0.856	—	—	—
c2	0.845	—	—	—
c4	0.793	—	—	—
c20	—	0.845	—	—
c21	—	0.831	—	—
c19	—	0.799	—	—
c16	—	—	0.898	—
c17	—	—	0.841	—
c15	—	—	0.696	—
c30	—	—	—	0.891

题项	主成分因子			
	1	2	3	4
c29	–	–	–	0.805
c31	–	–	–	0.692

经过主成分因子分析，最终获得 12 个题项，具体见表 3-35。

表 3-35　校长多元领导主成分因子分析结果

	结构型领导	象征型领导	人力资源型领导	政治型领导
因子载荷	c3（0.856）	c20（0.845）	c16（0.898）	c30（0.891）
	c2（0.845）	c21（0.831）	c17（0.841）	c29（0.805）
	c4（0.793）	c19（0.799）	c15（0.696）	c31（0.692）
特征根	5.132	1.657	1.265	1.081
贡献率	19.686%	19.126%	19.124%	18.195%

3. 问卷信效度检验

问卷的信度检验。具体结果见表 3-36，信度系数均在 0.70 以上，总问卷内部一致性系数高达 0.87，分半信度系数也达到 0.70，说明问卷有着良好的信度。

表 3-36　校长多元领导问卷信度检验结果（n=233）

检验方法	结构型	象征型	人力资源型	政治型	总问卷型
内部一致性系数	0.86	0.82	0.85	0.80	0.87
分半信度系数	0.84	0.79	0.83	0.74	0.70

问卷的效度检验。利用 Pearson 相关系数对问卷进行效度检验，结果见表 3-37。

表 3-37　校长多元领导各因子分与总分的皮尔逊相关分析（n=233）

	结构型	象征型	人力资源型	政治型	总问卷
结构型向度	1	.311★★	.484★★	.487★★	.737★★
象征型向度	–	1	.439★★	.342★★	.719★★
人力资源型向度	–	–	1	.426★★	.794★★
政治型向度	–	–	–	1	.742★★
总问卷	–	–	–	–	1

通过皮尔逊相关分析，统计结果显示，校长多元领导问卷总分与各维度

因子分的相关系数处为 0.72~0.79，各维度因子之间的相关系数为 0.31~0.49，且在统计学意义上差异显著（p<0.01）。整体上各维度之间的相关性要低于各因子与总分的相关性，说明本问卷具有良好的结构效度。

4. 验证性因子分析

经过主成分因子分析，在统计意义上，校长多元领导萃取的 4 个因子符合理论预设，故而进一步运用 Amos 构建多元领导测量模型，包含 12 个测量变量和 4 个潜在变量。标准化估计值模型图如图 3-8，验证性因子分析的标准化估计值的结果显示，标准化回归系数没有出现大于 1 的情况，模型可收敛，参数解值均合理。结构型领导潜在变量的 3 个测量指标因素负荷量分别为 0.85、0.82、0.80；人力资源型领导潜在变量的 3 个测量指标因素负荷量分别为 0.72、0.93、0.80；象征型领导潜在变量的 3 个测量指标因素负荷量分别为 0.69、0.92、0.73；政治型领导潜在变量的 3 个测量指标因素负荷量分别为 0.70、0.94、0.70。另外，结构型领导与人力资源型领导、象征型领导和政治型领导潜在变量间的相关系数分别为 0.50、0.37、0.53；人力资源型领导与象征型领导和政治型领导潜在变量间的相关系数分别为 0.47、

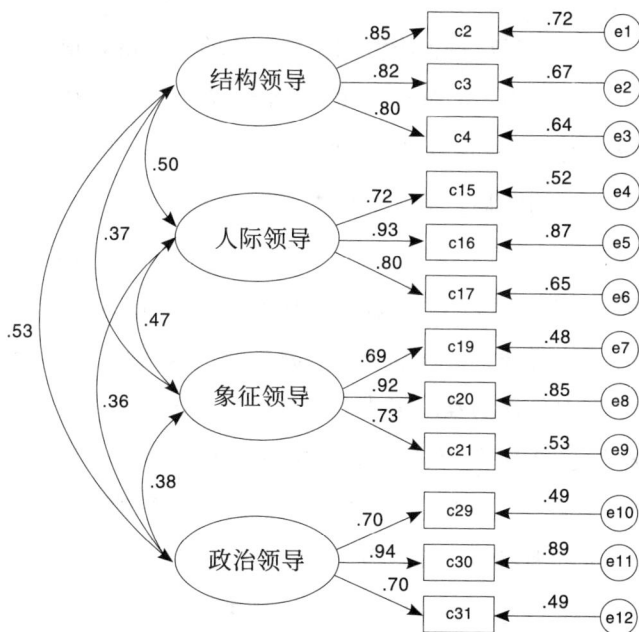

图 3-8 校长多元领导一阶 CFA 标准化估计值模型图

0.36；象征型领导和政治型领导潜在变量间的相关系数为 0.38。

表 3-38 显示，卡方值为 127.582，自由度为 48，$x^2/df=2.658$（符合小于 3 的理想标准），GFI 值等于 0.920（符合大于 0.900 的适配标准），RMR 值等于 0.048（符合小于 0.030~0.080 的理想标准），RMSEA 值等于 0.085（95% 置信区间为 0.03~0.08，数值不是理想范围，但考虑到采取绝对适配测量指标，可以接受），NFI 值为 0.915（符合大于 0.90 的适配标准），TLI 值为 0.924（符合大于 0.90 的适配标准），CFI 值为 0.944（符合大于 0.90 的适配标准），IFI 值为 0.945（符合大于 0.90 的适配标准）。从适配度指标统计量可知，校长多元领导问卷的 CFA 假设模型与观察数据可以适配，测量模型得到支持。

表 3-38　校长多元领导测量模型的拟合指数

指数	x^2	df	x^2/df	IFI	CFI	TLI	NFI	RMSEA	RMR	GFI
实值	127.582	48	2.658	0.945	0.944	0.924	0.915	0.085	0.048	0.920

（四）教师言语互动行为问卷编制

1. 问卷维度

根据哈贝马斯言语互动行为类型的论述，以言行事的言语互动行为主要包括策略行为、会话行为、规范行为和戏剧行为四种，分别代表着不同的言语目的、言语策略以及与特定世界（主观世界、客观世界和社会世界）的关联。本研究基于哈贝马斯的四种言语互动行为类型，并以交往行为理论作为教师专业学习共同体实践中教师交往行为研究的逻辑支点，深入探索教师合作学习过程中可能存在的言语互动行为及其表现方式。换言之，教师合作学习过程中言语互动行为的考察，旨在阐释蕴含教育教学实践元素以及教学专业知识的交往究竟呈现着怎样的互动程式，尤其是以语言为媒介的互动交往实践行为遵循着怎样的逻辑路径。具体的问卷编制包括以下几个维度：

（1）策略言语行为。教师在备课组、教研组和课题组等教师专业学习交往实践中的言语行为意图，或者说策略行为，指教师在完成一个正确的符合场景的言语行为是其他一切言语行为产生效果的前提条件，即保证在互动主体之间建立有效的人际交往关系、呈现事态或者表达经验。在言语互动过程中，教师才可能切合主题并结合自己的经验提出一些真实的命题，并使听众可以获得、分享其中蕴含的知识。特别强调的是，教师主体要想让对方相信自己的观点，言语行为者必须真诚地表达个体意图、情感和愿望。因此，教师专业交往实践中的策略行为具体包括应答、质疑、评价、提问和建议等蕴含技术知识和策略知识的理论话语。

（2）会话言语行为。在教师专业发展实践背景下，同时蕴含着教育教学特征和教育社会属性的教育实践内嵌于教师主体的客观世界，因此，教师在专业学习交往实践中，既有着共通的教育教学知识背景，同时彼此又拥有关于教育教学的独特认知和理解。因此，共通和独特的教育理解必将共同决定着他们在言语互动行为过程中的言语呈现和言语接受。有鉴于此，教师专业学习交往实践中的言语会话行为，覆盖的言语呈现与言语接受的范围主要包括教师的知识观、教学观、课程观、学生发展观和教师发展观等方面的理论话语。

（3）规范言语行为。在教师专业学习交往实践中，承载任何言语功能的言语行为都必须满足一般的语境条件。因此，不管是记述式、表现式言语功能，还是调节式言语功能都需要在特定的规范界域内方可实现。另外，规范界域缘于言语行为主体的不同而有所区别，一般而言，"规范"一词更多是用来形容或要求动作行为主体在一定共识下交往。例如，教师主体必须按照一定的规范、逻辑和原则执行行动指令，在此用规范行为旨在强调教师只有在规范言语行为下才能实现既定的言语互动目的，进而言语互动实践才可以呈现真正的沟通和理解状态。本研究规范行为在问卷上的操作维度主要包括教学实践规范、与学生交往实践规范、个人交流规范、专业规范和师德规范五个方面的实践话语。

（4）戏剧言语行为。本研究的教师言语互动行为发生在专业学习交往实践中，教师专业学习实践决定着言语互动行为发生、发展的过程必然展现着特殊的样态，这种样态多半与教师专业学习交往实践所依存的组织活动或平台密切相关。按照表现行为的内涵，教师言语互动行为的发生本身就带有表现的色彩，即表征着教师主体内在的主观认知方式和知识储备。因此，在专业学习交往实践中，教师通过言语互动把彼此的经历、经验、理念或思想展示给互动参与过程中的他者，包括同行教师、教育专家、教育研究者，甚至是教学评价者。随着教育改革实践的推进以及教育媒介技术的革新，教师专业学习交往实践的实际活动形式也在不断变化，并呈现为不同的交往载体或平台。因此，本研究中界定教师戏剧言语行为可以发生的载体或平台主要是评课、优秀示范课、与教育专家交流、与研训教师交流和课题研究过程等。经过问卷题目编定、试测等操作程序，最终形成的题项信息见表3-39。

表3-39　教师言语互动行为问卷维度

维度	指标	题项
策略行为	应答	7
	质疑	5
	评价	3
	提问	19
	建议	18
会话行为	学生发展	1
	教学观	15
	课程观	8
	知识观	6
	教师发展观	2
规范行为	教学实践规范	9
	与学生交往实践规范	12
	个人交流规范	13
	专业规范	14
	师德规范	11
戏剧行为	评课	16
	优秀示范课	4
	与教育专家交流	17
	与研训教师交流	10
	课题研究过程	20

2. 主成分因子分析

第一次主成分因子分析输出结果。表3-40输出的结果显示，KMO大于0.8（$p < 0.05$），可以进行主成分因子分析。

表 3-40 教师言语互动行为首次问卷因子分析的 KMO 和 Bartlett 球形检验结果

KMO 值	Bartlett 球形检验	
0.887	卡方值	2398
	自由度（df）	190
	p 值（Sig.）	.000

根据表 3-41 结果，按照删题原则，剔除 d4、d7、d9、d10、d16。

表 3-41 教师言语互动行为问卷旋转后的因子载荷矩阵

题项	主成分因子			
	1	2	3	4
d11	0.769	—	—	—
d14	0.743	0.372	—	—
d13	0.691	—	—	—
d12	0.6	—	—	0.417
d7	0.597	—	0.536	—
d10	0.571	—	—	0.567
d15	0.515	—	—	—
d9	0.499	—	0.495	—
d3	—	0.756	—	—
d5	—	0.744	—	—
d17	0.382	0.695	—	—
d18	—	0.658	—	—
d19	—	0.649	—	—
d4	—	0.456	0.434	—
d20	—	0.423	—	—
d1	—	—	0.837	—
d2	—	—	0.826	—
d6	—	—	0.693	—
d8	0.429	—	0.593	—
d16	—	—	—	0.818

最后一次主成分因子分析结果。表 3-42 结果显示，KMO>0.8（p<0.001），可以进行主成分因子分析。

表 3-42　教师言语互动行为问卷最终因子分析的 KMO 和 Bartlett 球形检验
结果

KMO 值	Bartlett 球形检验	
0.828	卡方值	977.823
	自由度（df）	45
	p 值（Sig.）	.000

根据主成分因子分析筛选题项原则，删除 d4、d7、d9、d10、d12、d15、d16、d17、d19、d20，最终问卷维度构成见表 3-43、3-44。

表 3-43　教师言语互动行为问卷最终旋转后的因子载荷矩阵

题项	主成分因子		
	1	2	3
d1	0.868	—	—
d2	0.829	—	—
d6	0.74	—	—
d8	0.64	—	—
d14	—	0.848	—
d11	—	0.805	—
d13	—	0.749	—
d3	—	—	0.833
d5	—	—	0.821
d18	—	—	0.739

表 3-44　教师言语互动行为问卷各因子组成及题项的特征值、贡献率和累积
贡献率

因子名	包含题项	特征值	贡献率 /%	累积贡献率 /%
会话行为	d1、d2、d6、d8	4.434	26.154	26.154
规范行为	d11、d13、d14	1.353	21.871	48.025
策略行为	d3、d5、d18	1.183	21.669	69.693

3. 问卷信效度检验

问卷信度检验。教师言语互动行为问卷的内部一致性信度和分半信度检验结果见表 3-45，信度系数均在 0.60 以上，说明问卷有着良好的信度。

表 3-45　教师言语互动行为问卷信度（n=233）

检验方法	会话行为	规范行为	策略行为	总问卷
内部一致性系数	0.627	0.802	0.785	0.759
分半信度系数	0.618	0.787	0.604	0.643

　　问卷的效度检验。Pearson 相关系数，见表 3-46。通过皮尔逊相关分析，结果显示问卷总分与各因子分的相关系数为 0.69~0.95，各因子之间的相关系数为 0.49~0.64。整体上，各维度之间的相关性要低于各因子与总分的相关性，可以说明本问卷具有良好的结构效度。

表 3-46　教师言语互动行为各因子分与总分的皮尔逊相关分析（n=233）

	会话行为	规范行为	策略行为	总分
会话行为	1	—	—	—
规范行为	0.49★★	1	—	—
策略行为	0.64★★	0.51★★	1	—
总分	0.95★★	0.69★★	0.80★★	1

　　4. 验证性因子分析

　　结合主成分因子分析结果，教师言语互动行为包含会话行为、规范行为和策略行为三个潜在变量，以及十个测量变量。运用 Amos 构建教师言语互动行为验证性因子分析假设模型，模型标准化估计值如图 3-9，标准化回归系数没有出现大于 1 的情况，模型可以收敛，参数解值均合理。规范行为因素构念的 3 个观测变量的因素负荷量分别为 0.79、0.67、0.82；会话行为因素构念的 4 个测量指标的因素负荷量分别为 0.84、0.83、0.65、0.66；策略行为因素构念的 3 个显性变量的因素负荷量分别 0.84、0.79、0.60。图中可见，规范行为潜在变量与会话行为潜在变量间的相关系数为 0.53；会话行为潜在变量与策略行为潜在变量间的相关为 0.51；规范行为与策略行为潜在变量间的相关为 0.53。

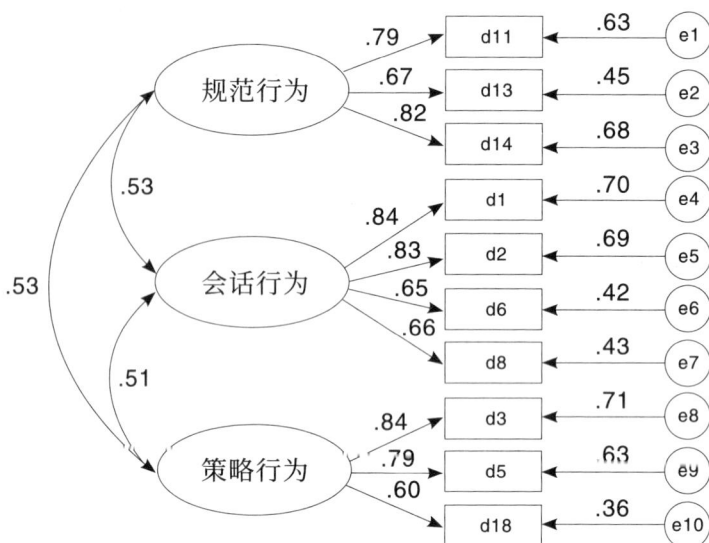

图 3-9　教师言语互动行为一阶 CFA 标准化估计值模型图

表 3-47 显示，卡方值为 67.322，自由度为 32，$x^2/df=2.104$（符合小于 3 的理想标准），GFI 值等于 0.949（符合大于 0.900 的适配标准），RMR 值等于 0.033（符合小于 0.050–0.080 的理想标准），RMSEA 值等于 0.069（95% 置信区间为 0.03–0.08，数值理想范围），NFI 值为 0.932（符合大于 0.90 的适配标准），TLI 值为 0.948（符合大于 0.90 的适配标准），CFI 值为 0.963（符合大于 0.90 的适配标准），IFI 值为 0.963（符合大于 0.90 的适配标准）。从模型各项适配指标统计量来看，教师言语互动行为问卷的 CFA 假设模型与观察数据可以适配，教师言语互动行为问卷的验证性因素分析模型得到支持。虽然主成分因子分析和验证性因子分析显示，教师言语互动行为测量问卷具备较高的信度和效度，但在策略行为调查题项中，d3、d5 和 d18 分别对应着质疑、评价和提出改进建议的策略言语互动行为目的，但从实际调查数据来看，相较于会话行为和规范行为，教师填答分值普遍偏低，本研究认为存在一定的主观测量偏差，即教师主观认为质疑、评价和改进建议不应该在教师专业学习交往中出现，这一点在访谈过程中也有察觉，同时，验证性因素分析，d18 的因素载荷仅为 0.6，因此从测量模型修正与理论实际结合视角出发，本研究在后续研究中仅从会话行为和规范行为展开测查，以提高测量的准确性。

表 3-47　教师言语互动行为测量模型的拟合指数

指数	x^2	df	x^2/df	IFI	CFI	TLI	NFI	RMSEA	RMR	GFI
实值	67.322	32	2.104	0.963	0.963	0.948	0.932	0.069	0.033	0.949

（五）教师集体效能感量表修订

1. 教师集体效能感量表题目

班杜拉认为，集体效能感理论是将社会系统看作一个整体的与表现能力有关的理论。因此，把学校看作一个整体的话，那么教师集体效能就是指把学校教师视为一个整体，衡量其对学生所能产生的积极影响。哥达德等人认为，教师集体效能感是指学校范围内教师对完成促进学生学业成绩发展任务的能力的共同信念，即教师对自己所属团体的教师共同完成教学任务、教学能力的知觉。具体来说：第一，教师是否能够进行有效的教学，使学生获得有意义的学习；第二，教师是否能够抗衡不利于教学的因素，坚持努力影响学生的学习，以提高学生的学业成绩表现。随后，哥达德进一步指出，对于一所学校而言，教师集体效能感是指教师对团体成员能够组织、计划和执行行动的能力的感知判断，这里的教师团体成员就是全校所有教师。因此，本研究在学校组织情境中，教师集体效能感主要借鉴哥达德的理论框架，即教师通过互动协作、一起解决问题等实践过程后，如教师共同发现激发学生学习动机、解决学生行为问题的策略等，教师集体效能感会有所发展，而且随着学校组织行动的计划和执行，这种集体效能感越将趋向一致。哥达德等人于 2000 年编制的教师集体效能量表是国外较有代表性的量表，由 21 个项目组成，分为能力评估和任务分析两个维度，每个维度又分别从正向和负向两个视角评价，以测验教师集体效能感。[①] 自从哥达德教师集体效能量表编制以来，在学界引起重要关注，国内外学者都从不同视角进行验证、修订和应用，他本人在随后几年也在实证研究中不断应用，如 2001 年研究证实教师集体效能对学校阅读水平差异有着显著的解释力[②]，2002 年其研发了 12 个

①Goddard R D, Hoy W K.Collective teacher efficacy: Its meaning, measure, and effect on student achievement[J].American Education Research Journal, 2000, 37（2）: 479-507.

②Goddard R D.Collective efficacy: A neglected construct in the study of schools and student achievement[J]. *Journal of Educational Psychology*, 2001, 93（3）: 467-476.

题项的精简版教师集体效能量表并用实证性数据与 21 个题项量表比对校验[①]，2004 年对教师集体效能感又进一步提出未来研究的发展构想[②]。

国内对教师集体效能感的研究中，一方面，对哥达德教师集体效能量表的修订、验证研究主要有刘红云、张雷、孟庆茂[③]，高峰强、刘玉、常淑敏[④]；另一方面对其进行改编并实证应用的研究，主要有邱绍一、洪福源[⑤]，卢秀琴[⑥]，黄德祥等学者。刘红云等人对哥达德 21 个题项量表进行修订，调查对象是小学教师，首先通过 21 个问卷题项的翻译和反向翻译比对确定中文版量表，其次对北京和太原地区的样本进行问卷调查，最后运用探索性因素分析精简量表题目，得到与哥达德 2002 年修订的 12 个题项精简版一致的结果，修订结果显示结构效度良好、内部一致性系数高达 0.92。相比而言，高峰强等人对哥达德 21 个题项量表进行修订，其调查对象涉及小学、初中、高中和职业中专的教师，在调查对象层面较为丰富，最终修订的问卷包括 18 个题项，且该量表教学能力评估分量表的内部一致性系数高达 0.95，任务分析内部一致性系为 0.84，总量表的内部一致性系数为 0.95，总量表、能力评估和任务分析的分半信度依次为 0.92、0.78、0.90，两个分量表维度之间显著相关，系数 r 为 0.78，表明两个分量表的测量特质具有较高的一致性。可见，两次修订结果表明，量表具有较高的信效度，表明教师集体效能在一定程度上具有跨文化的普遍适用特征。邱绍一和洪福源等人，在哥达德的理论基础上，将教师集体效能感界定为教师对学校内每一位教师在计划、

---

①Goddard R A.Theoretical and empirical analysis of the measurement of collective efficacy：The development of a short form[J].*Educational and Psychological Measurement*，2002，62（1）：97–110.

②Goddard R D，Hoy W K.Collective efficacy beliefs：Theoretical developments，empirical evidence，and future directions[J].*Educational Researcher*，2004，33（3）：3–13.

③ 刘红云，张雷，孟庆茂.教师集体效能量表的修订 [J].应用心理学，2004（1）：28–32.

④ 高峰强，刘玉，常淑敏.教师集体效能量表中文版的修订 [J].山东师范大学学报（人文社会科学版），2005（4）：143–145.

⑤ 邱绍一，洪福源.高中师生自我效能、集体效能与学校效能研究模式之建立：自我效能中介效果、集体效能调节效果研究 [J].教育心理学报，2015，46（3）：333–355.

⑥ 蔡秀惠.社区资源结合体验式探究教学策略之教师集体效能探究 [D].台北：台北教育大学，2010.

执行和达成任务的合作互动过程中能够完成教学、管理与激励学生的能力信念。同时，选用团体参照加总取向，量表的计分采用 Likert6 点量尺，并以内部一致性效标分析、相关分析法进行项目分析，删除不符合标准的题项，经最大变异法之转轴法进行因素分析，保留特征值大于 1 且至少包含三个题项的因素，并选取因素负荷量大于 0.5，经过 KMO 取样适当性检定及巴氏球型检定，数据分析结果显示，KMO =0.874，p<0.01，共获得两个因素，分别命名为教学集体效能、激励与教导，共可解释 63.67% 的变异量，量表题目共计 13 个题，分量表信度分别为 0.863、0.882，总量表信度为 0.913。台湾台北教育大学蔡秀惠在其硕士论文中参照精简版 12 个题项的集体效能量表，以教师教学任务分析和教学能力判断为间接的集体效能感来源，并根据社区资源和探究式教学设计的实践情境设计量表题项，如教学任务分析维度的"我认为我们选定的社区资源适合于探究式教学活动"，教学能力评估维度的"我认为我们在社区资源教学时，有能力依据学生的反应顺势指导其体验观察与探究"等，共计 12 个题项。目前，国内研究文献中尚没有直接以初中教师为对象的集体效能感测量研究，因此仍有必要对 12 题项精简版教师集体效能感问卷进行检验和修订。

本研究中对哥达德的 12 题项精简版教师集体效能量表直接进行预测调查，其中原版英文题项翻译过程中结合刘红云、高峰强等人翻译结果，同时邀请三位英语专业研究生通过回译的方式反复校验，交由两位教育学教授审校并修改了部分表达语义使其更加符合教育理论与实践，形成最终的 12 题项教师集体效能问卷。其中与原版量表对比，第 10 题教学任务分析维度下"我们学校周边环境有利于学生学习"，对应原量表"The opportunities in this community help ensure that these students will learn"，以及第 2 题"我们学校一些学生的不良嗜好让其他学生很难学习"，对应原量表"Drug and alcohol abuse in the community make learning difficult for students here"，略有改动，具体见表 3-48。

表 3-48　教师集体效能感精简版题项维度

题项	能力评估＋	能力评估－	任务分析＋	任务分析－
1. 我们的学生没有安全感而很难学习				√
2. 我们学校一些学生的不良嗜好让其他学生很难学习				√
3. 我们能够教育好问题学生	√			
4. 我们有信心调动学生积极性	√			
5. 我们学校的学生没有学习动机				√
6. 我们认为到校孩子都能好好学习			√	
7. 我们认为家庭生活能为学生学习提供许多有利条件			√	
8. 我们相信每个孩子都能学好	√			
9. 我们没有应对违反纪律学生的能力		√		
10. 我们学校周边环境有利于学生学习			√	
11. 我们放弃那些不愿意学习的学生		√		
12. 我们不具备指导学生有意义学习的能力		√		

2. 主成分因子分析

根据主成分因子分析程序，表 3-49 结果表明，KMO>0.8（p<0.05），可进行主成分因子分析；旋转后的总方差解释率见表 3-50，因子载荷矩阵见表 3-51。

表 3-49　教师集体效能感量表 KMO 和 Bartlett 球形检验的结果

KMO 值	Bartlett 球形检验	
0.808	卡方值	1640
	自由度（df）	66
	p 值（Sig.）	.000

表 3-50　教师集体效能感因子旋转后的总方差解释

因子	初始特征值			旋转前			旋转后		
	总计	变异率/%	总解释率/%	总计	变异率/%	总解释率/%	总计	变异率/%	总解释率/%
1	4.284	35.698	35.698	4.284	35.698	35.698	4.26	35.503	35.503
2	3.176	26.463	62.161	3.176	26.463	62.161	3.20	26.66	62.161
3	0.97	8.083	70.244	—	—	—	—	—	—
4	0.733	6.109	76.353	—	—	—	—	—	—
5	0.69	5.75	82.104	—	—	—	—	—	—

续表

因子	初始特征值			旋转前			旋转后		
	总计	变异率/%	总解释率/%	总计	变异率/%	总解释率/%	总计	变异率/%	总解释率/%
6	0.577	4.805	86.909	–	–	–	–	–	–
7	0.467	3.888	90.797	–	–	–	–	–	–
8	0.309	2.571	93.368	–	–	–	–	–	–
9	0.266	2.219	95.587	–	–	–	–	–	–
10	0.244	2.032	97.619	–	–	–	–	–	–
11	0.15	1.249	98.868	–	–	–	–	–	–
12	0.136	1.132	100	–	–	–	–	–	–

表 3-51 教师集体效能感量表旋转后的因子载荷矩阵

题项	主成分因子	
	1	2
f11	0.87	–
f12	0.87	–
f4	0.83	–
f8	0.81	–
f9	0.81	–
f3	0.80	–
f1	–	0.79
f2	–	0.75
f5	–	0.74
f10	–	0.74
f6	–	0.67
f7	–	0.54

最终获得的教师集体效能感量表的主成分因子分析结果总结见表 3-52。

表 3-52 教师集体效能感量表因子分析结果

	团体能力	任务分析
因子载荷	f11（0.87）	f1（0.79）
	f12（0.87）	f2（0.75）
	f9（0.83）	f5（0.74）
	f8（0.81）	f10（0.74）
	f4（0.83）	f6（0.67）

续表

	团体能力	任务分析
	f3（0.80）	f7（0.54）
特征根	4.26	3.20
贡献率	35.50%	26.66%

3. 问卷信效度检验

问卷信度检验。教师集体效能感量表的内部一致性信度和分半信度检验结果见表 3-53，信度系数均在 0.70 以上，说明该量表有着良好的信度。

表 3-53 教师集体效能感量表信度检验结果（n=233）

检验方法	团队能力	任务分析	总问卷
内部一致性系数	0.91	0.80	0.83
分半信度系数	0.87	0.77	0.70

问卷效度检验。因子之间的 Pearson 相关系数，见表 3-54。

表 3-54 教师集体效能感各因子分与总分的皮尔逊相关分析（n=233）

	团体能力	任务分析	总分
团体能力	1		
任务分析	0.06★★	1	
总分	0.91★★	0.47★★	1

通过皮尔逊相关分析，结果显示整体上各维度之间的相关性要低于各因子与总分的相关性，说明教师集体效能感量表具有良好的结构效度。另外，由于测量模型的验证性因子分析，只能对包括三个及以上测量维度（构念）的测量模型进行验证，因此，教师集体效能感量表没有验证性因子分析结果。

第四章　初中校长
多元领导对教师合作学习影响路径的定量验证

　　本章为了进一步验证已构建的校长多元领导对教师合作学习影响的理论模型：首先，运用正式问卷调查取样，采用共同方法偏误检验、组合信度计算、描述性统计等方式估计了样本数据的信效度及其在背景变量上的差异性；其次，围绕教师专业学习共同体文化感知变量，重点验证了校长多元领导的不同向度对教师专业学习共同体文化的交互影响作用，同时也探查了教师专业学习共同体文化感知对教师合作学习的影响作用；最后，从整体上检验了校长多元领导对教师合作学习的影响路径，包括在完整作用路径中教师专业学习共同体文化、教师集体效能感和教师言语互动行为的链式中介作用，以及教师集体效能感有调节的中介作用。

▌一、定量数据的检验分析

（一）样本来源

　　从调查样本学校来源来看，F市和D市分别代表A省范围内经济发展水平较低和较高两个地区，其中F市为非沿海城市，D市为沿海城市。同时根据每个地区的经济发展水平，按照学校所在地自然划分为乡镇和城区两个类型，在整群抽样过程中兼顾来自不同类型学校的教师。具体而言，在A省选择经济发展水平差距较大的F市和D市，以初中教师群体作为问卷调查对象，采用网络问卷填答方式，为了调查数据收集的科学性采取如下措施：第一，设定学校名称（根据资料整理 F 市和 D 市所有初中学校名称）的下拉选择框，并增加"其他"选项，代表框内没有列出的学校；第二，增加教师答卷实时 IP 地址选项，为选择"其他"选项的教师补充学校名称，同时 IP 可设置仅限调查对象市域内的问卷访问者作答；第三，设置红包奖励，在微信群中作答并通过问卷审核后才可领取，增加教师答卷的动机，提高答题质量；第四，问卷发放主要与两市教师进修学院校长培训部门合作，通过工作群发送至各校长，并转至学校工作群供教师作答。问卷调查时间为 2018 年 12 月 3 日至 2018 年 12 月 10 日，共计答卷 1500 人次，根据答题时间、答题地址等指标初步审核通过问卷 1308 份，随后根据问卷答题质量，如是否为有规律作答等，最终确定有效问卷 1110 份，有效率 84.86%。其中，D 市共计 561 份，F 市共计 549 份；乡镇学校的教师样本数共计 457 人，占比 41.2%，城区学校的教师样本数共计 653 人，占比 58.8%。

在统计学中，样本量的大小对于假设检验的显著性和统计效力有着重要影响。一些学者认为样本量应是观测题项数量的 4~5 倍以上[1]，也有学者认为应该达到 10 倍以上[2]，本研究中获得有效样本数量共为 1110 个，是符合研究要求的。问卷调查总体样本的人口统计学背景变量信息见表 4-1。

表 4-1　正式调查数据样本信息（n=1110）

人口统计学背景	N	所占百分比（%）
性别		
男	293	26.40
女	817	73.60
学历		
专科	78	7.03
本科	910	82.98
研究生	122	10.99
任教年级		
初一	372	33.51

[1]Nunnally J C, Berstein I H.Psychometric theory[M].New York：McGraw-Hall, 1994：35.

[2]Chuchill G A.An investigation into the determinants of customer satisfaction[J].Journal of marketing research, 1982, 19（4）：491-504.

人口统计学背景	N	所占百分比（%）
初二	363	32.70
初三	375	33.78
教龄		
5 年以下	106	9.55
6~10 年	115	10.36
11~15 年	137	12.34
16~20 年	223	20.09
21~25 年	219	19.73
26 年以上	310	27.93
任教学科		
语文	258	23.24
数学	200	18.02
英语	150	13.51
道德与法治	65	5.86
历史	55	4.95
地理	38	3.42
物理	74	6.67
化学	40	3.60
生物	42	3.78
体育	52	4.68
美术	31	2.79
音乐	20	1.80
信息技术	50	4.50
其他	35	3.15

在 A 省 F 市和 D 市的问卷调查中，F 市共计收到有效问卷 549 份，其中男性 164 人，女性 385 人；D 市共计收到有效问卷 561 份，其中男性 129 人，女性 432 人；两地总计获得有效问卷 1110 份，其中男性 293 人，女性 817 人，具体情况见表 4-2，总体情况较为一致。

表 4-2　A 省 F、D 市及两市总计 PLC 问卷调查的性别

地区	性别	频数	百分比（%）
D	男	129	23.0
	女	432	77.0
	总计	561	100
F	男	164	29.9
	女	385	70.1
	总计	549	100
两市总计	男	293	26.4
	女	817	73.6
	总计	1110	100

在教师学历结构层面，D 市，研究生学历 105 人，本科学历 449 人，专科学历 7 人；F 市，研究生学历 17 人，本科学历 461 人，专科学力 71 人。具体情况见表 4-3，从总体比例来看，教师的学历构成差距较大，如 D 市的硕士学历教师比例为 20.7%，而 F 市为 2.9%，F 市的专科学历教师占比 12.9% 而 D 市仅为 1.2%。可见，在学历构成上 D 市要优于 F 市。

表 4-3　A 省 F、D 市及两市总计问卷调查的教师学历

地区	学历	频数	百分比（%）
D	专科	7	1.3
	本科	449	80.0
	研究生	105	18.7
	总计	561	100
F	专科	71	12.9
	本科	461	84.0
	研究生	17	3.1
	总计	549	100
两市总计	专科	78	7.0
	本科	910	82.0
	研究生	122	11.0
	总计	1110	100

在教师教龄方面，D 市的教师教龄比例较为一致，其中 5 年及以下教龄的教师占比 11.9%，11~15 年教龄的教师占比 12.1%，16~20 年教龄占比

23.2%，21~25 年教龄占比 20.1%，26 年及以上教龄的教师占比 20.5%；相比而言，F 市教师的教龄结构欠佳，尤其表现为 26 年及以上教龄的教师比例较高，高达 35.5%，同时 5 年及以下教龄的教师占比较低，仅为 7.1%，具体情况见表 4-4。这种情况也反应在校长、教师访谈过程中，即 F 市很多学校存在教师老龄化问题。

表 4-4　A 省 F、D 市及两市总计问卷调查的教师教龄

地区	教龄	频数	百分比（%）
D	5 年及以下	67	12.0
	6~10 年	68	12.1
	11~15 年	68	12.1
	16~20 年	130	23.2
	21~25 年	113	20.1
	26 年及以上	115	20.5
	总计	561	100
F	5 年及以下	39	7.1
	6~10 年	47	8.6
	11~15 年	69	12.6
	16~20 年	93	16.9
	21~25 年	106	19.3
	26 年及以上	195	35.5
	总计	549	100
两市总计	5 年及以下	106	9.5
	6~10 年	115	10.4
	11~15 年	137	12.3
	16~20 年	223	20.1
	21~25 年	219	19.7
	26 年及以上	310	28.0
	总计	1110	100

在教师任教年级上，F 市、D 市的教师任教年级情况较为一致，其中各年级教师所占比例均在 30% 左右，详情见表 4-5。

表 4-5　A 省 F、D 市及两市总计问卷调查的教师任教年级

地区	年级	频数	百分比（%）
D	初一	155	27.6
	初二	191	34.1
	初三	215	38.3
	总计	561	100
F	初一	217	39.5
	初二	172	31.3
	初三	160	29.2
	总计	549	100
两地总计	初一	372	33.5
	初二	363	32.7
	初三	375	33.8
	总计	1110	100

（二）数据检验

1. 共同方法偏误检验

共同方法偏误（Common method variance）指效标变量和预测变量间由于人为性原因而导致的共变，一般造成的原因包括问卷题项设置不合理、测量环境影响、数据来源或填写问卷人相同等。[①]本研究属于单一时间点的横截面数据收集，按照以往学者的观点及做法，为了查看数据的可靠性，进一步采取单因素方法进行共同方法偏误检验。单因素方法检验，即 Harman 单因素方法检验，假设变异大量存在，那么因素分析结果会出现某一个公因子解释大部分变量变异的情况。[②]具体检验过程中，探索性因子分析（EFA）的对象为问卷中所有潜在变量的观测题项，根据李云[③]、宋德润[④]等人判断标准，如果存在共同方法偏误问题，那么在因子分析时，经过旋转生成的第一个主成分将

[①]Podsakoff P M, Mackenzie S B, Podsakoff N P.Sources of method bias in social science research and recommendations on how to control it[J].*Annual Review of Psychology*，2012（63）：539-569.

[②]周浩，龙立荣.共同方法偏差的统计检验与控制方法 [J].2004，12（6）：942-950.

[③]李云.上下级"关系"影响中层管理者职业成长和工作投入的作用机理研究 [D].武汉：武汉大学，2012：93.

[④]宋德润.公共部门中威权型领导风格和集体主义对员工创造力的影响机制研究 [D].合肥：中国科学技术大学，2018：27.

会解释绝大部分的变异；如果不是，则可忽略共同方法偏差产生的影响。

从表 4-6 中的 Harman 单因素检验统计量可以看出，在未旋转之前因子分析一共提取了 9 个特征值大于 1 的因子，累计方差贡献率达到了 62.62%，一共解释了 62.62% 的变异量，其中第一个（特征值最大的因子）因子解释的方差变异量为 26.75%，小于 30%；而旋转后的 9 个因子中最大特征值为 9.33，累积方差贡献率为 15.56%，不到 20%。无论旋转前后，没有出现一个因子解释大部分变异的现象，可以说明共同方法偏误检验结果良好，共同方法偏误不存在严重的影响作用，也可说共同方法偏误不会影响到本研究数据的使用和相关结论的检验。

表 4-6 共同方法偏差的 Harman 单因素检验统计量

因子	旋转前因子载荷平方和			旋转后因子载荷平方和		
	特征值	方差贡献率 /%	累积贡献率 /%	特征值	方差贡献率 /%	累积贡献率 /%
1	16.05	26.75	26.75	9.33	15.56	15.56
2	6.16	10.27	37.02	6.76	11.26	26.82
3	4.89	8.15	45.17	4.31	7.18	34.00
4	2.48	4.14	49.30	3.99	6.65	40.65
5	2.44	4.06	53.37	3.54	5.90	46.55
6	1.75	2.91	56.28	2.99	4.99	51.54
7	1.40	2.33	58.61	2.35	3.92	55.46
8	1.24	2.07	60.68	2.28	3.79	59.25
9	1.17	1.94	62.62	2.02	3.37	62.62

2. 信度和效度检验

组合信度（CR），也有写作构念信度（Construct reliability），反映的是某一个潜在变量的所有测量题项间的一致性程度。通常，Cronbach's 内部一致性系数是在探索性因子分析中衡量信度的指标，而在验证性因子分析中多运用组合信度加以衡量。组合信度越高说明测量指标同构性越高、潜在构念一致性越高，在数据统计分析过程中，学者们一般均赞同把 0.6 作为判断组合信度的临界值，0.7 作为判断标准则更为理想[1]。

对于正式样本数据各变量的信效度，采用验证性因子分析，结果见

---

[1] 吴明隆. 结构方程模型——Amos 实务进阶 [M]. 重庆：重庆大学出版社，2013：62.

表4-7，校长多元领导问卷、教师合作学习问卷、教师专业学习共同体文化感知问卷的因子载荷（Factor Loading）范围、α值和组合信度（Composite reliability）临界阈值都在可接受范围内；教师集体效能感量表和教师言语互动行为问卷的测量模型的潜在构念小于三个，因此无法进行验证性因子分析，但Cronbach's内部一致性系数显示二者也具备较高的信度。因此，检验结果表明，正式调查获得的问卷数据信效度较高，适用于本研究的相关统计分析。

表4-7 正式数据各变量的信效度检验

变量	因子载荷范围	α值	组合信度（CR）
校长多元领导		0.96	
结构型领导	0.86~0.90	0.91	0.85
人力资源型领导	0.85~0.90	0.91	0.91
象征型领导	0.78~0.89	0.89	0.88
政治型领导	0.81~0.93	0.92	0.92
教师合作学习		0.87	
合作意愿	0.66~0.82	0.80	0.81
合作对话	0.67~0.70	0.74	0.73
合作行动	0.63~0.75	0.81	0.82
专业学习共同体文化感知		0.91	
共享实践	0.72~0.87	0.82	0.86
集体协作	0.65~0.78	0.84	0.85
领导支持	0.54~0.68	0.69	0.68
人际支持	0.53~0.71	0.68	0.68
教师集体效能感		0.81	
教学能力评估	—	0.70	—
教学任务分析	—	0.64	—
教师言语互动行为		0.82	
会话行为	—	0.89	—
规范行为	—	0.70	—

（三）描述性统计与背景变量差异性分析

正式调查数据各研究变量的均值、标准差及变量间相关系数，检验结果见表4-8。从中可以发现，校长多元领导的每个领导向度与教师专业学习共同体文化感知的各维度都显著相关，如结构型领导与共享实践、集体协作、领导支持和人际支持的相关系数分别为0.252、0.296、0.448、0.333，且都

表4-8 正式数据各维度平均数、标准差和相关系数的描述性统计

变量维度	平均数M	S.D	合作意愿	合作对话	合作行动	共享实践	集体协作	领导支持	人际支持	结构型领导	人力资源型领导	象征型领导	政治型领导	会话行为	规范行为	教学能力评估	教学任务分析
合作意愿	13.96	1.69	1.00														
合作对话	12.83	2.04	0.575**	1.00													
合作行动	21.23	3.00	0.526**	0.555**	1.00												
共享实践	11.51	2.76	0.348**	0.400**	0.538**	1.00											
集体协作	19.02	4.09	0.385**	0.426**	0.568**	0.762**	1.00										
领导支持	13.24	2.17	0.314**	0.294**	0.409**	0.476**	0.587**	1.00									
人际支持	10.93	2.34	0.332**	0.372**	0.414**	0.535**	0.661**	0.573**	1.00								
结构型领导	12.16	2.59	0.284**	0.224**	0.296**	0.252**	0.296**	0.448**	0.333**	1.00							
人力资源型领导	11.95	2.62	0.288**	0.241**	0.303**	0.238**	0.271**	0.495**	0.324**	0.794**	1.00						
象征型领导	11.70	2.70	0.255**	0.231**	0.282**	0.210**	0.252**	0.449**	0.301**	0.793**	0.836**	1.00					
政治型领导	11.55	2.69	0.236**	0.234**	0.254**	0.173**	0.234**	0.434**	0.268**	0.774**	0.810**	0.856**	1.00				
会话行为	16.85	2.55	0.369**	0.373**	0.526**	0.520**	0.567**	0.409**	0.458**	0.326**	0.315**	0.298**	0.289**	1.00			
规范行为	12.05	1.99	0.260**	0.321**	0.435**	0.406**	0.454**	0.337**	0.376**	0.218**	0.225**	0.235**	0.236**	0.673**	1.00		
教学能力评估	22.98	4.30	0.245**	0.265**	0.237**	0.245**	0.287**	0.232**	0.293**	0.348**	0.325**	0.296**	0.284**	0.320**	0.179**	1.00	
教学任务分析	19.29	3.76	0.209**	0.200**	0.189**	0.213**	0.264**	0.214**	0.238**	0.353**	0.291**	0.267**	0.289**	0.288**	0.146**	0.725**	1.00

注：表中 * 代表 $p<0.05$，** 代表 $p<0.01$。

在 p<0.01 水平上显著相关。教师专业学习共同体文化感知与教师合作学习的各维度都呈显著相关，如共享实践与合作意愿、对话和行动的相关系数分别为 0.348、0.400、0.538，且都在 p<0.01 水平上显著相关。这表明，正式样本数据可以用来对本研究中各变量间关系进行验证。另外，本研究问卷调查对象的地区，在 A 省内比较而言，两个地区的经济发展水平差距较大，F 市属于 A 省西北部资源枯竭地区，而 D 市则为沿海城市。为了了解背景变量在各变量上可能存在的差异性，本研究以教师专业学习共同体文化感知（以下简称 PLC）变量为例，从以下两个方面进行比较分析：一是两市在 PLC 四因素及总分间的差异分析；二是教师性别、学历、教龄和任教年级上的差异分析。

1.F 和 D 两市在 PLC 四因素及其总分上的比较

F 和 D 两市在 PLC 四因素总分及各因素均分的比较结果见表 4-9、表 4-10、表 4-11。具体而言，通过独立样本 t 检验，F 市和 D 市两市样本在"集体协作（PLC-1）""领导支持（PLC-2）""共享实践（PLC-3）"因素上的得分均值及总分的 t 检验显著（p<0.05），即 F、D 两市样本在"集体协作""领导支持""共享实践"三个因素上差异显著，教师专业学习共同体文化感知总分的差异也显著。在 PLC-1 因素上，$t=2.58$，$df=1092.20$，$p<0.05$；在 PLC-2 因素上，$t=2.28$，$df=1108.00$，$p<0.05$；在 PLC-3 因素上，$t=2.25$，$df=1104.85$，$p<0.05$；在"人际支持"（PLC-4）因素上，$t=0.33$，$df=1108.00$，$p>0.05$；在 PLC 总分因素上，$t=2.33$，$df=1095.73$，$p<0.05$。综合可见，D 市在 PLC-1、PLC-2、PLC-3，以及 PLC 总分上明显高于 F 市。

表 4-9　D、F 两市学校在 PLC 四个因素总分比较

地区	N	M	SD
两市	1110	54.69	9.66
D	561	55.36	10.22
F	549	54.01	8.99

表 4-10　D、F 两市学校在 PLC 四个因素所含题目的均分比较

地区		PLC-1	PLC-2	PLC-3	PLC-4
	Mean	19.33	13.39	11.69	10.95
D	N	561	561	561	561
	SD	4.36	2.10	2.86	2.37
	Mean	18.70	13.09	11.32	10.90
F	N	549	549	549	549
	SD	3.78	2.22	2.65	2.30
	Mean	19.02	13.24	11.51	10.93
两地总计	N	1110	1110	1110	1110
	SD	4.09	2.17	2.76	2.34

表 4-11　D、F 两市在 PLC 四因素及总分的独立样本 t 检验

因素	方差齐性检验		t	df	p	MD	SE	95% 置信区间	
	F	p						Lower	Upper
PLC-1	29.37	0.00	2.58	1092.20	0.01	0.63	0.24	0.15	1.11
PLC-2	0.09	0.76	2.28	1108.00	0.02	0.30	0.13	0.04	0.55
PLC-3	17.29	0.00	2.25	1104.85	0.02	0.37	0.17	0.05	0.70
PLC-4	0.65	0.42	0.33	1108.00	0.74	0.05	0.14	−0.23	0.32
PLC	15.43	0.00	2.33	1095.73	0.02	1.35	0.58	0.21	2.48

2. 教师性别层面的差异

从教师性别来看，独立样本 t 检验结果见表 4-12、表 4-13，其中在"共享实践"维度，方差齐性检验结果为齐（p>0.05），且 t 检验显示男女差异显著（t=-2.0，df=1108，p<0.05），表明在"共享实践"维度男性教师明显低于女性教师。

表 4-12　A 省学校不同性别教师在 PLC 各因素得分及其总分

因素	教师性别	N	Mean	SD	SE
PLC-1	男	293	18.64	4.15	0.24
	女	817	19.16	4.06	0.14
PLC-2	男	293	13.10	2.28	0.13
	女	817	13.29	2.12	0.07
PLC-3	男	293	11.23	2.85	0.17
	女	817	11.60	2.73	0.10

因素	教师性别	N	Mean	SD	SE
PLC-4	男	293	10.82	2.39	0.14
	女	817	10.96	2.32	0.08
PLC	男	293	53.79	9.83	0.57
	女	817	55.01	9.58	0.34

表4-13　A省学校不同性别教师在PLC各因素得分及其总分差异

因素	方差齐性检验		t	df	p	MD	SE	95% 置信区间	
	F	p						Lower	Upper
PLC-1	0.09	0.77	-1.86	1108.00	0.063	-0.52	0.28	-1.06	0.03
PLC-2	0.72	0.40	-1.29	1108.00	0.198	-0.19	0.15	-0.48	0.10
PLC-3	0.24	0.63	-2.00	1108.00	0.046	-0.38	0.19	-0.74	-0.01
PLC-4	0.71	0.40	-0.88	1108.00	0.381	-0.14	0.16	-0.45	0.17
PLC	0.04	0.85	-1.86	1108.00	0.063	-1.22	0.66	-2.51	0.07

3. 教师学历结构层面的差异

从教师的学历结构来看，不同学历教师群体在PLC各因素及总分情况分布见表4-14，单因素方差分析结果见表4-15。整体上，不同学历教师在教师专业学习共同体文化感知各因素得分及总分上差异不显著。

表4-14　A省不同学历教师在PLC各因素得分及其总分

因素	学历	N	Mean	SD	SE	95% 置信区间	
						Lower	Upper
PLC-1	专科	78	19.36	3.86	0.44	18.49	20.23
	本科	910	19.05	4.07	0.14	18.78	19.31
	研究生	122	18.61	4.37	0.40	17.82	19.39
PLC-2	专科	78	13.44	2.24	0.25	12.93	13.94
	本科	910	13.22	2.17	0.07	13.07	13.36
	研究生	122	13.32	2.11	0.19	12.94	13.70
PLC-3	专科	78	11.51	2.71	0.31	10.90	12.12
	本科	910	11.50	2.77	0.09	11.32	11.68
	研究生	122	11.56	2.75	0.25	11.06	12.05
PLC-4	专科	78	11.14	2.27	0.26	10.63	11.65
	本科	910	10.93	2.35	0.08	10.78	11.08
	研究生	122	10.76	2.29	0.21	10.35	11.17

因素	学历	N	Mean	SD	SE	95% 置信区间	
						Lower	Upper
	专科	78	55.45	9.12	1.03	53.39	57.50
PLC	本科	910	54.69	9.65	0.32	54.06	55.31
	研究生	122	54.25	10.07	0.91	52.44	56.05

表 4-15　A 省学校不同学历教师在 PLC 各因素得分及其总分的单因素方差分析

因素	平方和	df	Mean Square	F	p
PLC-1	30.39	2.00	15.19	0.91	0.40
PLC-2	4.31	2.00	2.16	0.46	0.63
PLC-3	0.39	2.00	0.19	0.03	0.98
PLC-4	6.88	2.00	3.44	0.63	0.53
PLC	68.97	2.00	34.48	0.37	0.69

4. 教师教龄层面的差异

从教师的教龄来看，A 省学校不同教龄教师在 PLC 各因素及总分情况见表 4-16，单因素方差分析结果见表 4-17，其中在 PLC 总分上的各教龄教师组间的多重比较结果见表 4-18。研究结果显示，不同教龄教师在 PLC 各因素及总分上的方差齐性检验结果显示，除"集体协作"因素的方差不齐外，其他均为齐性；同时，单因素方差分析结果，PLC-1（df=5，MS=52.75，F=3.18，p<0.01）差异显著、PLC-2（df=5，MS=8.13，F=1.74，p>0.05）差异不显著、PLC-3（df=5，MS=15.82，F=2.08，p>0.05）差异不显著，PLC-4（df=5，MS=21.08，F=3.91，p<0.05）差异显著，以及 PLC 总分（df=5，MS=324.96，F=3.53，p<0.05）差异显著。因此，在"集体协作"因素上选择 Tamhane 算法进行多重比较分析，在"人际支持"因素及 PLC 总分上选择 LSD 算法进行多重比较。"集体协作"因素上，16~20 年教龄段教师明显高于 21~25 年教龄段教师（MD=1.33，p<0.05）；在"人际支持"因素上，6~10 年教龄段教师得分显著低于 16-20 年教龄段教师（MD=-0.62，p<0.05），11~15 年教龄段教师得分显著高于 21~25 年教龄段教师（MD=0.7，p<0.01），16~20 年教龄段教师得分显著高于 21~25 年教龄段教师（MD=0.89，p<0.001），26 年以上教龄段教师得分显著高于 21~25 年教龄段教师（MD=0.64，p<0.01）；在 PLC 总分差异上，差异情况与"人际支持"

因素差异较为一致。从整体来看，教师专业学习共同体文化得分具有一个潜在规律，即低教龄（10 年以下）和高教龄（21 年以上）阶段教师得分显著低于中等教龄（10~20 年）阶段的教师得分。

表 4-16　A 省学校不同教龄教师在 PLC 各因素得分及总分

因素	教龄	N	Mean	SD	SE	95% 置信区间	
						Lower	Upper
LPC-1	5 年及以下	106	18.86	4.31	0.42	18.03	19.69
	6~10 年	115	18.39	4.20	0.39	17.62	19.17
	11~15 年	137	19.05	3.93	0.34	18.39	19.72
	16~20 年	223	19.70	4.32	0.29	19.13	20.27
	21~25 年	219	18.37	4.07	0.28	17.82	18.91
	26 年及以上	310	19.26	3.81	0.22	18.84	19.69
LPC-2	5 年及以下	106	13.32	2.01	0.20	12.93	13.71
	6~10 年	115	13.22	2.13	0.20	12.82	13.61
	11~15 年	137	13.40	1.90	0.16	13.08	13.72
	16~20 年	223	13.49	2.07	0.14	13.22	13.77
	21~25 年	219	12.93	2.36	0.16	12.61	13.24
	26 年及以上	310	13.20	2.25	0.13	12.95	13.45
LPC-3	5 年及以下	106	11.42	2.78	0.27	10.89	11.96
	6~10 年	115	11.13	2.63	0.25	10.65	11.62
	11~15 年	137	11.50	2.60	0.22	11.06	11.94
	16~20 年	223	11.93	2.87	0.19	11.55	12.31
	21~25 年	219	11.20	2.81	0.19	10.83	11.57
	26 年及以上	310	11.59	2.75	0.16	11.28	11.89
LPC-4	5 年及以下	106	10.92	2.49	0.24	10.44	11.39
	6~10 年	115	10.67	2.42	0.23	10.22	11.12
	11~15 年	137	11.10	2.27	0.19	10.72	11.49
	16~20 年	223	11.29	2.46	0.16	10.97	11.62
	21~25 年	219	10.41	2.27	0.15	10.10	10.71
	26 年及以上	310	11.05	2.18	0.12	10.81	11.29
LPC	5 年及以下	106	54.52	10.30	1.00	52.54	56.50
	6~10 年	115	53.41	9.81	0.91	51.60	55.22
	11~15 年	137	55.05	9.20	0.79	53.50	56.61
	16~20 年	223	56.41	10.09	0.68	55.08	57.74
	21~25 年	219	52.90	9.74	0.66	51.60	54.20
	26 年及以上	310	55.10	8.97	0.51	54.09	56.10

表 4-17　A 省学校不同教龄教师在 PLC 各因素得分及总分单因素方差分析

因素	方差齐性检验		平方和	df	MS	F	p
	F	p					
PLC-1	2.24	0.049	263.74	5	52.75	3.18	0.007
PLC-2	0.62	0.685	40.66	5	8.13	1.74	0.123
PLC-3	1.30	0.263	79.12	5	15.82	2.08	0.065
PLC-4	1.84	0.103	105.39	5	21.08	3.91	0.002
PLC	1.16	0.327	1624.80	5	324.96	3.53	0.004

表 4-18　A 省学校不同教龄教师在 PLC 各因素得分及总分的均值多重比较

因素	算法	(I) 教龄	(J) 教龄	平均差异	SE	P	95% 置信区间	
							Lower	Upper
PLC-1	Tamhane	16~20 年	21~25 年	1.33	0.40	0.014	0.16	2.51
PLC-4	LSD	6~10 年	16~20 年	−0.62	0.27	0.02	−1.14	−0.10
PLC-4	LSD	11~15 年	21~25 年	0.70	0.25	0.006	0.20	1.19
PLC-4	LSD	16~20 年	21~25 年	0.89	0.22	0	0.45	1.32
PLC-4	LSD	26 年及以上	21~25 年	0.64	0.20	0.002	0.24	1.04
PLC	LSD	6~10 年	16~20 年	−3.00	1.10	0.007	−5.17	−0.84
PLC	LSD	11~15 年	21~25 年	2.15	1.05	0.04	0.10	4.20
PLC	LSD	16~20 年	21~25 年	3.51	0.91	0	1.72	5.31
PLC	LSD	21~25 年	26 年及以上	−2.20	0.85	0.01	−3.86	−0.53

5. 教师任教年级层面的差异

从教师任教年级来看，A 省学校不同年级教师在 PLC 各因素得分及总分情况见表 4-19，单因素方差分析结果见表 4-20。研究结果显示，不同年级教师在 PLC 各因素及总分上的方差齐性检验方差均为齐；另外，单因素方差分析结果，在 PLC-1（df=2，MS=12.79，F=0.76，p>0.05）、PLC-2（df=2，MS=0.08，F=0.02，p>0.05）、PLC-3（df=2，MS=8.18，F=1.07，p>0.05）、PLC-4（df=2，MS=2.19，F=0.40，p>0.05）及 PLC 总分（df=2，MS=21.31，F=0.23，p>0.05）上的差异均不显著。

表 4–19　A省学校不同年级教师在 PLC 各因素得分及其总分

| 因素 | 年级 | N | Mean | SD | SE | 95% 置信区间 | |
						Lower	Upper
PLC–1	初一	372	18.82	3.92	0.20	18.42	19.22
	初二	363	19.19	4.05	0.21	18.77	19.61
	初三	375	19.05	4.29	0.22	18.61	19.48
PLC–2	初一	372	13.26	2.26	0.12	13.03	13.49
	初二	363	13.23	2.09	0.11	13.01	13.44
	初三	375	13.24	2.15	0.11	13.02	13.46
PLC–3	初一	372	11.35	2.74	0.14	11.07	11.63
	初二	363	11.53	2.71	0.14	11.25	11.81
	初三	375	11.64	2.84	0.15	11.35	11.93
PLC–4	初一	372	10.99	2.25	0.12	10.76	11.22
	初二	363	10.84	2.39	0.13	10.59	11.09
	初三	375	10.94	2.37	0.12	10.70	11.18
PLC	初一	372	54.42	9.25	0.48	53.48	55.36
	初二	363	54.79	9.60	0.50	53.80	55.78
	初三	375	54.87	10.12	0.52	53.84	55.89

表 4–20　A省学校不同年级教师在 PLC 各因素得分及其总分的单因素方差分析

| 因素 | 方差齐性检验 | | 平方和 | df | MS | F | p |
	F	p					
PLC–1	2.18	0.11	25.58	2.00	12.79	0.76	0.47
PLC–2	1.05	0.35	0.16	2.00	0.08	0.02	0.98
PLC–3	0.83	0.44	16.36	2.00	8.18	1.07	0.34
PLC–4	0.49	0.61	4.38	2.00	2.19	0.40	0.67
PLC	1.71	0.18	42.63	2.00	21.31	0.23	0.80

二、教师专业学习共同体文化形成及作用的部分路径验证

从校长多元领导对教师合作学习影响过程来看，教师专业学习共同体文化承载了重要作用，因此，探究教师专业学习共同体文化的形成与作用机制是本研究的核心研究范畴之一，其在整体上属于校长多元领导对教师合作学习影响路径的一部分。具体而言，一方面，通过校长多元领导对教师专业学

习共同体文化的影响以及教师专业学习共同体文化对教师合作学习的作用的检验，可以为整个研究的影响路径检验提供铺垫；另一方面，也为学校教育情境下教师专业学习共同体文化的形成与作用提供了实证性的解释机制。

（一）多元领导向度对教师专业学习共同体文化的交互作用

有关学校专业学习共同体实践的调查研究发现，有效的学校领导对教师专业学习共同体的构建及发展有着重要影响。[①] 在学校层面，校长多元领导是如何影响教师专业学习共同体发展及其文化形成的，不同领导向度对教师专业学习共同体文化的形成是否存在交互作用，这是本节重点探讨的问题。即在多元领导理论框架内，尝试检验结构型领导、政治型领导、象征型领导和人力资源型领导对教师专业学习共同体文化的交互影响作用。

1. 研究问题

从巴斯的全范围领导理论可以看出，其是在统整伯恩斯交易型领导和变革型领导以及豪斯的魅力型领导理论基础上形成的，并编制了包含交易、变革和放任型领导风格的多因素领导问卷，也被认为是一种较为完整的解释领导风格或行为的理论。[②] 根据多元领导理论，可以发现鲍曼和迪尔在于强调一种领导行为的融合艺术，或者说是领导行为的转换理念，与全范围领导风格行为理论有着相似之处。具体而言，交易型领导，强调控制、评估、调度和结果，其实践原则是实现利益最大化、损失最小化，领导者通过交换方式奖励被领导者的贡献以激励目标达成，这与结构型和政治型领导向度较为一致；变革型领导，凸显较高的理念和道德价值，激发和鼓励员工动机，具有道德、文化的意蕴，人力资源型和象征型领导向度与此颇为相似。罗宾斯也认同巴斯的观点，交易型和变革型领导方式应结合起来而非彼此对立，即变革型和

①Hairon S，Dimmock C.Singapore schools and professional learning communities：teacher professional development and school leadership in an Asian hierarchical system[J].*Educational Review*，2012，64（4）：405-424.

②Bass B M.Leadership and performance beyond expectations[M].New York，NY：Free Press，1985：18-38.

交易型领导是互为补充的①。因此，对于教师专业学习共同体文化的形成而言，有必要考察多元领导各向度的交互影响作用。

为了探讨校长多元领导对教师专业学习共同体文化形成的影响机制，尝试检验校长多元领导理论框架下的结构型、政治型、人力资源型和象征型领导向度对教师专业学习共同体文化感知的交互影响作用，具体研究问题设计思路如图 4-1 所示。

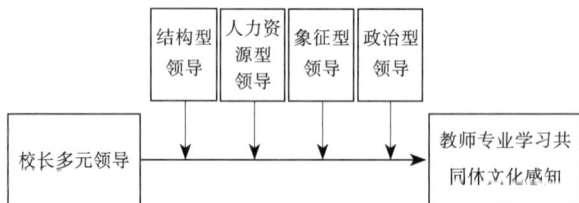

图 4-1　校长多元领导对教师专业学习共同体文化影响的研究设计思路

2. 研究假设

本节研究假设包括以下内容：

H1：结构型领导正向影响教师专业学习共同体文化感知。

H2：人力资源型领导对结构型领导与教师专业学习共同体文化感知间的正向关系具有调节作用。

H3：象征型领导对结构型领导与教师专业学习共同体文化感知间的正向关系具有调节作用。

H4：政治型领导对结构型领导与教师专业学习共同体文化感知间的正向关系具有调节作用。

H5：人力资源型领导正向影响教师专业学习共同体文化感知。

H6：结构型领导对人力资源型领导与教师专业学习共同体文化感知间的正向关系具有调节作用。

H7：象征型领导对人力资源型领导与教师专业学习共同体文化感知间的正向关系具有调节作用。

H8：政治型领导对人力资源型领导与教师专业学习共同体文化感知间的

---

① 斯蒂芬·罗宾斯，蒂莫西·贾奇.组织行为学 [M].孙健敏，王震，李原，译.北京：中国人民大学出版社，2016：307.

正向关系具有调节作用。

H9：象征型领导正向影响教师专业学习共同体文化感知。

H10：结构型领导对象征型领导与教师专业学习共同体文化感知间的正向关系具有调节作用。

H11：人力资源型领导对象征型领导与教师专业学习共同体文化感知间的正向关系具有调节作用。

H12：政治型领导对象征型领导与教师专业学习共同体文化感知间的正向关系具有调节作用。

H13：政治型领导正向影响教师专业学习共同体文化感知。

H14：结构型领导对政治型领导与教师专业学习共同体文化感知间的正向关系具有调节作用。

H15：人力资源型领导对政治型领导与教师专业学习共同体文化感知间的正向关系具有调节作用。

H16：象征型领导对政治型领导与教师专业学习共同体文化感知间的正向关系具有调节作用。

3. 数据分析结果

在社会科学研究中，调节（Moderation）是对多个变量之间关系考察的重要手段，调节变量的存在，主要根据因变量和自变量之间回归斜率的大小和方向进行判断。如果假设 Z 为调节变量，即其在 X 和 Y 之间起调节作用，那么因变量 Y 和自变量 X 之间回归斜率的大小和方向将会随着 Z 的变化而变化。当 X 和 Z 为定距变量时，可通过以下回归方程分析调节效应：

$$Y=i+aX+bZ+cXZ+\varepsilon \qquad （1）$$

从方程（1）来看，回归系数 c 显著则表示存在显著的调节效应，调节效应的效果量用 $\Delta R^2=R12-R02$ 表示，其中 $R12$ 表示回归方程（1）的测定系数，$R02$ 表示去掉乘积项 XZ 后的回归方程（1）的测定系数，按照之前学者的研究 ΔR^2 增加显著（p<0.05），且增加量在 2% 以上才能说明调节效应显著。[①] 在具体研究过程中，通常将自变量 X 和调节变量 Z 中心化（变量减去样本

---

① 温忠麟. 实证研究中的因果推理与分析 [J]. 心理科学，2017，40（1）：200-208.

均值）处理后构造 XZ 乘积项，最后放入分析程式中进行回归分析。当调节效应显著时，需要进一步做斜率分析，即把方程（1）简化重写为：

$$Y=（i+bZ）+（a+cZ）X+\varepsilon \qquad （2）$$

其中，为了表征因变量 Y 和自变量 X 关系是如何受变量 Z 调节的，引入简单斜率（Simple slope），具体用 $a+cZ$ 表示。目前研究者常用的方式是选点法（Pick-a-point approach）构造函数关系图形，进行简单斜率的显著性检。[1]

（1）结构型领导对教师专业学习共同体文化感知影响的调节效应检验。

根据巴伦（Baron）和肯尼（Kenny）等学者的研究方式，采取层级回归分析方法对相关研究假设进行验证。[2] 在探讨校长结构型领导对教师专业学习共同体文化的影响作用过程时，要想检验人力资源型领导、象征型领导和政治型领导在其间的调节作用，首先要对变量数据进行中心化处理，也就是将每个变量的数值减去对应变量在整体样本中的平均值，然后分别构建结构型领导与人力资源型领导、象征型领导和政治型领导的乘积项。具体的分析数据程序如下：第一步，在回归模型中先进入控制变量（如性别、学历、学科、年级和教龄）和自变量结构型领导，形成模型2；第二步，进入控制变量、自变量结构型领导和三个调节变量（人力资源型领导、象征型领导和政治型领导，注意必须为未中心化的数据结果），形成模型3；第三步，将控制变量、自变量结构型领导、三个调节变量以及三个乘积项同时带入回归模型，形成模型4。

表4-21　结构型领导对教师专业学习共同体文化感知影响的调节效应回归分析结果

变量	教师专业学习共同体文化感知			
	模型1	模型2	模型3	模型4
控制变量				
性别	0.07*	0.03	0.03	0.03

① 方杰，温忠麟，梁东梅等.基于多元回归的调节效应分析[J].心理科学，2015，38（3）：715-720.

② Baron R M，Kenny D A.The moderator-mediator variable distinction in social psychological research：Conceptual，strategic，and statistical considerations[J]*Journal of Personality and Social Psychology*，1986，51（6）：1173-1182.

续表

变量	教师专业学习共同体文化感知			
	模型 1	模型 2	模型 3	模型 4
学历	−0.04	−0.02	−0.03	−0.03
学科	0.03	0.04	0.04	0.04
年级	0.02	0.01	0.02	0.02
教龄	0.00	0.03	0.03	0.03
自变量				
结构型领导	−	0.38***	0.24***	0.30***
调节变量	−	−	−	−
人力资源型领导	−	−	0.21***	0.21***
象征型领导	−	−	0.05	0.07
政治型领导	−	−	−0.09	−0.06
交互项				
结构 × 人际	−	−	−	0.01
结构 × 象征	−	−	−	0.07
结构 × 政治	−	−	−	0.08
R^2	0.005	0.147	0.163	0.177
ΔR^2	−−	0.142	0.016	0.014
F	1.21	31.71***	23.84***	19.60***
ΔF	1.21	183.24***	7.06***	5.90**

注：表中 * 代表 p<0.05，** 代表 p<0.01，*** 代表 p<0.001. 下表同。

从表 4-21 结果可知，模型 2 中结构型领导的标准化回归系数为 $\beta=0.38$（p<0.001），ΔR^2 为 0.142，说明结构型领导对教师专业学习共同体文化有着显著的正向影响，假设 H1（结构型领导正向影响教师专业学习共同体文化感知）得到验证；调节变量人力资源型领导、象征型领导和政治型领导的调节作用由模型 4 中可见，其中结构型领导与人力资源型领导的乘积项不显著（$\beta=0.01$，p>0.05），故而假设 H2（人力资源型领导对结构型领导与教师专业学习共同体文化感知间的正向关系具有正向调节作用）不成立；结构型领导和象征型领导的乘积项不显著（$\beta=0.07$，p>0.05），故而假设 H3（象征领导对结构型领导与教师专业学习共同体文化感知间的正向关系具有正向调节作用）不成立；结构型领导和政治型领导的乘积项不显著（$\beta=0.08$，p>0.05），故而假设 H4（政治型领导对结构型领导与教师专业学习共同体文化感知间的正向关系具有正向调节作用）不成立。

（2）人力资源型领导对教师专业学习共同体文化感知影响的调节效应检验。

根据巴伦和肯尼的研究方式，采取层级回归分析方法对相关研究假设进行验证。在探讨校长人力资源型领导对教师专业学习共同体文化的影响作用过程时，要检验结构型领导、象征型领导和政治型领导在其间的调节作用，具体的分析数据程序如下：第一步，在回归模型中先进入控制变量和自变量人力资源型领导，形成模型2；第二步，进入控制变量、自变量人力资源型领导和三个调节变量（结构型领导、象征型领导和政治型领导），形成模型3；第三步，将控制变量、自变量人力资源型领导、三个调节变量以及对应三个乘积项同时带入回归模型，形成模型4。

表4-22　人力资源型领导对教师专业学习共同体文化感知影响的调节效应回归分析结果

变量	教师专业学习共同体文化感知			
	模型1	模型2	模型3	模型4
控制变量				
性别	0.07**	0.04	0.03	0.04
学历	−0.04	−0.03	−0.03	−0.03
学科	0.03	0.04	0.04	0.03
年级	0.02	0.03	0.02	0.02
教龄	0	0.02	0.03	0.02
自变量				
人力资源型领导	−	0.37***	0.21***	0.30***
调节变量	−	−	−	−
结构型领导	−	−	0.23***	0.24***
象征型领导	−	−	0.05	0.08
政治型领导	−	−	−0.09	−0.05
交互项				
人际 × 结构	−	−	−	−0.05
人际 × 象征	−	−	−	0.03
人际 × 政治	−	−	−	0.21**
R^2	0.005	0.144	0.163	0.184
ΔR^2	−−	0.139	0.02	0.021
F	1.21	31.81***	23.84***	20.62***
ΔF	1.21	177.83***	8.64***	9.34**

从表 4-22 的结果可知，在模型 2 中人力资源型领导的标准化回归系数为 $\beta=0.37$（p<0.001），ΔR^2 为 0.139，说明人力资源型领导对教师专业学习共同体文化感知有显著的正向影响，假设 H5（人力资源型领导正向影响教师专业学习共同体文化感知）得到验证；调节变量结构型领导、象征型领导和政治型领导的调节作用由模型 4 中可见，其中人力资源型领导与结构型领导的乘积项不显著（$\beta=-0.05$，p>0.05），故而假设 H6（结构型领导对人力资源型领导与教师专业学习共同体文化感知间正向关系具有正向调节作用）不成立；人力资源型领导和象征型领导的乘积项不显著（$\beta=0.03$，p>0.05），故而假设 H7（象征领导对人力资源型领导与教师专业学习共同体文化感知间的正向关系具有正向调节作用）不成立；人力资源型领导和政治型领导的乘积项显著（$\beta=0.21$，p<0.05），ΔR^2 为 0.021，故而假设 H8（政治型领导对人力资源型领导与教师专业学习共同体文化感知间的正向关系具有正向调节作用）成立。

根据国外学者艾肯（Aiken）和韦斯特（West）的观点，为了进一步了解人力资源型领导和政治型领导乘积项的调节效果，可以通过描述"当政治型领导高或者低时，人力资源型领导与教师专业学习共同体文化感知"[1]之间的斜率示意图得到结果。本研究在设计好的 Excel 表格[2]插入自变量、调节变量和交互项的非标准化系数，通过 Excel 自动生成并绘制政治型领导的调节效果斜率示意。如图 4-2 所示，调节效果与回归分析结果是一致的，与假设 H8 一致。具体而言，在表 4-22 的模型 4 中人力资源型领导与政治型领导的交互作用对教师专业学习共同体文化感知的标准化回归系数 $\beta=0.21$，且 p<0.05，达到显著水平，说明人力资源型领导与教师专业学习共同体文化感知的正相关关系受到政治型领导的正向调节，也就是说，人力资源型领导和政治型领导共同存在时，能够有效促进教师专业学习共同体文化形成；当人力资源型领导因素存在较高水平时，政治型领导向度对教师专业学习共同体文化的促

---

①Aiken L S, West S G.Multiple regression : Testing and interpreting interactions[M].London, United Kingdom : SAGE Publications, 1991 : 9-27.

②Sibley C G.Utilities for examining interactions in multiple regression [computer software]. University of Auckland, 2008.

进作用程度显著提高；当人力资源型领导因素水平较低时，高政治型领导对教师专业学习共同体文化的促进作用较低政治型领导略微显弱。

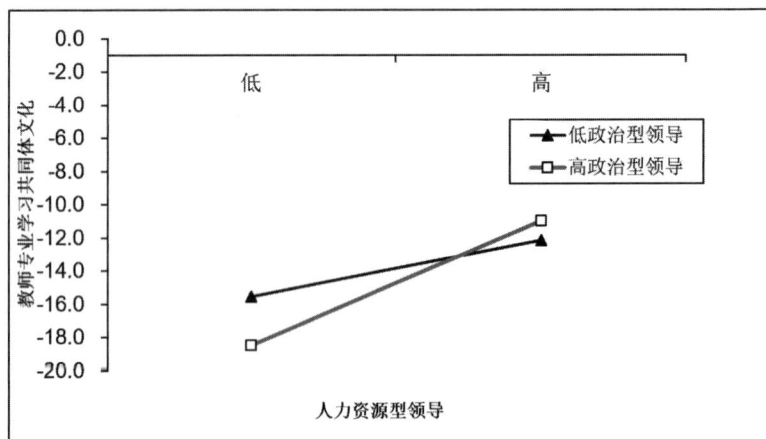

图 4-2　人力资源型领导与政治型领导的交互对教师专业学习共同体文化感知的影响

（3）象征型领导对教师专业学习共同体文化感知影响的调节效应检验。

根据巴伦和肯尼等学者的研究方式，采取层级回归分析方法验证。在探讨象征型领导对教师专业学习共同体文化感知影响作用过程时，要检验结构型领导、人力资源型领导和政治型领导在其间的调节作用，具体的分析数据程序如下：第一步，在回归模型中先进入控制变量和自变量象征型领导，形成模型 2；第二步，进入控制变量、自变量象征型领导和三个调节变量（结构型领导、人力资源型领导和政治型领导），形成模型 3；第三步，将控制变量、自变量象征型领导、三个调节变量以及对应三个乘积项同时带入回归模型，形成模型 4。

表 4-23　象征型领导对教师专业学习共同体文化感知影响的调节效应回归分析结果

变量	教师专业学习共同体文化感知			
	模型 1	模型 2	模型 3	模型 4
控制变量				
性别	0.07★★	0.04	0.03	0.04
学历	−0.04	−0.04	−0.03	−0.03
学科	0.03	0.04	0.04	0.03
年级	0.02	0.02	0.02	0.02

续表

变量	教师专业学习共同体文化感知			
	模型 1	模型 2	模型 3	模型 4
教龄	0	0.03	0.03	0.02
自变量				
象征型领导	—	0.34***	0.05	0.09
调节变量	—	—	—	—
结构型领导	—	—	0.24***	0.26***
人力资源型领导	—	—	0.21***	0.25***
政治型领导	—	—	−0.09	−0.03
交互项				
象征 × 结构	—	—	—	−0.02
象征 × 人际	—	—	—	0.03
象征 × 政治	—	—	—	0.19**
R^2	0.005	0.122	0.163	0.185
ΔR^2	——	0.117	0.041	0.022
F	1.21	25.46***	23.84***	20.73***
ΔF	1.21	145.93***	18.22***	9.70**

表 4-23 结果显示，在模型 2 中象征型领导的标准化回归系数为 $\beta=0.34$（$p<0.001$），ΔR^2 为 0.117，说明象征型领导对教师专业学习共同体文化感知有显著的正向影响，假设 H9（象征型领导正向影响教师专业学习共同体文化感知）得到验证；调节变量结构型领导、人力资源型领导和政治型领导的调节作用由模型 4 中可见，其中象征型领导与结构型领导的乘积项不显著（$\beta=-0.02$，$p>0.05$），故而假设 H10（结构型领导对象征型领导与教师专业学习共同体文化感知间的正向关系具有正向调节作用）不成立；象征型领导和人力资源型领导的乘积项不显著（$\beta=0.03$，$p>0.05$），故而假设 H11（人力资源型领导对象征型领导与教师专业学习共同体文化感知间的正向关系具有正向调节作用）不成立；象征型领导和政治型领导的乘积项显著（$\beta=0.19$，$p<0.05$），ΔR^2 为 0.022，故而假设 H12（政治型领导对象征型领导与教师专业学习共同体文化感知间的正向关系具有正向调节作用）成立。

根据艾肯和韦斯特等人的观点，为了进一步了解象征型领导和政治型领导乘积项的调节效果，可以通过描述"当政治型领导高或者低时，象征型领导与教师专业学习共同体文化感知"之间的斜率示意图。本研究通过设计好的 Excel 表格插入自变量、调节变量和交互项的非标准化系数自动生成政治型领导的调节效果斜率示意图。如图 4-3 所示，调节效果与回归分析结果是一致的，与假设 H12 一致。具体而言，在表 4-23 的模型 4 中象征型领导与政治型领导的交互作用对教师专业学习共同体文化感知的标准化回归系数 $\beta=0.19$，且 p<0.05，达到显著水平，说明象征型领导与教师专业学习共同体文化感知的正相关关系受到政治型领导的正向调节，也就是说，象征型领导和政治型领导共同存在时，能够有效促进教师专业学习共同体文化发展：当象征型领导因素存在较高水平时，政治型领导向度对教师专业学习共同体文化的促进作用程度显著提高；当象征型领导因素水平较低时，高政治型领导对教师专业学习共同体义化感知的促进作用较低政治型领导略微显弱。

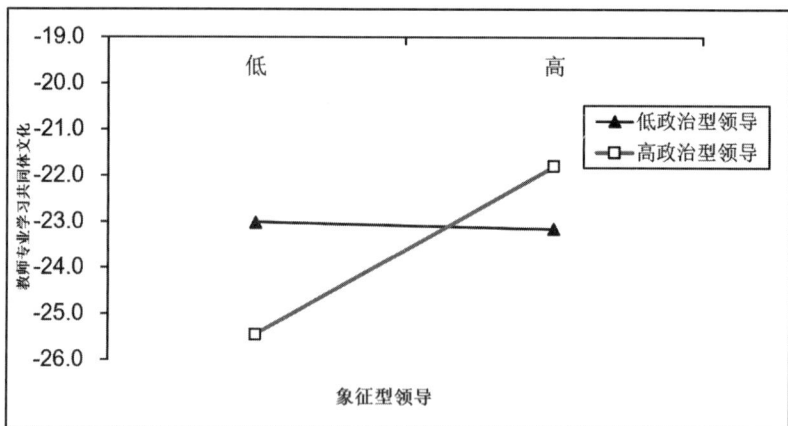

图 4-3　象征领导与政治型领导的交互对教师专业学习共同体文化感知的影响

（4）政治型领导对教师专业学习共同体文化感知影响的调节效应检验。

根据巴伦和肯尼等学者的研究方式，采取层级回归分析方法验证。在探讨校长政治型领导对教师专业学习共同体文化的影响作用过程时，要检验结构型领导、人力资源型领导和象征型领导在其间的调节作用，具体的分析数据程序如下：第一步，在回归模型中先进入控制变量和自变量政治型领导，形成模型 2；第二步，进入控制变量、自变量政治型领导和三个调节变量（结构型领导、人力资源型领导和象征型领导），形成模型 3；第三步，将控制变量、自变量政治型领导、三个调节变量以及对应三个乘积项同时带入回归模型，形成模型 4。

表 4-24 政治型领导对教师专业学习共同体文化感知影响的调节效应回归分析结果

变量	教师专业学习共同体文化感知			
	模型 1	模型 2	模型 3	模型 4
控制变量				
性别	0.07^{**}	0.05	0.03	0.04
学历	−0.04	−0.02	−0.03	−0.03
学科	0.03	0.04	0.04	0.03
年级	0.02	0.03	0.02	0.02
教龄	0.00	0.03	0.03	0.02
自变量				
政治型领导	−	0.31^{***}	−0.09	−0.03
调节变量	−	−		
结构型领导	−	−	0.24^{***}	0.24^{***}
人力资源型领导	−	−	0.21^{***}	0.27^{***}
象征型领导	−	−	0.05	0.09
交互项				
政治 × 结构	−	−	−	−0.05
政治 × 人际	−	−	−	0.11
政治 × 象征	−	−	−	0.15
R^2	0.005	0.102	0.163	0.186
ΔR^2	−−	0.097	0.061	0.023
F	1.21	20.82^{***}	23.84^{***}	20.91^{***}
ΔF	1.21	118.24^{***}	26.95^{***}	10.30^{**}

表 4-24 结果显示，在模型 2 中政治型领导的标准化回归系数为 $\beta=0.31$（$p<0.001$），ΔR^2 为 0.097，说明政治型领导对教师专业学习共同体文化感知有着显著的正向影响，假设 H13（政治型领导正向影响教师专业学习共同体文化感知）得到验证；调节变量结构型领导、人力资源型领导和象征型领导的调节作用由模型 4 中可见，其中政治型领导与结构型领导的乘积项不显著（$\beta=-0.05$，$p>0.05$），故而假设 H14（结构型领导对政治型领导与教师专业学习共同体文化感知间的正向关系具有正向调节作用）不成立；政治型领导和人力资源型领导的乘积项不显著（$\beta=0.11$，$p>0.05$），故而假设 H15（人力资源型领导对政治型领导与教师专业学习共同体文化感知间的正向关系具有正向调节作用）不成立；政治型领导和象征型领导的乘积项不显著（$\beta=0.15$，$p>0.05$），故而假设 H16（象征型领导对政治型领导与教师专业学习共同体文

化感知间的正向关系具有正向调节作用）不成立。

4. 结论与讨论

根据既往学者研究方式以及本研究的设计思路，本节的主要问题得以解决，即探查了校长多元领导的不同领导向度对教师专业学习共同体文化感知的影响作用，运用层级回归分析的方式定量验证了校长多元领导的结构型领导、人力资源型领导、象征型领导和政治型领导向度对教师专业学习共同体文化感知的影响作用。同时，检验了结构型领导、人力资源型领导、象征型领导和政治型领导对教师专业学习共同体文化感知的交互影响作用，并绘制了具有调节作用交互项的简单斜率示意图。

第一，层级回归分析研究结果证实结构型领导对于教师专业学习共同体文化的正向作用，同时证伪了人力资源型领导、象征型领导和政治型领导在结构型领导与教师专业学习共同体文化感知间的调节作用。

第二，层级回归分析研究结果证实人力资源型领导对教师专业学习共同体文化感知的正向作用，同时证实政治型领导在人力资源型领导与教师专业学习共同体文化感知间的正向调节作用，证伪了结构型领导、象征型领导在人力资源型领导与教师专业学习共同体文化感知间的正向调节作用。

第三，层级回归分析研究结果证实象征型领导对教师专业学习共同体文化感知的正向作用，同时证实政治型领导在象征型领导与教师专业学习共同体文化感知间的正向调节作用，证伪了结构型领导、人力资源型领导在人力资源型领导与教师专业学习共同体文化感知间的正向调节作用。

第四，层级回归分析研究结果证实政治型领导对教师专业学习共同体文化感知的正向作用，证伪了结构型领导、人力资源型领导和象征型领导在政治型领导与教师专业学习共同体文化感知间的正向调节作用。

总之，多元领导理论极力强调多向度领导行为或方式对组织发展的重要价值，在教师专业学习共同体实践情境中，人力资源型领导强调人力资源的重要作用，并注重组织成员的发展需求和人际关怀，人力资源型领导者扮演着组织的服务者和催化剂的角色，象征型领导强调鼓舞的力量以及意义建构，其领导者发挥的功能角色相当于预言家和诗人，政治型领导者重在解决组织冲突、协调组织内外部的资源分配，具有广泛的校内外盟友支持力量。本研究结论说明，人力资源型领导者和象征型领导者，可以通过加强政治型领导元素以更好地促进教师专业学习共同体文化形成及其发展，充分发挥多元领导的交互影响作用。在鲍曼和迪尔看来，"尽管在大多数管理者思想中都较少考虑组织政治，但是政治型向度似乎是成功管理的基础性决定因素"[①]。另外，验证性结论有力回应了一些学者关于领导者应兼具交易型、变革型领导以及道德、文化和信任等多层面领导的理论猜测。从全范围领导理论来看，变革型领导可以作为人力资源型领导和象征型领导的属概念或上位概念，而政治型领导则在一定程度上具有交易型领导的特色元素，可见，本研究的结论，人力资源型、政治型领导交互作用和象征型、政治型交互作用的证实，有着重要的理论意义。最后，验证性分析了校长多元领导向度交互对于教师专业学习共同体文化感知的作用过程，丰富了初中学校校长领导和教师专业学习共同体理论研究的视角，一方面有助于理解校长多元领导和教师专业学习共同体文化间的影响机制，另一方面也进一步加深了人们对于学校教育体制中校长领导的认知，将多元领导观纳入学校教育教学实践中，将有助于提高教育领导管理效能。

（二）教师言语互动行为在教师专业学习共同体文化与合作学习间的中介作用

在埃雷兹文化自我表征理论视域下，文化氛围、工作实践和自我观念交互作用进而影响个体工作行为。换言之，个体在由特定文化价值和规范构成的内外部环境中，并对这一特定的工作环境中的实践和动机策略进行解读，可以说，由特定文化形塑的自我，与自我实现的需求满足密切相关，进而影响个体自我的行为。因此，本研究以教师专业学习共同体文化为自变量，教师合作学习为因变量，尝试检验二者间的影响作用关系，同时检验教师言语互动行为在其间的中介作用。

1. 研究问题

从教师专业学习共同体文化本土化的内涵来看，集体协作指向教师专

[①]Bolman L G, Deal T E.Reframing organizations : Artistry, choice, and leadership[M].4th ed.San Francisco, CA : Jossey-Bass, 2008 : 246.

业学习的操作形式，而共享实践则为教师间教学技术、方法的交流互鉴提供了契机。同样，在西方教育理论研究与实践中，尽管不同学者论述教师专业学习共同体的内涵有所差异，但教师合作学习却被公认为是教师专业学习共同体实践运行的核心环节。正如舒尔曼所言："如果合作是一个有效的持续学习的内在关键原则，那么共同体就是其外在的脚手架，尽管内部过程的展开比较紧张，它仍能保持结构稳定。"① 本研究借鉴埃雷兹采用认知信息加工的理论来理解文化的逻辑路径，将教师专业学习共同体实践形成的特定文化看作一种学校教师共享的组织层面的知识结构，可推论，教师专业学习共同体文化对一些特定的教师合作组织结构和其内部的教师个体行为具有影响作用。另外，哈贝马斯认为社会学行为理论应当把交往行为当作起点，可见，交往行为理论关注的问题是如何借助于有效的沟通机制把不同行为者的行为联系起来。因此，从教师专业学习共同文化感知出发，探索其如何影响教师合作学习，二者间存在怎样的关系，以及教师言语互动行为在二者间是否存在一定的中介效应，既有重要的理论价值，也有不可忽视的实践意义。因此，研究设计思路为探寻教师专业学习共同体文化对教师合作学习的影响作用，并检验教师言语互动行为的中介作用，具体思路如图 4-4 所示。

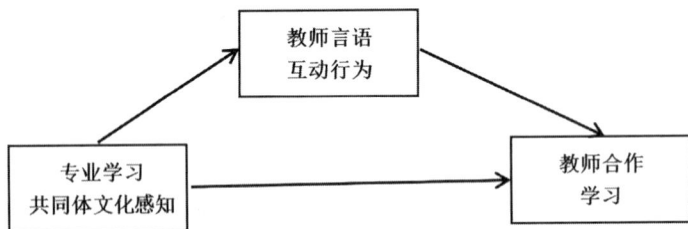

图 4-4　教师专业学习共同体文化感知对教师合作学习影响的设计思路

2. 研究假设

本节研究假设包括两个：

H17：教师专业学习共同体文化感知正向影响教师合作学习。

H18：教师言语互动行为在专业学习共同体文化感知与教师合作学习间具有中介作用。

---

① 舒尔曼. 实践智慧：论教学、学习与学会教学 [M]. 王艳玲，王凯，毛齐明，等，译. 上海：华东师范大学出版社，2013：347.

3. 数据分析结果

中介效应检验参见我国学者温忠麟总结的检验程序图，如图 4-5 所示。首先所有研究变量都是被中心化后的，即各变量数值减去整体样本均值，换言之，所有变量的均值为 0，可以形成如下三个方程：

$$（1）Y=cX+e_1；（2）M=aX+e_2；（3）Y=c'X+bM+e_3$$

假设 Y 与 X 的关系显著，即回归系数 c 显著（$p<0.05$），也就是假设 H_0：$c=0$ 被拒绝，那么确定是否存在中介变量 M 的作用，就需要进一步判断。依次对系数 a 和 b 进行检验，按照巴伦（Baron）和肯尼（Kenny）等学者采用的部分中介检验方式[①]，如果两个系数 a、b 都显著，据此说明 X 对 Y 的影响至少有一部分是经由中介变量 M 实现的，需要按照贾德（Judd）和肯尼（Kenny）的方法对系数 c' 检验，如果不显著说明 X 对 Y 的影响完全通过中介变量 M 实现（完全中介作用），如果 c' 显著说明 X 对 Y 的影响的一部分是通过中介变量 M 实现（部分中介作用）。另外，如果 a 和 b 至少有一个不显著，则需要通过 Sobel 检验[②]，结果显著则中介效果显著，反之则不存在中介效果，检验结束。

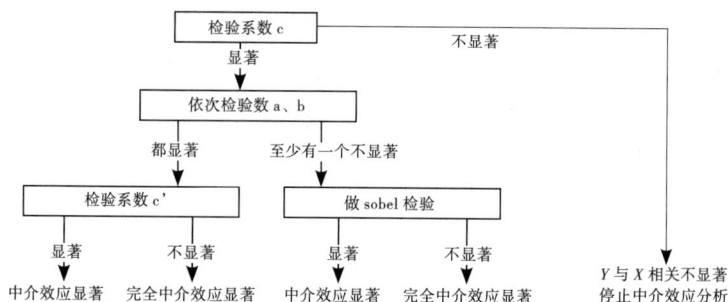

图 4-5　中介效应检验程序图[③]

按照层级回归的方法检验：教师专业学习共同体文化感知对教师合作

①Baron R M，Kenny D A.The moderator-mediator variable distinction in social psychological research：Conceptual，strategic，and statistical considerations[J].*Journal of Personality and Social Psychology*，1986，51（6）：1173-1182.

②Judd C M，Kenny D A.Process analysis：Estimating mediation in treatment evaluations[J]. *Evaluation Review*，1981，5（5）：602-619.

③ 温忠麟，张雷，侯杰泰，等.中介效应的检验程序及其应用 [J].心理学报，2004，36（5）：614-620.

学习影响的主效应检验结果，表 4–25 中模型 4 显示教师专业学习共同体文化感知对教师合作有显著的正向影响（β=0.60，p<0.001，ΔR^2 为 0.356）。由此，可以证实假设 H17（教师专业学习共同体文化感知正向影响教师合作学习）。教师言语互动行为的中介效应检验，主要包括三个部分：首先，教师专业学习共同体文化感知对教师合作学习的直接效应检验；其次，教师专业学习共同体文化感知对教师言语互动行为的直接效应检验；最后，通过教师专业学习共同体文化感知和教师言语互动行为同时回归到教师合作学习，检验教师专业学习共同体文化感知对教师合作学习的间接效应。具体利用层级回归方法分析结果，如表中分别对应层次回归模型 4、模型 2 和模型 5。从模型 2、模型 4 和模型 5 显示来看，教师言语互动行为在教师专业学习共同体文化感知与教师合作学习之间起到中介作用，且是部分中介作用（β=0.44，p<0.001，ΔR^2 为 0.044）。故而，H18（教师言语互动行为在专业学习共同体文化感知和教师合作学习间起到中介作用）得到证实。

表 4–25　教师言语互动行为在教师专业学习共同体文化与合作学习间的中介效应的回归分析结果

变量	教师言语互动行为		教师合作学习		
	模型 1	模型 2	模型 3	模型 4	模型 5
控制变量					
性别	0.03	−0.02	0.02	−0.02	−0.02
学历	−0.04	−0.02	−0.02	0.00	0.00
学科	−0.04	−0.06	−0.05	−0.07**	−0.05**
年级	0.08**	0.07	0.00	−0.01	−0.03
教龄	−0.03	−0.03	0.03	0.03	0.03
自变量					
专业学习共同体文化感知	−	0.59***	−	0.60***	0.44***
中介变量					
言语互动行为	−	−	−	−	0.26***
R^2	0.01	0.357	0.005	0.361	0.405
ΔR^2	--	0.347	--	0.356	0.044
F	2.24	101.93***	1.09	103.63***	107.12***
ΔF	2.24**	594.33***	1.09	613.32***	82.25***

参照海耶斯（Hayes）等学者的 Bias-corrected bootstraping procedure 方

法[1]进一步验证中介效应的存在。本研究通过 PROCESS v3.0 程序软件统计输出的结果见表 4-26，显示了教师专业学习共同体文化感知通过言语互动行为影响教师合作学习的总效应、直接效应和间接效应的大小、标准误和 95% 可置信区间。研究结果表明，教师言语互动行为的中介效应是显著正向（Indirect effect=0.09，p<0.01），且 Bootstraping 的 95% 置信区间不包括 0，结果进一步检验了教师言语互动行为在教师专业学习共同体文化感知与教师合作学习间存在显著的中介作用。

表 4-26　总效应、直接效应和中介效应分解表

通过教师言语互动行为	效应值	Bootstraping 标准误	Bootstraping CI 下限	Bootstraping CI 上限	相对效应量
总效应	0.35^{***}	0.01	0.32	0.38	—
直接效应	0.26^{***}	0.02	0.23	0.29	74.29%
中介效应	0.09^{***}	0.02	0.05	0.13	25.71%

注：表中 * 代表 p<0.05，** 代表 p<0.01，*** 代表 p<0.001；下表同。

4. 结论与讨论

根据研究问题与假设，验证性实证结果显示，首先，研究证实教师专业学习共同体文化感知对教师合作学习有着显著的正向影响作用。在教育教学实践情境中，教师专业学习共同体实践以及由之不断形塑的文化对教师合作学习的影响作用仅限于理论或经验层面的探讨，而本研究基于实证性数据分析得到的验证性结论，是对我国教师专业学习共同体理论和教师合作学习理论的进一步丰富与拓展，同时也为教师合作学习实践的有效发生及发展提供实证层面的支持。换言之，学校教师专业学习共同体文化的合理创建将有助于教师合作学习实践的高效、深入开展，具体可从学校的集体协作、共享实践入手，指引教师合作学习的微观过程完善，也可从领导支持和人际支持的外部条件提供出发，创建良好的教师合作学习组织氛围。

其次，研究证实教师言语互动行为在教师专业学习共同体文化感知与教

①Preacher K J，Hayes A F.Asymptotic and resampling strategies for assessing and comparing indirect effect multiple mediator models[J].*Behavior Research Methods*，2008，40（3）：879-891.

师合作学习间发挥中介作用。本研究遵循理论与实证互相印证的逻辑理路，即从理论中来，到实践中去，再上升为一种理论。在哈贝马斯交往行为理论视域下，言语互动行为在交往实践中发挥着沟通、协调的功能机制，不同交往模式下的纯粹言语互动类型不同，其具体的言语目的、言语方式和知识表征均有差异。因此，在教师专业学习实践背景下，会话行为和规范行为在理论上可为教师主体间的交往互动提供必要的沟通媒介和支持路径。对此，定量研究结果表明在教师专业学习共同体文化感知对教师合作学习的影响作用过程，以会话行为和规范行为为主要构成的教师言语互动行为发挥部分中介作用。由此，定量研究结论进一步丰富了教师专业学习共同体文化对教师合作学习影响过程的解释机制，同时也为教师合作学习研究的深入开展奠定了一定的研究基础。

最后，不同教师言语互动行为的中介作用效果仍需要深入研究，且值得进一步检验。本研究通过问卷调查的形式获得教师言语互动行为，严格意义地说，仅代表教师言语互动行为倾向，其中的言语互动行为各自起到什么作用，或者彼此间存在怎样的共存关系等是值得深入研究的课题。因此，一方面，多样化的研究方法的介入是深入研究的前提条件，可以在未来研究中加强言语互动行为微观层面的探索，科学、有效运用观察法，即根据言语互动行为观察提纲获得详细的实践数据以供研究；另一方面，生活体验研究范式的介入，选择现象阐释学的研究路径，深入剖析言语互动行为及其在教师专业学习共同体文化感知与教师合作学习间的影响作用。

┃三、初中校长多元领导对教师合作学习影响的完整路径验证

教师合作学习在教育政策和教育管理研究领域被视为一个很有前景的研究概念，作为加强教师地位、塑造教师专业空间和提高教师专业水平的关键抓手，有着较为复杂的特性。[①] 有学者研究证实，当教师感知到专业学习实践

---

① Yuan R，Zhang J，Yu S.Understanding teacher collaboration processes from a complexity theory perspective：A case study of a Chinese secondary school[J].*Teachers&Teaching Theory & Practice*，2018，24（5）：1–18.

受到校长领导的支持和鼓励时，他们的合作兴趣将大幅增强。[1]因此，在一定意义上，教师合作学习影响因素间作用机制的探究，一方面是对教师合作学习实践影响因素价值的澄清，另一方面也是对影响因素间作用机制的确证。校长多元领导对教师合作学习影响的完整路径的验证，包括两个具体途径：检验教师专业学习共同体文化感知、教师集体效能感和教师言语互动行为的中介作用；检验教师集体效能感在校长多元领导通过教师专业学习共同体文化影响教师合作学习过程中有调节的中介作用。

（一）初中校长多元领导与教师合作学习间的中介效应

1. 研究问题

校长多元领导与教师合作学习。首先，校长领导风格的交互影响研究证明，多种领导形式的融合可以有效促进教师教学和学生学业的提升。马克斯和普瑞汀研究发现当教学型领导与变革型领导以一种融合的形式共存时，其对学校教学质量和学生成绩的影响极其显著[2]；也有研究表明教学型和变革型领导的交互存在与教师实践共享和反思性对话的参与度显著相关[3]。马克研究发现在专业学习共同体中强有力的行政领导支持下的教师合作对学生学习的正向影响显著[4]，较为直接地证明了校长多元领导对教师合作学习的影响力。这种影响力在实践中也存在着差别，哈利特（Hallett）发现小学阶段教师合作受学校领导的支持程度、教师参与决策的满意度以及教师对学生学业表现的价值取向等综合因素影响，而中学阶段的教师合作仅与学校领导支持直接

①Silva J S, Amante L, Morgado J.School climate, principal support and collaboration among Portuguese teachers[J].*European Journal of Teacher Education*, 2017, 40（4）: 505-520.

②Marks H M, Printy S M.Principal leadership and school performance: An integration of transformational and instructional leadership[J].*Educational Administration Quarterly*, 2003, 39（3）: 370-397.

③Bénédicte V, Devos G.Relating school leadership to perceived professional learning community characteristics: A multilevel analysis[J].*Teaching&Teacher Education*, 2016, 57（5）: 26-38.

④Mark F Z.Is working together worth it?Examining the relationship between the quality of teacher collaboration, instruction, and student achievement[D].Massachusetts: University of Massachusetts Amherst Doctoral dissertation, 2011: 1.

相关。^① 其次，不同校长领导风格的影响效果也有区别。居米什（Gumus）使用 2008 年经合组织（OECD）的国际教学管理调查（Administration of Teaching and Learning International Survey，ATLIS）数据，对土耳其小学教师合作学习和校长领导行为关系的研究显示，教学型领导与教师合作学习呈正相关，而权威型领导与教师合作学习呈负相关。^② 最后，从不同主体感知视角来看，校长与教师对领导风格感知的一致性同样影响教师合作学习效果。利用 ATLIS 数据，帕克（Park）等人分析澳大利亚、马来西亚和韩国的数据发现，校长和教师对教学型领导方式的知觉偏差越大，教师参与合作互动的积极性越低。^③ 从文献综合分析来看，变革型领导、教学型领导和权威型领导在校长领导对教师合作学习影响研究中占据多数，多元领导风格在教育领域的实证研究并不多见。郑燕祥在综合鲍曼和迪尔四向度领导理论及萨乔万尼五向度领导理论的基础上，提出人际、结构、政治、象征和教育五向度多元领导理论，并对我国香港地区的小学校长领导行为进行量化研究，研究结果有力地支持了校长领导对学校组织层面的效能、文化和互动及教师层面的亲密和士气的影响作用，同时进一步发展了鲍曼和迪尔、萨乔万尼的多元领导理论。^④ 综上，本研究认为包含结构、人际、政治和象征的四向度多元领导对教师合作有重要影响。

校长多元领导与教师集体效能感。校长领导风格在预测教师集体效能感方面存在明显的差异。有学者基于班杜拉集体效能理论和巴斯的变革型领导理论的研究表明，交易型、变革型领导与教师集体效能感显著正相关，而放

①Hallett M.The effect of school-leader support and participation in decision making on teacher collaboration in Dutch primary and secondary schools[J].*Educational Management Administration & Leadership*，2014，42（1）：75-98.

②Gumus S，Bulut O，Bellibas M S.The Relationship between Principal Leadership and Teacher Collaboration in Turkish Primary Schools：A Multilevel Analysis[J].*Education Research & Perspectives*，2013（40）：1-29.

③Park.Whose perception of principal instructional leadership? Principal-teacher perceptual（dis）agreement and its influence on teacher collaboration[J].*Asia Pacific Journal of Education*，2016，36（3）：450-469.

④郑燕祥.教育领导与改革：新范式[M].上海：上海教育出版社，2005：267-268.

任型领导则与教师集体效能显著负相关；[①] 洪福源、黄德祥、郑光灿、李介至2013 年的研究发现[②]，变革型领导可经由影响团体凝聚力而增加教师集体效能感，进而通过教师集体效能提升教师自我效能。由此可以判断，校长领导行为可经由教师集体效能感作用于教师的行为和学生的学业成绩。罗斯（Ross）基于班杜拉社会认知理论，设定变革型领导为前因变量，教师组织价值承诺为结果变量，提出假设模型，即变革型领导对教师组织价值承诺的影响过程中，教师集体效能发挥着完全中介作用，假设验证结果显示，变革型领导显著影响学校教师集体效能感，同时也对教师专业学习共同体承诺存在影响作用，且教师集体效能感发挥着中介作用。[③] 校长的领导风格可以形塑学校环境，并进一步影响教师言行。多元领导倡导根据不同的实践情境，灵活采用结构、人际、政治和象征型领导向度。据此，本研究认为校长多元领导对教师集体效能感具有正向影响作用。

　　教师集体效能感在校长多元领导与教师合作学习间的中介作用。目前探索教师集体效能感在校长领导与教师合作学习间的中介作用研究中，以多元领导为变量的研究较少，但关涉其他类型领导风格的研究十分常见。哥达德最早引入教师集体效能感的概念，并探索验证教学型领导、集体效能感、教师合作与学生学业成就四个变量间的相关性，结果显示教学型领导在一定程度上能够促进教师教学改进，其中核心机制就是提升教师集体效能感。[④] 另有西方学者运用结构方程模型（SEM），对教师专业学习共同体、教师集体效能感

①Dussault M，Payette D，Leroux M.Principals' transformational leadership and teachers' collective efficacy[J].*Psychological Reports*，2008，102（2）：401.

②Hong F Y，Huang D H，Cheng K T，et al.The relationship between principles' transformational leadership and teacher self-efficacy：The mediating effects of group cohesion and teacher collective-efficacy[J].*Journal of National Pingtung University of Education*，2013（40）：215-242.

③Ross J A，Gray P.Transformational leadership and teacher commitment to organizational values：The mediating effects of collective teacher efficacy[J].*School Effectiveness and School Improvement*，2006，17（2）：179-199.

④Goddard R，Goddard Y，Kim E S，et al.A theoretical and empirical analysis of the roles of instructional leadership，teacher collaboration，and collective efficacy beliefs in support of student learning[J].*American Journal of Education*，2015，121（4）：501-530.

和教师合作学习间的相关程度进行拟合验证，研究结果表明高效的专业学习共同体能够有效预测教师集体效能感水平，建议通过营造积极的支持性的教师专业学习共同体文化氛围，提高教师集体效能感，进一步促进教师合作学习实践的有效生发。[1] 布劳内尔（Brownell）对教育合作研究综述发现，积极的情感因素、提高效能感和增强知识基础等对教师合作实践产生积极影响。[2] 沙哈尔（Shachar）指出高水平自我效能感与教师合作行为的增加有着重要关联。[3] 斯威特兰（Sweetland）的研究显示[4]，当教师集体效能感处于高位水平时，教师的毅力和努力程度明显增强，并更多、更愿意为学生学业成绩负责。据此，本研究认为教师集体效能感在校长多元领导与教师合作学习间发挥中介作用。

本节统整教师集体效能感、教师专业学习共同体文化两个变量，检验二者在校长多元领导对教师合作学习影响的中介作用，研究思路设计如图4-6所示。

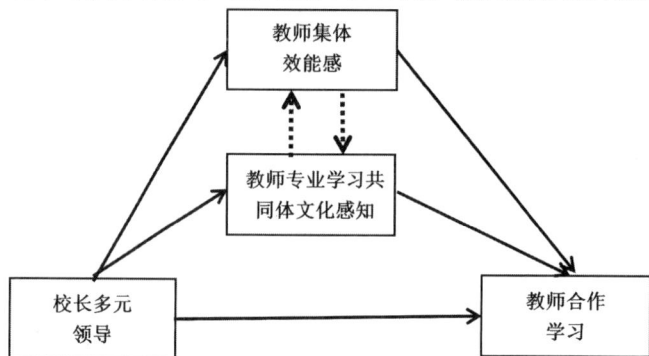

图4-6 校长多元领导对教师合作学习影响路径的设计思路

---

[1] Voelkel R H, Chrispeels J H.Understanding the link between professional learning communities and teacher collective efficacy[J].*School Effectiveness&School Improvement*，2017，28（5）：1–22.

[2] Brownell M T, Yeager E, Rennells M S, et al.Teachers working together : What teacher educators and researchers should know[J].*Teacher Education and Special Education*，1997，20：340–359.

[3] Shachar H, Shmuelevitz H.Implementing cooperative learning, teacher collaboration and teachers' sense of efficacy in heterogeneous junior high schools[J].*Contemporary Educational Psychology*，1997，22：53–72.

[4] Sweetland S R, Hoy W K.School characteristics and educational outcomes : Toward an organizational model of student achievement in middle schools[J].*Educational Administration Quarterly*，2000，36（5）：703–729.

2. 研究假设

本节主要包括六个假设：

H19：教师专业学习共同体文化感知在结构型领导与教师合作学习间存在中介作用。

H20：教师专业学习共同体文化感知在人力资源型领导与教师合作学习间存在中介作用。

H21：教师专业学习共同体文化感知在象征型领导与教师合作学习间存在中介作用。

H22：教师专业学习共同体文化感知在政治型领导与教师合作学习间存在中介作用。

H23：教师集体效能感在校长多元领导与教师合作学习间存在中介作用。

H24：校长多元领导对教师合作学习影响过程中存在链式中介作用。

3. 数据分析结果

（1）结构型领导与教师合作学习间的中介效应检验。

按照层级回归方法检验：首先结构型领导对教师合作学习的直接效应检验，见表 4-27 模型 4，其中 $\beta=0.33$ 且 $p<0.001$，即方程（$Y=cX+e_1$）的系数 $c=0.33$，可以进行下一步中介检验程序；然后对结构型领导与教师专业学习共同体文化感知的相关性进行检验，如模型 2，其中 $\beta=0.38$ 且 $p<0.001$，即方程（$M=aX+e_2$）系数 $a=0.38$，表明结构型领导与专业学习共同体文化感知显著相关；最后，将结构型领导和教师专业学习共同体文化感知同时带入回归模型，如模型 5，其中系数 c' 值为 0.12 且 $p<0.001$，即方程（$Y=c'X+b-M+e_3$）中的 c' 显著，且系数 $b=0.56$，且 $p<0.001$，ΔR^2 为 0.263。通过模型 2、模型 4 和模型 5 的结果可知，教师专业学习共同体文化感知在结构型领导与教师合作学习间起到中介作用。因此，假设 H19（教师专业学习共同体文化感知在结构型领导与教师合作学习之间产生中介作用）得到验证成立。

表 4-27　结构型领导与教师合作学习间的中介效应回归分析结果

变量	教师专业学习共同体文化感知		教师合作学习		
	模型 1	模型 2	模型 3	模型 4	模型 5
控制变量					
性别	0.068^*	0.03	0.02	−0.02	−0.03
学历	−0.04	−0.02	−0.02	−0.01	0.00
学科	0.03	0.04	−0.05	−0.04	−0.06
年级	0.02	0.01	0.00	0.00	−0.01
教龄	0.00	0.03	0.03	0.05	0.04
自变量					
结构型领导	–	0.38^{***}		0.33^{***}	0.12^{***}
中介变量					
专业学习共同体文化感知	–	–	–	–	0.56^{***}
R^2	0.005	0.147	0.005	0.109	0.372
ΔR^2	––	0.142	––	0.104	0.263
F	1.209	31.71^{***}	1.27	22.57^{***}	93.14^{***}
ΔF	1.209	183.24^{***}	1.09	129.32^{***}	460.21^{***}

　　为了进一步验证中介效应的存在，选择海耶斯等学者提出的 Bias-corrected bootstraping procedure 方法再次验证。PROCESS v3.0 程序软件输出的结果见表 4-28，显示了结构型领导通过教师专业学习共同体文化感知影响教师合作学习的总效应、直接效应和间接效应的大小、标准误和 95% 可置信区间。研究结果表明，教师专业学习共同体文化感知的中介效应是显著正向（Indirect effect=0.46，p<0.001），且 Bootstraping 的 95% 置信区间不包括 0，结果进一步检验教师专业学习共同体文化感知在结构型领导与教师合作学习间存在显著的中介作用。

表 4-28　总效应、直接效应和中介效应分解表

通过教师专业学习共同体文化感知	效应值	Bootstraping 标准误	Bootstraping CI 下限	Bootstraping CI 上限	相对效应量
总效应	0.71^{***}	0.06	0.59	0.84	
直接效应	0.25^{***}	0.06	0.14	0.36	35.21%
中介效应	0.46^{***}	0.07	0.33	0.59	64.79%

（2）人力资源型领导与教师合作学习间的中介效应检验。

按照层级回归的方法检验中介效应：首先人力资源型领导对教师合作学习的直接效应检验，见表 4-29 模型 4，其中 β=0.33 且 p<0.001，即系数 c=0.33，可以进行下一步中介检验程序；然后对人力资源型领导与教师专业学习共同体文化感知的相关性进行检验，如模型 2，其中 β=0.37 且 p<0.001，即方程系数 a=0.37，表明人力资源型领导与专业学习共同体文化感知显著相关；最后，将人力资源型领导和专业学习共同体文化感知共同带入回归模型，如模型 5，其中系数 c′=0.13 且 p<0.001，且系数 b=0.55（p<0.001），ΔR^2 为 0.259。通过模型 2、模型 4 和模型 5 的结果可知，教师专业学习共同体文化感知在人力资源型领导与教师合作学习间起到中介作用。因此，假设 H20（教师专业学习共同体文化感知在人力资源型领导与教师合作学习之间产生中介作用）得到验证成立。

表 4-29　人力资源型领导与教师合作学习间中介效应的回归分析结果

变量	教师专业学习共同体文化感知		教师合作学习		
	模型 1	模型 2	模型 3	模型 4	模型 5
控制变量					
性别	0.07**	0.04	0.02	0.00	−0.03
学历	−0.04	−0.03	−0.02	−0.02	0.00
学科	0.03	0.04	−0.05	−0.04	−0.06
年级	0.02	0.03	0.00	0.01	−0.01
教龄	0.00	0.02	0.03	0.04	0.03
自变量					
人力资源型领导	−	0.37***		0.33***	0.13***
中介变量					
专业学习共同体文化感知	−	−	−	−	0.55***
R^2	0.005	0.144	0.005	0.116	0.375
ΔR^2	−−	0.139	−−	0.111	0.259
F	1.209	30.81***	1.09	24.06***	94.35***
ΔF	1.209	177.83***	1.09	138.23***	456.47***

为了进一步验证中介效应的存在，PROCESS v3.0 程序软件输出的结果见表 4-30，显示了人力资源型领导通过教师专业学习共同体文化感知影响教师合作学习的总效应、直接效应和间接效应的大小、标准误和 95% 可置信区间。研究结果表明，教师专业学习共同体文化感知的中介效应是显著正向（Indirect effect=0.44，p<0.001），且 Bootstraping 的 95% 置信区间不包括 0，结果进一步检验教师专业学习共同体文化感知在人力资源型领导与教师合作学习间存在显著的中介作用。

表 4-30　总效应、直接效应和中介效应分解表

通过教师专业学习共同体文化感知	效应值	Bootstraping 标准误	Bootstraping CI 下限	Bootstraping CI 上限	相对效应量
总效应	0.72***	0.06	0.60	0.84	—
直接效应	0.28***	0.06	0.17	0.39	38.89%
中介效应	0.44***	0.07	0.32	0.58	61.11%

（3）象征型领导与教师合作学习间的中介效应检验。

按照层级回归分析的方法检验中介效应：首先象征型领导对教师合作学习的直接效应检验，见表 4-31 模型 4，其中 β=0.32 且 p<0.001，可以进行下一步中介检验程序；然后对象征型领导与教师专业学习共同体文化感知的相关性进行检验，如模型 2，其中 β=0.34 且 p<0.001，表明象征型领导与教师专业学习共同体文化感知显著相关；最后，将象征型领导和教师专业学习共同体文化感知一起带入回归模型，如模型 5，其中系数 c'=0.12 且 p<0.001，且系数 b=0.56（p<0.001），ΔR^2 为 0.272。通过模型 2、模型 4 和模型 5 的结果可知，教师专业学习共同体文化感知在象征型领导与教师合作学习间起中介作用。因此，假设 H21（教师专业学习共同体文化感知在象征型领导与教师合作学习之间产生中介作用）得到验证成立。

表 4-31　象征型领导与教师合作学习间中介效应的回归分析结果

变量	教师专业学习共同体文化感知		教师合作学习		
	模型 1	模型 2	模型 3	模型 4	模型 5
控制变量					
性别	0.07*	0.04	0.02	0.00	−0.03
学历	−0.04	−0.04	−0.02	−0.03	−0.01
学科	0.03	0.04	−0.05	−0.04	−0.06*
年级	0.02	0.02	0.00	0.00	−0.01
教龄	0.00	0.03	0.03	0.05	0.04
自变量					
象征型领导	—	0.34***		0.32***	0.12***

变量	教师专业学习共同体文化感知		教师合作学习		
	模型 1	模型 2	模型 3	模型 4	模型 5
中介变量					
专业学习共同体文化感知	–	–	–	–	0.56^{***}
R^2	0.005	0.122	0.005	0.102	0.374
ΔR^2	––	0.117	––	0.097	0.272
F	1.209	25.46^{***}	1.09	20.99^{***}	93.99^{***}
调整后 F	1.209	145.93^{***}	1.09	119.93^{***}	477.55^{***}

为了进一步验证中介效应的存在，PROCESS v3.0 程序软件输出的结果见表 4-32，显示了象征型领导通过教师专业学习共同体文化感知影响教师合作学习的总效应、直接效应和间接效应的大小、标准误和 95% 可置信区间。研究结果表明，教师专业学习共同体文化感知的中介效应是显著正向（Indirect effect=0.40，p<0.001），且 Bootstraping 的 95% 置信区间不包括 0，结果进一步检验教师专业学习共同体文化在象征型领导与教师合作学习间存在显著的中介作用。

表 4-32　总效应、直接效应和中介效应分解表

通过教师专业学习共同体文化感知	效应值	Bootstraping 标准误	Bootstraping CI 下限	Bootstraping CI 上限	相对效应量
总效应	0.66^{***}	0.06	0.54	0.78	–
直接效应	0.26^{***}	0.05	0.15	0.37	39.39%
中介效应	0.40^{***}	0.06	0.28	0.53	60.61%

（4）政治型领导与教师合作学习间的中介效应检验。

按照层级回归分析的方法检验中介效应：首先政治型领导对教师合作学习的直接效应检验，见表 4-33 模型 4，其中 β=0.29 且 p<0.001，可以进行下一步中介检验程序；然后对政治型领导与教师专业学习共同体文化感知的相关性进行检验，如模型 2，其中 β=0.31 且 p<0.001，表明政治型领导与教师专业学习共同体文化感知显著相关；最后，将政治型领导和教师专业学习共同体文化感知一并带入回归模型，如模型 5，其中系数 c′=0.12 且 p<0.001，系数 b=0.56（p<0.001），ΔR^2 为 0.284。通过模型 2、模型 4 和模型 5 的结果可知，教师专业学习共同体文化感知在政治型领导与教师合作学习间起到中

介作用。因此，假设 H22（教师专业学习共同体文化感知在政治型领导与教师合作学习之间产生中介作用）得到验证成立。

表 4-33　政治型领导与教师合作学习间中介效应的回归分析结果

变量	教师专业学习共同体文化感知		教师合作学习		
	模型 1	模型 2	模型 3	模型 4	模型 5
控制变量					
性别	0.07^{*}	0.05	0.02	0.00	−0.03
学历	−0.04	−0.02	−0.02	−0.01	0.00
学科	0.03	0.04	−0.05	−0.04	-0.06^{*}
年级	0.02	0.03	0.00	0.01	−0.01
教龄	0.00	0.03	0.03	0.06	0.04
自变量					
政治型领导	−	0.31^{***}	−	0.29^{***}	0.12^{***}
中介变量					
专业学习共同体文化感知	−	−	−	−	0.56^{***}
R^2	0.005	0.102	0.005	0.089	0.373
ΔR^2	——	0.097	——	0.084	0.284
F	1.209	20.82^{***}	1.09	18.01^{***}	93.55^{***}
ΔF	1.209	118.24^{***}	1.09	102.38^{***}	497.75^{***}

为了进一步验证中介效应的存在，PROCESS v3.0 程序软件输出的结果见表 4-34，显示了政治型领导通过教师专业学习共同体文化感知影响教师合作学习的总效应、直接效应和间接效应的大小、标准误和 95% 可置信区间。研究结果表明，教师专业学习共同体文化感知的中介效应是显著正向（Indirect effect=0.37，p<0.001），且 Bootstraping 的 95% 置信区间不包括 0，结果进一步检验教师专业学习共同体文化感知在政治型领导与教师合作学习间存在显著的中介作用。

表 4-34　总效应、直接效应和中介效应分解表

通过教师专业学习共同体文化感知	效应值	Bootstraping 标准误	Bootstraping CI 下限	Bootstraping CI 上限	相对效应量
总效应	0.62^{***}	0.06	0.50	0.74	
直接效应	0.25^{***}	0.05	0.14	0.35	40.32%
中介效应	0.37^{***}	0.06	0.26	0.49	59.68%

（5）教师集体效能感在校长多元领导与教师合作学习间的中介效应检验。

按照层级回归分析的方法检验中介效应：首先，校长多元领导对教师合作学习的直接效应检验，见表 4-35 模型 4，其中 β=0.34 且 p<0.001，可以进行下一步中介检验程序；然后对教师集体效能感与校长多元领导的相关性进行检验，如模型 2，其中 β=0.35 且 p<0.001，表明教师集体效能感与校长多元领导显著相关；最后，将教师集体效能感和校长多元领导一并带入回归模型，如模型 5，其中系数 c'=0.28 且 p<0.001，系数 b=0.19（p<0.001），ΔR^2 为 0.031。通过模型 2、模型 4 和模型 5 的结果可知，教师集体效能感在校长多元领导与教师合作学习间起到中介作用。因此，假设 H23（教师集体效能感在校长多元领导与教师合作学习之间产生中介作用）得到验证成立。

表 4-35　教师集体效能感在校长多元领导与教师合作学习间的中介效应检验
的回归分析结果

变量	教师集体效能感			教师合作	
	模型 1	模型 2	模型 3	模型 4	模型 5
控制变量					
性别	0.14***	0.109***	0.02	−0.01	−0.03
学历	−0.05	−0.05	−0.02	−0.02	−0.01
学科	0.03	0.04	−0.05	−0.04	−0.04
年级	−0.02	−0.02	0.00	0.00	0.01
教龄	0.03	0.07	0.03	0.06	0.04
自变量					
校长多元领导	−	0.35***	−	0.34***	0.28***
中介变量					
教师集体效能感	−	−	−	−	0.19***
R^2	0.021	0.145	0.005	0.12	0.151
ΔR^2	——	0.124	——	0.115	0.031
F	4.83***	159.30***	1.09	25.15***	27.98***
ΔF	4.83***	31.15***	1.09	144.76***	39.67***

为了进一步验证中介效应的存在，PROCESS v3.0 程序软件输出的结果见表 4-36，显示了校长多元领导通过教师集体效能感影响教师合作学习的总效应、直接效应和间接效应的大小、标准误和 95% 可置信区间。研究结果表明，教师集体效能感的中介效应是显著正向（Indirect effect=0.04，p<0.001），且 Bootstraping 的 95% 置信区间不包括 0，结果进一步检验教师

集体效能感在校长多元领导与教师合作学习间存在显著的中介作用。

表 4-36　总效应、直接效应和中介效应分解表

通过教师集体效能感	效应值	Bootstraping 标准误	Bootstraping CI 下限	Bootstraping CI 上限	相对效应量
总效应	0.20***	0.02	0.17	0.23	—
直接效应	0.16***	0.02	0.13	0.19	80.00%
中介效应	0.04***	0.01	0.03	0.05	20.00%

（6）校长多元领导与教师合作学习间链式中介效应检验。

按照以上层级回归模型的数据分析结果及假设验证结论，尝试构建校长多元领导对教师合作学习影响路径的结构方程模型。按照吴明隆的观点[1]，CFA 与 SEM 均是理论导向的，因而是一种验证性程序，CFA 与 SEM 的观察变量对象虽然都是用长方形（或方形）表示，且观察变量的名称必须是 SPSS 数据文件中的变量名称，但两个模型的观察变量所表示的指标是不同的，就 CFA 模型而言，指标变量一般是个别题项，潜在变量为因素构念；就 SEM 模型而言，指标变量一般是量表的向度（或称构面或层面），向度分数为数个个别测量题项的总和或数个测量题项的平均数，潜在变量为二阶因素构念而非一阶潜在因素。本研究中以 1110 个样本数据为基础，计算数个测量题项的平均数为二阶因素构念的观测变量，对根据总体数据构建的结构方程模型进行修正，进而验证性探索校长多元领导对教师合作学习的影响路径，即验证教师集体效能感、教师专业学习共同体文化和教师言语互动行为在校长多元领导对教师合作学习影响过程中是否存在链式中介作用。具体研究中，运用总路径分析方法，根据初始假设构建的结构方程模型估计结果如图 4-7 所示：标准化回归系数没有出现大于 1 的情况，模型可以收敛；从整体模型适配来看，模型自由度为 86，卡方值为 582.64（p<0.001），GFI 值为 0.932，RMSEA 值为 0.932，CFI 值为 0.955，卡方自由度比值为 7.02，适配统计量与模型适配的门槛值不完全符合，假设模型与样本数据的适配情形不佳；从 5 个反映性测量模型的信度来看，校长多元领导的人力资源型、结构型、象征

---

[1] 吴明隆. 结构方程模型——Amos 实务进阶 [M]. 重庆：重庆大学出版社，2013：2.

型和政治型四个效果指标变量的因素负荷量分别为 0.86、0.90、0.93、0.91，教师专业学习共同体文化四个效果指标变量的因素负荷量分别为 0.74、0.80、0.78、0.91，教师合作学习三个效果指标变量的因素负荷量分别为 0.68、0.71、0.81，教师言语互动行为两个效果指标变量的因素负荷量分别为 0.74、0.91，教师集体效能感两个效果指标变量的因素负荷量分别为 0.89、0.82，整体上因素负荷的绝对值大于 0.7，潜在变量对效果指标变量的解释变异量介于 0.46~0.87，数值基本上均高于 50%；结构模型的路径系数前的正、负符号与理论构建时一致，说明假设模型在理论上是可以接受的模型，然而整体适配度统计量检验结果指出需要修正的指标见表 4-37，假设模型的适配度不佳，与样本数据契合度较差，需要做进一步的修正。

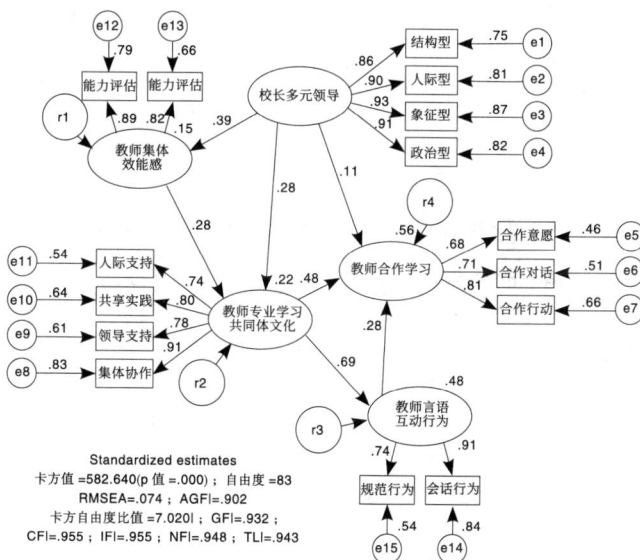

图 4-7 校长多元领导对教师合作学习影响的链式中介模型

表 4-37 校长多元领导对教师合作学习影响的总路径结构模型的协方差摘要表

	M.I.	Par Change
e10<->e11	24.93	-0.45
e9<-> 校长多元领导	97.95	1.48
e9<->e11	53.54	0.79
e9<->e10	24.82	-0.58
e8<-> 校长多元领导	48.96	-1.07
e8<->e10	37.19	0.69

续表

	M.I.	Par Change
e5<->e6	46.43	0.42
e2<->e9	24.05	0.41
e1<->r1	26.70	0.85

从修正指标值协方差摘要表可知，误差协方差卡方值变化最大的两个分别为误差项 e9 和误差项 e11 间的相关、误差项 e5 和误差项 e6 间的相关。如果将协方差参数由 0 改为待估计的自由参数后，两个误差协方差参数分别可降低 x^2 值差异量 53.54、46.43。据此对模型进行修正，最终修正后的假设模型的整体适配指标统计量摘要见表 4-38，通过 Standardized RMR 计算按钮获得的 SRMR 值为 0.05 临界适配标准指数，另外，因样本量大于 1000 卡方值易达显著水平，卡方值只作为参考，总体而言，7 个绝对适配度指标中有 3 个没有达到理想的标准，但增值适配度指标和简约适配度指标都达到了模型适配的标准。因此，从三大项模型适配指标过半的判断角度来说[①]，修正模型与样本数据之间具备良好的适合度。

表 4-38　校长多元领导对教师合作学习影响路径模型的整体适配度指标情况

统计检验量	适配的标准或临界值	检验结果数据	模型适配判断
自由度	—	80	—
绝对适配指数			
x^2 值	P>0.05（未达显著水平）	429.74（p=0.00）	—
RMR	<0.05	0.418	否
RMSEA	<0.08	0.063	是
SRMR	<0.05（一般 <0.08）	0.051	是
GFI	>0.90 以上	0.951	是
AGFI	>0.90 以上	0.927	是
CN	>200	290（p<0.01）263（p<0.05）	是
x^2 自由度比值	<3	5.372	否
增值适配指数			
NFI	>0.95 以上	0.961	是
RFI	>0.95 以上（一般 >0.90）	0.949	是
IFI	>0.95 以上	0.968	是
TLI	>0.95 以上	0.958	是
CFI	>0.95 以上（一般 >0.90）	0.968	是

① 吴明隆. 结构方程模型——Amos 实务进阶 [M]. 重庆：重庆大学出版社，2013：244.

统计检验量	适配的标准或临界值	检验结果数据	模型适配判断
简约适配指数			
PGFI	>0.50 以上	0.634	是
PNFI	>0.50 以上	0.732	是
PCFI	>0.50 以上	0.738	是

根据最终修正的模型，各潜在变量和观测变量的标准化总效果（Standard-ized Total Effect）见表4-39。

表4-39　标准化总效果值（Standardized Total Effect）

	校长多元领导	教师集体效能感	教师专业学习共同体文化	教师言语互动行为	教师合作学习
教师集体效能感	0.39	0.00	0.00	0.00	0.00
教师专业学习共同体文化	0.36	0.26	0.00	0.00	0.00
教师言语互动行为	0.28	0.31	0.62	0.00	0.00
教师合作学习	0.36	0.22	0.67	0.29	0.00
规范行为	0.21	0.23	0.45	0.73	0.00
会话行为	0.26	0.29	0.58	0.93	0.00
任务分析	0.32	0.82	0.00	0.00	0.00
能力评估	0.35	0.89	0.00	0.00	0.00
人际支持	0.25	0.18	0.70	0.00	0.00
共享实践	0.29	0.21	0.81	0.00	0.00
领导支持	0.27	0.20	0.75	0.00	0.00
集体协作	0.34	0.24	0.93	0.00	0.00
合作行动	0.31	0.19	0.57	0.25	0.86
合作对话	0.23	0.14	0.43	0.19	0.65
合作意愿	0.22	0.13	0.41	0.18	0.61
政治型领导	0.91	0.00	0.00	0.00	0.00
象征型领导	0.93	0.00	0.00	0.00	0.00
人力资源型领导	0.90	0.00	0.00	0.00	0.00
结构型领导	0.86	0.00	0.00	0.00	0.00

根据最终修正的模型，各潜在变量和观测变量的标准化直接效果（Stan-dardized Direct Effect）见表4-40。

表4-40　标准化直接效果值（Standardized Direct Effect）

	校长多元领导	教师集体效能感	教师专业学习共同体文化	教师言语互动行为	教师合作学习
教师集体效能感	0.39	0.00	0.00	0.00	0.00

	校长多元领导	教师集体效能感	教师专业学习共同体文化	教师言语互动行为	教师合作学习
教师专业学习共同体文化	0.26	0.26	0.00	0.00	0.00
教师言语互动行为	0.00	0.15	0.62	0.00	0.00
教师合作学习	0.11	0.00	0.48	0.29	0.00
规范行为	0.00	0.00	0.00	0.73	0.00
会话行为	0.00	0.00	0.00	0.93	0.00
任务分析	0.00	0.82	0.00	0.00	0.00
能力评估	0.00	0.89	0.00	0.00	0.00
人际支持	0.00	0.00	0.70	0.00	0.00
共享实践	0.00	0.00	0.81	0.00	0.00
领导支持	0.00	0.00	0.75	0.00	0.00
集体协作	0.00	0.00	0.93	0.00	0.00
合作行动	0.00	0.00	0.00	0.00	0.86
合作对话	0.00	0.00	0.00	0.00	0.65
合作意愿	0.00	0.00	0.00	0.00	0.61
政治型领导	0.91	0.00	0.00	0.00	0.00
象征型领导	0.93	0.00	0.00	0.00	0.00
人力资源型领导	0.90	0.00	0.00	0.00	0.00
结构型领导	0.86	0.00	0.00	0.00	0.00

根据最终修正的模型，各潜在变量和观测变量的标准化间接效果（Standardized Indirect Effect）见表4–41。

表4–41　标准化间接效果值（Standardized Indirect Effect）

	校长多元领导	教师集体效能感	教师专业学习共同体文化	教师言语互动行为	教师合作学习
教师集体效能感	0.00	0.00	0.00	0.00	0.00
教师专业学习共同体文化	0.10	0.00	0.00	0.00	0.00
教师言语互动行为	0.28	0.16	0.00	0.00	0.00
教师合作学习	0.26	0.22	0.18	0.00	0.00
规范行为	0.21	0.23	0.45	0.00	0.00
会话行为	0.26	0.29	0.58	0.00	0.00
任务分析	0.32	0.00	0.00	0.00	0.00
能力评估	0.35	0.00	0.00	0.00	0.00
人际支持	0.25	0.18	0.00	0.00	0.00
共享实践	0.29	0.21	0.00	0.00	0.00
领导支持	0.27	0.20	0.00	0.00	0.00
集体协作	0.34	0.24	0.00	0.00	0.00

	校长多元领导	教师集体效能感	教师专业学习共同体文化	教师言语互动行为	教师合作学习
合作行动	0.31	0.19	0.57	0.25	0.00
合作对话	0.23	0.14	0.43	0.19	0.00
合作意愿	0.22	0.13	0.41	0.18	0.00
政治型领导	0.00	0.00	0.00	0.00	0.00
象征型领导	0.00	0.00	0.00	0.00	0.00
人力资源型领导	0.00	0.00	0.00	0.00	0.00
结构型领导	0.00	0.00	0.00	0.00	0.00

根据以上效果值，可知校长多元领导对教师合作学习影响路径中潜在变量间的直接效果、间接效果和总效果值见表4-42。

表4-42　假设模型中潜在变量间的效果值摘要表

影响路径	直接效果	间接效果	总效果	直接效果95%置信区间	
				下限	上限
校长多元领导→教师集体效能感	0.39**	0.00	0.39**	0.328	0.449
校长多元领导→专业学习共同体文化	0.26**	0.10**	0.36**	0.164	0.349
校长多元领导→教师合作学习	0.11*	0.26**	0.37**	0.014	0.203
教师集体效能感→专业学习共同体文化	0.26**	0.00	0.26**	0.188	0.331
教师集体效能感→言语互动行为	0.15**	0.16**	0.31**	0.077	0.216
专业学习共同体文化→言语互动行为	0.62**	0.00	0.62**	0.542	0.688
专业学习共同体文化→教师合作学习	0.48**	0.18**	0.66**	0.324	0.626
教师言语互动行为→教师合作学习	0.29**	0.00	0.29**	0.136	0.454

注：表中 * 代表 $p<0.05$，** 代表 $p<0.01$，*** 代表 $p<0.001$。

链式中介效应检验结果见表4-43，第一条中介作用路径为校长多元领导影响教师专业学习共同体文化，进而间接影响教师合作学习行为，中介路径效应值为0.12，效果量为32.43%；第二条中介路径为校长多元领导影响教师专业学习共同体文化，再通过教师言语互动行为间接影响教师合作学习，即教师专业学习共同体文化和教师言语互动行为在校长多元领导与教师合作学习间起链式中介作用，中介路径效应值为0.05，效果量为13.51%；第三条中介路径为校长多元领导经过教师集体效能感，再到教师专业学习共同体文化，进而间接影响教师合作学习，即教师集体效能感和教师专业学习共同体文化在校长多元领导与教师合作学习间起链式中介作用，中介路径效应值为 0.05，效果量为 13.51%；第四条中介路径在第三条路径的基础上，通过教师言语互动行为进而影响教师合作学习，即教师集体效能感、教师专业学习共同体文化和教师言语互动行为三个变量在校长多元领导与教师合作学习间起链式中介作用，中介路径效应值为 0.02，效果量为 5.41%；第五条中介作用路径为校长多元领导影响教师集体效能感，进而影响教师言语互动行为，而间接影响教师合作学习，即教师集体效能感、教师言语互动行为在校长多元领导与教师合作学习间起链式中介作用，中介路径效应值为 0.02，效果量为 5.41%。可知，假设 H24 得到验证，即校长多元领导对教师合作学习影响过程中存在链式中介作用。

表 4-43　校长多元领导对教师合作学习影响的链式中介效应值检验结果

因素作用路径	效应值	效果量
校长多元领导→PLC 文化→教师合作学习	0.26×0.48=0.12	32.43%
校长多元领导→PLC 文化→教师言语互动行为→教师合作学习	0.26×0.62×0.29=0.05	13.51%
校长多元领导→教师集体效能→PLC 文化→教师合作学习	0.39×0.26×0.48=0.05	13.51%
校长多元领导→教师集体效能→PLC 文化→教师言语互动行为→教师合作学习	0.39×0.26×0.62×0.29=0.02	5.41%
校长多元领导→教师集体效能→教师言语互动行为→教师合作学习	0.39×0.15×0.29=0.02	5.41%
间接效应	0.26	70.27%
直接效应	0.11	29.73%

4. 结论与讨论

根据研究问题与假设，首先，通过层级回归分析的研究方法探查了教师专业学习共同体文化感知在校长多元领导对教师合作影响过程中的中介作用，研究结论表明，在结构型领导、人力资源型领导、象征型领导和政治型领导对教师合作学习的影响过程中，教师专业学习共同体文化感知均发挥着中介作用。从对既往文献梳理发现，有关校长领导风格研究，相当一部分文献研究是集中在领导效能与学校效能层面，且学校效能的变量指标多为学生学业成绩。本研究选择教师层面的教师合作学习作为判断指标，在一定意义拓展了领导效能理论研究的方向，同时从多元化领导理论视角构建的相关研究假设模型，在很大程度上丰富了校长领导研究理论的同时，也为管理者改进管理实践提供了操作方向。进一步说明，教师专业学习共同体在促进学校整体效能提升及教师专业发展中的重要作用。具体而言，在教育教学目标达成方面，教师专业学习共同体可为学校教师获取知识、同事协作、总结反思和试验创新提供重要的组织平台。也正如越来越多的研究指出，"教师专业学习可以有效提高教师专业能力，并在教育改革中扮演着关键的支撑性角色"。因此，如何让教师专业学习共同体发挥其最大的实践功能，通过教师专业学习共同体文化创建支持教师专业学习的环境，应该成为校长领导管理者重点思考的实践操作方向。

其次，层级回归分析证实了教师集体效能感在校长多元领导与教师合作学习间存在中介作用。根据埃雷兹文化自我表征理论，效能感是自我观念的重要维度之一，与自我提升、自我一致在特定工作场域的管理实践和文化中相互作用，共同影响着个体的行为表现。本研究将教师集体效能感纳入校长多元领导对教师合作学习影响的路径模型中，实证性考察了校长多元领导管理实践由教师集体效能感影响教师合作学习行为过程中的微观影响机制，研究结论一方面回应了本研究模型构建层面的相关假设以及文化自我表征理论的实践应用性，另一方面进一步丰富了校长多元领导和教师合作学习关系研究的理论范畴。同时，教师集体效能感中介作用的证实也为教育教学实践策略的改进提供了支撑性的定量证据，尤其可以在教师教学任务分析和教学能力评估实践层面，尝试设计针对性的改进策略。

最后，结构方程模型检验证实在校长多元领导对教师合作学习影响过程中，教师集体效能感、教师专业学习共同体文化感知及教师言语互动行为存在链式中介作用，中介效果量达70.27%。本研究对基于文化自我表征理论构建的影响路径模型，运用结构方程模型的路径分析方式，研究结果显示，模型可聚敛且不违反辨识规则，但从模型适配指标数值可见，校长多元领导对教师合作学习影响的路径模型的结构模型适配度指标效果尚未完全达到理想的适配度指标，需要对模型进行重新界定和修正。因此，在未来研究中需结合 Amos 结构方程中的模型假设与界定的方法学理论，从理论与实践相互印证的视角重新界定模型，对各指标维度进行切合理论与实践的删减，进一步修订问卷维度，扩大样本数据覆盖范围，更加深入地挖掘校长多元领导对教师合作学习的影响机制。

（二）集体效能感在校长多元领导与教师合作学习间有调节的中介效应

教师集体效能感作为一个中介变量，其在不同阶段是否存在一定的调节作用？如果有，这种调节效果的影响效力如何？因此，接下来本研究将结合已有研究结果和相关理论，尝试探索校长多元领导对教师合作学习影响过程中有调节的中介效应，即教师集体效能感在校长多元领导通过教师专业学习共同体文化影响教师合作学习过程中的调节作用，进一步拓展、丰富研究结论。

1.研究问题

哥达德等人证实了教师对群体能力的信念会影响其行为，即教师行为也会受到与群体规范相关联的集体效能所规范。[①] 集体效能信念可以形塑学校环境，进而对教师行为产生影响作用。因此，当学校教师集体效能感较高时，他们克服负向的外在影响因素的力量将会提升，教师在这样的环境下，更愿意努力协作学习、设定较高目标、计划更周全、对学生学习负有更多的责任。本研究进一步统整校长多元领导、教师专业学习共同体文化、教师集体效能感对教师合作学习的影响作用，对教师集体效能感和教师专业学习共同体文化感知在校长多元领导与教师合作学习间影响过程中存在的作用进行验证性分析，具体研究设计思路如图 4-8 所示。

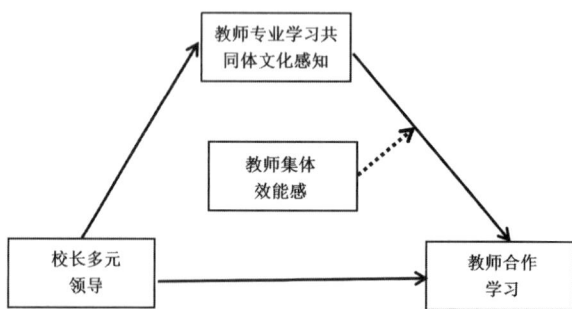

图 4-8　校长多元领导对教师合作学习影响的有调节中介作用设计思路图

---

①Goddard R D，Hoy W K，Hoy A W.Collective teacher efficacy：Its meaning，measure，and impact on student achievement[J].*American Educational Research Journal*，2000，37（2）：479-507.

2. 研究假设

本节主要包括四个假设：

H25：教师集体效能感对结构型领导通过教师专业学习共同体文化感知影响教师合作学习的过程存在调节作用。

H26：教师集体效能感对人力资源型领导通过教师专业学习共同体文化感知影响教师合作学习的过程存在调节作用。

H27：教师集体效能感对象征型领导通过教师专业学习共同体文化感知影响教师合作学习的过程存在调节作用。

H28：教师集体效能感对政治型领导通过教师专业学习共同体文化感知影响教师合作学习的过程存在调节作用。

3. 数据分析结果

根据海耶斯[1]、温忠麟[2]等学者的观点，首先采用 SPSS 宏程序 PROCESS 的模型 4 检验教师专业学习共同体文化在校长多元领导向度与教师合作学习间的中介作用，在上文中相关研究已经证实了教师专业学习共同体文化的中介作用，在此不再重复证明。因此，直接进入第二步操作，即运用 PROCESS 的模型 14 验证教师集体效能感在校长多元领导向度，通过教师专业学习共同体文化影响教师合作学习的后半段路径。根据既往学者的验证有调节的中介的原则：首先校长多元领导向度对教师合作学习的主效应显著；其次，校长多元领导向度对教师集体效能感的预测效应显著；最后，教师集体效能感在教师专业学习共同体文化与教师合作学习间的调节效应显著。

（1）结构型领导与教师合作学习间有调节的中介作用检验。

根据有调节的中介模型检验程序，检验教师集体效能感对结构型领导通过教师专业学习共同体文化感知影响教师合作学习过程中的调节作用，采用 PROCESS v3.3 宏程序软件的模型 14 运算结果见表 4-44。

---

[1] Hayes A F.Introduction to mediation, moderation, and conditional process analysis: A regression-based approach[M].New York: Guilford Press, 2013.

[2] 温忠麟，叶宝娟.有调节的中介模型检验方法：竞争还是替补？[J].心理学报，2014，46（5）：714-726.

表 4–44　结构型领导与教师合作学习间有调节的中介模型检验

变量	方程 1（以 PLC 因变量）				方程 2（以 TCL 因变量）			
	β	se	t	p	β	se	t	p
常数	−1.46	2.35	−0.62	0.53	0.82	1.18	0.69	0.49
性别	0.55	0.64	0.85	0.39	−0.46	0.32	−1.43	0.15
学历	−0.520	0.73	−0.72	0.47	0.07	0.37	0.20	0.84
学科	0.10	0.07	1.40	0.16	−0.09[*]	0.04	−2.55	0.01
年级	0.16	0.33	0.50	0.62	−0.04	0.17	−0.24	0.81
教龄	0.19	0.19	1.01	0.31	−0.10	0.09	1.09	0.28
STR	1.42[***]	0.10	13.54	0.00	0.191[***]	0.059	3.221	0.0013
PLC	−	−	−	−	0.315[***]	0.015	20.43	0.000
TCE	−	−	−	−	0.067[***]	0.020	3.321	0.0009
TCE*PLC	−	−	−	−	−0.004	0.002	−1.944	0.052
R^2	0.147				0.379			
F	31.71[***]				74.69[***]			

注：[*]$p < 0.05$，[**]p 小于 0.01，[***]p 小于 0.001；STR 代表结构型领导，TCE 代表教师集体效能感，PLC 代表教师专业学习共同体文化感知，TCL 代表教师合作学习，下同。

研究结果显示，在方程 1 中 R^2 为 0.193，方程 2 中 R^2 为 0.386。另外，在有调节的中介模型中，教师集体效能感对结构型领导通过教师专业学习共同体文化感知影响教师合作学习过程的路径系数，即教师集体效能感和教师专业学习共同体文化感知的交互项不显著，说明不存在显著的调节效果（β=−0.004，p>0.05）。假设 H25（教师集体效能感对结构型领导通过教师专业学习共同体文化感知影响教师合作学习的过程存在调节作用）验证不成立。

（2）人力资源型领导与教师合作学习间有调节的中介作用检验。

根据有调节的中介模型检验程序，检验教师集体效能感对人力资源型领导通过教师专业学习共同体文化感知影响教师合作学习过程中的调节作用，采用 PROCESS v3.3 宏程序软件的模型 14 运算结果见表 4–45。

表 4–45　人力资源型领导与教师合作学习间有调节的中介模型检验

变量	方程 1（PLC 因变量）				方程 2（TCL 因变量）			
	β	se	t	p	β	se	t	p
常数	−1.907	2.358	−0.809	0.419	0.744	1.177	0.632	0.528
性别	0.954	0.638	1.496	0.135	−0.415	0.321	−1.294	0.196
学历	−0.678	0.73	−0.929	0.353	0.054	0.365	0.148	0.882
学科	0.097	0.071	1.378	0.168	−0.089[*]	0.035	−2.528	0.012

变量	方程 1（PLC 因变量）				方程 2（TCL 因变量）			
	β	se	t	p	β	se	t	p
年级	0.336	0.329	1.020	0.308	−0.011	0.165	−0.069	0.945
教龄	0.119	0.188	0.636	0.525	0.097	0.094	1.033	0.302
HUM	1.375***	0.103	13.335	0.000	0.231***	0.057	4.039	0.0001
PLC	−	−	−	−	0.311***	0.015	30.189	0.000
TCE	−	−	−	−	0.067***	0.020	3.36	0.0008
TCE★PLC	−	−	−	−	−0.004**	0.002	−2.019	0.044
R^2		0.144				0.383		
F		30.81***				75.74***		

注：*$p < 0.05$，**p 小于 0.01，***p 小于 0.001，HUM 代表人力资源型领导。

研究结果显示，首先，在方程 1 中 R^2 为 0.144，方程 2 中 R^2 为 0.383；其次，人力资源型领导、教师集体效能感和教师专业学习共同体文化感知到教师合作学习的路径系数均显著；教师集体效能感调节效果显著（β=−0.004，$p < 0.05$），说明教师集体效能感在教师专业学习共同体文化感知与教师合作学习间存在正向调节作用。假设 H26（教师集体效能感对校长人力资源型领导通过教师专业学习共同体文化感知影响教师合作学习的过程存在调节作用）验证成立。进一步进行简单斜率检验，发现教师集体效能感在低于均值一个标准差的时候，B_{simple}=0.338，正向预测显著（t=16.817，$p < 0.001$，95%CI=[0.299，0.378]）；当教师集体效能高于均值一个标准差的时候，B_{simple}=0.2838，正向预测显著（t=13.663，$p < 0.001$，95%CI=[0.243，0.325]），但预测作用减弱。根据统计结果，简单斜率检验示意图如图 4-9 所示。

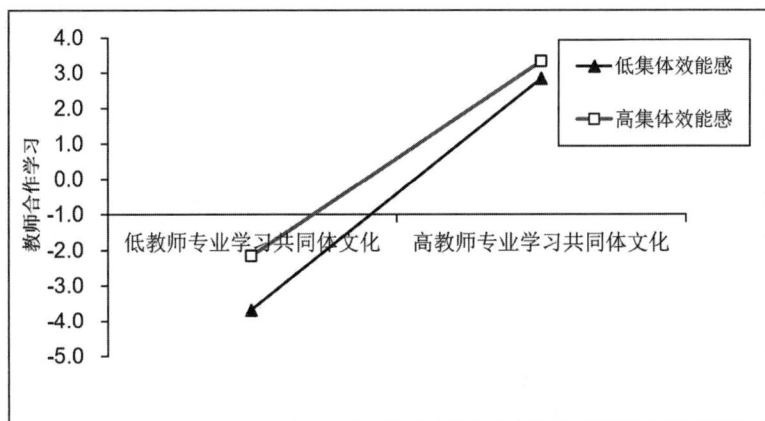

图 4-9　人力资源型领导与教师合作学习间调节作用的简单斜率检验示意图

　　然后，进一步检验这个有调节的中介效应，Bootstrap 检验结果见表 4-46。总体上，教师集体效能在低于一个标准差水平、平均水平和高于一个标准差水平上有调节的中介效应均显著，相比较而言，在教师高集体效能感水平时，其发挥的调节效应较弱。换言之，相对于低集体效能感教师群体来说，人力资源型领导通过教师专业学习共同体文化感知影响教师合作学习的间接效应为 0.465，而对于高集体效能感教师群体来说，该间接效应相对要小一些，为 0.390。

表 4-46　人力资源型领导与教师合作学习间有调节的中介效应的 Bootstrap 检验

结果类型	指标	效应值	Bootstrap SE	Bootstrap 95%CI Low	High
有调节的中介效应	Eff1（TCE=M−1SD）	0.465	0.086	0.299	0.636
	Eff2（TCE=M）	0.427	0.066	0.303	0.559
	Eff3（TCE=M+1SD）	0.390	0.060	0.280	0.518

　　（3）象征型领导与教师合作学习间有调节的中介作用检验。

　　根据有调节的中介模型检验程序，检验教师集体效能感对象征型领导通过教师专业学习共同体文化感知影响教师合作学习过程中的调节作用，采用 PROCESS v3.3 宏程序软件的模型 14 运算结果如表 4-47 所示。

表 4-47　象征领导与教师合作学习间有调节的中介模型检验

变量	方程 1（PLC 因变量）				方程 2（TCL 因变量）			
	β	se	t	p	β	se	t	p
常数	−1.041	2.388	−0.436	0.6631	0.904	1.178	0.767	0.443
性别	0.912	0.647	1.411	0.1585	−0.434	0.321	−1.354	0.1761
学历	−0.996	0.739	−1.348	0.178	0.003	0.365	0.009	0.9931
学科	0.086	0.072	1.199	0.2306	−0.091	0.035	−2.588	0.0098
年级	0.181	0.333	0.543	0.5874	−0.038	0.165	−0.230	0.8179
教龄	0.173	0.190	0.908	0.3641	0.107	0.094	1.137	0.2559
SYM	1.228	0.102	12.080	0	0.216★★★	0.055	3.940	0.0001
PLC	−	−	−	−	0.313★★★	0.015	20.509	0
TCE	−	−	−	−	0.069★★★	0.020	3.479	0.0005
TCE★PLC	−	−	−	−	−0.004★	0.002	−2.024	0.0432
R^2	0.121				0.382			
F	25.462★★★				75.598★★★			

注：$^*p < 0.05$，$^{**}p$ 小于 0.01，$^{***}p$ 小于 0.001；SYM 代表象征型领导。

研究结果显示，首先，在方程 1 中 R^2 为 0.121，方程 2 中 R^2 为 0.382；其次，象征型领导、教师集体效能感和教师专业学习共同体文化感知到教师合作学习的路径系数均显著；教师集体效能感的调节效果显著（β=-0.004，p < 0.05），说明教师集体效能感在教师专业学习共同体文化感知与教师合作学习间存在调节作用。假设 H27（教师集体效能感对象征型领导通过教师专业学习共同体文化感知影响教师合作学习的过程存在调节作用）验证成立。进一步进行简单斜率检验并绘制调节效应图，发现教师集体效能感在低于均值一个标准差的时候，B_{simple}=0.341，正向预测显著（t=17.028，p < 0.001，95%CI=[0.301，0.380]）；当教师集体效能高于均值一个标准差的时候，B_{simple}=0.286，正向预测显著（t=13.823，p < 0.001，95%CI=[0.246，0.327]）。根据统计结果，简单斜率检验示意图如图 4-10 所示。

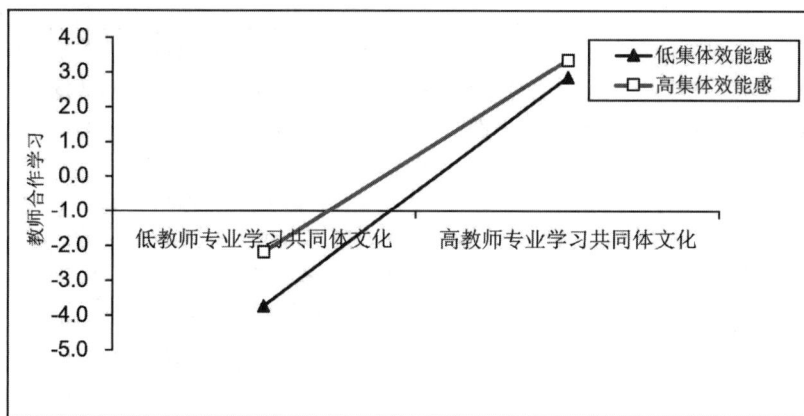

图 4-10　象征型领导与教师合作学习间调节作用的简单斜率检验示意图

随后，进一步检验这个有调节的中介效应，Bootstrap 检验结果见表 4-48。总体上，教师集体效能在低于一个标准差水平、平均水平和高于一个标准差水平上有调节的中介效应均显著，相比较而言，在教师高集体效能感水平时，其发挥的调节效应较弱。换言之，相对于低集体效能感水平教师群体来说，象征型领导通过教师专业学习共同体文化感知影响教师合作学习的间接效应为 0.418，而对于高集体效能感水平教师群体来说，该间接效应相对要小一些，为 0.351。

表 4-48　象征型领导与教师合作学习间有调节的中介效应的 Bootstrap 检验

结果类型	指标	效应值	Bootstrap SE	Bootstrap 95%CI	
				Low	High
	Eff1（TCE=M−1SD）	0.4182	0.0774	0.2684	0.5723
有调节的中介效应	Eff2（TCE=M）	0.3848	0.0601	0.272	0.5074
	Eff3（TCE=M+1SD）	0.3513	0.0549	0.2537	0.4714

（4）政治型领导与教师合作学习间有调节的中介作用检验。

根据有调节的中介模型检验程序，检验教师集体效能感对政治型领导通过教师专业学习共同体文化感知影响教师合作学习过程中的调节作用，采用 PROCESS v3.3 宏程序软件的模型 14 运算结果见表 4-49。

表 4-49　政治型领导与教师合作学习间有调节的中介模型检验

变量	方程 1（PLC 因变量）				方程 2（TCL 因变量）			
	β	se	t	p	β	se	t	p
常数	−2.483	2.415	−1.028	0.3041	0.653	1.180	0.553	0.5801
性别	0.999	0.654	1.528	0.1267	−0.426	0.321	−1.328	0.1846
学历	−0.549	0.748	−0.735	0.4628	0.086	0.365	0.235	0.814
学科	0.099	0.072	1.372	0.1703	−0.089*	0.035	−2.520	0.0119
年级	0.293	0.337	0.868	0.3856	−0.019	0.165	−0.113	0.9104
教龄	0.195	0.193	1.012	0.3118	0.112	0.094	1.183	0.237
POL	1.123***	0.103	10.874	0	0.202***	0.055	3.704	0.0002
PLC	−	−	−	−	0.316***	0.015	20.881	0
TCE	−	−	−	−	0.069***	0.020	3.485	0.0005
TCE★PLC	−	−	−	−	−0.003*	0.002	−2.051	0.0405
R^2	0.102				0.381			
F	20.820***				75.279***			

注：$^*p < 0.05$，$^{**}p$ 小于 0.01，$^{***}p$ 小于 0.001；POL 代表校长象征型领导。

研究结果显示，首先在方程 1 中 R^2 为 0.102，方程 2 中 R^2 为 0.381；其次，政治型领导、教师集体效能感和教师专业学习共同体文化感知到教师合作学习的路径系数均显著；教师集体效能感调节效果显著，即教师集体效能感和教师专业学习共同体文化感知的交互项显著（β=−0.004，$p < 0.05$），说明教师集体效能感在政治型领导通过教师专业学习共同体文化感知影响教师合作学习过程中存在正向调节作用，H28 验证成立。进一步进行简单斜率检验，发现教师集体效能感在低于均值一个标准差的时候，B_{simple}=0.344，正向

预测显著（t=17.301，$p < 0.001$，95%CI=[0.305，0.383]）；当教师集体效能高于均值一个标准差的时候，B_{simple}=0.289，正向预测作用显著（t=13.992，$p < 0.001$，95%CI=[0.248，0.329]），但预测作用减弱。根据统计结果，简单斜率检验示意图如图4-11。

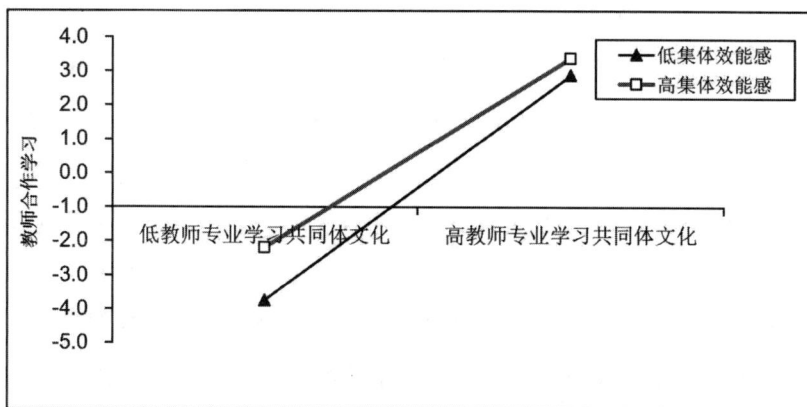

图4-11 政治型领导与教师合作学习间调节作用的简单斜率检验示意图

进一步检验这个有调节的中介效应，Bootstrap检验结果见表4-50。总体上，教师集体效能在低于一个标准差水平、平均水平和高于一个标准差水平上有调节的中介效应均显著，相比较而言，在教师高集体效能感水平时，其发挥的调节效应比处在低集体效能感水平时较弱一些。换言之，相对于低集体效能感教师群体来说，政治型领导通过教师专业学习共同体文化感知影响教师合作学习的间接效应为0.386，而对于高集体效能感教师群体来说，该间接效应相对要小一些，为0.324。

表4-50 政治型领导与教师合作学习间有调节的中介效应的 Bootstrap 检验

结果类型	指标	效应值	Bootstrap SE	Bootstrap 95%CI Low	High
	Eff1（TCE=M-1SD）	0.386	0.0752	0.248	0.5355
有调节的中介效应	Eff2（TCE=M）	0.3551	0.0599	0.2458	0.4778
	Eff3（TCE=M+1SD）	0.3241	0.0548	0.2264	0.4397

4. 结论与讨论

根据国内外学者分析检验有调节的中介作用的方法程序，本节在前文研究结论的基础上重点验证了教师集体效能感对校长多元领导通过教师专业学习共同体文化感知影响教师合作学习过程的调节作用，主要获得以下几个结论：首先，教师集体效能感对结构型领导通过教师专业学习共同体文化感知影响教师合作学习的过程没有调节作用。其次，教师集体效能对人力资源型领导通过教师专业学习共同体文化感知影响教师合作学习的过程具有正向调节作用。再次，教师集体效能感对象征型领导通过教师专业学习共同体文化感知影响教师合作学习的过程具有正向调节作用。最后，教师集体效能感对政治型领导通过教师专业学习共同体文化感知影响教师合作学习的过程具有正向调节作用。

从研究结果来看，一方面校长多元领导实践中要注意结构型领导向度的合理使用。研究显示，除了结构型领导外，教师集体效能感对校长领导通过教师专业学习共同体文化影响教师合作学习过程都存在显著的调节作用。鲍曼和迪尔的结构型领导的学术起源主要有两个[1]：第一，弗雷德里克·W·泰勒等学者的"科学管理"方法论，强调专门为效率最大化而进行组织设计，其操作的关键原则在于专业化、管理幅度、权威和责任下放；第二，马克斯·韦伯提出的"独裁官僚制"组织形式，被认为是实现理性标准最大化的理想形式，尤其注重结构对士气、生产率和绩效的作用。因此，在多元领导理论的结构型视角下，校长分析师和建筑师的角色定位是结构型领导向度使用的关键。通过职权、规则与政策、计划与控制系统实现对教师工作的协调及控制，当然，这种纵向的协调还得辅助以正式与非正式会议、任务小组、协调角色及网络组织等横向的协调措施，才能确保结构型领导效能的充分发挥。因此，在教育实践场域中，注重处事逻辑、明确任务目标是结构型领导的重要操作内涵，校长是教师专业发展的重要领头人，从组织构建、任务设置到人员角色协调等与教师专业学习共同体运行、发展相关的日常管理需要校长的妥善介入。另一方面，相对于高集体效能感教师群体来说，这种间接效应在低集体效能感教师群体中作用更大，说明在具体教育实践中可以有区别地采取实践策略，以最大限度地发挥领导管理实践、文化氛围与自我观念的交互作用对教师合作学习实践的正向影响作用。

---

[1]Bolman L G, Deal T E.Reframing organizations : Artistry, choice, and leadership[M].4th ed.San Francisco, CA : Jossey-Bass, 2008 : 48.

第五章　初中校长
多元领导对教师合作学习影响路径的实践观照

在定量研究中，通过教师感知的方式获得校长多元领导、教师专业学习共同体文化、教师集体效能感和教师言语互动行为等影响因素变量的数据信息，并用以验证探讨变量间的作用关系，进而实证性地检验校长多元领导对教师合作学习的影响路径。然而，在实际教育管理情境中，多元领导理论视域下的四种领导向度在每个校长的领导管理实践中的应用情况是存在差异的，其中按照数学的排列组合算法，结果共有15种组合方式，可见其中的复杂程度。因此，仅从教师感知的领导行为倾向出发进行相关变量间关系的运算，得出的结论仍需进一步采用质性方法研究从量化与质性相互印证的视角加以考察。由此，根据本研究中构建的校长多元领导对教师合作学习影响的路径模型，本章主要利用案例研究法，从特定的教育实践背景中挖掘质性资料，将教师集体效能感、教师专业学习共同体文化和教师言语互动行为等变量纳入质性研究范畴，以深入细致地剖析特定校长领导管理情境下的教师合作学习实践运行现状，同时观照定量研究的主要结论，立足教育实践阐述校长多元领导对教师合作学习影响的微观作用路径。

▌一、案例研究简介

本章主要研究目的是探究特定校长领导行为或风格对教师合作学习的影响，具体包括两个层面，第一，确定案例学校校长的领导风格；第二，特定校长领导风格下的教师合作学习实际运行状况。简言之，在特定校长领导风格下，参照教师专业学习共同体文化水平、教师集体效能感和教师合作学习氛围等组织效能等级评定结果，结合观察、访谈的质性文本资料，描述性阐述校长多元领导对教师合作学习的影响作用过程，具体研究设计过程如下所述。

（一）案例学校选择

C 案例学校在 D 市内初中的综合实力排名处在前五，共有教职工 89 人，其中具体背景信息如下：男性教师 12 人，女性教师 77 人；中学高级职称 67 人，中学一级职称 18 人，中学二级职称 4 人；研究生学历 10 人，本科生 74 人，专科 5 人；具有 26 年以上教龄 15 人，17~25 年教龄 25 人，16~20 年教龄 29 人，11~15 年教龄 7 人，6~10 年教龄 9 人，5 年及以下教龄 4 人。总体上，案例学校女性教师较多，同时多为具有中学高级职称和丰富教学经验的教师。C 校校长是一位具有多年行政经验的女校长，正高级职称，通过熟人介绍与 C 校校长取得联系，在说明本研究目的与设计思路后，C 校校长愿意并支持开展个案研究，同时积极组织相关负责人协助收集相关资料信息和联系访谈教师，为研究的顺利进行奠定了重要基础。

（二）资料收集

本研究的整个设计都贯穿着混合研究思路，同样在案例研究过程中也综合运用量化研究和质性研究两种方法。国外学者茵（Yin）认为，在案例研究过程中，通常把案例研究与质性研究方法混为一谈，或认为仅仅使用质性方法收集资料的决定都不正确，他认为"在案例研究中可以同时使用定量的和定性的资料收集方法"[1]。因此，混合式研究方法在案例研究过程中的运用，可以更加清楚地界定校长领导风格，进而全面地揭示校长领导对教师合作学习实践的影响。正如莫尔斯（Morse）所言，"在一个研究项目中，通过多种研究方法的使用，可以获得更加全面的有关人类行为和经验的图景"[2]。

---

[1]Yin R K.The case study as a serious research strategy[J].*Knowledge : Creation, Diffusion, Utilization*, 1981, 3（1）: 97–114.

[2]Morse J M.Principles of mixed methods and multimethod research design[M].Thousand Oaks, CA : SAGE Publications, 2003 : 189.

　　在定量方法层面，主要通过问卷调查的方式获得案例学校校长的领导行为和领导风格，以及校长领导管理效能、教师专业学习共同体文化水平、教师集体效能感和教师合作学习氛围等组织效能的等级评定情况。校长领导测查问卷设计过程中，一方面校长领导行为测查包含 12 个题项，是为本研究修订的多元领导问卷部分，其中题项 1、5、8 构成结构型领导行为维度（题项 1 和 5 代表分析能力，题项 8 代表组织能力），题项 2、6、11 构成人力资源型领导行为维度（题项 2 和 11 代表支持，题项 6 代表参与），题项 3、4、10 构成象征型领导行为维度（题项 3 和 10 代表鼓舞人心，题项 4 代表魅力），题项 7、9、12 构成政治型领导行为维度（题项 7 代表强有力的，题项 9 和 12 代表灵活性）。另一方面领导风格测查参照鲍曼和迪尔的研究思路、方法及工具①，采用强制排序②的方式获得结构型领导、人力资源型领导、政治型领导和象征型领导四个领导向度在案例学校校长领导管理实践中的应用情况，包括 6 个题项，每个题项分别对四种描述词句进行排序，在校长自测问卷中校长按照自己感知的符合程度排序，教职工问卷中则是教师按照感知到的与校长领导的符合程度排序，每个题项中 a 选项代表结构型领导向度，b 代表人力资源型领导向度，c 代表政治型领导向度，d 代表象征型领导向度；再有，校长领导管理效能、教师集体效能感等组织效能等级评定，分为五个等级，通过与测查者接触到的校长群体或学校组织相比较，分为最低的 20%（数字 1 表示），中间的 20%（数字 3 表示）和最高的 20%（数字 5 表示），数字 2 表示介于最低 20% 到中间 20% 之间，数字 4 表示介于中间 20% 到最高 20% 之间。在定量数据获取层面，参照鲍曼和迪尔的做法，同时应用五点量表和强制排序量表可以增加研究的信度，"程度测量和强制排序两种方式各有优点与限制性，前者可以测出领导者使用每个领导向度的效果，但容易出现'成见效应'，使得各向度之间的相关系数较高，且在回归分析中容易出现共线性问题；后者则可以严格区别每个领导向度，不会出现每个领导向度

---

① Bolman L G, Deal T E.Leadership and management effectiveness : A multiframe, multi–sector analysis[J].*Human Resource Management*, 1991, 30（4）: 509–534.

② Bolman L G, Deal T E.Leading and managing : Effects of context, culture, and gender[J]. *Educational Administration Quarterly*, 1992, 28（3）: 314–329.

都非常高的测查结果"[①]。

在质性方法层面,通过有目的地选择与校长接触较多的一些学校管理者、教师合作学习活动组织者和部分教师那里获得关键信息。运用焦点访谈的方式获得质性材料,访谈可以让研究者更加真实地走进研究问题的发生场域,更加切实地靠近研究对象的观点、思想和经验。焦点访谈采用半结构化访谈的方式进行,可以聚焦研究问题并在研究问题范畴内获得相关资料,提高访谈效果。在具体访谈中,运用校长访谈提纲对校长进行个体访谈,以及运用教师访谈提纲对8位关键信息提供者进行个体访谈,具体访谈人员信息见表5-1。校长访谈提纲包括三个部分,分别为教育背景、教师专业学习共同体和教师合作学习,以及领导风格;教职工访谈提纲包括四个部分,分别为教师专业发展途径、教师专业学习共同体、教师合作学习和校长领导。

表 5-1　访谈人员信息表

访谈对象代码	性别	学历	职称	教龄	职务	任教学科
P	男	本科	中学高级	20	副校长	数学
Z	女	本科	中学高级	21	副校长	语文
T	女	本科	中学高级	18	备课组长	数学
W	男	专科	中学高级	14	无	数学
WY	女	本科	中学高级	21	无	语文
WS	女	本科	中学高级	21	无	生物
S	女	本科	中学高级	18	班主任	语文
WL	女	研究生	中学高级	8	校办秘书	地理

(三) 资料编码与分析

校长多元领导变量方面,对问卷调查的量化资料分析过程中,主要统计分析了均值、标准差和95%置信区间,领导风格6个题项下的排序情况用百分比统计的方式呈现,同时统计了各领导向度间的相关系数;质性资料主要是对校长和教职工访谈录音进行转换而成的文本资料,在文本转换过程中需要记录及时性的观点或与研究主题相关的特别的资料,转换后的文本

---

①Bolman L G, Deal T E.Leading and managing : Effects of context, culture, and gender[J]. *Educational Administration Quarterly*, 1992, 28(3): 314-329.

资料需访谈对象校对浏览，以做相应的调整或补充，以保证研究资料的可信度。另外，文本资料编码环节，按照多元领导向度、教师专业学习共同体文化、教师自我观念、教师合作学习的维度进行编码。文本资料编码的主要目的是服务于教师合作学习实践现状的质性描述，以深层次阐述校长多元领导对教师合作学习的影响作用，进而从具体实践视角观照定量研究中的作用路径。

通过对案例学校校长和教职工等相关人员的访谈文本的阅读，根据表中预设的编码信息指标，分别对相应维度下的资料信息编码。例如，C案例学校校长访谈文本中有关结构型领导向度的第一条佐证信息标记为 C-P-ST-1，即"C-P-"开头的文本资料编码是案例学校校长特有标志；教职工访谈文本中 T 老师谈及的有关政治型领导向度的第三条佐证信息标记为 C-F-PO-T3，即副校长、班主任、备课组长和教师等教职工的文本资料编码均以"C-F-"开头。具体而言，个案研究中涉及的变量维度编码包括校长多元领导向度，结构型领导（ST）、人力资源型领导（HR）、政治型领导（PO）和象征型领导（SY）；教师专业学习共同体文化维度，集体协作（CC）、领导支持（LS）、共享实践（SP）和人际支持（IS）；教师自我观念维度，自我提升（SE）、集体效能（CE）和自我一致（SC）；教师合作学习维度，合作意愿（CW）、合作对话（CD）和合作行动（CA）。通过对案例学校校长和 8 名教师职工的访谈、交流，在征得访谈对象同意的前提下用录音笔记录，后经音频资料转换操作获得的访谈文本资料共计 83603 字。随后，结合研究设计和个人调研体悟，并在仔细阅读访谈文本的基础上共计编码获得有效文本信息 94 条，为了保证研究资料的信度，邀请两位博士生对编码信息进行校对，主要核查编码信息与对应维度的一致性，结合校对结果，经过讨论，共计保留 91 条编码文本信息，编码有效率为 96.8%。调研过程中还收集了其他与研究相关的文件、视频和资料若干。

本案例研究中，主要采用线性的自下而上对文本资料记性抽象分析的模式。为了更好地描述校长多元领导对教师合作学习影响的作用路径，根据莱茵（Rein）和舍恩（Schon）的观点，"一个自然的进程就是先说出某种情境的一手'故事'，然后将故事的元素抽出定型，将关键变量予以定位，从而建立一个理论或解释模式，以显示变量是如何关联，如何彼此影响"[1]，这样的案例研究就更具深度。质性资料分析的基本思路是按照一定的标准将原始资料精练浓缩，运用不同的分析方式将资料统整为具有"一定结构、条理和内在联系的意义系统"[2]，卡内（Carney）的线性分析模式，将资料分析过程视为一个分析抽象阶梯，总体上包括三个层次[3]：最低层为总结和包装资料，中间层为重新包装和汇集资料，最高层为建构解释框架，发展和检测命题。根据本研究需要，结合卡内的抽象阶梯图，设计的资料分析程序如图 5-1 所示。

建构解释框架 发展和检验命题	3b.刻画结构 3a.检验假设	综合一个解释框架 初步分析主要变量关联
重新包装和汇集资料	2.辨别文本资料主题	教师专业学习共同体文化表征 校长领导风格解析
总结及包装资料	1b.文本编码 1a.录音转换	按照变量框架进行编码 将访谈录音和调研经历重构为文本

图 5-1　个案研究分析的抽象阶梯路径图

在实际的质性资料分析过程中，正如图 5-1 所示的每个阶段都是对研究者的考验，面对错综复杂的文本资料，如何剥茧抽丝地找到关键信息，以及如何进行恰当的研究写作，都需要研究者在思想层面进行长期鏖战。鉴于整个研究设计需要，本案例研究注重通过质性分析印证定量研究中提出的理论模型及研究结论，并从中找到合理的教师合作学习经由校长多元领导等影响因素作用的解释框架。由于研究者理论功底和写作能力有限，研究文本的形成过程更多的是根据编码结果找到相关变量间的可能关联，并比对、观照定量研究结论，一方面在研究整体层面形成相互印证的行文格局，另一方面也为具体的教师合作学习实践的改进提供了更加真实的思考方向。

---

[1] 迈尔斯，休伯曼.质性资料的分析：方法与实践 [M].张芬芬，译.重庆：重庆大学出版社，2008：129.

[2] 陈向明.质的研究方法与社会科学研究 [M].北京：教育科学出版社，2016：273.

[3] 同[2]：274.

二、案例学校校长领导风格的实证解析

（一）定量数据结果分析

运用校长领导风格他评问卷在案例学校进行调查，调查对象为案例学校所有教职工，共计获得有效问卷 89 份。学校教职工对校长领导行为的调查结果见表 5-2 和表 5-3，对校长领导风格的调查结果见表 5-5 和表 5-5。

表 5-2　校长多元领导行为各向度均值

领导向度	均值	标准差	95% 置信区间	
			下限	上限
结构型	13.60	2.05	13.16	14.03
人力资源型	13.58	1.91	13.18	13.99
象征型	13.76	1.83	13.38	14.15
政治型	13.63	2.03	13.20	14.06

注：得分范围在 6 分至 15 分之间，得分越高表示行为倾向越大。

表 5-3　校长多元领导行为各向度题项均值

领导向度	题项编号	均值	标准差	最小值	最大值
结构型	1	4.60	0.75	1	5
	5	4.45	0.80	2	5
	8	4.55	0.81	1	5
人力资源型	2	4.61	0.63	2	5
	6	4.35	0.93	2	5
	11	4.63	0.68	2	5
象征型	3	4.58	0.75	2	5
	4	4.60	0.69	2	5
	10	4.58	0.75	2	5
政治型	7	4.56	0.80	2	5
	9	4.49	0.94	1	5
	12	4.57	0.78	2	5

从表 5-2 和表 5-3 综合来看，结构型领导向度的均值为 13.60（SD=2.05），95% 置信区间为 13.16 至 14.03，最低分为 6，最高分为 15，具体到每个题项，最低为问及校长"处理问题十分严谨"，均值 4.45（SD=0.80），最高为问及校长"具有很强的逻辑思维能力"，均值 4.60（SD=0.75）。

人力资源型领导向度的均值为 13.58（SD=1.91），95% 置信区间为 13.18 至 13.99，最低分为 6，最高分为 15，具体到每个题项，最低为问及校长"能

让我们充分表达自己的观点"，均值 4.35（SD=0.93），最高为问及校长"对我们的成就给与认可"，均值 4.63（SD=0.68）。

象征型领导向度的均值为 13.76（SD=1.83），95% 置信区间为 13.38 至 14.15，最低分为 6，最高分为 15，具体到每个题项，最低为问及校长"经常鼓舞我们的士气""经常传达着具有挑战性的愿景和使命"，两题均值皆为 4.58（SD=0.75），最高为问及校长"非常有魅力"，均值 4.60（SD=0.69）。

政治型领导向度的均值为 13.63（SD=2.03），95% 置信区间为 13.20 至 14.06，最低分为 6，最高分为 15，具体到每个题项，最低为问及校长"能预见并灵活地解决组织冲突"，均值 4.49（SD=0.94），最高为问及校长"在面临冲突或反对时仍能取得成功"，均值 4.57（SD=0.78）。

表 5-4　校长多元领导风格各向度均值

领导向度	均值	标准差	95% 置信区间	
			下限	上限
结构型	15.39	3.76	14.60	16.19
人力资源型	14.60	3.17	13.93	15.26
政治型	14.46	3.07	13.81	15.11
象征型	15.55	3.86	14.74	16.36

表 5-5　校长多元领导风格各向度题项排序情况

领导向度	题项编号	排序情况（百分比）			
		1	2	3	4
结构型	1a	28（31.5%）	23（25.8%）	14（15.7%）	24（27.0%）
	2a	17（19.1%）	17（19.1%）	17（19.1%）	38（42.7%）
	3a	20（22.5%）	20（22.5%）	21（23.6%）	28（31.5%）
	4a	19（21.3%）	19（21.3%）	29（32.6%）	22（24.7%）
	5a	27（30.3%）	17（19.1%）	18（20.2%）	27（30.3%）
	6a	30（33.7%）	12（13.5%）	28（31.5%）	19（21.3%）
人力资源型	1b	12（13.5%）	24（27.0%）	33（37.1%）	20（22.5%）
	2b	21（23.6%）	23（25.8%）	31（34.8%）	14（15.7%）
	3b	25（28.1%）	27（30.3%）	28（31.5%）	9（10.1%）
	4b	25（28.1%）	20（22.5%）	24（27.0%）	20（22.5%）
	5b	21（23.6%）	33（37.1%）	24（27.0%）	11（12.4%）
	6b	17（19.1%）	27（30.3%）	26（29.2%）	19（21.3%）

领导向度	题项编号	排序情况（百分比）			
		1	2	3	4
政治型	1c	28（31.5%）	23（25.8%）	27（30.3%）	11（12.4%）
	2c	17（19.1%）	31（34.8%）	26（29.2%）	15（16.9%）
	3c	18（20.2%）	25（28.1%）	29（32.6%）	17（19.1%）
	4c	22（24.7%）	29（32.6%）	14（15.7%）	24（27.0%）
	5c	19（21.3%）	23（25.8%）	22（24.7%）	25（28.1%）
	6c	26（29.2%）	29（32.6%）	21（23.6%）	13（14.6%）
象征型	1d	21（23.6%）	19（21.3%）	15（16.9%）	34（38.2%）
	2d	34（38.2%）	18（20.2%）	15（16.9%）	22（24.7%）
	3d	26（29.2%）	17（19.1%）	11（12.4%）	35（39.3%）
	4d	23（25.8%）	21（23.6%）	22（24.7%）	23（25.8%）
	5d	22（24.7%）	16（18.0%）	25（28.1%）	26（29.2%）
	6d	16（18.0%）	21（23.6%）	14（15.7%）	38（42.7%）

注：1~4代表每个题目下的四个选项，采用强制排序的方式收集数据，其中"1"代表与校长领导风格符合程度最低，"4"代表与校长领导风格符合程度最高。

从表5-4和表5-5综合来看，结构型领导向度得分均值为15.39（SD=3.76），95%置信区间为14.60至16.19，最低得分6，最高得分24。更为具体的分析显示，排序位置为"1"的题项占比最多的是"分析师"（6a），共有30人选择（33.7%）；排序位置为"4"的题项占比最多的是"专家能手"（2a），共有38人选择（42.7%）。

人力资源型领导向得分均值为14.60（SD=3.17），95%置信区间为13.93至15.26，最低得分6，最高得分23。更为具体的分析显示，排序位置为"1"的题项占比最多的是"培养开发人的潜力""关心他人"（3b、4b），共有25人选择（28.1%）；排序位置为"4"的题项占比最多的是"人际交往能力""关心他人"（1b、4b），共有20人选择（22.5%）。

政治型领导向度得分均值为14.46（SD=3.07），95%置信区间为13.81至15.11，最低得分8，最高得分23。更为具体的分析显示，排序位置为"1"的题项占比最多的是"政治能力"（1c），共有28人选择（31.5%）；排序位置为"4"的题项占比最多的是"坚韧不拔，富有进取心"（5c），共有25人选择（28.1%）。

象征型领导向度得分均值为 15.55（SD=3.86），95% 置信区间为 14.74 至 16.36，最低得分 6，最高得分 24。更为具体的分析显示，排序位置为"1"的题项占比最多的是"鼓舞人心的领导者"（2d），共有 34 人选择（38.2%）；排序位置为"4"的题项占比最多的是"有远见的人"（6d），共有 38 人选择（42.7%）。

表 5-6　校长多元领导风格各向度之间相关系数

领导向度	结构型	人力资源型	政治型	象征型
结构型	1	—	—	—
人力资源型	0.14	1	—	—
政治型	−0.59★★	−0.43★★	1	—
象征型	−0.62★★	−0.61★★	0.14	1

表 5-6 结果显示，结构型领导和人力资源型领导，以及政治型领导和象征型领导之间不存在显著相关；结构型与政治型和象征型之间存在显著负相关，相关系数分别为 −0.59 和 −0.62，人力资源型与政治型和象征型之间也存在明显的负相关，相关系数分别为 −0.43 和 −0.61。

最后，综合比较校长领导行为和领导风格的调查数据结果，根据鲍曼和迪尔的观点，校长领导风格他评问卷得分 9.6 是判断校长是否使用某种领导向度的临界点[1]，即如果结构型、人力资源型、政治型和象征型领导向度的相应分值低于 9.6，则表示校长没有使用该领导向度，反之，若高于 9.6 则表示校长具备该领导向度。因此，根据鲍曼和迪尔的多元领导理论，案例学校校长的领导风格为多元领导风格，且象征型和结构型领导向度使用最多。

（二）质性材料编码结果

根据多元领导理论及其各向度的维度指标，本研究设定的校长多元领导风格编码指标信息见表 5-7。

---

[1]Bolman L G，Deal T E.Leading and managing：Effects of context，culture，and gender[J]. *Educational Administration Quarterly*，1992，28（3）：314-329.

表 5-7　校长多元领导风格编码指标信息表

领导向度	资料分析码	核心特征	实践表现
结构型	ST	分析和组织能力	分析力：思维清晰，逻辑性强，根据事实解决问题，注重细节；组织力：设定清晰的目标，并强调每个人的责任
人力资源型	HR	支持性和参与性	支持性：关心他人，考虑教师的感受，潜力开发；参与性：培养参与、介入意识，同时倾听新的观点和思想
政治型	PO	强有力和灵活性	强有力：说服力，利用人际资源能力，维系关系；灵活性：有技巧，在面临冲突时能够谈判协调
象征型	SY	鼓舞人心和魅力	鼓舞：忠诚和热情，传递着愿景和使命；魅力：想象力，强调文化和价值观

1. 结构型领导向度的编码结果

在结构型领导向度方面，访谈资料编码结果显示，C校校长（以下简称C校长）存在使用结构型向度的情况。一方面，在校长自身层面，经常通过观察细节了解管理实践情况，而且十分强调教师个人的责任意识。正如她自己所说（C-P-ST-1）：

刚来这所学校，晚上就是睡不着觉，一个月吧，来这儿，基本上没怎么讲话，主要是看，害怕老师烦，通过什么方式看呢，就是在走廊窗台上养花浇花。一个月以后，我给学校老师做了讲话，也不算正式，就是召集大家在一起，谈话式地沟通，让大家明白我要干什么，我当时提出来的就是八个字：各负其责，胜任本职。这是我刚来的时候提的八个字，这八个字大约运行了两三年吧，我又在后面加了一句话：不给别人添麻烦。

在沟通过程中，C校长虽然一再强调自己在管理过程中是一个"粗线条"的人，不注重具体的目标设置或管理细节，但实际上她的管理过程非常具体、细致和清晰。例如，家长学校的管理涉及很多方面，如家长培训、义工慈善、徒步活动等，需要学校管理者与家长之间进行必要的沟通协调、计划组织，在案例学校开展得有条不紊，而且受到各方好评。正如C校长自己谈的关于家长学校发展时（C-P-ST-2）：

有些时候你总是让家长参与，他们就不太愿意了，微信可以方便我们沟通，比如看到哪些好的文章我就推送一些，比如最近我看到的关于家长对孩子伤害最大的就是语言暴力，那么我们就以家长学校工作号的形式把文章转发下去，让家长看，并在学校配发的笔记本上做适当记录。我们就是做哪件事就实际操作下去，在管理上一直在说"闭环"，要么不做，要做就做到位，我理解的就是布置、检查和反馈，这样的管理才有效果，才能落到实处。

另一方面，学校层面 C 校长提出精细化管理方案，如"时间管理全覆盖""空间管理全覆盖""校园人管理全覆盖"的全面逐点透析式管理模式，特色最为鲜明的"一员负责制"尤其强调每个人的职责范畴，充分体现了校长作为管理者的分析能力和组织能力。然而，这种注重细节的管理也存在一定的障碍或困难，那就是现在教师的负担太重。C 校长说道（C-P-ST-3）："嗯，有的时候，这么说吧，老师的负担真的是挺重的，所以在时间上，老师需要写的东西，记得东西真的还是挺多的。"这样，有些制度执行起来并不是十分严格，如案例学校有一个灵活的制度就是根据教师的教龄，45 岁以上的教师不需要写详案，在备课环节上节省一部分时间。因此，克服形式主义是校长领导管理过程中需要面对的挑战，确实需要巧妙地兼顾到多层关系，其中对上表现为应对教育行政领导部门的任务或检查，对下则表现为维持协调、保障教师日常教育教学与一些非教育事务顺利开展。这一点在教师访谈文本中，也可得到进一步的证据。当教师谈到 C 校长的做事风格的时候，说道（C-F-ST-T1）：

我们校长，做事情的风格就是大线条，但是粗中有细，她的这种粗展示的是一种大局观，大局观指的是方向的引领上，然后让每位教师能够放眼长远，让你有一种就是不用扬鞭自己就能前进的感觉，这是一种大局观；另外一个，细节呢，不是说每个小事她都去管你，而是在一些很重要的很关键的问题上进行指导，这样老师们在做起事情来，既有方向又有方法，这样对于老师的成长和工作氛围的营造来说，也是非常好的。

可见，C 校长存在使用结构型领导向度的情况。事实上，结构型领导向度更多地是体现在管理过程中，正如前文问卷调查结果显示结构型领导向度使用较多。在调研期间，从研究者体验来说，C 校长是一个注重组织目标计划、强调细节和明确责任分工的管理者。

2.人力资源型领导向度的编码结果

在人力资源型领导向度使用层面，访谈文本编码结果显示，无论C校长还是学校教职工，支持是C校长人力资源型领导向度的重要表现形式，如关心教职工、注重发掘教师的潜力，综合编码结果，这种支持性最为显著、直接的领导管理实践就是注重开发别人的潜力，这一点在C校长和教职工那里均可找到证据。首先，在关心层面，C校长非常强调与教职工之间的关系，她认为"心近了"可以更加容易地展开工作（C-P-HR-1）：

心近了，远近的近，彼此之间的关系非常融洽，而且体现领导对下属的关心，组长对组员的关心，还有同龄老师之间的关心，我们就是创造这种机会，有的时候同龄老师之间沟通起来比较顺畅，让同龄老师关注、关心，就可以更加有效，我觉得是这样，所以我自己认为还可以。

在具体管理中，按照C校长自己的说法，制度之内也有人情的地方，如前文谈到的，当校长遇到教师对于非教学任务负担排斥的管理难题时，有自己的权衡策略，在表现管理智慧的同时，也体现着对教师的关心（C-P-HR-2）：

有的时候就是给老师宽松一下，让他们能够有充分的时间，领导能够做的事情绝不下压，是谁的活，在谁的层面就给解决了，确实和老师利益特别相关的事情，比方说教研，我们可以给他们大块的时间，其他的那些工作基本上就是领导能分担的不下压，说白了，有些时候需要应付上面的检查，我们把大块做完，他们就是填一点小部分的，有个过程资料就行了，这么做就是让他们静下心来、心无旁骛地去教学、教研，把更多时间用在提升专业发展水平上，用在培养学生方面，研究教材、研究学生。

这种关心、体谅和热心在学校教职工眼里，就是C校长很有"担当"，这种担当给教师的工作体验是安心。从T老师的言语中可以看出这种担当带给教职工的力量（C-P-HR-T2）：

你做事情，只要你的方向是对的，你就大胆地去做，出现什么问题领导担着，领导出面给你解决。这样对老师是不是安心？我觉得在这一方面我们校长做得挺好。而且吧，我们校长能力很强，不管你是学校工作上的问题，还是家庭里的问题，只要求助于她，反正我们校长都会义不容辞，就是感觉，这就是她的事情，帮我们出主意，我帮你怎么怎么样，还很热情。

其次，在开发教师潜能方面是 C 校长人力资源型领导向度最为显著的存在证据。按照 C 校长自己的话说："从教师成长的角度来讲，我一定会，如果他想干，我一定会把他自身最大的潜力挖掘出来，而且我给他搭建有利于他发展的最好的平台，最高的平台，我在后面一定推动他往前走。"事实说明，C 校长的这种领导方式在很大程度上提升了学校的整体管理效能，学校教师专业成长发展和带动是一方面，另一方面是学校声望的提升。以下是 C 校长谈到的其中一个较为成功的有关教师成长发展的例子（C-P-HR-3）：

比如说，我们学校的 xx 老师，是全国五一劳动奖章获得者，全国模范教师，省特级教师，市里的荣誉就不说了。我从开始接触到他，就感觉这个老师很有潜力，当时我就抓住他不放，我也跟他谈。记得有一年要报市里的十大名师，当时 xx 老师没有信心申报，我就一直鼓励他，把他的优势和实力又给他梳理一下，并把这种名师效应的利害关系讲了一遍，我说为了我们学校更好地发展，一定要力争一下，结果他真的被评上了。后来，xx 老师逐渐走向省里，然后走向全国，很多荣誉我都记不清了。

这种开发教师潜力的领导实践在教师眼里，更多地认为 C 校长具有"慧眼"（C-P-HR-T1），"他具有慧眼，比如说我们学校的名师，在校长的带领和促动下，他成长得很快，他的专业技能得到很好的发展，并且带动了我们学校，乃至全区教学的一种提升。"

总之，在人力资源型领导向度使用层面来看，C 校长自我感觉与教职工的描述较为一致，主要表现为关心、支持教职工。另外，在案例研究期间发现，C 校长在教师培养和潜力挖掘上的领导效能较为突出，且这种人力资源型领导向度的使用确实在促进学校发展上发挥着重要作用。

3. 政治型领导向度的编码结果

在政治型领导向度使用层面，访谈文本编码结果显示，C 校长的访谈文本编码结果中政治型领导向度的使用证据不明显，但在教职工访谈文本编码结果中则体现得非常明显。这一点在本研究中呈现的结果非常特别，也是一个有意思的现象。政治型领导向度的核心特征是强有力和灵活性，强有力表现为有说服力，善于建立联盟、利用校外资源，并且注重自身权力基础的夯实；灵活性则表现为富有政治技巧，并能在面临冲突或对峙情境下成功地协调和解决问题。或许，对于政治型领导向度，在领导者自身看来是只可意会的。C校长唯一一次明确谈到与之相关的是引进外部力量促进教师发展和学校发展（C-P-PO-1）：

我要开门办学，借力发展。我们学校师资水平，一定是有局限性的，就想把自己的一亩三分地弄好，关起门来显然是不行的，自己得去看去学，而且一定要把好的办学理念、做法，包括管理上的，包括一些力量，也把它引进来，然后呢，让老师感觉自己有些不足的地方，所以我认为开门办学挺好的，借着校外的力量、资源来发展我们的学校，提升我们的老师，促进学生的发展，最后我的学校才能在整体上发展。

有关校长政治型领导风格的使用情况，首先在副校长的访谈文本编码结果中可以找到一些明确的证据。当问及C校长的领导风格时，Z副校长说道："她很会处理问题，她有大局观，能均衡处理上上下下的所有关系，所有人在学校都能安心地工作。这一点，是非常了不起的。"（C-F-PO-Z1）在问及具体的表现时，他谈到这样一个例子（C-F-PO-Z2）：

校内人际关系上，因为女同志比较多，所以事情少不了，但她很会平衡这些关系，这一点是我所不及的，极其不及的（笑声）。她很会处理这些问题，了不起的，所以我们学校的教师都非常团结，学校班子的团结在全区都是数一数二的。同时，教师对领导班子的信服和尊重，也是其他学校所不及的。

正如T老师所言："我们校长能够充分利用校外资源。"（C-P-PO-T1）在研究过程中发现，类似地还有很多教师认为C校长"能量"很大，可以充分调动相关社会资源、人际资源来助力教师发展、学生成长。这一点在W老师访谈过程中，也得到进一步证明（C-F-PO-W1）：

有关一名退休老师的工资待遇，其中具体原因我们也不清楚，但这个老师总是非常无礼地找校长，情绪激动，甚至让校长难堪，但是校长在处理这个问题过程中，她始终能够保持积极地心态，站在别人的立场，不计较这些，耐心地解释、开导，同时通过自己的人际资源去帮助他寻找解决问题的办法，包括到相关部门去反映情况，给他创造条件等。

同样，在教师专业培训方面，C校长的政治型领导风格使用也可以得到充分地证明。"嗯，他可能会动用一些人际关系啊。这里主要是请一些稍微有名气的人给我们教师做培训讲座。"（C-F-PO-W2）诸如此类，还有很多体现

C 校长政治型领导向度使用的证据。

总之，从文本编码结果来看，无论是通过借用外部资源体现的强有力，还是表现在矛盾冲突解决过程中的灵活性，尤其从教职工视角来看，C 校长具备着很强的、较为明显的政治型领导行为，但在 C 校长访谈文本编码中体现不多。

4. 象征型领导向度的编码结果

在象征型领导向度使用层面，访谈文本资料编码结果显示，C 校长和教职工的感觉较为一致，即存在象征型领导向度使用的情况。在 C 校长看来，领导管理过程中首先要注重精神文化的引领，其次要通过榜样践行文化内涵的硬核成分。在精神文化引领方面，C 校长谈道（C-P-SY-1）：

嗯，比如说精神文化吧，这是一所学校的灵魂，以我的理解啊，比如说工作管理上一些氛围的创设，校风的建立，包括学风也好啊，一定是精神文化的一个体现，如校园文化的创建一定要体现精神层面的。

同时，她认为精神文化引领只能是一个氛围的营造，关键的行为、习惯的养成，还需要注重积极的、正向的榜样作用，尤其是领导者自身的榜样，她在谈到立德树人时，这样说道（C-P-SY-2）：

怎样提升师德，首先自己，我要以身作则，榜样是很重要的，然后呢，我们做给老师看，领着老师走，所以要有一个领航的工程，包括我们的名师、爱岗敬业的老师，各方面树立的榜样，这就是师德。还有尽量地创设这种氛围，不管是政治学习也好，还是开联欢会啊等活动也好，一定要把师德提到重要的层面，实际上，这种氛围在我们学校各种活动中时时刻刻都要体现出来的，来约束自己。

因此，在与 C 校长接触的一段时间里，尤其在可见的行为方面，发现她时刻以"榜样在现，责任在见"要求自己、规范自己，借用她的话说："你想让你的老师成为一个什么样的人，你就得成为一个什么样的老师，那你想让学校有一种什么样的氛围，你就要往这方面创设。"（C-P-SY-3）在调研过程中发现，校长领导班子的听课评课是每日的常规工作，尤其是 C 校长非常强调领导听课的重要性，她自己就是这么做的，发挥着带头榜样作用，而且起到了非常重要的实践效果。关于这一点，Z 副校长谈道（C-F-SY-Z3）：

嗯，校长总会亲力亲为，躬下身来，和老师共同划一个桨，这样使得管理效果大大提升。避免空谈，付诸实践。不能让老师以一个看客的心理，认为你讲、你做、你试试，这样他们无话可说。

从教职工的视角来看，与 C 校长领导管理过程中象征型领导向度直接相关的表达方式，反映最为明显的是"个人魅力"。然而，在实际访谈和接触过程中，这种魅力的界定在不同教师心中有着不同内涵，也并没有十分明显地与鲍曼和迪尔的理论相印证，即魅力的呈现或特征是具有想象力和创造力，并注重文化和价值观影响作用。C 校长的魅力体现为一种强大的人格气场，总会让教师感觉不可抗拒，或无法拒绝的感觉（C-F-SY-Z5）：

有些时候分配任务，有些老师完全可以推脱的，但是校长一说，看到校长都那么说了，自然就愉快地接受了，这就是什么，人格魅力，而且不做作，不讨好，既有原则，又有情。在这一方面，校长的能力不是别人可以达到的。

另外，这种魅力还体现在教师对她的高度认同感，而且是发自内心的一种认同（C-F-SY-Z2）：

她没有给人感觉是个校长就了不得了，高高在上，说话阴阳怪气的，没把自己看得如此之重，给我这种感觉，说话也不盛气凌人，替大家着想，说的每句话在大家伙心里都能产生共鸣。

在教育理念上，非常注重学生的全面发展，而且在传递这种价值观时总是落实在实际中，让教师感到切实的为了学生健康成长的使命感或教育理想，而不是空空的口号和泛泛的实践："他并不是一味地追求教学质量，而是把促进孩子综合发展放在重要位置。"（C-P-SY-T1）

总之，C 校长较为明显地使用象征型领导向度，而且可以看出其在 C 校长的领导管理实践中发挥着关键性作用。比较而言，象征型领导向度的编码结果与问卷调查结果最为一致。

（三）校长领导风格解析

在定量研究结果之中，校长领导行为与风格问卷各维度得分均值都高于理论界定的使用临界值；校长领导行为调查结果显示均值最高的为象征型，其次为政治型；校长领导风格的调查结果显示均值最高的为象征型，其次为结构型。因此，定量研究显示案例学校校长具备多元领导风格，其中象征型领导向度使用最为明显，但无法判断结构型和政治型领导向度的排序位置。

从定量研究结论和质性文本编码结果比较分析发现，首先两种研究结果均表明象征型领导向度是案例学校校长使用最多的领导向度；其次，教职工访谈文本编码结果与教职工领导行为问卷调查结论一致显示，政治型领导向度使用频次仅次于象征型领导向度；最后，校长访谈文本编码结果显示政治型领导向度使用频次低于结构型领导向度，与教职工领导风格问卷调查结论一致。

综上，案例学校校长在教育领导管理实践中存在不同程度水平上综合使用结构型领导、人力资源型领导、政治型领导和象征型领导向度的情况，由此可界定 C 校长具备多元领导风格。同时，从校长多元领导行为和风格问卷调查结果，访谈文本编码结果，以及二者的比较判断，象征型领导向度是 C 校长在教育领导管理实践中使用频次最高，其他领导向度之间区别并不明显。另外，通过领导风格各向度得分的相关分析，结果显示象征型领导与结构型领导之间存在显著的负相关，且在所有显著负相关中的系数最大，结构型与人力资源型、政治型与象征型之间相关系数为正但不显著，表明多元领导各向度之间存在一定的区别界限。

■三、教师专业学习共同体文化的表征

在案例学校中，教师专业学习共同体文化表征指围绕学校教师专业学习共同体实践而呈现的文化特点。按照定量研究界定的教师专业学习共同体文化的操作性内涵维度，案例研究中以集体协作、领导支持、共享实践和人际支持四个维度为编码指标，具体编码指标及其实践表现信息见表 5-8。在文本编码结果基础上，并以研究者自身感悟为写作起点，详细剖析了案例学校教师专业学习共同体文化特征，以较为完整地呈现教师专业学习共同体文化水平现状。

表 5-8　教师专业学习共同体文化编码指标信息表

文化维度	资料分析码	核心指标	实践表现
集体协作	CC	协作条件、原则和内容	条件：集体协作的机会和意愿 原则：尊重差异 内容：集体备课、探讨教学策略和共同学习

文化维度	资料分析码	核心指标	实践表现
领导支持	LS	决策参与、创新支持和领导权威	决策参与：教师有话语权 创新支持：领导支持教学创新 领导权威：专家能手、有威望
共享实践	SP	相互评价和分享经验	相互评价：听课、评课和公开课 分享经验：分享教学经验、不断反思
人际支持	IS	个体、组织和学校	个体：互相关心 组织：沟通顺畅 学校：成就认可

（一）制度管理下的人为协作

集体备课是案例学校教师专业学习过程中最为重要的协作活动，其有着一套完备的制度。从 C 校的制度设计与实施过程来看，体现最为明显的是"简单"文化和"名誉管理"文化，前者让精细化的集体备课制度在"简单"的人际文化氛围中悄然运行，后者则让团队评价理念及其效能触及"名誉管理"的各个环节。

1."简单"文化中的制度精细化

C 校的科层式组织结构和扁平化行政组织结构分别如图 5-2 和 5-3 所示。

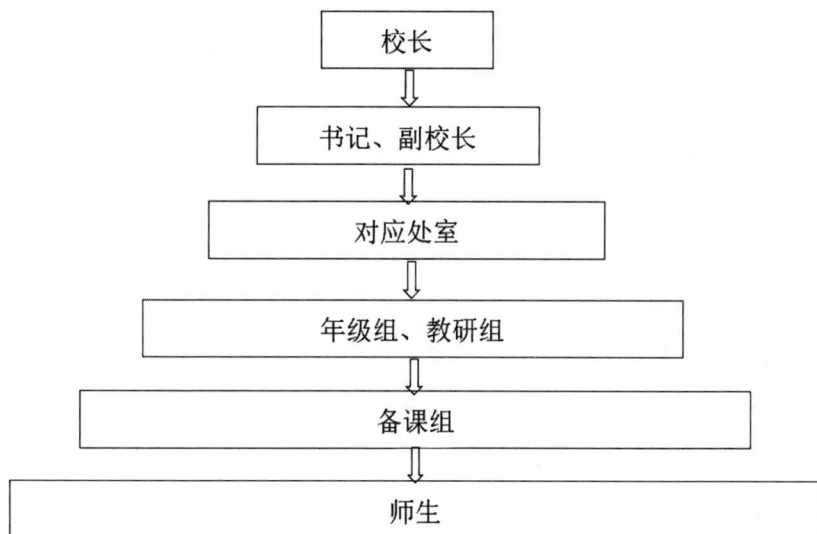

图 5-2　C 校科层式组织结构图

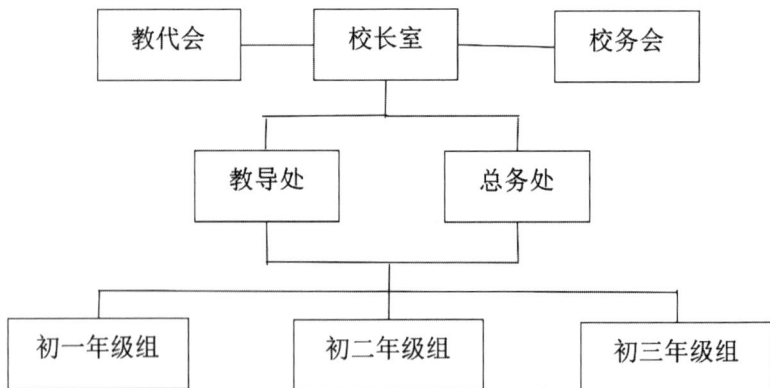

图 5-3　C 校扁平化行政组织结构图

虽然和国内其他初中一样，C 校有着严格的管理层级，但在具体管理过程中始终秉持管理创新的理念。例如，在学校宏观管理层面提出的"三横三纵多节点"网络化管理体系，"三横"是指初一、初二、初三年级团队，"三纵"是指德育、教学、党建三个领域，"多节点"是指分散于全校各学科的备课组团队。在学校中观管理层面运行着"三大管理体系"，具体包括领导班子层面的干部一员负责制、行政管理工作人员及值周队的一日巡查制、年级主任为牵动的扁平化年级负责制。其中，C 校的"一员负责制"采取的是项目化管理策略，已经形成了学校管理特色，特别强调精细化管理过程，关于这种管理模式，可在 C 校长的言谈间感受到她的管理自信（C-P-IS-1）：

　　"一员负责制"，领导班子负责的管理范畴，"时间管理全覆盖""空间管理全覆盖""校园人管理全覆盖""人人有事做，事事有人做"，这个是前一段时间市里义务教育示范校检查首批通过的，我们申报的就是这种管理模式。

全覆盖扁平化组织结构最为重要的特色是充分彰显了 C 校在管理制度上的一种"简单"文化。"简单"主要是在各项制度方面的体现，避免教师将很多时间和精力消耗在各类部门工作的应对上，这在很大程度上得益于扁平化的组织结构，它降低了管理重心，能够让一线教师的需求信息直接传递到最高层的决策者手中，得到最迅速的响应，让教师感受到办事简单、方便。然而，"简单"的制度文化并不意味管理过程的宽松，而是强调每个制度环节的精细化、操作性强。备课组作为学校科层式管理结构中的重要组织层级，在提高学生学习成绩和促进教师教学专业发展方面均发挥着不可替代的关键作用。因此，每所学校对于教师备课组的管理效能，在一定程度上决定学校的整体效能。近年来，C校为了进一步激活教师备课组的实践功能而不断创新管理模式，在备课组管理中提出"双轨制"，即备课组长轮值制和学科导师制并行。具体来说，备课组长轮值，组内除了三年教龄内的年轻教师，其他人每年一次轮流做备课组长，使得所有教师都能参与备课组内事务管理，以调动积极性，同时对备课组长职责进行了精细化界定；学科导师制，那些经学校聘任的德高望重且教学经验丰富的导师从整体上对教学活动进行把关，是教学成绩的第一责任人。因此，以教师集体备课为主要协作活动的教师专业学习模式，可以说在C校已经形成一种明显的制度文化。对教师个体来说，《教师集体备课精细化管理细则》可以作为一种严格的操作指引和行为约束[①]：

乐为课堂做小事，才能成就学校大发展。集体备课是保证课堂实效性的重要环节。为了切实增强教师备课的实效性，为高效课堂教学奠定坚实的基础，特制定备课细则如下：

1.明确责任人制度。教研组长是组风建设的第一责任人，学科导师是成绩的第一责任人，备课组长是管理的第一责任人。每次大型检测后的成绩通报会上将以备课组整体成绩予以通报。备课组的集体备课管理由备课组长负责。

2.备课时限上实现"2+n"制度，即集体备课时间每周至少两次，一次定为大型正规备课，另外一次定位小型随机备课，另外实行通报制，组内第一课上课老师有义务将第一课上课的得与失快速向组内人通报，通报即研讨。大型正规备课时间均定为各年级下午年级体育大课时间，各年级的各个备课组在此时间段内统一开展，便于负责领导届时参与、检查、指导。

3.集体备课要求人人参与，如有缺席，需调整时间另行安排，并告知教学管理部门，确保每位教师通过集体备课获益。

4.各备课组长要提前做好集体备课设计与布置，主讲人、备课内容由备

---

① 来自案例学校提供的文本资料。

课组长确定。督促相关责任人做好充分准备，确保集体备课活动按时、有序、有效进行。集体备课情况将作为教导处月份工作总结的重要内容。

5.集体备课要求。集体备课要做到"精""深""细""透"。"精"指准确把握每个单元、每个模块及每个章节的教学目标，精确设计每节课的教学流程；"深"指对备课内容要深入研究，要区分不同层次的教学任务，面向不同层次学生，做到科学设计、兼顾多面、梯度合理；"细"指备课过程要细致入微，将每章节所有内容悉数涉及，不放过细枝末节；"透"指将每次备课内容透彻地让每位教师了如指掌，使组内教师通过备课获得真正意义上的进步与提高。

6.集体备课常规流程如下：酝酿准备；定主备人；集体议课，作业匹配，教学反思。

7.个人备课必须在集体备课的基础上进行，个人需用红笔进行二次个性化备课，二备重点应体现各班学情特点，如根据课型不同设计不同的小班化座位、小组合作形式、百分百的提问设计等。

8.个人二次备课后交备课组长进行第一次检查并签字，方可通过使用。教导处值班领导每天抽取一个至两个备课组进行二次检查，并做详细的检查记录。

9.负责各组集体备课的领导按时参加组内备课，参与讨论并做好记录。学校派专人检查、落实各备课组集体备课情况，进行优秀备课组的评选。

在调研过程中发现，一方面精细化管理体现为对教师集体备课环节的严格要求上，如用《备课组月质量抽测成绩分析表》作为备课质量的量化结果反馈，也就是各备课组根据学生抽测成绩对以下四个方面进行分析：第一，考试暴露出来的知识点上的问题及原因分析；第二，从课堂教学、课后辅导等方面提出调整措施；第三，前100名学生学习成绩变化情况分析及改进措施；第四，后50名学生学习成绩变化情况分析及改进措施。另一方面，这种精细化管理同样也体现在领导监督、参与过程中，C校每年度都有对应学科负责领导深入备课组调研，要求领导对备课组活动情况做详细记录，并给出检查意见，形成完善的《年度学校包科领导深入备课组调研记录表》。C校长很重视教师集体备课在促进教师专业成长方面的作用，因此非常关注这一方面的管理（C-P-CC-1）：

> 固定时间，我们调出时间来，必须参加，一次集体备课后，还有多次的不定时的小型的反馈，比如说首课通报，就是第一个人上课的，他可以把自己的得与失快速地反馈给组内的其他人。教学这东西啊，是良心活，它可来不得半点的虚假，孩子的差异很大，个性不一样，所以怎么落实到课堂教学当中，课堂是教学的主阵地，围绕课堂，学校的教育教学活动才能开展起来。

2."名誉管理"文化下的团队评价

"名誉管理"是C校管理文化中的一抹亮色，在校园制度文化中占据着重要分量，这种分量不仅体现在口号上，而且已然落实在学校管理实践中。总体上，C校提出"亲情家园、人本校园、成长乐园"的教师队伍建设目标，在实施过程中从大处着眼，从小事着手，将"名誉管理"做细、做实、做小。在问及C校长"名誉管理"的核心要义时，她说到（C-P-CC-2）：

> 我们学校在教师管理这一块提出的是"名誉管理"，一个老师他很要面子，实际上一所学校，有的规章制度他是为谁制的呢？为了那几个差的老师付出大量的管理成本，合理吗？真正的一个好老师，他在你这所学校是一个优秀老师，在别的学校也是一个优秀老师，那么你的制度针对的是部分老师，也就是为少数几个人制定的，那么你为了少数几个人付出这么大的管理成本，有意义吗？所以说，怎么能唤起老师内心的"名誉感"，让他感觉到我在这个团队里是受人尊重的，对不对？被尊重的需要、自我实现的需要，在马斯洛需求层次理论看来是一个人需求的最高层次，这也是人的终极的东西，所以把这些东西焕发出来，一切问题就可解决了。

团队评价是"名誉管理"的重要落脚点。C校坚持"管理不是注满一桶水，而是点燃一把火"的理念，让"名誉"之火带动团队建设发展势头生生不息。C校每年都会在"名誉管理"制度文中推出一个团队精神，如"评价比要求有效""氛围比约束重要""不给别人添麻烦""一个人就是一所学校""被需要是厚重的信任""为自己鼓掌，为同伴喝彩，为明天遥祝"等。经过几年时间的沉淀，团队文化已经发展成为教师的核心价值观，并融入学校文化，成为引领教师团队前行的关键动力。在学校全覆盖逐点透析式管理框架下，"校园人管理全覆盖"包括"班级形象积分制"和"团队考核制"等管理制度。

具体表现为对关键性事件引起的价值认同，以及对这种认同背后所获名誉或荣誉的珍视（C-P-CC-3）：

我们评选各种各样的奖项，有各种各样的赛课，年轻教师有"谢师课"，导师有"特色课"，不同阶段都有，通过这些我们给老师授予一定的奖项，这些东西都会逐渐形成一种价值认同了，大家在这种评价当中，经常会有这样的活动。去年的教师集体舞大赛，可谓是全校范围内的一次汇聚情感力量的"关键性事件"。那段日子令人难忘。三顾茅庐聘请教练、走街串巷租借服装、分组排练错时上课、动作纠正——打磨等。决赛当天，学校教师舞蹈《师韵》精彩绽放，惊艳全场，获得全场唯一一个特等奖。好长一段时间，老师们是在极度兴奋的状态中度过的，团队的荣耀在此刻定格，情感的力量在此刻升腾，我想就是这样"关键性事件"所带来的无穷魅力。作为校长，应该成为情感力量的设计者。当我们面对一些重大的关键性事件时，不要畏难怕烦，要把它当成一次汇聚人心、引领学校前行的机会，它所带来的出其不意的效果往往事半功倍。

在具体实践中，C校还充分利用学校资源，组织各种团队活动提升集体凝聚力和向心力，如"互动式培训""读书沙龙""团队游戏"，以团队评价的方式提高"名誉管理"的实践效力。"我们学校把老师作为学校最大的财富，地方不大，但是给老师专用的场所很多，有咖啡屋，教师成长馆，教师专用的图书馆，还有教师练瑜伽的地方，让老师感觉在这里被尊重，有一种学校文化在里面，不光是在这干活，他觉得离开这个学校感觉是孤单的，一定得把这些东西激发出来。"（C-P-CC-5）在这样的制度文化中，首先就是打破了教师之间的壁垒，营造了开放、分享的平台，每位教师与团队共成长；其次，评价机制的改进，巧用多元评价和过程性评价理念，通过评价引导和谐的人际关系氛围。C校确实做到了这一点，学校的团队很多评价都是以评价团队的形式进行。例如，以一个年级备课组为单位进行评价，而不是评价一位教师，这样自然就去除了教师个体之间的竞争和间隙，人际关系也就轻松简单了。这也正如C校长所言（C-P-CC-4）：

管理就应该化繁为简吗？管理不能简单问题复杂化，没有必要那么些的条条框框，当然规章制度是应该有的，有人违反的时候就要拿出来，当老师们都做得非常好的时候就没有必要了。我就是靠"名誉管理",教研组出现问题,通过导师、教研组长就能解决了,我想所有老师都是要脸面的,关键是有氛围,整个学校充满着正能量,氛围有了,有问题的老师他就没有立足之地。所以说,必须形成一种积极向上的氛围,研究教学的氛围,我从来不上老师办公室,去看他们干什么,没有必要。

"名誉管理"文化下的团队评价起到了重要的作用,用 C 校长的话说就是"评价如同杠杆,设计得合理,就能够撬动每个人内在潜力和工作积极性"。在与 C 校长的沟通中发现,教师绩效考核已经几易其稿,每次修订都会听取班子会、教师的意见,逐渐加以完善。在当前运行的绩效考核细则之前,没有团队考核的成分,教师中单打独斗、各自为战的情况比较严重,集体备课时大家彼此分享的诚意不足,研究氛围不够浓厚,为了解决这一现状,2015 年绩效考核加入团队考核分量,所占比重达 40%。这种以备课组为单位采取的捆绑式评价方式,让教师对"组荣我荣、我损组损"理念形成认同,进而教师个体都被紧密地嵌置于团队之中,在很大程度上增进了教师对团队的责任心和使命感。

(二)惯习引领下的实践共享

1."领导参与"下的诊断评价

在教师实践共享层面,学校教师彼此间相互听课、评课和议课构成了教学专业知识技能提升的重要途径。然而,在 C 校教师专业发展过程中还形成了一种独特的行为文化,即领导参与下的实践共享。领导参与,一方面体现为领导经常深入教师课堂听课、评课;另一方面则表现为领导监督下的教师间的听课、评课和议课。在调研期间,学校教师,尤其是五大主科教师的工作状态,要么是在自己课堂上,要么是在同事的课堂上,要么是在批改作业和试卷。这一点在与 C 校长的沟通交流中,可以更加深刻地感受到这种行为习惯或文化氛围(C-P-SP-1):

我经常跟班子成员说这样一句话:在纷繁复杂的工作中,首先做着急的事,其次再做重要的事,最后一定做好常规的事。走进课堂听课,就是我们每天要做的最常规事情。因此,在我们学校,每天的第一、二节课全体班子成员都走进课堂开展各年级的听评课活动。我认为，对于管理者来说，没有比研究课堂更重要的，也唯此最有意义。因为每一节课都不是昨天简单的重复，每一个人在不同的课堂上会有不同的样貌，课堂教学展示的是每位教师真正的工作状态，课堂学习是每个学生在校内真实的生存状态。不走进课堂，无法真正了解师生真实的面貌，无法准确把握学校跳动的脉搏。

在案例学校，领导者把听课、评课作为最常规的事情，并在听什么怎样听、议什么怎样议的实践环路中引领学校教育教学工作。然而，当教师把被听课当作痛苦的事情时，自己便成了"靶子"，听课教师则成为"枪手"，如此管理者即使走进课堂，其所做的所有事情最终变为无意义的工作程序。教师和管理者都会失去专业提升和追求自身价值的动力，更无法形成休戚与共的命运共同体，造成的直接后果是彼此间共同奋进的人际支持的渐渐消弭。C 校长的管理导向是通过自己及领导下的班子成员亲自参与听、评、议课的过程，并形成了一种常态的工作形式，进而引领教师之间也形成这种共享实践行为，达到诊断、评价的目的。正如她自己说："我经常问自己，40 分钟的一节课可以检查，一辈子的课堂可以检查吗？一位教师的一天可以指导，365天可以指导吗？"这种管理理念在案例学校确实产生了重要的引领作用，在教师之中产生了重要的反响（C–F–SP–WL2）：

> 我印象中，校长刚来的时候在很多次干部例会上，她说对某一个学科的评课不满意，不满意在于老师没有说出心里所想的，没有说在点儿上，都是说一些泛泛的东西，所以在最开始，研讨的风气上她就把得非常严格，特别正。其他学科参与的不多，但是我们学科，大家都是心直口快、不怕得罪人、有一说一的人，大家也都习惯了这种风格，所以校长对我们组每次研讨都是很满意的，甚至有些时候感觉我们讨论得有些激烈，需要她安抚一下。

当命运共同体形成，教育自觉被唤醒，展示课及示范课的自我价值才被教师无限放大，"研究—共同研究""提升—共同提升"的氛围形成也就是水到渠成的事情。只有在研究的视角下诊断分析，帮助教师探索适合自己、利于学生的教学策略，才算作为听课、评课的基本价值功能，也是寻求突破教师专业成长瓶颈的唯一出路。

在学校领导的带动下，C 校形成了一种常态化的听、评、议课行为习惯，其被 C 校教师形象地称之为"推门课"。每个教师在这种文化氛围中也逐渐找到了自己的判断一节好课标准，形成一种听评课的逻辑理路，而且能够指引着自己的教学实践（C–F–SP–WY2）：

我觉得吧，一节好课必须是学生真正学到东西，这是最为关键的一点，还有就是学到东西是通过主动的积极探究得来的，而不是教师硬塞给他的，再有就是老师是不是在学生学习过程中有效地激发了学生的思维，而不是老师牵着走，其实事先预设的东西，教了这么些年，很容易看出来哪些是老师预设的，学生按照老师的节奏走，造成一节课波澜不惊地就上完了，所以我在听课的时候，特别关心的是生成性问题，在老师预设的框架之内，学生积极思考了，同时又深入一步，有些时候生成的东西，把后面设计的环节都代替了，这是最为高妙的一点，我看重的是生成，然后再有就是教师的引导，可能现在是教学时间的限制，在引导环节老师们总是着急，总是担心 40 分钟讲不完怎么办，引导的节奏就稍微快了一些。总之，我看课的时候，一个是生成，一个是引导，你预设的东西是你的，而不是学生需求的，再有就是学生带着自己的头脑去听课，就是能够提出问题，或者质疑，学生想从这篇文章中学到什么东西，而不是填鸭式的，等着老师告诉他。

关于议课，"打铁还需自身硬"，C 校长扮演着重要角色，校本研修的主阵地就是学校，教研员是专业引领，学校管理者是行政推进，在这个过程中 C 校坚持校长等领导者必须时刻注重提高自身素质，全程参与每一次议课活动，把每一次议课活动都看成是一次培训、一次研究，且研且训，且训且研，议研共融，与教师共同成长。因此，领导参与下的诊断评价在案例学校体现得非常明显，也可以说已经形成一种文化氛围，正如 C 校长所言：

我认为，课后讨论只能称之为议课，绝不敢说评课。每个老师的每一节课的内容和知识信息都是相当丰富的，因此作为校长及管理者你不能有想通过一节课的研究琢磨去解决所有问题的思想，而应该持续地关注课堂。这样，形如微课题的形式，在特定的一个时间段围绕一个主题或焦点问题开展课后的议课，细化实践问题，让我们有精力将课堂需要解决的问题落到实处且做到心中有数。否则，太大太全的议课点会让我们力所不及，结果必然是走形式、走过场。

2."习俗规导"下的自然分享

习俗可以在一定程度上规约、导引人们的行为习惯，并且在经历一段时间的沉淀后形成一种文化氛围。在教师专业发展进程中，除了教师间的互相诊断评价可以提高教学能力之外，另外教师之间无意识、随机地分享教学实践信息，如教学经验层面的得失反思、学困生的应对技巧等，同样对于教师教学实践能力的提升大有裨益。在案例学校调查中发现，自然分享的形式发生在学校的图书馆、咖啡屋、瑜伽房和食堂等教师课外活动时空内，而且已然形成一种习俗。

（1）习俗规导下自然分享的前提。一方面是从个体视角出发的人际支持。简单地说，教师之间的人际关系要非常融洽和谐，这个正如 WL 老师所言（C–F–IS–WL1）：

我首先觉得是氛围，人际关系和谐，在人际关系和谐的前提下，不管是几个人，形成的共同体才会畅所欲言，有一说一，才会愿意去表达，这样的话，谈论出来的东西才会有效，不然的话浮于表面的话，我觉得会浪费时间，所以说主要是人际关系要和谐。

人际支持还体现在教师个体特征方面，比如当问及 WL 老师最愿意和具备哪些个性特征或品质的教师交流分享时，她谈到两个方面（C–F–IS–WL2）：

我觉得最主要的有两个：一是必须有开放的心态，他愿意让别人走进自己的课堂，去看，去听，他也愿意花时间去参与到别人的课堂，如果这个老师的想法是这件事情和我无关，那他很可能就是把时间熬过去，不会有建设性的发言；二是教育理念要比较高一点，有着引领的作用，如果他谈出的问题，大家都能看到，那可能就不会特别高级。

教师个体性格特征在人际支持层面的重要性，在 S 老师那里同样得到了充分的佐证（C–F–IS–S1）：

开朗的人愿意表达，但他的专研能力可能就会弱一些，因为专研的人可能话就不太多，所以各有各的优势。还有就是老带青，人的成长都是变化的，不可能永远在一个位置上，肯定有新来的，肯定有衰老的时候，所以这里面我说的意思是，最优的组合，在学校整体中达到合适就好，不可能都是最优的，一个学校总是存在老、中、青教师，都有各种不同的性格特征，有的时候你想达到的效果不是肯定就能达到，是不是？

另一方面，需要教师群体充分认识到自然分享的价值。习俗规导下的自然分享在案例学校的教师看来非常关键。当问及自发的自然分享与管理制度下的正式合作之间的发生频次高低时，多数教师都认为两者都非常重要，而且自然分享的共享实践形式要多一些（C-F-SP-WL1）：

> 自然就不是强制要求，这样大家愿意去合作，就是内心所需，是我想要研讨的，学校之间是有差异，但是我们学校你待的时间长的话，你会发现各学科、各时间段，中午，食堂吃饭的时候，大家都会谈到学科教学的东西，这种合作，或者不是正式的严格意义上的合作，这样的研讨这样的交流，我感觉在这种每一天交流分享的氛围中习以为常了。当然，比较而言，那些正式的集体备课、教研，在一些大型活动中开展的，也是比较有效的。

（2）习俗规导下自然分享的内容。一方面，案例学校的自然分享的内容涉及面比较广。例如，后进生问题不是共有的现象或教学实践问题，每个教师面对的后进生情况不一，在具体应对处理过程中当然不会有通用的原则。在这个时候，自然分享过程中，教师之间关于班级后进生问题的闲聊交流可以给彼此带来很多应对方式上的启发，通常这些启发在学校正式合作交流中是无法详细涉及的。正如S老师谈到（C-F-SP-S1）：

> 从我个人来看，每个人都有变化，我在年轻的时候对他们，更多的时候可能年龄比较接近，就会理解，心态上比较平和，但是容易出现的问题就是纵容，后进生最大的问题就是他们自律不够，所以年轻教师就会存在这样的问题。然后，我觉得教师和学生之间有时候就得斗智斗勇，一般刚开始工作的老师在后进生问题上多会吃亏的，因为他们太会看老师眼色了，所以年轻老师在抓后进生上很吃力。然后，再过一段时间呢，管理班级各方面越来越成熟，会更加理性地处理问题。还有一个原因，在学校工作生活当中，因为女教师比较多一些，家庭负担也比较重，平时的工作真的是很忙，压力很大，会有一段时间对这些学生缺少耐心，可能爱心耐心都有点缺乏的时候，对后进生就会出现忽略的问题，然后到我这个年龄段，自己孩子和他们差不多，又会转变一个心态，就跟自己家孩子一样，谁家孩子没有毛病啊，你会感觉又宽容了一些，十几年教龄的我感觉这三个阶段特别明显。所以我感觉对他

们的处理，从心态上来看可以分为三个阶段，现在看他们就跟看自己孩子一样，就是这种感觉，就是很亲切。

（3）习俗规导下自然分享的形式。当教师集体备课等正式的合作无法及时、顺利开展时，通过微信群、QQ 群等信息沟通媒介进行的非正式交流，成为教师之间分享教学实践信息的重要平台。在案例学校，有工作群、知校群、新岗群等不同功能的沟通平台，在教师自然分享过程中发挥着重要作用。其中，"知校平台"的成员不仅包括学校教职工，而且包括学生家长群体，这种沟通平台的存在可以让家长、教师高效地获得相关信息，并能够及时地解决一些问题；"新岗群"多是由年轻教师加入的，成为相似教师群体有效沟通的重要渠道；还有一些缘于其他工作交流需要而组建的微信群。S 老师认为非正式的合作交流是对正式合作交流的有益补充（C–F–SP–S2）：

教师合作学习，主要在于集体备课，然后互相听评课，现在学校推进的有一个小组教学，每个组都会选择一个合作的课题，比如我们初一语文组，有一个老师上课，所有小组老师都得下去听课，所有老师都参与进来，发现问题，形成一个小组互助的课堂，都是以教师合作的形式展开的。然后，微信群，QQ 群，这些知识上的共享途径非常重要。因为每个班级都有班主任，是主科老师，所以很多时候不可能五六个老师都有时间坐在一起，有问题都会群里沟通，或者自己想单独沟通的就自己找时间，所以我们学校教师合作学习有集中的情况，也有分散的情况。

当 Z 谈到教师新岗群时总是神采飞扬，并不时地向我展示群里的动态，一方面感慨信息技术发展带来的便利，另一方面强调这种交流分享形式发挥着十分重要的作用（C–F–SP–Z1）：

我们今天要研究这个老师的课，我们先把这个老师自行录制好的课发到群里面，大家看完之后，发表你的建议。我给你看一下我们学校的一个教师"新岗群"，里面都是非常年轻的教师，这是我们学校一种新的教师合作学习形式，比方说，教师之间要相互推荐书目、展览备课本，比如说今天主任推荐哪些值得看的课，大家一起看看，这是我们合作的一个很好的形式，那种传统的面对面的交流也有存在，比如我们的试卷分析，我们就要面对面谈，你的问题在哪？或者，当我们发现一道题，有着独特的解题思路，那么就可以发到群里实现共享，然后大家发表意见，你怎么讲的，我怎么讲的，一起碰撞交流之后，会发现还是某某老师讲得最好，那么就可以被采纳，运用于课堂教学中。

（三）强管理和强领导的支持

在教育管理实践中，校长的领导支持可以体现在两个层面：强调权力的管理和注重领导力的领导。根据校长领导与管理的侧重程度不同可以分为四种领导支持局面，即弱管理弱领导、弱管理强领导、强管理弱领导和强管理强领导。为了进一步了解案例学校校长领导支持样态，本研究同样采用定量和定性相结合的研究方式加以确定。

1. 校长领导与管理效能的等级评估

在校长领导管理层面，定量统计教职工对校长领导管理效能的等级排序，主要通过案例学校教师对各自接触到的校长群体的管理效能和领导效能进行大致的估计，总分为五个估计等级区间，分别为前 20%、中间 20%、最后 20%，以及三个等级之间的两个区间，通过问卷调查的结果见表 5-9。

表 5-9 校长领导管理效能等级评定结果表

等级区间	领导效能		管理效能	
	频数	百分比	频数	百分比
1. 最低 20%	0	0	0	0
2. 最低 20% 到中间 20%	1	1.1	3	3.4
3. 中间 20%	5	5.6	7	7.9
4. 中间 20% 到最高 20%	33	37.1	31	34.8
5. 最高 20%	50	56.2	48	53.9
共计	89	100	89	100

统计结果显示，对于案例学校校长领导效能评估，超过半数的教师认为应该排在最高的 20% 区间内，共计 50 名教师，占比 56.2%；对于案例学校校长管理效能评估，也有超过半数的教师认为应该排在最高的 20% 区间内，共计 48 名教师，占比 53.9%。比较而言，教师反馈的结果中，认为领导效能在中间 20% 以上的人数为 83 人，管理效能在中间 20% 以上的人数为 79 人。因此，定量数据分析显示，可在一定意义上判断案例学校校长领导效能略高于管理效能，且均显示为较强的实践运用水平。

2. 强管理支持

首先，在与案例学校教师交谈中可以感觉到他们对校长的信服，或者可以称之为该校长具有一定的领导权威。这种信服主要来自校长在管理过程中的躬身参与、反馈落实，当然也与校长教育理念的新颖性以及具备教育专家能手的关键素养密不可分。S 老师认为校长的高强度管理在促进自身专业技能提升上发挥着重要作用（C-F-LS-S1）：

最近开始推进的小班化，每学期她会提出不同层次的上课的模式，互动式的，文科一起研究一个课，理科一起研究一个课，期末复习的引路课，每学期我们上很多课，研讨课，这个过程其实挺痛苦的，但是研讨的过程确实有收获，大家一起去讨论同样的课型，而且她总是坐在那认真地听，逼着你不停地琢磨课、研究课、想问题，然后大家一起合作解决一些问题。我感觉这个过程，虽然领导用她的压力来实施，但是我们是有收获的，是一件挺好的事情，虽然工作很累，但是校长真的实打实地抓教学。她有什么好的想法，希望我们能够实现，这样她就会推进、落实和检查。

其次，在教师专业学习共同体文化中，强管理的一个重要方面还体现为支持教学创新。教学创新可以是教师层面的自主创新，也可以是校长引领下的创新，虽然两者在发起源头上有所差异，但在实施过程中共同的环节，均需要校长的管理干预。案例学校有着很多教学创新，以下可以通过副校长 Z 的描述中发现 C 校长的管理支持的积极作用（C-F-LS-Z1）：

我认为这个文化或理念导向是校长根据学校发展情况与特点提出的观点，随后校长要使其在领导班子中达成共识，她会把责任下达，然后就是要落实行动。这样，在上层已经建构了这种趋势和氛围，或者是文化导向。这样责任落实后，数学主任负责数学教学，语文主任负责语文教学，以此类推，就要拿出方案来，为什么实施，怎么实施，途径是什么，什么时间开始，要达到什么效果，这其中需要校长在业务上进行指导、把这种文化导向的内核提取出来，讲给老师听。或者说，校长就是形成这个文化的主导者，发布者，中层管理者是中间落实者，老师则是具体落实者。

最后，强管理的支持也体现在充分注重教师决策参与权，即教师有话语权。在案例学校校长看来，教代会是学校教师表达意见或建议的重要途径，但同时也强调制度一旦确定，随后的执行力度必须要不折不扣，这一点也可看出其强管理的一面（C-P-LS-1）：

我认为校长与教职工肯定是一同往前走的，这个是毫无疑问的。当一个制度定下来之后，教工代表大会讨论通过之后，少数服从多数了，那么就没有二话，必须不打折扣往前走。但是呢，无情的制度要有情的管理，那么，在管理过程中难免会有一些特殊的情况，那么在特殊情况管理过程中，有些东西需要灵活处理，去协调，私下里去处理一些问题，是有灵活处理的成分在里面，但是学校教育教学这一方面，是不能打折扣的，一视同仁，一碗水端平，只要是教代会通过的，大家必须执行下去，在这个层面执行时必须雷厉风行。

3. 强领导支持

学校教育实践中的强管理在一定层面上可以实现管理制度的严格执行与教师行为的高效统一，但一些隐性效能指标的实现仍需校长领导力的介入。案例学校校长领导风格解析中已经证明，象征型领导向度是多元领导向度中使用频次最多或影响最为明显的。因此，关于强领导的支持，在定量研究结论与定性分析结果中具有高度的一致性。具体而言，在案例学校调研期间总结发现，校长强领导的支持可以归结为两个方面。一方面，强领导支持体现在人心赢得上。C 校长坚持"一件事赢得一个人"的领导理念（C-P-LS-2）：

一件事赢得一个老师，一件事让老师感觉到他在校长心目当中是重要的，无论是孩子入学啊，一些资格的获得啊，很多事情可以做的，校长都尽可能帮助，这就是校长灵活的一面了，在这些事情中，你会赢得一些老师了，一年下来你会赢得多少人，两年呢？当然，这种赢得一定不是讨好，没有原则的退让，在不伤害别人的情况下去做一些事情，在这个前提下怎么把这个事情合理地解决了。所以我觉得校长的管理领导，一定要把严格和灵活结合到一起。

另一方面，强领导支持表现为对中层干部和教职工的信任、支持。当问及 C 校长与领导班子成员和教职工间的关系维持时，她谈到（C-P-LS-3）：

首先，你必须要支持班子成员，构架起班子与老师之间的桥梁，当出现问题时你要旗帜鲜明地站在班子一边，否则的话当你遇到问题或管理瓶颈时，班子成员不会替你承担或分担一些责任。当然，这个过程中肯定需要艺术化地处理一些问题。如果说一个班子的威信在教师之中建立不起来的话，这个学校的中层，就像一个心脏一样它就运转不起来了。所以，这一点，我告诉自己，一定要树立班子的威信，所以每次开会，新学期开学典礼等活动中我首先就是树立班子的形象，培养班子成员之间如何付出、配合、理解、支持等方面的东西，当出现问题时，你一定要站在班子这一边。其次，教他们怎么做，一定要让他们快速地成为领导者，不能总是追随者。

在领导实践中，C 校长不仅通过自己的领导力去影响班子成员，同时让他们也能快速成长，成为具备一定领导力的中层领导者，进而形成对学校范围内的整体管理实践的影响。这种强领导支持在案例学校最为明显地体现就是"一员负责制"的施行，每个人可以负责自己所擅长的事情，并能最大限度地为学校做出贡献。C 校长认为，这是校长强领导支持下对领导班子成员和教职工最大的信任表现，同时实践证明确实在很大程度上提高了学校日常教学管理工作的效能（C-P-LS-4）：

> 教师在工作中自然也就感受到这种氛围，自然受到影响，来自校长、班子的氛围，班子气氛情绪好，老师们气氛情绪就好，最后受益的是学生，学生的情绪状态也好，包括家长，家校之间也不会存在矛盾激化的情况。这些都是连锁反应，所以我觉得在班子建设方面，"一员负责制"中，我觉得很轻松。比如说，开学典礼就是你负责，继续教育就是他负责的，科研是他负责的，每个人详细地列出来，包括家长会是谁负责的，外出活动是谁负责的，等等，很明确的分工。我们学校，一些大型活动中，我就是兵，项目书制定出来，我们按照规定做的事情执行下来，校长几点到操场，副校长几点干什么等。这样的话，不耽误事情。

▎四、教师合作学习影响因素间的作用机理

从案例学校校长领导风格解析，再到教师专业学习共同体文化表征考察，其核心意义在于找到教师合作学习实践样态呈现的关联因素间作用机理在多大程度上契合或印证本研究的定量研究结论，并从教育个案实践的视角进一

步廓清、观照校长多元领导对教师合作学习影响的生发路径。通过问卷调查的方式，根据教职工对自己所在学校与其他了解的学校做出比较评估，进而获得教师专业学习共同体文化、教师集体效能感和教师合作学习氛围等组织效能的等级评估区间见表5-10。

表5-10 案例学校组织效能等级评估结果

等级区间	专业学习共同体文化		教师集体效能感		教师合作学习氛围	
	频数	百分比	频数	百分比	频数	百分比
1. 最低20%	0	0	0	0	0	0
2. 最低20%到中间20%	1	1.1	1	1.1	1	1.1
3. 中间20%	6	6.7	14	15.7	3	3.4
4. 中间20%到最高20%	36	40.4	29	32.6	20	22.5
5. 最高20%	46	51.7	45	50.6	65	73
共计	89	100	89	100	89	100

表5-10结果显示，案例学校教师感知的专业学习共同体文化位于最高20%区间的人数为46人，占比51.7%，认为在中间20%到最高20%之间的人数为36人，占比40.4%，认为在中等水平以上的人数总计82人，占比92.1%；案例学校教师感知认为教师集体效能感位于最高20%区间的人数为45人，占比50.6%，认为在中间20%到最高20%之间的人数为29人，占比32.6%，认为在中等水平以上的人数总计74人，占比83.2%；案例学校教师感知认为教师合作学习氛围位于最高20%区间的人数为65人，占比高达73%，认为在中间20%到最高20%之间的人数为20人，占比22.5%，认为在中等水平以上的人数总计85人，占比95.5%。从数据统计结果来看，案例学校教师合作学习氛围浓厚，教师专业学习共同体文化和教师集体效能感水平较高，整体组织效能处于中等以上水平。特别应该注意到的是，案例学校教师对自己所在学校教师之间合作学习的氛围评价较高。因此，进一步探索案例学校教师合作学习影响因素间的作用机理，揭示高合作学习氛围的生成原因，有着一定的实践意义。根据个案研究收集、转换而成的文本资料和研究者的调研经历，最终形成案例学校教师合作学习影响因素作用剖析图，如图5-4所示。

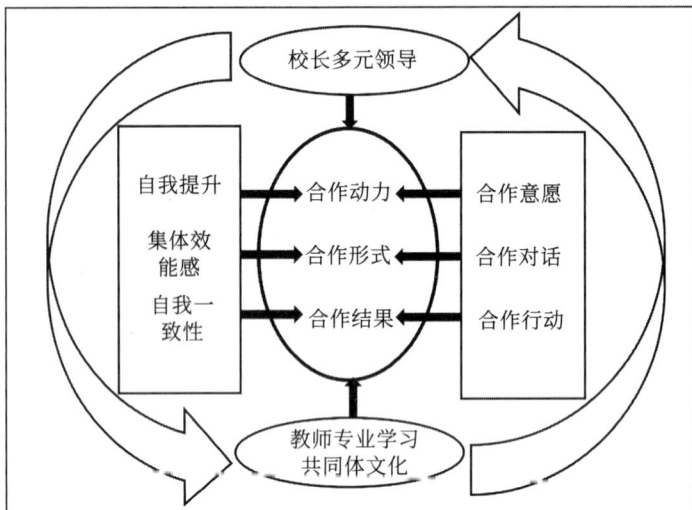

图 5-4　案例学校教师合作学习影响因素作用剖析图

从图中可知，教师合作样态分别从合作动力、合作形式和合作结果三个方面加以刻画。在案例学校宏观层面，校长多元领导风格与教师专业学习共同体文化共同作用于教师合作学习实践，同时二者在一定层面上相互作用；在教师合作学习微观层面，教师自我观念中自我提升、集体效能感和自我一致性，以及教师感知的合作学习行为及倾向共同作用而形塑着教师合作学习动力、形式和结果等基本样态。随后将分别从教师合作学习动力、教师合作形式和教师合作结果进行体验式论述，相关访谈文本资料编码信息见表 5-11。

表 5-11　教师合作学习样态文本资料编码信息表

研究术语	自我提升	集体效能	自我一致	合作意愿	合作对话	合作行动
资料代码	SE	CE	SC	CW	CD	CA

（一）合作学习动力：内因与外显

教师合作学习动力可以从自我提升的内在驱动与行为意愿的外显倾向两个方面追溯。自我提升在埃雷兹文化自我表征理论中隶属于自我观念范畴，其作为动机策略之一，在个体发展过程中起着重要作用。因此，在教师合作学习实践中，教师专业知识、技能和素养等方面的自我提升动机，在一定程度上会受到外在环境的影响，诸如领导、文化和习俗等。换言之，学校环境能否为教师主体提供自我提升的机会非常关键，同时还受到教师主体对这些机会进行评估和解释等自我认知调节过程的影响。另外，从教师行为意愿的外在倾向，相比自我观念下自我提升的内在因素，更加容易从旁观者的视角进行捕捉，有助于更加翔实地描述案例学校教师合作学习实践的本真样态。概括而言，本研究中自我提升的内在因素从职业倦怠和角色期待两个角度阐述，以呈现阻滞和驱动两个层面的教师合作学习动力的内在影响因素；合作意愿的外在表现分别从分享意识和教学负担两个视角展示，以对教师合作学习动力进行外显化地描摹。

1. 自我提升的内因

（1）角色期待的驱动。根据角色理论，作为一种角色行为现象，人的角色会从一种社会角色转向另外一种角色。[①] 在此，教师的角色转换更多地是依据其所面对的群体而发生的。总体上，本案例研究中的教师角色分别从社会、学校和学生三个主体层面提取、剖析。一般而言，源于不同群体对教师角色功能的期待能够促进教师自我提升，并激发他们不断地完善自身的职业形象。

① 社会期待方面。C校教育质量总体排名在区内是第一，且在市里也排在前五名。毋庸置疑，在这样一所学校工作的教师自然会受到来自社会舆论的无形压力，或说是家长群体对于教师的角色期待。因此，每位教师都会注重自身职业形象的维护和完善，在案例学校教师群体中，整体上自我提升的动机是非常强烈的（C-F-CW-Z1）：

这种学校老师的特点就是愿意，从自身内驱力的角度来说，每个人都愿意发展自己的业务能力，渴望有这样的组织形式，提高自己的业务能力，它是个热点学校，家长要求相对来说都比较高。

② 学校期待。案例学校正在进行小班化教学模式尝试，从学校层面来看，对每位教师都是一种全新的挑战，不同的上课模式就需要配备不同的教学设计思路。因此，互动式探讨和研究是必不可少的合作学习环节。这种情境下，教师需要承担的角色任务就是落实学校的宏观教学规划，执行校长及中层管

---

① 奚从清.角色论[M].杭州：浙江大学出版社，2010：120.

理者的教学研究部署。换言之，来自学校层面的期待让教师在自我提升的道路上更加坚定，其中校长的领导风格与教师专业学习共同体文化交互发挥着重要作用。一方面，领导参与下的诊断评价，作为共享实践维度的教师专业学习共同体文化表征在案例学校十分常见，已然可称之为一种教育交往现象，使得小班化教学实践稳步推进；另一方面，这种现象的发生与校长结构型领导行为关联甚密，尤其在管理中注重细节、强调清晰的目标，并通过检验、反馈的方式让教师对结果负责，督促教师不断提升自我的专业能力。正是基于学校层面的期待以及缘于校长结构型领导行为的介入，逼迫着教师不断前进，寻找提升自我的途径，案例学校教师在具体实践中收获颇丰，且大都认可这种管理方式及其带来的效果（C-F-SE-S1）：

这个过程其实挺痛苦的，但是研讨的过程确实有收获，大家一起去讨论同样的课型，而且她（校长）总是坐在那，她也听，逼着你不停地琢磨课、研究课、想问题，然后大家一起合作解决一些问题。我感觉这个过程，虽然校长用她的压力来实施，我们是有收获的，是一件挺好的事情，虽然工作很累，但是校长真的实打实地抓教学。她有什么好的想法，希望我们能够实现，这样她就会推进、落实和检查。

③学生期待。长期以来，教师在"园丁""工程师""蜡烛""春蚕"等神圣的隐喻光环下教书育人，并积极践行"传道、授业、解惑"的使命。因此，学生的成长与发展在任何时代都是给予教师职业体验及成就的最大慰藉。推及学生，所有教师也都想成为学生一生中认可的最为重要的引路人之一。在与一些教师交流过程中发现，当很多教师谈到自己所带班级学生学科总体成绩和自己培养的特别出众的学生时，他们脸上总会洋溢着灿烂的笑容和发自内心的自豪感。也正如问到一些教师提升自己的最大动力时，WL老师这样回答（C-F-SE-WL1）：

我想做一个学生喜欢的老师。我要抓住课堂，我要给学生很好地呈现，我要让他们在我的课堂上有很好的体验，所以我要提升业务能力，然后精心准备。

（2）职业倦怠的阻滞。长期以来，教师职业倦怠受到学界的普遍关注，不同研究领域的学者试图从不同层面展开研究，心理学研究者关注职业倦怠的心理特征。例如，工作热情消解、个性消逝、情绪疲倦、易怒等①。教育学研究者较多地考察职业倦怠的现状以及不同阶段影响因素等。社会学研究者则更倾向于在社会变迁等时代背景下演绎、阐释职业倦怠中的教师职业社会化的转变逻辑。正如有学者指出，教师倦怠的职业体验是当下教师专业发展面临的现实问题之一，也是教师专业发展方式转型进程中必须突破的瓶颈。②

在此，职业倦怠术语的使用，并不是对案例学校教师群体的一种现状研判，而是从这一种任何职业发展过程中必然存在的阶段性现象出发，尝试揭示教师合作学习因其而带来的在自我提升动力层面的差异。根据研究者的体验经历和文本资料编码结果，案例学校教师合作学习动力因职业倦怠的阻滞而呈现如下几方面特征。

①认识差异性。随着教师工作年限的积累，在知识储备上已经非常完备，认为不需要通过合作学习来获得"更满的一桶水"（C-F-SE-Z1）：

大家的内驱力不一样了。我这些水平是不是已经足以能够教会我的学生了，我不需要更多的一桶水，甚至是更满的一桶水；第二呢，老师的思想想法不一样了，老师认为你讲的是不是太复杂了，用我自己的老办法，出现穿了新鞋还是走老路的这种情况。现在呢，其实教育发展，经济各方面提高，外部的硬件条件都没有问题，还是人的东西比较多一些。

这种认识差异还如一些教师谈到，教师职业倦怠，这是每个人多少都会存在的一些情况，不同年龄段有着不同的心境和发展愿景。"穿新鞋走老路"拉低了教师对于学习新的教育理念、教学方法的动机水平（C-F-SE-T1）：

他认为这样的课这样做就可以了，没有必要在教学过程当中，提升学生思维能力啊等方面再做文章再下功夫，因为，认为浪费时间。现在课改的观点理念是，让学生深入地建构知识，深度理解，深度学习，在课堂教学中非常重要，有的老师认为我课堂任务完不成怎么办，还整这个整那个，时间都浪费了。实际上，对学生的思维，需要慢慢地浸润、慢慢地熏陶，他才能够

①Maslach C，Schaufeli W B，Leiter M P.Job burnout[J].*Annual Review of Psychology*，2001，52（1）：397-422.
②闫守轩，朱宁波.教师专业发展现实问题与范式转型[J].中国教育学刊，2013（12）：67-71.

形成一种很好的思维方式。数学是什么，就是提升学生思维的严谨性啊！逻辑性啊，抽象思维的能力等。但是，有的老师认识不够，认为这是浪费时间，真的是这样的。所以，在研讨的时候也很认同，但是到课堂教学就走样了，不按照既定的模式教学，就直截了当地、开门见山地把东西教给学生。有这样的情况，认识上的障碍。

②年龄差异性。最为显著的现象是年轻教师的自我提升意愿非常强烈，他们往往在合作学习中具有较强的动力。在调查过程中，也有教师坦言，经过几轮（从初一到初三）的教学实践，一个新手教师很快就能成长起来，变为一个成熟型的教师。由此，合作学习的动力就有了教龄上的差异，因为青年教师入职以来经验很少，他们所做的课例在教学课堂上往往会反映出一些教学机智不足，不能有效应对课堂突发问题，无法巧妙解决学生随机生成的问题。因此，合作学习可以带给他们更多的策略性知识（C-F-CW-T1）：

年轻教师会出现茫然不知所措的情况，那么这种情况下，我们有经验的老师就可以对他进行一个建议，我们自己提出如何处理的方式方法，然后他结合自己的情况进行改进，当然也有甄别和选择的成分，这对他的教学经验的积累是很有帮助的。

与此同时，也存在年长的教师因为职业倦怠的出现，没有自我提升的动力和发自内心的需求（C-F-SE-W2）：

我可以这样说吧，如果一所学校的年轻教师比较多的话，其实会不错的，老教师要是多了，他就不爱研究，因为快退休了，在这种情况下，你可以理解吧，这就是一种文化的缩小化，到达一定年纪后就职业倦怠了，不喜欢合作啊，沟通啊，在一起研究啥的。

③学科差异性。初中课程设置中有主科和小科之分，其区别依据是升学考试分值的比重。考试升学仍然是教育实践中无法回避的一个现实问题，学校日常教学在很大程度上还得围绕主要学科进行规划、设计。在调研过程中所接触到的小科教师群体中，有少数教师认为缺少发自内心的提升自我的动力（C-F-CW-WS1）：

我感觉你得有学习的一种契机，或者你有学习去加深理解或提升能力的驱动力，才会提升自己，在这种情况下你才有可能对教学实践过程中发现的问题进行探究、学习。但是，现在能够让你发自内心的，这样去提高自己的动力不是太足。

在研究之初，研究者对这样一种声音并没有过多在意，并主观判断其可能是个别教师的不同看法。在随后的接触中，研究者发现不同学科教师之间，关于自我提升存在显著的区别，而且这种区别在一定意义上已经构成职业倦怠的一种诱因。语文、数学、英语、物理和化学在升学考试中占据很高的分值比例，相对而言，历史、地理、生物等学科的分值比例较低，在这种情况下小科教师会先入为主地界定自己的专业发展需求要低于主科教师，进而影响自我提升的自我观念，正如 WS 老师所说（C-F-CW-WS2）：

因为你所学的知识，应对初中教学完全没有问题，但是如果你想达到一个更高的预期，比如说你想给学生铺一条更好的路，让他能跟高中衔接起来，能够利于他们今后的发展，这种能力就得通过自己的学习，到底怎么去做到，比如有些知识在初中不是太重要，不总考到，但是在高中时很重要，还有一些思维方式，这些你想要教给学生的话，那么你就得动脑子，就我们组的所有成员对初中生物教学方面是完全没有问题的。

在案例学校中，针对教师合作学习认识上差异而导致动力不一的情况，C校长主要通过愿景引领的方式鼓励教师要通过合作学习不断提升专业能力，从而促进学生学业进步、提升学校效能，具体措施包括教师共享实践的习惯养成并力求形塑为一种浓厚的文化氛围，以期多渠道、多途径增加教师彼此间交流的时间、空间和机会。另外，C校长多从人本化的领导思路出发，注重以关心、开发人力为特征的人力资源型领导向度的使用，区别化对待不同年龄阶段的教师。例如，超过45周岁的教师可以不用写详细的教案，同时还充分利用"师徒结对"等形式对不同年龄阶段教师合作学习潜力进行挖掘。然而，正如我国其他大多数学校一样，"师徒结对"在案例学校业已成为一种惯习，甚至也可称为一种教师专业学习共同体文化，但仍有待改进的空间。布迪厄认为，"完全相同的惯习在不同场域的刺激和结构中是可能产生不同的结果的"[1]。在定量研究结论中，政治型领导向度在人力资源型领导向度影响教师

①　皮埃尔·布迪厄，华康德.实践与反思——反思社会学 [M].李猛，李康，译.北京：中央编　译出版社，1998：179.

专业学习共同体文化过程中具有正向调节作用。案例研究发现，C 校长政治型领导向度在惯习引领下的共享实践文化形成方面体现并不明显。由此，研究启示，校长应该借助政治型领导向度的调节作用，促进良好专业学习共同体文化的形成，进而提升教师合作学习动力。这与国内学者有关教师专业学习能动性的研究结论较为一致，"应借助学校领导的行政资源，通过创造共同体学习的时间、物理空间上的联系、交流的结构、相互依赖的教学角色等结构性因素产生有利的外在环境，进而促进教师专业学习的能动性"[①]。

2. 合作意愿的外显

（1）分享意识的存在前提。分享意识在教师合作学习过程具有重要作用，正如定量研究部分证实，对话交流是整个合作环节的关键，而分享意愿则是对话交流的前提。通常，经历过教育教学实践洗礼的教师个体，"在认知风格、智慧水平、知识结构和思维方式等方面会出现不同程度的差异，而这种差异恰恰构成了教师之间相互补充、相互启发的教学资源，这也为教师个体间互动分享提供了前导性的内容支撑"[②]。从分享意愿的外在表现出发可以更好地判断教师合作学习动力水平，具体的外显成分可从分享准备、资源共享和人际关系三个方面加以表征。

① 分享准备情况。"凡事预则立，不预则废。"准备环节是开展任何活动的重要前提。在合作学习实践过程中，如集体备课，通常需要确定一个核心议题，诸如一个具体的知识点，或者一篇课文，或者一个单元模块的复习引路课。那么，一旦备课议题确定，备课组成员教师就要围绕议题进行准备，以为集体备课时的互动交流提供可能的材料支撑。通过研究者几次集体备课活动的参与发现，案例学校的教师备课组教师大多数都能够积极展示分享，包括经典的课例、习题、解题思路，甚至有些教师会将历年来关于某个知识点的中考题梳理出来并分析其中的变化规律以佐证自己观点的合理性。此外，虽然多数教师在集体备课活动中体现着系统的前期准备工作，为分享环节奠定了扎实的基础。然而，分享准备工作在一些教师那里仍然存在忽视的情况，这在一定程度上会影响整个备课组活动效果，一些教师也对此表示

① 刘胜男. 教师专业学习的实证研究 [M]. 上海：上海三联书店，2018：256.

② 王坦. 论合作学习的基本理念 [M]. 教育研究，2002（2）：68-72.

担忧（C-F-CM-P1）：

　　备课前的准备非常重要，这样才能保证备课质量。其实，在这个过程当中，我觉得重要的环节，一个是教研前的准备，如果教研前的准备很多老师会出现应付，他们甚至不准备，来了以后想怎么说就怎么说，想起什么讲什么，虽然也能碰撞起火花，也会……怎么说呢，也会出现一些奇思妙想，但这些都是偶然的，都是没有准备的。

　　② 资源共享情况。资源共享是教师合作学习的重要环节，因此，资源共享情况在一定程度上可以彰显合作意愿的实际强度。共享资源的范畴包括实体资源和抽象资源，前者主要包括一切用于保障合作学习前期、中期和后期相关实践活动顺利实施的文本、材料和其他资料，后者则是经由教师主体抽象化呈现的理论观点、教学经验、思维方式和知识结构等。在案例学校，资源共享是学校教师公认的准则，团体评价理念指导下，"组荣我荣，我损组损"让一个团队紧紧凝聚在一起，共同朝着进步与提升的方向前进；"导师制"让每个备课组成员都能在一个专家型教师思想经验的指引下交流互动，共享前沿的教育思想理念，同时每个人都愿意积极地分享自己的观点，在共同借鉴、互相评价中成长。下面是两位教师关于资源共享的认识（C-F-CW-W2）（C-F-CM-P2）：

　　资源的共享，比如说我备课方面的所有东西，材料啊、备课教案、课件、习题，都是大家经过集体的智慧完成的东西，可以说应该是一种共享的资源，不是说，你的就是你的，我的就是我的，所以资源共享很重要。再有就是共同体吗，我觉得里面必须有高人。没有高人的话，它没有促进作用，没有提升的可能，在一个平台上没有较大的提升，进步不会特别大。

　　积极交流，就是把你想到的说出来，能够积极地交流起来，不一定要有什么结果，但是一定要让他们交流起来，实质上在这个交流过程中，我们更注重的是老师之间的思想碰撞。啊，他的思维是这样的，他的想法是这样的，突然就给某些人打开一些思路，每一个人的思路是不一样的，不一致的。

　　③ 人际关系维护。毋庸置疑，合作学习实践必然会涉及人际关系的处理，一般而言，人际关系的和谐顺畅可以提高分享行为发生的意愿及可能性，进而提升教师群体的合作学习动力水平。正如 W 老师谈到，"其实老师是小知识

分子，他毛病比较多，有些老师非常有个性，有些时候我看不上他，他看不上我的，所以这个问题就是，教师之间合作学习的话，人际之间的关系处理、维护和相互支持是很重要的"。（C-F-CW-W1）因此，人际关系是导引分享意识产生与否的重要因素，在一个教师专业学习共同体中，大家的利益是息息相关的，在这样一种情况下，相互支持与信任、创建和谐的人际氛围是分享行为的重要前提。学校是一个相对比较封闭的组织，人员结构固定，内部信任缺失而导致的人际关系疏远是尤应关注的现象。有研究表明，低度的成员信任关系使得教师之间形成一种看不见的隔阂。[①] 因此，人际支持、领导支持的教师专业学习共同体文化氛围的形塑至关重要。在案例学校教师群体中，关于人际关系维护方面的表现较为一致，大家能够认识到分享意愿的价值及人际关系介入时的处理尺度（C-F-CW-W4）：

大家就是为了专业上的提升，说的话、进行的沟通都是为了专业上的东西，不会因为掺杂着个人的感情去说你，质疑你，为难你，你这个问题不对，我说你，不是针对你，而是针对问题，是一个学术性的讨论。所以，我觉得氛围很重要，这在我们学校就是一种文化吧，我认为。

（2）教学负担的现实困顿。教学负担过重，似乎是教师专业发展议题中普遍会涉及的现实问题，其在一定程度上导致了教师在教学任务与专业发展之间的困顿局面。有学者指出，我国行政强制下的校本教研活动，使得教师合作成为一种工具性的手段，带来的后果之一就是让教师除了完成本职的教学任务外，还需要额外完成事务性工作以供学校领导及上级行政部门的检查，如此一来，所谓的合作学习渐渐流于形式，教师合作学习热情和动力慢慢消退。[②] 在此，本研究将教学负担单独列出作为合作意愿外显表征的一个指标维度，旨在正视教师专业发展过程中这个无法回避的议题，教学及相关学校任务层面的负担让教师无暇更多地兼顾自身专业提升，即使能够开展额外的教师合作学习活动，但会在一定程度上表现为合作学习意愿不强、合作学习动力不足。因此，教师合作动力源于教学负担过重而减少，在案例学校也是实际存在的一个现实困顿。例如，案例学校每周的集体备课时间、试卷

---

① 刘胜男.教师专业学习的实证研究［M］.上海：上海三联书店，2018：261.

② 王秀秀.初中校本教研中教师合作的案例研究［D］.上海：华东师范大学，2018：142.

分析时间和较大规模的公开课时间均由学校统一调配，一般比较固定。然而，总体上来看教师集体合作学习实践的可利用时间还是相当有限的，对此，领导管理者仍会出于教师教学基本任务、工作量等因素的考虑适当酌情安排活动（C-P-CW-1）：

> 有的时候，这么说吧，老师的负担真的是挺重的，所以时间啊，不可能大块拿出时间，为什么说不能保证每周一次考研活动，如果那样，老师还有些常规的工作就完成不了，老师需要写的东西，记的东西真的是挺多的。

从教师主体来看，教学负担确实对广泛的持续的合作学习实践有着一定的阻碍性。尤其表现为，即使教师有着强烈的合作意愿，但是碍于时间精力的有限性，并不能付诸实际行动。T老师认为，"时间上，为什么说不能经常搞这种课例研究，我们老师一天三四节课，还有批改作业任务，要搞这种活动必须精练，还要有效，不能隔三岔五就把老师整到一起，这样真得很浪费时间，因为老师精力有限"。（C-F-CW-T2）可见，教学负担造成教师合作学习动力削弱，不单是案例学校的现象，这种问题需要领导者巧妙地应对。在案例学校，非正式合作学习形式带来了一定的缓解，这一点是值得其他存在类似实践难题的学校进行效仿的。

（二）合作学习形式：单向与双向

关于案例学校教师合作学习形式，主要围绕教师集体效能感的信息源和教师合作对话的生发方式展开质性描述，以从具体实践层面深入印证相关影响因素间的作用路径。本研究定量研究结论证实，教师集体效能感在校长多元领导经由教师专业学习共同体文化影响教师合作学习的后半段过程中起着调节的中介作用。在社会认知理论视阈下，集体效能感是对特定群体在未来的特定情境中能够顺利完成既定目标而组织或执行行动方案能力的判断。[1]正基于此，哥达德等人认为集体效能感在学校教师合作开展那些对学生学业成

① Goddard R D，Hoy W K.Collective efficacy beliefs：Theoretical developments，empirical，evidence，and future directions[J].*Educational Researcher*，2004，33（3）：3-13.

绩有重要影响的行动方案时发挥着关键作用。^①同时，在教育研究领域，该结论的证实也是对埃雷兹把集体效能感引入文化自我表征理论的合理性的有力佐证，即集体效能感受到环境的影响并在不同文化中发生机制不同。替代性经验和社会劝说（言语说服）是集体效能感的两大信息源，且为社会学习过程的表现方式。因此，案例学校的教师合作学习形式一方面在集体效能感的效能信息源视角下，可以归结为单向式的合作，强调单向的观察、评价和言语劝说。另一方面，在教师合作学习实践视角下可概括为以对话交流为互动前提的双向式合作，双向式合作的界定在于强调教师合作学习的收益方是双向的，而非为单一教师合作学习主体。

1. 作为集体效能感信息源的单向式合作

（1）作为替代经验信息源的观课。从理论演绎的视角来看，教师集体效能感可以调节校长多元领导经由教师专业学习共同体文化影响教师合作学习的过程，反观实践，教师合作学习也在一定程度上构成了教师集体效能感的关键信息来源，即在教师专业学习共同体文化背景下，替代性经验指教师集体在观察同行教师教学过程中，成功的教学行为往往会提高集体效能。观课是一个总称，在具体实践中，案例学校教师合作学习的形式可以称之为观课的合作学习，包括公开课、精品课、引路课等。单向式合作学习形式，旨在区别合作学习过程中教师的主体与客体。事实上，相对于合作学习的本质内涵来说，合作互动是没有主客之分的。然而，鉴于合作学习最直接受益者的判断或合作学习价值的传递路径，单向式合作形式的统整可以较为清晰地划分合作学习形式上的界限。

公开课与精品课是一种常见的教师示范课形式，不是案例学校特有的。通常，公开课有校级、区级和市级等之分，每个级别的公开课都在很大程度上凝聚着主讲教师的心血，同时表征着主讲教师的最佳教学水平；精品课相对来说其辐射面更加宽广，最高级别的有国家层面的精品课，可收入国家精品课资源库，代表的教学能力更高一筹。因此，教师之间的观课，尤其通过对高级别的公开课和精品课的观摩，观课教师可以获得十分宝贵的教

---

① Goddard R D.Collective efficacy, A neglected construct in the study of schools and student achievement[J]. *Journal of Educational Psychology*, 2001, 93（3）：467-476.

学经验。多数教师对于这种合作学习形式持积极参与的态度（C-F-CD-T1）：

　　我觉得这种是基于一个教学实践，并且具有一定高度的实践，一种有效的教学专业技能提升的方式，在这种情况下老师集体去看课。通常，这种学习都是带着问题去的，然后一起研讨，就是针对问题一起反思，提出合理化的建议，去改进实践，然后再次运用到自己的课例研讨中，这样的话一次比一次有进步，不论是针对哪种情况的教师，对于他的专业成长来说，是非常有效的。

　　引路课，是案例学校教师合作学习中的一种特殊课型。实际上，在案例学校引路课有两个含义，一个是形如期末复习引路课，这种课是对一学期特定节点时间的教学规划，通常复习引路课由备课组的导师来上，其他备课组教师观摩参与，然后根据导师课堂设计思路规划自己所带班级的教学设计；另一个则是师徒结对过程中，师傅给徒弟展示的引领示范课，因其对新手教师或徒弟有着引路的作用而得名。显然，引路课在合作学习上属于单向传递教学经验，最大受益者在观课教师方。在一次访谈中，了解到 Z 老师刚上完课，而且自己带的两个徒弟全程看了她的课，当谈到合作学习时，她就对这种师徒结对的合作形式进行了着重说明，并阐述了引路课的好处（C-F-CE-Z1）：

　　比如说，我带的两个徒弟，都是研究生，师范专业出身，来到这里，他们就很有内驱力，我上一节课，他们就要看一节课，上完课之后结合自己新的想法去给自己的班级上课，所以两个徒弟的发展比较快。

　　（2）作为社会劝说信息源的评课。社会劝说指集体成员间凝聚力越强集体就越有可能被正确的言论引导，进而增强集体应对挑战时的信心。评课，是听课、观课或看课的教师主体，包括教师同行、校长、领导、研训教师以及其他教育相关人员对一节课的完整教学过程的评价。作为一种单向式的合作学习，评课的受益者更为直接的是主讲教师。在案例学校，评课活动较为常见的有推门课和献师课，以及其他由教师自发或受邀而开展的相互评课活动。

　　推门课，在案例学校是很正常的一种评课实践，多数情况下是学校校长及学校其他领导推门看课，也包括同行教师的推门听课，并且是 C 校的一种常态化的制度。当然，推门课在不同学期或不同时间段的评价焦点不一样，如案例学校的"三同三异"（同课异构、同班异课、同人异师）课，更高级别的还有"最美课堂秀"；以主题形式进行的，每个学期会设计一个主题，如"以课堂的设计"为主题进行；再如前一段时间学校开展的"策略21条"等。在这些主题下，学校领导及教师的推门看课就围绕相应的主题进行评价、建议和引导。C校长认为这种推门课可以在很大程度上提高教师的专业能力（C-P-CE-1）：

> 课堂必须要改变，现在就是着手进行动课堂，让学生作为学习的主体，这种变化不是那么容易，就是要对老师洗脑，这个过程是很复杂的。一个中心，一个主题，或者分几个阶段来开展，那么只要教师跟着领导走，在这个过程中专业能力不就提高了吗？给教师更多的舞台，让他们更多地展示自己，就会提高自信，那么很多事情就容易了，教师也就成长了。

从C校长视角来说，推门课是其结构型领导行为的实践体现。同时，通过定量的校长领导风格解析和质性文本编码结果显示，结构型领导是C校长较为倚重的领导行为向度。总体而言，结构型领导对教师合作学习的正向影响作用在案例学校教育实践中已然得到验证，而且较为清晰地呈现了其间的影响路径。在此，研究者特别关注到，定量研究结论显示，在结构型领导经由教师专业学习共同体文化影响教师合作学习过程中，校长结构型领导向度不具备调节作用。关于这一结论，通过个案研究的观照分析发现，或可找到一定的解释方式加以印证。结构型领导行为的介入，类似推门看课的管理行为直接作用于教师专业学习实践，或已经形成一定的共同体文化，进而影响着教师合作学习，此时的教师集体效能感更多地扮演着被影响的因素角色，其中形成影响的因素之一就可能包括作为社会劝说效能信息源的评课合作学习实践，如此情境下教师集体效能感的调节作用势必不会显著存在。这也在一定侧面上表明，对于高集体效能感教师群体而言，在校长多元领导经由教师专业学习共同体文化影响教师合作学习过程中，集体效能感的调节作用较弱，而对低集体效能感教师群体而言，这种调节作用较强。对此，研究启示，在具体教育教学实践中，无论是学校层面，还是管理者层面，都应该着重参考定量研究结论及其背后隐含的可能机理，以最大限度地促进教师合作学习实践的有效生发与不断改进。

　　献师课，主要指在导师制和师徒结对等合作过程中，通过导师或师傅对徒弟的指导、磨炼等方式而进行的说课和正式教学，其评价主体一般为主讲教师的师傅，或者导师。在师徒结对式的合作学习过程中，专业能力较强的导师或师傅可以实时把控自己所带徒弟的专业发展现况，并针对性地给出改进建议。有学者把师徒结对式合作学习上升为一种教师教育模式，自愿结合和内在需要是其建立的前提，新教师与资深教师之间的合作是其实践的形式。①由此，新手教师经过观察、模仿专家型教师的课堂教学实践，同时在得到具体指导前提下不断探索、反思、体悟和理解，进而在生成优秀的教学行为和实践智慧的基础上形成自己的课例或教学方案。献师课的主要功能落脚点还是导师或师傅的评价及指导，而且这种指导评价可以切实地影响、贯穿于徒弟的整个日常教学实践中。从 WY 老师的经历中，可以看出导师或师傅的评价及指导的重要性（C-F-CE-WY1）：

　　我印象最深的是前一段时间，区里面组织的一次期末考查，教育的领导、工作人员，还有三个区里的教研员，就是临时听课吧，当时感觉自己还是有些慌的，其实自己教了这么些年，总担心自己做得不够好，我有一个环节处理不好，就是时间把握上有点问题，这时候导师在后面听课，他就举手示意，告诉我需要调整时间，下一步该干什么了，虽然之前也有准备，但是那一次课，有时候情绪会被学生带动起来，忘记了自己对于一些环节的把握，那次我印象特别深，导师马上就能洞悉我课堂环节中的问题，以及如何做出调整，通过他的指引我马上做出相应的调整，后来我那节课在全区打分是第三，其实我认为还是很遗憾的，可以更好一点的，所以我觉得这种导师制的设置，体现出学校领导的一种智慧来。

　　2. 以对话交流为互动前提的双向式合作

　　（1）正式组织的集体备课。在我国初中教育阶段，相比年级组和教研组来说，备课组所具有的行政组织属性要弱一些②，因此，备课组不会承担

① 时长江，陈仁涛，罗许成.专业学习共同体与教师合作文化 [J].教育发展研究，2007（11）：76-79.
② 刘胜男.中学教师集备组团队边界管理模型建构与验证 [J].现代教育管理，2014（1）：102-106.

较多的有关学校行政管理事务层面的工作。正因如此，以备课组为组织单元的集体备课活动，在我国学校教育体制下，可算作真实存在的较为纯粹的教师合作学习实践活动。在案例学校，教师集体备课内容的设定主要根据各备课组的实际情况来决定，通常非毕业班文科可以一篇课文（语文）、一个单元（英语）、一框（政治）、一节（历史、地理）作为一次备课内容，理科为下周教学内容，一般是最难教或最有研究价值的一节课作为重点；毕业班复习时，以专题来确定备课内容，疑难问题的讨论及试卷的命题工作是集体备课的一项重要内容，尤其注意收集各种中考信息和中考新题型，指导相应学科教学。在集体备课的实施环节上，最为基础的操作任务为确定主题和主备人。在备课组长的领导下确定主备人，明确主备任务，督促主备人对自己所承担的教学内容进行精心谋划，为接下来的环节做好铺垫（C-F-CD-WS2）：

集体备课，那就是有课题的、有专题的发言人，这些都是要提前准备的，这个礼拜主要的课题是什么，他会把他自己的想法抛出来，然后大家一块集思广益，或者在教学过程当中遇到什么问题，或者是进行理论上的学习，学校提出来的什么策略啊方法啊，在整个生物学科里怎么去推动实施，也是在每一次集体备课中大家要切磋的内容。

在接下来的所有集体备课环节中，集体议课、教学反思和作业匹配是合作对话的重要体现阶段，而且是双向式的交流与对话。

① 集体议课，每周在备课组长的主持下，议课1~2次，议课主要围绕教学目标、重点、难点和方法展开，同时也会涉及课时数、板书和作业等方面的问题。具体顺序为：主备人介绍自己的教学构思，预测课堂教学中可能出现的各种问题，其他成员进行补充、删减、矫正，初步形成教学设计方案，最后备课组长总结，主备人要详细记录议课过程。在这个过程中，集体讨论商议的焦点将围绕主备人的设计思路展开，以更好地服务于教学的改进（C-F-CD-T2）：

大家交换意见，你学到的东西我学到的东西，那么交换思想之后，以这个课例为载体，将我们的问题解决贯穿于课例当中，整个备课组的研讨，就是针对某个问题在这个课上是如何解决的，这种策略是否实施得很恰当，很合理，能不能解决这个问题，而后可能还会生成新的问题，整个过程，都是教师之间合作交流的一个过程。

② 教学反思。伴随着 21 世纪初的课程改革的推进，一些全新的教育教学理念渐渐植入教育场域中，其中就包括教师应该成为反思性实践者。钟启泉先生认为，从技术性实践向反思性实践之教育实践转换的真正实现，教师才可能称之为走上专业发展的道路。① 在集体备课环节中，根据教学过程和结果对当天教学进行反思性记录与写作，让那些最深刻、最难忘的教学经历或教学智慧留存下来。案例学校的教师集体备课管理制度明确规定，各备课组在下一轮集体备课时要先对前一次的教学反思进行交流。

③ 作业匹配。通过对案例学校的集体备课的参与式观察发现，在教学反思环节之前，实际上还涉及一个教师合作交流过程，即作业匹配。作业匹配指围绕教学知识点配备相应数量的例题、课堂练习题和课后作业题，并说明配备的缘由、知识点覆盖情况，以及可以培养学生哪些能力，同时解释如何对学生解题思路进行有益的启发，以及帮助学生归纳方法和技巧。可见，关于作业匹配的讨论也是一个互动的双向式合作，学生对知识点的掌握程度可以依据作业或试卷反馈出来，同时也是主备课例效果的一个衡量点。总之，集体备课是案例学校教师合作学习的主要形式之一，其在提升教师专业能力的优势，也被基础教育阶段学校所公认。正如 W 老师说道（C-F-CD-W1）：

作为主备课人，这个过程中肯定是基于自己的经验去做，肯定有很多不足的地方，比如说教学环节的设计，语言的设计，问题的设计，课堂生成问题的预设，需要我自己来想，但是个人经验肯定有很多不足的地方，那我要经过第一次的备课之后，形成的是稿子，文本的材料，进一步需要到课程中进行实践，试讲，试讲过程中肯定会出现很多的问题，比如说，教学效果，重难点的突破，学生对这节课的反馈效果，那么这就需要根据这些反馈进行调整，并且需要很多次调整。这个过程很历练人，很锻炼人，所以年轻老师都要经过这样几次锻炼之后才能一点点成熟起来。

（2）随机发生的研讨交流。双向式合作对话中，除了学校正式组织的集

---

① 钟启泉.课堂转型：静悄悄的革命[J].上海教育科研，2009（3）：4-6.

体备课外，再有就是随机发生的教师间研讨交流，其没有时间、地点和形式的限制，总体上表现为随时、随地、随机发生。办公室作为教师共处的一个重要空间，可以为教师间的随机交流讨论提供契机（C–F–CD–WS1）：

其实，我们在一个办公室里，合作交流在很多时候是随时发生的，一旦发现了什么问题，大家肯定会集思广益，一块儿帮着去解决问题，进行实践，实践之后，再进行磨合。

在前文已经谈到，案例学校有着丰富的教师活动空间，除了办公室外，还有教师成长馆、图书馆、瑜伽房、咖啡屋等公共活动场所。这为教师之间在休息调整过程中的随机交流提供诸多便利与机会，每个教师有着不同的关注点，并且带着自己独特的理解认知方式，可在一定程度上实现思想上、思维上的碰撞。P老师特别赞同教师间的随意交流（C–F–CD–P1）：

随着年龄的不同，对世界的认识不同。随着经验的积累，看待问题的深度不一样，同样的事情你会发现不同的东西，那么，跟别人交流，你是通过自己思维的，不管什么情况，你的思维永远是这样的，但你突然通过别人的思维了解到，啊，还会出现这种结果，实质上就是拓宽思维的道路、方式和方法。

然而，在案例学校教师之间非正式交流也会受到教学负担的阻碍，偶尔也会出现因缺少时间而被搁浅的现象，这也是教师合作学习实践中需要正视的一个问题，"大伙能在一起的时间特别少，最大的问题就是我们需要做的事情太多了，以至于这种非正式的合作交流也不能保持常态化"。（C–F–CD–WY5）实际上，学校中一些潜在的习俗往往会在无形中规约着教师间的对话交流。关于习俗规导下自然分享的文化，研究者发现，其在一定意义上促进了教师合作学习实践的有效生发，这在教师专业学习共同体文化表征中业已言明，无论从自然分享的前提，还是具体的分享内容，以及呈现的分享形式，都可以在案例学校中找到充分的印证。然而，言语互动行为在教师专业学习共同体文化与教师合作学习间发挥中介作用的结论，仍然需要进一步的探索和研究。在研究过程中，研究者试图围绕言语互动行为类型进行半结构化的访谈，并结合几次备课活动的观课体验，找到可以回应定量研究结论的某一种言语互动行为类型，无论是呈现事态还是建立人际关系的言语功能，均未获得明确的发现。因此，研究启示，建立在语义学分析基础上的会话行为和规范行为两种言语互动行为类型的研究，尤其是二者在文化与交往实践间中介作用的探索，可以考虑将语用学的言语行为分类引入，其分类参照的是与言语语境的一般维度有着密切关联的标志性因素，"社会纬度而言，影响互动的约束力针对的是言语者、听众，还是同时针对他们两者"[1]。同时，运用更加详细的观察法，如编制科学的言语行为观察提纲工具，进行量化数据的比对分析以探查可能的实践作用逻辑。

（三）合作学习结果：面子与功能

关于案例学校教师合作学习结果，主要依据两条主线进行描述，一条为教师自我观念层面的自我一致性表现，另一条为代表一定合作效果的合作行动效果。在社会心理学理论中，连续性和一致性有助于个体将当前的社会事件与过去的经验联系起来，并保持一致的观点，使他们在特定环境中有效地运作。因此，自我一致性可以激励、指导人们按照他们承诺的身份所隐含的价值观和规范行事。在合作学习结果描述过程中，将自我一致性纳入阐述对象，一方面其是作为文化自我表征理论中自我观念构成要素，另一方面是对我国群体本位文化主导下的"面子"文化的合理观照。在中国的传统文化中，把人看作是群体的一部分，同时是兼具生存需要和伦理道德的互动的个体，个人命运与群体存在息息相关的联结，因此中国文化的"骨子里"就有合作、互助和共同发展的心理积淀。[2] 例如，费孝通的"差序格局"概念及杨国枢所谈的"熟人关系""讲人情"和黄光国所讲的"混合性关系""人情交换"，是我国社会人际关系中最为特别的表现形式。[3] 换言之，"面子"混合了情感性行为与工具性行为，即可视为中国人最主要的社会资源。因此，为了"面子"而会在一定意义上衍生合作结果目标导向的差异性。另外，合作行动的功能描述，主要参考定量研究中关于合作行动维度指标的确定过程，重点从合作

---

① 尤尔根·哈贝马斯.交往行为理论：行为合理性与社会合理性（第一卷）[M].曹卫东，译.上海：上海人民出版社，2004：306.

② 宋燕.和合学视野下教师合作研究共同体建构的研究[D].重庆：西南大学，2011：93.

③ 李智超，罗家德.中国人的社会行为与关系网络特质——一个社会网的观点[J].社会科学战线，2012，（1）：159-164.

效果层面加以描述。

1. 自我一致的"面子"

"集体自我是通过与别人的交往互动形成的，那么这个形成集体自我的过程可以称作为'面子工作'，'面子'在本质上是相关情境中自我形象的一种投射。在集体主义文化中自我是通过对面子关注视角（自我面子和他人面子）的自主协商而维持的，而个体主义文化中自我则被定义为一种内心现象。"[1]因此，按照埃雷兹的理论观点，个体自我和集体自我是自我的两个维度。缘于不同的教师专业学习共同体文化的存在，在理论上应该存在显著的差异性。也就是说，"文化塑造个体的认知框架，而认知框架又影响着交往"[2]，不同的自我一致性表现，或出于不同"面子"视角的考量，会产生不同的交往方式或交往结果。

（1）为了自己面子，强调个体自我目标。个体主义文化关注的是自我面子的维持、自主性的保护，以及对自己和他者的控制程度，通常表现为消极的面子需要。在教师合作学习结果层面，由于不可避免地要涉及人与人之间的交往伦理，作为合作结果之一的合作深度往往会因"面子"而被表浅化。最为明显的合作深度的考察，可从教师同行相互评课过程中的言语措辞入手，因为，在实际言语交往中每个人关注的言语行为的目的不同，有的人注重真实性，有的人注重策略性，也有的人注重表现性。在案例学校调研中，有教师谈到评课的建议表达时会存在顾及维护人际关系而不敢说的情况（C-F-CW-W3）：

人与人之间的那种无所顾忌，可以为了学术而学术，不是为了人而人。有些话我可以直接去说，对事不对人的，现在你也知道，人际关系，有些话是不敢说的。

实际上，W 老师谈到的现象就是典型的为了人际关系维持的个体目标而放弃合作学习中经过真实的交流评价以增长教学技能的机会。这是一个比较隐晦的教师合作学习现象，主要因为与案例学校一些教师间建立了充分的信

---

[1]Gudykunst W B.Culture and interpersonal communication[M].Beverly Hills，CA：Sage，1988：85.

[2]Erez M.Culture，self-identity，and work[M].New York：Oxford University Press，1993：134.

任关系，否则不可能单凭观察而了解到这一现象。在此想要说明的是，在案例学校实际的合作学习结果考察中，为了自己面子和个体目标而导致的消极合作学习结果，在一定程度上是客观存在的事实。然而，大多数教师都能够坦诚交流，有的时候甚至会出现争论到"面红耳赤"的局面（C-F-CA-Z2）：

学术的争论，大家对某一个内容有自己的意见，我认为这种百家争鸣的方法更加促进我们的合作，有助于拓展我们的思维，促进了教学质量的提升。所以合作学习对我们来说是很有好处的，我们争论时都是脸红脖子粗，谁都不服气谁。争论是常态，但是过了两个月之后，回头想想，他是对的，我是错的，或者他是错的，我是对的。那种合作是非常促进我们业务发展的，不是说听领导的话，让怎么做就怎么做，而是通过彼此的合作切磋共同进步。

当问及是否应该因为个体自我面子需要有保留地进行评价交流时，多数教师认为教师之间的切磋评价应该是直言不讳的（C-F-CA-WY4）：

就我来说，我不会去为了迎合而说一些好话，那不可能，要是那样我也不会教语文。通常，我会非常含蓄地说，能懂就懂，不懂就算了。

（2）为了他人面子，强调集体自我目标。集体主义文化考虑的是他者的面子，注重的是内在的积极的自我需要。在合作学习过程中，协作、互动、交流的本质是人与人之间的交往，但这种交往是在学校集体范畴内进行的，相对来说具有高度的集体主义色彩，表现为高度的集体自我一致性。同时，在案例学校管理制度文化中，团队评价是主导教育评价的关键核心理念，这种捆绑式的评价在很大程度上深层次营造出教师集体主义的群体本位文化氛围。因此，他者的面子维护往往可以更大限度地促进教师合作学习积极结果的出现，进而达成集体自我的目标期望水平。在案例学校，为了他人面子而强调集体自我目标的教师合作学习相较于为了自己面子而强调个体自我目标的教师合作学习更为常见，当然，在集体主义文化色彩下，也是顺理成章的结果。从WY老师的亲身经历中，可见一斑（C-F-CA-WY5）：

因为有些问题是仁者见仁，智者见智的。就我的切身感受吧，初中语文尤其应该注重习惯问题，高中没有老师去纠正你，所以我会非常注重这方面。但有一次评课，同事就说你说的这些有用吗？当时，我就一愣。我当时没有说什么，后来我反思了好久，到底自己做的对不对？应不应该那样做？

后来我给自己的答案是，我做的是对的，我要把学生学习路上的这些基本的东西铺垫好。所以，通过那件事情，我就知道有些东西你认为对，但是别人不一定能接受，所以你得换一个方式去说，或者人很多的时候，你可以私下去说，顾及"面子问题"你可以这样处理。例如，前些日子我看了一个课例，那个老师是这样处理的……同样的事情如果这么办是不是更好一些，就是表达方式的问题。

2. 合作行动的功能

定量研究中，关于教师合作学习问卷编制结果显示，在合作行动预设的"行动准则""合作实践""行动评估"三个维度，经过探索性因素分析仅析出"合作实践""行动评估"两个维度的部分题项。因此，在案例研究中，遵循定量研究的结论，从"合作实践""行动评估"两个层面对教师合作行动的效果进行描述。具体而言，"合作实践"通过"我经常听同事的课""我经常用学生的表现来评价教学效果""我经常与同事分享教学资源"三个题目反馈，基本上完整地反映了教师合作实践的操作性内涵，在案例学校中的相关合作实践在前文中已经谈及，有形如教师之间的听、评、议课等具体实践形式，还有教师之间的互动、交流和分享等宽泛的实践形式；"行动评估"通过"我们会收集分析同事的教学实践信息""我们会收集分析同事班级学生学习表现信息"两个题目反馈，主要是对教师合作学习行动结果的评估，根据教师教学信息和所带班级学生学业表现的综合评估，在案例学校的具体实践中，学生学业表现（考试）和教师评价（团体评价）均有涉及。因此，从这一点上来看，案例学校教师合作行动的效果从合作实践效果和行动评估结果两个视角进行描述具有清晰的支持逻辑。学生学业与教学实践改进是教师合作的核心宗旨[①]，由此，可见无论是作为合作实践的评价，还是作为对合作实践结果评估的行动，两者都是合作行动的操作范畴，且同时两者都围绕学生的学和教师的教而展开。

（1）合作实践——以学生为支点的杠杆作用。这种杠杆作用撬动整个案

---

①Mark F Z.Is working together worth it?Examining the relationship between the quality of teacher collaboration，instruction，and student achievement[D].Massachusetts：University of Massachusetts Amherst，2011：31.

例学校的教育教学朝着发展的方向滚动，调研发现，当前案例学校具备的教师合作形式在一定意义上均涉及以学生为支点的合作实践，具体可以从三个方面阐述。

① 学生的成长与发展是教育教学实践的落脚点。从案例学校教师合作学习调研结果来看，这一点是显而易见的。例如，作为教师合作学习实践之一的集体备课，P 老师认为（C-F-CA-P1）：

集体备课的最终目的不就是为了学生全面发展吗，在这一科课程中能够很好的发展。有的老师，他的备课态度是不一样的，学生在这个过程中所得到的东西也是不一样的，不管这个老师多么优秀，他总是一个人的成果，但当五个或更多老师做这件事情，那就是共同的集体的智慧结晶。其中，包括最好的老师，也在把其他人可取之处用在自己身上。这样的话，让每个学生都能均衡地获得所有老师的教育资源。

② 教师间相互评价的合作实践以学生表现为关键支点。例如，在评课过程中，怎么界定一节好课？多数教师认为一节好课必须是学生真正学到知识，这是最为关键的一点；学生学到的知识是通过主动的积极探究得来的，而不是教师硬塞给他的；教师在学生学习过程中有效地拓展了他们的思维，而不是牵着他们走。或可说，任何一个有着一定教龄的教师，在观课过程中很容易发现哪些是预设的问题，哪些是生成的问题。近年来，各种类型的公开课、各种层级的精品课，以及名目繁多的教学评价课，让课堂与教学"走了样"。对此，有学者呼吁，不要把课堂变成学生"表演"[1]的舞台，不要为迎合评价而使教学沦为"教案剧"[2]，这正是对预设与生成两种课堂策略权重衡量的有力警示。在教师合作学习实践中，尤其是作为合作行动的评价，以学生为支点的杠杆作用十分明显，能够有效促进教师合作行动的效果。正如案例学校有些老师非常注重"评课看学生"（C-F-CA-WY4）：

我看课的时候，一个是生成，一个是引导，你预设的东西是你的，而不是学生需求的，再有就是学生带着自己的头脑去听课，就是要能提出问题，或者质疑，学生想从这篇文章中学到什么东西，而不是填鸭式的，等着老师

---

① 蒋艳.语文课堂教学"表演"现象探因 [J].中国教育学刊，2009（11）：68—70.

② 叶澜."新基础教育"论 [M].北京：教育科学出版社，2006：275.

告诉他。所以我在听课的时候，特别关心的是生成性问题，在老师预设的框架之内，学生积极思考了，同时又深入一步，有些时候生成的东西，把后面设计的环节都代替了，这是最为高妙的一点。

③教师之间共同分析试卷的合作实践以学生考试结果为重要参照点。当下，在我国基础教育阶段教育改革理念的引领下，在一定限度内学生学业成绩的判断打破了以往的唯分数状况，如学生综合素质发展被纳入学业表现范畴。因此，在案例学校考试也被赋予了新的实践意义。案例学校有大单元检测，实际上就是考试，以单元的形式进行，在学期中的时候会有一次大单元检测。测查学生成绩不是唯一目的，而是通过成绩（试卷结果）查找教师教的情况，如优势是什么、劣势是什么、存在哪些问题等。也即 C 校长谈到的"以卷代训"（C-P-CA-2）：

这个过程中，老师坐在一起，有时通过不同形式的交流，会针对试卷的题型，反馈到课堂上哪些知识点没有顾及，自身的教学设计、方法、过程和目标等设置情况需要调整等。总之，我认为教的问题会反馈到学生身上，这种形式很有效果。

（2）行动评估——以团队为动力的引擎作用。行动评估表现为对教师教学实践信息和学生学习表现信息的收集，以实现对教师合作结果或效果的判断，按照"探究环"[1]理论，其隶属于教师合作学习整体实践的一个环节。在案例学校中，团体评价理念主导下的行动评估更加注重以教师团队为单位，通常以备课组为单位，采取精细化的评价管理规则，并将教师合作表现作为教师教学评价的一个方面进行记录。

①团队评价强化了教师合作意愿。在一个团队中，每个成员都会为了组织的发展而努力向前，并保持乐观、开放和进取的心态，这是案例学校在教师合作结果层面的一个鲜明写照。案例学校的团队评价制度非常细致，从实际情况出发，而不是泛泛而谈，这样教师就得围绕着目标方法去做，进而把每个教师的积极性都调动起来了，以真正地促进教学能力的提升、促进学生学业发展。这种评价制度的确立与校长的结构型领导行为管理直接相关，因

---

①Goodlad J，Mantle-Bromley C，Goodlad S J.Education for everyone：Agenda for education in a democracy[M]. San Francisco：Jossey-Bass，2004：110.

为其离不开精细化的制度支撑。同时，也与校长的象征型领导行为目的较为一致，倡导愿景引领下的组织群体共同发展。可见，团队评价的实施与维持与学校领导管理密不可分的，校长对教师合作学习实践的认知，以及相应地采取合理的管理、评价方式等非常关键（C-P-CA-3）：

> 学校的教学研究必须是团队形式进行的，教师之间的合作可以带来更多的发展，作为一个集体，你要是个人走，虽然走得好，但不一定走得远。所以，我们学校就是团队发展，可能是从"木桶原理"考虑，尽量减少短板。

在案例学校，T老师认为团队评价方式让每个团队有了比较的对象，进而促进着、强化着教师彼此的合作意愿（C-F-SC-T1）：

> 它（团队评价）是有促进作用的啊，每个人都有信心，不仅如此，还乐于接受别人的意见，我觉得这种接纳很重要，你要是不接纳，你带着"盾"去听，来到我们这个研讨的地方来，你肯定不会接受的，所听到的都会反弹回去的，不会发自内心地接受，我们整个数学组的老师心态都非常好。

②团队评价加快了教师合作创新。通过案例调查研究，C校在教师合作方面的创新举措很多，从"简单化""名誉管理""一员负责制"等合作学习管理制度文化的形成，以及"导师制"介入下的集体备课的合作学习方式创建等方面可见一斑。同时，团队评价让每个团队时刻思考着如何最大效率地提升自己所在团队的整体实力，改变就需创新，不能都依赖于学校领导提出，每个团队也要有自己的特色。例如，在案例学校的数学备课组，"同课异构"让团队能够快速地找到最佳的教学方式（C-F-CA-T1）：

> 我们这种同课异构可以一个老师上课，也可以两个老师共同上课，目的是什么呢，通过这样一种形式可以比较、丰富知识的传授过程。我认为主要还是教学方法上吧，不同班级之间，或者在同一个班级，在这个过程中可以有对比，对比之后我们就会发现，哪种方法更适合学生，学生更能接受。

> 同课异构，"课"是一单元语法、一篇课文、一个知识点、一单元涉及语法，"构"是结构，教学设计的结构。然后，针对相同的内容设计不同的教学方法，最终的共同目的是寻找一种最佳的培养学生能力的一种方法。经过不断地创新设计，在案例学校层面还形成了形如前文提到的"三同三异"课，

这是教师合作创新层面的重要表现。

③ 团队评价凝聚着教师合作精神。合作学习实践的操作性前提就是在教师群体之间发生的互动、协作与交流，显然，团队评价的方式可以带动、加快合作精神的升华与凝聚。换句话说，在具有艺术化领导水平的校长带领下，自然有着一股合作共享的文化风气。这也正如 WS 老说所言（C-F-CA-WS2）：

> 领导的艺术非常关键，我们学校的整体氛围非常好，每所学校都有各种形式的教师合作，但每所学校实施程度不一样，取得的效果也不一样，为什么不一样呢？这个风气很重要，学校领导者推出来的正能量的风气，就是大家合作共享。

案例学校教师对本校教师合作学习氛围的等级评估中，有 95.5% 的教师评价为中等以上，其中 65 人评价的等级为处在最高的前 20% 位置。也就是"我损组损"，教师身处团体评价制度、理念，乃至文化中，自然而然地会在各个方面时刻严格要求自己（C-F-CA-WS1）：

> 教师合作的氛围是很强的，没有单打独斗的现象，和一些学校还是有很大差异的，就是说很多事情做起来都是集体的智慧，出一套卷，对于某一篇文章的推崇都是集体的智慧，研讨的氛围是非常浓厚的，而且平常的听课啊，这些方面的氛围也是很浓厚的，就是每个人都不想落在后面，因为在这么一所学校，不可能让别人指着你说你不行。

第六章　教师合作学习改进的实践启示

本章在校长多元领导对教师合作学习影响的实证研究结论基础上，进一步观照我国教师专业发展实践，尝试提出具备一定操作意义的教师合作学习改进策略，以期优化教师专业学习实践、提升教师专业发展水平。基于校长多元领导、教师专业学习共同体文化、教师集体效能感和教师言语互动行为等教师合作学习影响因素间作用过程的研究结论，以下从教师合作学习素养、校本合作学习组织和微观合作学习过程视角切入，进而提出关涉培养、监控和评价的教师合作学习改进策略，同时兼顾教师合作学习主体互动的可塑性特征，为我国教师合作学习实践的有效生发与持续改进提供借鉴。

▌一、学校应立足专业学习共同体文化提升教师合作学习素养

校长多元领导对教师合作学习影响的实证研究结论显示，教师专业学习共同体文化在校长多元领导与教师合作学习间存在中介作用。诚然，数据呈现的结果具有一定的唯理性色彩。近来，我国学者的质性研究也确切表明，"协作文化是教师专业学习共同体的核心文化之一"①。由此，实证研究结论进一步佐证了教师专业学习共同体文化的重要价值，也为教师合作学习改进实践提供了一定的操作方向。可推论，教师专业学习共同体文化的合理形塑，可以让教师充分熟知其身处专业学习共同体的实践内涵与关键特征，进而达成自我行为的有效统整。正如滕尼斯所言，"人的任何社团都既可能理解为一种有机体或有机的艺术作品，也可能理解为一种工具或机器，因为在现实里，

---

① 宋萑.教师专业学习共同体研究［M］.北京：北京师范大学出版社，2015：290.

这种东西的本质不是别的，无非是现存的、共同体的本质意志，或者是假设的、共同的选择意志，两者都不再被理解和被设想为存在于它的多样性里，而是存在于它的统一性里"[①]。在加赫达教师合作学习改进框架中，提升教师合作素养环节是整个改进实践的开端，也在一定意义上证明教师合作学习素养的重要性。因此，在学校组织层面，应从教师专业学习共同体文化认知开始，提供促进教师个体文化与教师群体文化的互生互动的前提性条件，使其在学校组织系统内逐渐整合、积淀和凝结出一种特色鲜明的、自然的教师专业学习共同体文化。同时，从教师合作学习素养的知识、技能和态度三个维度展开针对性措施以改进实践。

（一）积极推崇自然的教师专业学习共同体文化

教师置身于学校专业学习共同体文化的同时，也在以他们自身特有的认知观念和行为方式不断地生成、丰富着它的意义内涵。本研究中，教师专业学习共同体文化涵盖四个维度，分别为集体协作、领导支持、共享实践和人际支持。其中，教师协作文化可以作为教师专业学习共同体文化的核心，这在霍德、杜福尔、埃克等西方学者的论述中是高度一致的。例如，我国学者宋萑将协作文化置于哈格里夫斯教师文化分析框架中进行质性研究，基于不同学校的个案调查发现，不同学校的教师处在不同的协作文化脉络中，较为直接的结果是造成教师专业学习共同体出现不同的实现水平，"这种文化本身就对教师间的协作活动赋予了不同的意义"[②]。此外，在教师专业学习共同体文化形成与发展过程中，同样也离不开领导支持、共享实践和人际支持层面的积极文化氛围的渲染和融入。正如本研究的个案研究显示，无论是管理制度下的人为协作文化，还是惯习引领下的实践共享文化，均为学校教师专业学习共同体文化的关键构成，但应该注意前者更多地体现为行政主导或管理下的人为合作文化，而后者则为自然的合作文化，二者在具体实践中的影响作用具有差异性。因此，有必要从自然的内涵讲起，进一步观照教育教学实践

---

① 斐迪南·滕尼斯.共同体与社会：纯粹社会学的基本概念 [M].林荣远，译.北京：北京大学出版社，2010：245.
② 宋萑.教师专业学习共同体研究 [M].北京：北京师范大学出版社，2015：292.

中的教师专业学习共同体文化，为划分"自然的文化""人为的文化"提供适宜的判断标准。

如何界定自然的教师专业学习共同体文化？按照文化体系三分法，精神文化、制度文化和物质文化可以从宏观视角界定教师专业学习共同体文化。因此，依从三分法逻辑，精神文化可以称为最高水平，制度文化次之，最后则为物质层面的，似乎"自然"与"人为"在这个逻辑理路中并非那般分明。金春兰将制度文化进一步拆分，如此，校本教研文化被划分为精神文化、制度文化、行为文化和物质文化。[①] 当教师个体行为文化介入时，可运用"自然而然""生长""涌现"等词汇描述其特征及内涵，从而更加容易找到"自然"与"人为"的文化界标。在学校教师合作学习组织系统中，精神文化自不必多说，但如何把制度的、物质的文化转化为行为文化，这是最为关键的。"文以化人"，当制度的、物质的文化经过个体或组织群体的不断内化而成为一种行为文化时，其中的自然之蕴则充分彰显。反之，倘若教师专业学习共同体文化仅仅停留在制度、物质文化层面，形如学校行政管理部门推行的集体备课管理细则等，那么对于教师专业发展动力来说，其更多地表现为一种来自外部的推动力。笔者有过这样一次调研经历，与调研学校校长商定观摩一次初二语文组的教研活动，当到该校时语文教研组长和部分骨干教师临时接到录制精品课的任务。随后与校长商议临时找数学教研组进行观摩访谈，在教务主任的带领下来到初一数学组的办公室，按照学校规定，那个时间段应是教研活动时间，但进去后发现所有教师都在忙着批改作业和试卷，表明来意后，其中一个教师回答说，"教研组长去课堂了，没听说有活动啊"。后来，在访谈中一位教师解释道，"学校确实有教研活动的时间表且涉及考核记分，而且特定时间段教务处都会检查，但有些时候太忙了，顾不上教研，组长会说一些计划、任务什么的"。可见，制度文化如果不能转化成为一种自发的个体行为或个人意志，最终只能沦为一纸空文。正如哈格里夫斯认为，为了增加教师之间互相学习和讨论机会的教师合作学习计划，如果由官方程序来

---

① 金春兰.校本教研文化研究[J].教育研究，2007（4）：72-78.

制定，这种合作关系便不是教师自发形成的。[①] 因此，教师专业学习共同体文化不能只停留在领导、协作、共享等特征因素的表面，而应体现为教师发自内心、经由行为而自然呈现的一种开放、信任和支持的氛围。在学校日常教育实践中，教育教学实践者要合理利用人为的教师专业学习共同体文化，同时积极推崇自然的教师专业学习共同体文化，尤其在教师的合作学习知识生成、技能习得和态度养成等合作素养提升的实践环节中要区别对待、科学应用。

（二）创建物质文化，生成教师合作学习知识

物质文化可以在知识生成中发挥哪些功能？教师专业学习共同体的物质文化，指在学校或学习组织系统中显性存在的有关教师专业学习共同体文化样态。当你走进一所学校的大厅，第一感觉或印象会让你基本了解该校的核心文化或办学宗旨。例如，当你走进一个弘扬国学的校园内，你会立刻感受到浓郁的国学文化气息；当你走进一个注重艺术培养的学校时，各种艺术表演留影、荣誉奖杯会让你眼花缭乱；当你走进一个强调升学率的学校时，你往往最先看到的是醒目的校友名录展播。校园环境是物质文化呈现的重要载体，有关教师专业学习共同体的物质文化可以在一定程度上促进教师合作学习的知识生成。

教师合作学习素养中的知识，一方面，指教师对国外教师专业学习共同体、实践共同体和教师组等术语概念的认知，以及国内教研组、备课组、年级组和课题组等合作学习实践过程中所需要的知识。在此基础上，可以系统掌握不同合作学习形式的操作内涵，进而在实践中能够有效融合或本土化运用。不可否认的是，当前合作学习术语的多样化存在，让人们难以精确地判断合作学习的内涵、深度及其有效性，如教师专业学习共同体的过度化使用就扰乱了教育理论与实践者对其本真意涵的解读。纽曼将教师组界定为由一群对教学负有集体责任的个体构成的实践共同体，其为学校层面专业学习

---

① 邓涛，鲍传友.教师文化的重新理解与建构——哈格里夫斯的教师文化观述评 [J].外国教育研究，2005（8）：6-10.

共同体的结构性基础。[①] 前文教师合作学习改进框架中，教师组是实践共同体的子集，而实践共同体则又是学校层面专业学习共同体的基础层块。可见，教师组、实践共同体和专业学习共同体三者间的逻辑关系可以根据实践需要而进行创造性地解读。因此，我国学校教育体制中存在备课组、教研组、年级组、学科组、课题组和名师工作室等不同形式的教师组，如何在保持它们本土特色的同时赋予更多的合作学习内涵和功能，这些是教师个体亟待知晓、生成和掌握的有关教师合作学习的基本知识。

另一方面，指在教师合作学习组织特定发展阶段有关合作目的、组织结构和组织领导方面的认知性知识。根据组织行为学群体发展理论，在合作学习组织的初创阶段，包括教师合作学习群体形成和震荡阶段。此时，教师大多会对合作目的、组织结构和组织领导等方面的认识不足，尤其表现为存在不确定性。如何让每位教师切实地把自己视为群体的一分子是首先需要解决的问题。那么，从教师专业学习共同体文化整体视角来看，物质文化在这一阶段发挥着关键的生成作用。具体而言，需要结合特定的教师合作学习组织的特点进行宣传，可以是对校内教师公开，也可以选择仅对组织成员公开，但秉持的重要原则是让每位教师明白合作的目的、任务和需要掌握的基本资料、工具和知识。以课题组的构建为例，首先要让教师了解课题组的概念及其组建价值，即课题组可以为教师带来哪些益处，以及申报、研究和结题程序等；其次，了解课题组的研究目的、研究对象和研究路线等；最后，让每位课题组成员明白自己在课题组中的任务分工，为进一步掌握那些必要的技能做准备，如文献收集、资料收集，抑或是数据统计分析等。当每位成员以特定群体组织成员身份思考问题时，可以说明组织形成阶段已经完成。教师合作学习组织经历初创阶段后，接下来面对的是震荡阶段，这是一个凸显内部冲突的阶段，此时教师成员虽然接受自己所在的学习组织，但会抵制组织对个人施加的约束。因此，这个阶段，教师冲突应对和化解等方面的知识储备至关重要，倘若合作学习组织能够顺利度过震荡期，那么所有教师成员即可在合作学习组织发展方向上达成共识。

---

① Newmann F M.Authentic achievement : Restructuring schools for intellectual quality[M].San Francisco : Jossey-Bass, 1996 : 102.

总而言之，教师专业学习共同体物质文化对教师合作学习素养中的知识生成有着重要价值。在具体实践中，校园环境文化或特定组织机构的环境文化承载着大部分的宣传、展示作用。随着信息和交往媒介的不断发展，可以创新合作学习知识的物质文化宣传方式，如通过微信构建学习组织交流平台并传播相关知识，也可通过制作网页宣传相关学习组织的运行、管理和发展现状，在学校组织系统乃至区域教育系统中形成宣传、交流和互动机制，可视为物质文化到教师合作学习素养中知识生成的有效策略。

（三）设计制度文化，培训教师合作学习技能

教师专业学习共同体制度文化，可以是宏观发展目标的制定，也可以是微观操作层面的过程设计。在宏观层面，其核心功能是引领、规范和发展教师专业学习共同体实践，充分调动教师集体协作、共享实践的积极性，同时导引学校校长、中层管理者践行支持型的领导行为理念；在微观操作层面，制度文化可以聚焦于提升教师合作学习技能的制度规则设计。

教师合作学习素养中的技能，指为完成合作学习而具备的基本的、必要的技能总称，是合作学习素养的基本能力构成。在教师专业学习共同体文化塑造过程中，基本的合作学习技能习得应是制度文化设计的关注点。例如，本研究证实教师言语互动行为在教师专业学习共同体文化与教师合作学习间起着中介作用。那么，哈贝马斯言语互动行为类型中的策略行为、会话行为、规范行为和表现行为分别指向的言语功能是什么，在于目的是记述，抑或建立人际关系，同时又与客观世界、主观世界和社会世界的关联如何，相关言语互动的技能应是需要教师熟练掌握的。本研究证实，会话行为与规范行为发挥着中介作用，那么前者的经验理论知识如何最大限度地呈现事态以达到沟通的目的，后者的道德实践知识如何调节、建立人际关系，均需要设计与之关联的制度规则，进而促进相关言语互动行为策略技能的理解和掌握。可推论，许多教师合作学习技能习得需要在教师专业学习共同体制度文化方面进行顶层设计。

根据组织行为学群体发展理论，可将教师合作学习技能习得置于合作学习组织的发展阶段加以考量，即所谓的规范阶段。在这一阶段，教师群体进

一步发展密切的群体内部人际关系，同时表现出一定的凝聚力，最终发展到教师群体结构稳固、群体成员就正确行为达成共识的状态。因此，教师合作学习规范或发展阶段最为重要的任务是合作学习技能习得。合作学习技能获得途径包括观摩、交流、研讨和培训等。具体实践过程中，制度文化功能落脚点，可以是设计定期举办观摩、交流活动的相关制度，并形成配套的考核评价机制；也可以是建立完善的培训、访学制度，如组织教师去国内外高校访问学习，以及聘请教师合作领域名师和专家开设系列主题讲座等。对此，以培训合作学习技能的制度文化设计为例，教师合作学习组织成员对某个话题有着共同的关注、思考和热情，因此教师群体之间需要在互动的基础上加深对该领域专业知识的理解，而这种聚焦专业发展的有效互动的关键在于问题解决、共享观点、设定标准和建立关系等技能的掌握。因此，培训制度的设计要有实践性、针对性和主体性。实践性，要求培训制度的设计能够充分关照教师合作学习实践需要和亟待解决的关键问题；针对性，根据学校的经济条件、教育实践现状，并考虑不同教师和教师群体的特征因素，制定切合实际的培训制度，如青年教师、中年教师和临近退休教师等不同群体的教师专业学习共同体文化感知差异问题，如研究证实中年教师的认知水平显著高于青年和退休教师群体，这就需要制度设计时加以慎重考量；主体性，为了避免为了培训而培训，需要充分考虑教师主体性，从而有效规避教师合作学习过程中主体性缺失[①]问题。

　　总之，教师专业学习共同体制度文化设计的侧重点应放在合作学习技能习得方面，具体实践出发点为观摩、交流、培训等方面操作制度、考评制度的完善，核心宗旨是通过制度文化促使合作学习组织中教师间交流、学习、分享知识与经验以及探讨、解决问题等能力的不断提高，进而促进教师合作学习组织高效发展，教师合作学习水平逐渐提升。同时，也应注意到，教师在一定意义上建设、推动着学校的制度文化。由此，教师专业学习共同体制度文化应以教师个体为基础，从教师合作学习素养的技能习得切入，着力挖掘教师个体层面的资源，加强教师合作学习技能培训交流，进而促进教师合

---

① 谭天美，范蔚.校本教研主体互动的缺失与回归[J].中国教育学刊，2017（1）：79-84.

作学习素养提升。教师在知识结构、思维方式和认知风格层面的差异是教师教育的宝贵资源，因此，教师彼此间关于教育教学的开放性交流可以实现资源共享、优势互补，有利于教师专业合作技能的不断提升。

（四）引领精神文化，涵养教师合作学习态度

教师合作学习素养中的态度养成，指教师拥有合作知识、技能，让其保持对合作学习欣赏与认可的态度，这种态度对于合作学习实践活动具有指导性意义和激励性影响，是教师通过知识经验、技能技巧、能力集合而组织的一种个体心理准备状态。从知识、技能，再到合作学习素养中的态度，基本上勾勒出了教师合作学习素养的大致轮廓。教师合作素养，或可称之为教师合作学习力，其中态度可以归结为较为隐性的素养构成。

态度养成在教师合作学习素养中的关键地位。在日本的学力结构论争历史中，"态度"曾受到极大的关注，被置于教育理论与实践的基础性工作地位，围绕其构建的学力观，强调教育内容要通过主体的知识、理解，经由批判和思维而内化为自身的学习力。"广冈亮藏对'知识层'和'态度层'的学力理论进行修正，概括出'高度科学的学力，而且是活生生的发展性的学力'，且认为'活生生的学力、发展的学力，一言以蔽之，有迁移力的学力，只有当人们的知识为其态度所保证了的条件下，才可能形成。'"[1] 然而，广冈亮藏态度学力观终因陷入态度主义而受到批判，在其基础上中内敏夫论证指出[2]，"历来所谓的'态度'，无非是'习得'的教育内容通过主体充分地把握、呈现出'熟练'的面貌"。随后，"态度"在学力结构中便沉淀下来，由之构建的许多教育理论影响深远。其中，在梶田叡一论证的学力的"冰山模型"[3] 中，冰山的隐性和显性特征被迁移至学力结构中，旨在强调知识、技能仅为学力的冰山之一角，而内隐的、难以测量的促进学习过程的思考、判断、态度等隐性学力则构成了学力冰山的主体。综观国内有关学力研究的文献，多与基

---

① 钟启泉.学力理论的历史发展[J].全球教育展望，2001（12）：31-38.
② 钟启泉.日本的学力论争：线索与构图——与日本学者木下繁弥教授的对话[J].全球教育展望，2004，33（8）：3-7.
③ 钟启泉.日本"学力"概念的演进[J].教育发展研究，2014，33（8）：23-29.

础教育阶段的课程改革相关联，且围绕儿童的学习展开。然而，伴随着终身学习理论、学习型社会理论的发展，这种学力观的认知逐渐渗透并影响成人学习理论与实践。本研究中，按照学力的基本构成，把教师合作学习素养看作教师开展合作学习所应具备的知识、技能、技巧水平和情境问题解决能力水准，也具有现实的"学力"[①]的功能。因此，从人为合作向自然合作[②]的转向过程中，学校精神文化显得十分关键，尤其体现在教师专业学习共同体的精神文化层面，它是涵养教师合作学习态度的关键。

依据组织行为学群体发展理论，教师合作学习组织的稳定阶段，或称为执行阶段，教师合作学习群体的结构充分发挥作用，并得到教师成员的广泛认可，群体成员的主要精力从相互认识和了解变为完成当前的合作学习任务，对于长期存在的合作学习组织来说，该阶段是其整个组织发展历程的最后一个阶段。那么，如何引领学校教师专业学习共同体精神文化，进一步稳固这种组织发展水平？本研究认为可以从以下几个方面展开。其一，在学校层面对外树立教师合作学习的品牌文化。根据学校的教师合作学习组织特色，有层次地打造教师合作学习的精品实践模式，从合作学习素养的知识生成到技能习得，对外形成一种涵盖物质文化、制度文化的品牌文化，进而提升校内教师的集体成就感，使之上升为一种精神文化的优越感。其二，在学校内部形成长效的荣誉奖励机制。教师合作学习的目的是促进教师专业发展，而最终的落脚点是学生学业成绩的提高。因此，根据合作学习组织所在教师群体的实践影响效力，主要结合教师的科研、教学成果综合评定，设定个体荣誉奖和团体荣誉奖项，进而让荣誉感升华为一种精神文化。其三，树立教师合作学习的榜样人物。教师榜样可以在一定程度上起着激励、指引的作用，学校结合教师合作学习榜样人物的实际情况，对其参与合作学习的过程性材料以及与之相关的教学方法进行案例式总结，并加以宣传报道。

---

① 齐宇歆.从学力观的历史变迁审视"互联网+"时代的学习评价[J].远程教育杂志，2017，35（2）：43-55.

② 霍树婷.从人为合作到自然合作：教师合作方式的转向[J].教育理论与实践，2018，38（19）：36-39.

二、校长可运用多元领导艺术优化教师合作学习实践

领导实践是一个思想、感情和行为相互影响的微妙过程，通过这一过程产生协作力以服务于领导者和被领导者所共同坚持的目标和价值观。因此，任何单一视角的领导者，不可能理解和关注整个管理过程的复杂性。[1]随着社会环境的变迁、文化的多元化、价值观的纷纭呈现，镶嵌在社会系统内的学校组织也从封闭、稳定和规律的样态转向日益动态、开放和复杂的面貌。也正因如此，在学校领导管理实践中，校长需结合具体的教育情境采取灵活的领导方式。正如鲍曼和迪尔坦言[2]，"结构型、人力资源型、象征型和政治型四个向度虽各有其独特视点，但仍有不可避免的限制性"。本研究证实，人力资源型领导、象征型领导与政治型领导的融合交互，可以更好地促进教师专业学习共同体文化形成及发展。在教育领导管理实践中，校长可以根据自身领导行为风格，有针对性地融合多元领导的不同行为向度，以达到灵活应对不同管理情境的目的。因此，校长在教师专业学习共同体实践背景下，应积极践行多元领导理念，随着不同组织情境的转变，采取弹性化的领导方式，掌握多元领导艺术。也就是说，领导者不应表现为一成不变，而需随时调节自己的行为，以最大限度地提升领导效能，从而成为艺术化的领导者。这样，校长在教师合作学习实践组织的调查、重组和检验等管理实践，以及在教师合作学习微观过程的评估、调整和认可等领导实践中，方可实现教育领导与管理效能的最大化。

（一）教育管理与教育领导的均衡

"学校正处在领导的尴尬境地，它们需要有能力、有效率的校长，进而使它们不再完全依赖于这些校长。"[3]这句话折射出一个有关学校领导的悖论，即学校需要校长领导，而同时又不需要领导。换言之，领导是为了不领导。实

---

①Bolman L G, Deal T E.Reframing organizations : Artistry, choice, and leadership[M].4th ed.San Francisco, CA : Jossey-Bass, 2008 : 345.

②Bolman L G, Deal T E.Reframing organizations : Artistry, choice, and leadership[M].4th ed.San Francisco, CA : Jossey-Bass, 2008 : 356.

③宋萑.教师专业学习共同体研究 [M].北京：北京师范大学出版社，2015：293.

际上，仔细探查，可以找到这样一种解释，即管理与领导需要一个适切的平衡点。管理，强调的是组织结构、目标实现、制度保障和资源配置等，而领导则更加倾向于关注人际需求和愿景规划等。有学者的质性研究发现，"当学校尚未建立起协作的教师文化时，强有力的管理能够保障制度的贯彻，从而与强有力的领导一起，让教师逐步习惯于学校的教师协作活动，并逐步认识到这一活动对自己发展的重要性所在"①。与此同时，该研究也说明其前提是强领导，否则强管理的前提条件下，学校只会变成所谓的"行政强制的协作"文化（人为文化）所在地。

管理与领导意涵之界域。在本研究中，管理和领导的区别可以在多元领导理念中找到依据。从鲍曼和迪尔的多元领导理论框架中可以看出，结构型和政治型领导向度倾向于管理的概念。结构型领导向度源自社会学、经济学及管理学理论，强调目标、技术、专业角色和层级关系，并注重责任划分、权力归属、数据分析和逻辑理性，过分依赖制度规则和细节是领导者需要规避的，以免成为微型的独裁者。政治型领导向度发轫于政治学，谈判是其着重强调的技能，因为每个组织存在着不同利益相关者，为了获得利益资源而产生冲突的现象无法避免，对此在组织内部，领导者要具备化解矛盾的谈判技巧，对外则要致力于构建联盟，以在面对资源匮乏时可以获得有利的外部支持。比较而言，人力资源型和象征型领导向度则具有领导力的意味。人力资源型领导向度从心理学视角出发，视学校为一个大家庭，领导者关注教师个人的需求、情感、价值观、技能，探索教师愉快工作的方式并促进他们适应环境，激发教师潜能，主要践行服务者的角色。象征型领导向度源起人类学，领导者要认识到文化是学校转型的关键，由魅力、仪式、故事等符号形式传递、构建和创生学校组织文化，但要避免崇尚那些空洞的、虚假的象征意义，因为有实践支撑的文化才能落地生根。可见，在多元领导理论视域下，领导与管理已然有着清楚的判别界域，只是随着组织情境的转变，领导者或管理者需要不断调适、转换多元领导的不同向度，进而达成最佳的实践效能，成为艺术化的领导者。

---

① 宋萑.教师专业学习共同体研究[M].北京：北京师范大学出版社，2015：293-294.

本研究证实，政治型领导在人力资源型领导与教师专业学习共同体文化间起着正向调节作用，具体表现为高人际高政治型领导交互可以更好地促进教师专业学习共同体文化的发展。另外，教师集体效能感对校长多元领导通过教师专业学习共同体文化影响教师合作学习的过程具有正向调节作用，如在人力资源型领导向度下，教师集体效能感对人力资源型领导影响教师合作学习过程具有正向调节作用，但随着教师专业学习共同体文化水平的提升，对于高集体效能感教师群体来说，调节作用减弱。研究显示，不同领导管理效果的出现，需要校长认识到积极转变领导方式的重要性，尤其需要打破固有的单一的或二元对立的领导思维，从而迈向践行多元领导理念的艺术化领导实践。对此，研究建议，校长管理与领导的转换策略及能力需要培训的介入。具体而言，在各级校长培训计划中加入多元领导理论课程，培训课程的设计者可以考虑融入鲍曼和迪尔的结构型、人力资源型、政治型和象征型领导向度的理念、内涵和技巧，以夯实校长多元领导理论的知识基础，同时设计不同地区、不同学校间校长互动沟通环节，以多元领导理论为主题交流领导管理经验，以推进多元领导理论的实践落地。从而在学校教师合作学习改进实践中，校长能够灵活地运用不同的管理和领导策略，尤其在教师合作学习组织优化和微观过程完善方面，校长践行多元领导理念的关键是适时转换、运用不同的领导向度，进而优化组织效能。

（二）善用管理权，切实优化教师合作学习组织

参照巴斯对权力的定义[①]，校长管理权力指校长对教师的行为产生影响从而使教师按照校长的意愿行事的能力。根据罗宾斯的观点，"依赖性"[②]是权力最为重要的表现方式，在管理者与被管理者之间可以构造关于依赖性的函数关系，就是说被管理者对管理者的依赖性越大，那么在二者的关系中，管理者的权力也就越大。在组织管理中，正式的权力包括强制权力、奖赏权力和

---

① Bass B M.Handbook of leadership：Theory，research，and managerial applications（3rd ed.）[M].New York：The Free Press，1990.

② 斯蒂芬·罗宾斯，蒂莫西·贾奇.组织行为学[M].孙健敏，王震，李原，译.北京：中国人民大学出版社，2016：325.

法定权力，"强制权力依赖于人们对不服从命令会导致的消极后果的惧怕，奖赏权力与之相反，表现为人们之所以服从奖赏权力是因为它能带来好处，法定权力则是最为常见的获取一种或多种权力基础的途径，代表着组织成员根据自己在组织结构中的职位来控制和使用组织资源的正式职权"①。因此，不难看出，管理权力在多元领导理念中对应着结构型和政治型领导向度。从多元领导理论框架来看，权力和领导的概念是紧密相连的，但从二者的差异性中可以更加清楚地认识多元领导的巧妙之处：权力最为重要的表现就是依赖性，不需要纵向或横向目标的一致性，但领导则极注重领导者和被领导者双方目标存在一定程度的一致性。在教师合作学习组织的初创或发展阶段，组织人员、结构、制度和资源等层面尚存在不确定性，亟待校长从管理者的视角出发加以规范、调整。同样，在学校既有的教师合作学习组织中，组织效能是否充分发挥，有待校长的进一步考察和检验。因此，在这些过程中，校长需要充分利用管理权力，采取适当的管理策略，让不论是处在初创阶段，还是处在发展阶段，或稳定阶段的任何一个教师合作学习组织均可得到深度优化。在校长管理实践中，可从教师合作学习组织调查、重组和检验三个层面展开。

1. 教师合作学习组织的调查

校长管理过程中可以从宏观和微观两个层面展开调查，其中结构型领导可以发挥作用。宏观层面，学校教师专业学习共同体发展现状，包括都有哪些合作学习组织，分别所处的组织发展阶段，所在组织的合作目的、文化氛围、成员构成、组织制度和资源配置等情况；微观层面，每个合作学习组织的教师成员背景变量信息、合作学习过程、合作学习效果及影响力等。圣吉认为在学校组织中，各种小组单元在制定决策和完成任务过程中发挥着主导性作用。② 因此，关注合作学习组织的运行现状，并置于学校教师专业学习共同体文化视阈下加以统筹优化尤为必要，也是学校从组织层面改进、优化教师合作学习的重要途径。在具体操作中，可以通过问卷调查获得宏观层面

---

① 斯蒂芬·罗宾斯，蒂莫西·贾奇.组织行为学 [M].孙健敏，王震，李原，译.北京：中国人民大学出版社，2016：326.

② Senge P，Cambron-McCabe N.Schools that learn：A fifth discipline fieldbook for educators，parents，and everyone who cares about education[M].New York：Doubleday/Currency，2000：2.

的数据信息，然后辅助以群体访谈、个体访谈、观察等方式确认教师合作学习组织的运行现状，在两种调查方式结束后，综合已获得的资料数据，整理一份有关学校教师合作学习组织现状的调查报告，并详细地列出教师合作学习组织名称、组织目标、组织任务、组织成员、组织制度、合作成就与影响等信息，以供下一步教师合作学习组织的重组或改组提供参考信息。

2. 教师合作学习组织的重组

均衡性，是教师合作学习组织重组的第一原则。本研究结果表明，不同教龄的教师群体对学校教师专业学习共同体文化的感知存在差异。因此，可以推断，在教师合作学习组织成员构成中，教师年龄或教龄的比例构成是需要重点考虑的一个因素。以学习为中心的目的性，是教师合作学习组织重组第二原则。根据杜福尔的观点[1]，"在教师专业学习共同体中每个教师至少加入一个以教学改进为宗旨的教师组是十分必要的"。本研究中教师合作学习组织的首要判断标准即为以促进教师专业发展为目的的合作学习组织，但在教师合作学习组织重组过程中需要核查的是每个教师是否都有相应的组织作为合作学习的归属。当然，在实际合作学习组织运行过程中，还有很多必要的考量因素，如跨学科的合作学习组织，必须考虑学科教师的覆盖率问题等。总之，根据学校教师专业学习共同体运行现状以及学校的发展规划，结合调查报告的结果确认是否有必要重组或改组教师合作学习组织。具体而言，可以根据学校规模、教师合作学习素养水平，对教师合作学习组织做出系统、精确重组操作。在管理过程中，校长侧重管理权力运用的同时，仍需要兼顾人力资源型领导和象征型领导向度，灵活应对不同的情境。例如，调查结果显示，有些教师教学任务负担过重，而又要必须参与一些合作学习活动，这就需要校长从教师的角度思考问题，注重采用关怀、引导和理解的领导方式去化解一些冲突或矛盾。

3. 教师合作学习组织的检验

无论是对教师合作学习组织的调查，还是对教师合作学习组织的

---

[1]DuFour R.What is a professional learning community? [C].In R. DuFour, R. Eaker, & R. DuFour（Eds.）, On common ground : The power of professional learning communities. Bloomington, IN : National Education Service, 2005 : 31-43.

重组、改组，对于整个合作学习组织优化过程来说，最终还应通过检验环节来确定合作学习组织优化的实际效能。因此，对学校教师合作学习组织进行检验十分必要，而且是贯穿始终地持续地检验，校长要采用有效的管理策略，从组织任务、目标层面加以干预。研究表明，国外教师合作对学生学业成就影响的综合实践效力显著，即元分析结果显示教师合作对学生学业影响具有中等偏小水平的综合效应（Cohen's d=0.38）。[1]鉴于教师合作对教师专业发展和学生学业成绩的影响作用，在调查与重组的基础上还应对教师合作实践效果进行持续的检验，其中检验的关键指标是教师的教学改进和学生的学业提升程度。具体而言，一方面教师合作学习组织运行中，如合作类型、合作深度和组织环境等是否有利于教师合作实践的顺利进行，通过教师专业发展指标数据的收集判断其对教师教学改进的影响程度；另一方面是按照学生学业成绩标准，收集相关数据采用合适的统计分析方法，判断教师合作学习组织运行的结果是否有利于学生学业成绩提升，或者哪种教师合作学习形式更有利于学生发展，为下一步的教师合作学习组织重组提供实证性依据。

（三）借助领导力，逐渐完善教师合作学习过程

校长领导力强调的是一种影响力，而且这种影响力是单向的，即校长作用于教师的力。进一步而言，这种影响力是影响一个群体实现愿景或目标的能力。在教师合作学习过程中，学校教师合作学习过程的完善需要强有力的领导，其表现为对常规进行挑战，传达着一定的组织愿景并激励引领组织成员不断实现目标。在教师合作学习微观过程中，校长能做的事情似乎很少，而且较少直接参与其中。因此，校长的领导力则显得尤为重要。在多元领导理论框架中，人力资源型领导和象征型领导是侧重领导力层面的，尤其强调校长的支持、赋权，服务、促进组织的顺利运行，同时把意义建构置于重要的工作范畴，以强化组织的共同愿景。例如，本研究证明，教师集体效能感对结构型领导通过教师专业学习共同体文化影响教师合作学习的过程不存在调节作用，在一定意义上表明具体到教师合作学习的微观层面，校长管理权

---

① 李德显，曾佑来.教师合作对学生学业成就的影响——基于46篇文献的元分析[J].外国教育研究，2020，47（9）：3-17.

或与之对应的管理策略不会产生显著的影响。然而，此处并非强调不需要结构型和政治型领导元素的存在，而是旨在说明微观层面人力资源型和象征型领导可能发挥的领导效应要更大一些。具体操作中，校长与教师在共同的愿景激励下，仍然需要配合一定的管理策略，这一点在人力资源型、象征型与政治型领导交互作用于教师专业学习共同体文化的实证结论中可以找到佐证。因此，在完善微观合作学习过程时，一方面需要通过合适的评估机制介入，以不断实现对教师合作学习过程的调整完善；另一方面需要对应的合作学习结果的认可奖励机制，进而促进教师合作学习过程的不断完善。

1. 教师合作学习过程的评价指标构建

教师合作学习微观过程的完善是整个优化环节的落脚点，也是教师合作学习素养提高的重要前提。根据评估结果，可以针对性地调整、完善教师合作学习过程，以实现教师合作学习效能最大化。在评价实践中，首先需要制定科学严谨的教师合作学习评价指标体系。评价指标体系的构建，关乎整个评价环节的可信度与结果的有效度。虽然加赫达教师合作学习评估框架中，依据古德莱德的探究环理论构建了详细的评估指标，但仍然需要对其加以本土化修订。例如，本研究中，教师合作学习的操作性维度包括合作意愿、对话和行动三个维度，这与古德莱德的原初理论框架相比简化许多。同时，指标体系的构建应该结合不同的教师合作学习组织的特点加以筛选，这些仍然需要科学的调查、探索和验证步骤。古德莱德提出教师围绕共同目标而进行对话、决策、行动和评估的探究环概念，整体上对教师合作学习评价指标体系的构建有着重要参考价值。因此，校长应该统筹学校的人才、技术等资源条件对评价指标体系进行系统的建构。具体而言，如在对话层面，发展完善的教师合作对话应涉及教学策略、课堂设计、学生成绩、日常表现，以及设定切合学生发展阶段的目标等主题。相反，低效的教师合作对话多集中于课程安排、考试技巧、任务布置、资料分配、班级纪律和活动组织等话题。在对话维度的指标设计要充分考虑上述因素，还要把握高质量的合作学习对话本质，即避免随意谈话与专业对话混淆，这也是合作学习过程评价的重点。同时，结合教师言语互动行为的实证研究论，在教师会话行为和规范行为层面增加适当的评价指标，为教师言语互动的微观层面考量提供支撑。

然后在完成指标体系的构建环节后，即开始正式评价。

2. 教师合作学习过程的正式评价

在正式评价环节，校长与教师要在评价理念上达成高度的一致，换言之，校长的领导力要充分影响到教师对于评价的认知，这种影响可以通过学校的评价制度寻找，但更重要的是校长领导在无形中发挥的影响效力。这种影响效力的体现，是以校长正确的教育评价观为前提的。在教育评价理论不断发展的时代背景下，校长自身要加强教育评价理论的学习研究，并不断内化，以在领导管理实践中践行。美国评价专家枯巴和林肯撰写的《第四代教育评价》中指出[①②]，教育评价理论经历了"测量""描述""判断"三个阶段，称之为"前三代教育评价"，基于心理建构过程的教育评价本质观，枯巴和林肯提出"第四代教育评价"，国内学者也有称之为教育评价理论的"建构"阶段。在教育评价理论与实践发展中，"凡是存在的东西都有数量，凡有数量的东西都可测量"论断把测量与评价等同起来，而泰勒的"目标评价模式"倾向于行为变化、知识增长、智能发展以及道德水平等综合性评价，有从实证主义评价理论向人文主义转向的意味，直到斯塔弗尔比姆的"CIPP模式"、斯克里芬"目标游离模式"和斯塔克的"应答模式"等价值判断时期多元评价理论的出现，形成性评价思想才逐渐盛行开来。"现代主义充分地注重事物的表面，而后现代主义则不断地破坏事物表面的稳定，以期更充分地揭示各种可能的意义"[③]。20世纪80年代，伴随着"不确定性、不稳定性、非连续性、突变性、非线性关系"等后现代主义思维方式的出现，研究者开始注重动态生成的隐性内容。正因如此，"第四代教育评价"提出评价者与被评价者之间应该是相互建构、交互、参与的关系。校长应根据具体的教育问题、真实的教育场域，灵活运用相关理论以及方法展开评价，并形成一定的领导理念和领导力。具

---

① 周朝森. 教育评价理论的新探索——美国"第四代教育评价"述评 [J]. 教育研究，1992（2）：51-54.

② 张民选. 回应、协商与共同建构："第四代评价理论"评述 [J]. 外国教育资料，1995（3）：53-59.

③ 大卫·杰弗里·史密斯. 全球化与后现代教育学 [M]. 郭洋生，译. 北京：教育科学出版社，2000：148.

体来说，在校长领导过程中应该强调以评价促发展的全局意识，而非将评价与管理硬性挂接。例如，教师合作学习过程的正式评价阶段，可以结合教师教学档案袋评价方式，获取合作学习评价指标下的测量数据资料以外，还要有目地地收集教师的合作学习过程性材料，如各种作品和与之相关的其他人员（学生、其他听课者）的材料，以详细记录教师的成就和成长过程，并据此进行综合评价。如此，校长既能充分凸显其注重发展性评价的领导理念，以促进教师个体教学能力持续发展为领导宗旨，又可通过这种形成性评价的过程来反映教师的专业成长轨迹。

3. 教师合作学习过程的认可

教师合作学习过程的认可，换言之，涉及教师合作学习评价结果的利用问题，总体思路是，在促进教师调整合作学习微观过程之余，最为重要的是对高效的教师合作学习过程进行及时的认可。这种认可，在校长领导过程中可能只是一个简单的"点头"，条件允许的学校可以配套相应奖励机制，以激发教师的合作学习热情，从而使教师感受到学校领导层面的人际关怀，以及确认自己对学校共同愿景实现过程中的贡献程度。如此一来，教师合作学习过程中获得的成败经验、情绪状态，自然会成为教师集体效能感的效能信息源，进而提升教师集体效能感，就是说，在一所学校的教师合作学习群体中能够有计划、组织和行动以达成既定目标的集体信念就会增强。观照本研究定量研究结论，在一定意义上可以形成一个因变量与自变量间的循环。

三、教师要关注合作学习主体互动的可塑性特征

无论是学校层面的教师专业学习共同体文化创设，还是校长层面的多元领导管理创新，均可归结为教师合作学习外在影响因素的策略干预。鉴于本研究的实证结论，在校长多元领导对教师合作学习影响过程中，教师主体层面也存在关键的作用因素，诸如人际关系、言语和效能感等。那么，这些关涉教师主体的影响因素，教师个体如何统筹把握、合理调节，是为教师合作学习改进策略在教师层面有效提出的重要前提。

（一）教师合作学习中的主体性回归

教师专业发展实践中的教师主体性消逝、主体性缺失等问题日益受到学界的关注。例如，有学者研究指出，教师在专业发展中逐渐出现主体"疲乏"[①]的负面表现，而且有着从"主体性异化为客体性"[②]不利趋向，对此很多学者警示呼吁，要防止教师专业发展过程中的"主体性湮没"[③]。从教师专业发展的核心旨向来看，其直接目的在于促进教师专业知识、技能的不断提高，进而改进教与学。从这个意义上来说，教师主体性充分发挥将有利于教师整体专业发展目标的顺利达成。

在教师合作学习这一具体专业发展实践中，如本研究证实，职业倦怠是无法回避的阻碍因素，尤其在教师合作学习动力的内在生成过程中的负面阻碍力度较强。然而，通过深入剖析发现，职业倦怠在每个教师个体层面存在一定的差异性，如学科差异、教龄差异、认知差异等，除了外在的干预外，这些差异性同样可以通过教师自身的主体性发挥予以克服。相对而言，分享意愿作为教师合作学习动力的外显变量，其在合作学习动力表现层面的教师主体性较为明显，如分享前的准备、分享的内容和分享的形式等。近来，有学者基于我国校本教研实践，对教师专业发展过程中"主体互动"的缺失进行了系统的论证，同时也提出了具体的回归路径。[④]因此，观照教师合作学习实践，主体间互动是教师合作学习的核心实践环节，也是教师主体性彰显的关键场域。

可见，对于教师合作学习中主体性回归的路径探寻，在一定程度上可以对合作学习改进提供有效的操作策略。具体来说，可以尝试让教师关注教师合作学习过程中主体互动的可塑性特征，尤其关注互动理念、互动行为和互动场域三个层面的可塑性特征，在合作学习改进实践中做出正确、有效的调节。

---

① 王俊礼，阳朝.教研体制结构的完善与校本教研主体发展 [J].教育探索，2009（7）：143-144.

② 伍叶琴，李森，戴宏才.教师发展的客体性异化与主体性回归 [J].教育研究，2013（1）：119-125.

③ 葛孝亿.教师主体性：校本教研应有之义 [J].现代教育科学，2009（4）：35-36.

④ 谭天美，范蔚.校本教研主体互动的缺失与回归 [J].中国教育学刊，2017（1）：79-84.

（二）构建合作型同事关系，挖掘多维互动空间

从本研究的质性分析过程可见，人际关系的影响作用贯穿于教师合作学习动力、合作形式和合作结果整体实践样态形成过程的始终。不难推论，教师间若能形成、维持和发展良好的同事关系，由互相讨论、互相观摩和经验共享的合作学习实践，彼此间便可以更容易辨别适当的教学行为与不适当的教学行为，进而形成规范性的教学行为概念。这一点，正如科尔曼（Coleman）强调[①]，"人际关系的发展会影响社会规范（Social Norms），而这些社会规范进而能影响整个团体的信念、态度以及行为"。因此，研究建议，在具体实践中，教师个体可通过构建合作型的同事关系，深入挖掘教师主体的"互动空间"，从多维互动场域促进教师合作学习的有效生发及持续改进。

具体而言，首先，良好的合作型同事关系，可以增加合作学习的知识范畴。在教育教学实践中，教师合作学习的知识范畴不单是教学专业知识，还应包括其他的有助于教学改进的知识内容。例如，班主任的班级管理经验、家校沟通技巧等，在良好的合作型同事关系下，教师个体之间可以相互交流、相互借鉴。

其次，良好的合作型同事关系，可以拓展合作学习的主体对象。例如资深教师和年轻教师之间的合作，目前师徒结对式合作较为流行，相比行政主导下的硬性规定的主体互动，良好的合作型同事关系，可以产生更好的互动效果。倘若新、老教师主体彼此间真诚沟通、开诚布公，不仅是年轻教师从资深教师那里获得宝贵经验，同时在新事物、新技术和新观念日新月异的时代背景下，资深教师也可以从年轻教师那里有所获益。

最后，良好的合作型同事关系，有利于运用更多的合作学习平台。随着信息沟通媒介的发展，以及学习型社会、终身学习理念深入人心，线下学习已经不再是唯一的学习场域。在网络媒介平台中，不同的教师合作学习群体可以根据不同需要组建不同的线上学习社群，如案例学校的新岗教师交流群、知校群在教育实践中都发挥着重要的作用。然而，虽然可以创建名目繁多的

---

①Coleman J S.Foundations of social theory[M].Cambridge，MA：Harvard University Press，1990：85.

合作学习社群组织，但其主体互动功能的实现，仍然需要良好的合作型同事关系的介入。

（三）掌握言语互动策略，实现真正的互动自觉

在我国学校组织系统内，教师合作学习实践的推进，更多还是依靠管理制度的行政式主导，这一现象在本研究的案例学校中比较明显。例如，在"精细化管理制度"中，明确要求教师合作学习实践要有详细的过程性记录，形如"课例分析教师观课单""教研活动反馈记录单""同伴互助听课反馈单"等，并将其纳入教师绩效考核。然而，不可否认的是，制度和利益在很大程度上"倒逼"教师合作学习实践渐渐走向形式主义和功利主义道路。正如有学者指出，"功利取向的教研动力源和上行下效的机械教研行为使当前校本教研不断走向点与点、线与线之间一一对应的僵化模式"①。

鉴于教师合作学习行政主导与制度强制的现实困境，研究建议，参照教师言语互动行为在教师专业学习共同体文化影响教师合作学习过程中发挥中介作用的定量研究结论，应该从教师主体互动视角出发，以言语互动行为为媒介在不断地沟通中对合作学习行为规范达成共识，并保持合作的持续性和自觉性。根据哈贝马斯的观点，这种规范是人们在不断地沟通中共同商讨、商谈的结果，而且这种商讨"必须是排除内在和外在强制的"②。因此，强调教师对会话行为和规范行为等言语互动行为策略的掌握，可以导引教师合作学习中的主体互动走向自觉、自主，具体可从以下两个方面展开。

一方面，教师要关注会话行为的呈现事态功能，及其在形成自觉的主体间互动方面的价值。在合作学习实践中，教师要注重沟通中会话行为的运用，要认识到会话并非是用以完成目的的行为，而是用来"实现和维护交往的"③行为，通过交往进行商谈，这本身就已经形成了会话的目的。在研究之初，以目的为取向的策略行为在言语互动行为测量模型中并没有体现出来，

---

① 谭天美，范蔚.校本教研主体互动的缺失与回归[J].中国教育学刊，2017（1）：79-84.

② 尤尔根·哈贝马斯.在事实与规范之间：关于法律与民主法治国的商谈理论[M].童世骏，译.北京：生活·读书·新知三联书店，2003：379.

③ 尤尔根·哈贝马斯.交往行为理论：行为合理性与社会合理性（第1卷）[M].曹卫东，译.上海：上海人民出版社，2004：311

经过前期的访谈以及案例研究的体悟，研究者发现，虽然策略行为可以用来对经验知识增长的反馈加以改进，但以质疑、建议和命令等真实性批判的语用功能，一般而言，教师之间是不会轻易使用的。因此，在评课、观课和议课等合作学习环节中，教师言语者可尝试采用会话行为，其以商谈式的沟通，呈现实际问题或需要改进的地方，进而最大化达成合作学习的核心宗旨。

另一方面，教师要关注规范行为的建立人际关系功能，及其在维持自觉的主体间互动方面的意义。规范行为表征的是一种道德实践知识，可以用正确性的角度加以批判。规范是一个社会群体中共识的表现，服从规范的核心意义在于满足一种普遍的行为期待。[①]因此，在教师合作学习实践中，规范行为中的实践话语有助于把共识行为继续下去。同时，通过相关道德实践规范的论证，教师主体"既可以用一定的规范来检验具体行为的正确性，也可以进而检验规范自身的正确性"[②]。从这个视角来看，规范行为在人际关系建立方面具有重要作用，而人际关系在维持教师合作学习实践层面的重要性无须赘言，前文已有详细的论证。故而，在教师合作学习的交往过程中，教师规范行为的合理运用可以让那些自觉的主体间互动行为持续下来。

（四）拓展效能感信息源，走向体制内互动自由

在案例学校的教师专业学习共同体文化表征中，强管理和强领导特征比较明显，尤其以强管理的领导支持文化最为常见，这在一定意义上，导致教师合作学习沦为一种常规性任务，表现为合作学习的教师主体性让位于校长主体性。类似现象，在我国学校教育体制内，似乎是一种常态。工具理性思潮盛行下，合作学习主体性关注的核心旨在强调教师主体互动对于实现教师合作学习自由的重要意义。同时，走向教师合作自由，也是合作学习主体互动的重要途径和本质特征。本研究实证结论表明，教师集体效能感在校长多元领导由教师专业学习共同体文化影响教师合作学习过程中具有正向调节作用。在具体教师合作学习实践中，可推论，教师主体层面的集体效能感可

---

① 尤尔根·哈贝马斯.交往行为理论：行为合理性与社会合理性（第 1 卷）[M].曹卫东，译.上海：上海人民出版社，2004：84.

② 同上：317.

以在一定程度上调和我国学校体制内行政管理干预的自上而下式的教师合作学习常态与主体互动自由的教师合作学习追求之间的矛盾，进而实现教师合作学习主体走向体制内的"互动自由"。有鉴于此，在合作学习改进实践中，教师个体层面需要关注集体效能感信息源的拓展策略。

集体效能感是对特定群体在未来的特定情境中能够顺利完成既定目标而组织或执行行动方案能力的判断或信念。换言之，在合作学习实践中，教师集体效能感是对所在组织教师成员，在改进教学的目标指引下，能够顺利计划、组织和执行合作学习任务的能力的信念，信念越强则有可能摆脱外在因素的强制干预及影响，则越有可能实现合作学习主体互动自由。故而，教师合作学习改进实践中，教师要把集体效能感视为一个至关重要的影响合作学习主体互动自由的特征因子。本研究表明，无论是单向式合作学习还是双向式合作学习，都可以在一定意义上构成效能感的信息源。因此，在教师专业发展的长期进程中，教师集体效能感既是教师合作学习的影响因素，也时刻从其获取效能感的信息源。教师个体要从成败经验、替代经验、社会劝说和情绪状态四大效能信息源入手，积极拓展自我获取途径，并有针对性地加以内化加工，提高集体效能感，进而最大限度地促进教师合作学习主体的互动自由。

第七章　研究局限及展望

　　在教育理论与实践中，如果说教师是教育改革成功的核心因素，应该没有人会对此提出异议。诚然，在我国教育改革进程中，许多关涉教师教育的政策制度已经颁布出台，这是国家层面基于当前教师专业发展诉求的宏观擘画和顶层设计。与此同时，各级教育行政部门和学校也在不同程度上做出了积极的回应，投入大量资源、设计配套方案，在促进教师专业发展方面取得了明显的实践成效。本研究将论题聚焦于教师合作学习，或可说带着这样一个期待，即教师如何能够最大效能地参与到教育改革之中，并在实际行动中创造性地践行前沿的教育改革政策或理念，进而成为拥有教育思想、教学智慧的教师专业职业者，而不是被动的执行者。因此，以文化自我表征理论和交往行为理论为研究设计的起点，构建、验证了校长多元领导对教师合作学习影响的路径模型。具体而言，综合运用定量和定性相结合的混合研究方式收集、处理和分析数据，重点验证式检验了教师专业学习共同体文化、教师集体效能感和教师言语互动行为在路径模型中的作用机理。然而，鉴于研究能力和时间的限制，本研究尚有一些需要进一步探讨的问题，以下仅做一种结语式的补充，并反思研究过程中存在的局限性，同时对未来研究走向进行展望。

一、研究小结

　　本研究在梳理国内外校长领导研究、教师合作学习研究和教师专业学习共同体研究等关键文献的基础上，厘清了有助于本研究顺利进行的知识基础，并根据既往研究理论、实证结论以及对教育学者、研训教师、校长和教师等教育理论与实践者的开放式访谈，开发了具有较高信效度的调查工具，包括校长多元领导问卷、教师专业学习共同体文化感知问卷、教师合作学习问卷、教师言语互动行为问卷和教师集体效能感量表。随后，在交往行为理论和文化自我表征理论的基础上，构建了初中校长多元领导对教师合作学习影响路径的理论模型并加以推演论证。进而，在定量研究中运用问卷调查法收集了 A 省两市初中学校 1110 名教师的实践感知数据，综合运用 SPSS16.0、Amos19.0 软件，采用层级回归分析、结构方程模型验证和中介调节效应检验等统计分析技术对样本数据进行验证性分析，以检验影响路径模型的相关假设；在定性研究中，运用个案研究法，从具体实践中深层次观照初中校长多元领导对教师合作学习影响的作用路径，以与定量研究结论相互印证。最后，对我国教师合作学习实践改进策略提出了一些启示性建议。综合以上研究过程及研究结果，本研究主要研究结论包括以下几个方面：

第一，实证性检验了本研究中关于校长多元领导对教师合作学习影响路径的理论模型及研究假设。研究发现，校长多元领导对教师专业学习共同体文化存在正向影响，其中多元领导向度之间存在调节效应，政治型领导在人力资源型和象征型领导对教师专业学习共同体文化影响过程中存在正向调节作用；教师言语互动行为在教师专业学习共同体文化与教师合作学习间存在部分中介作用；教师集体效能感、教师言语互动行为和教师专业学习共同体文化在校长多元领导对教师合作学习影响过程中存在链式中介作用；教师集体效能感对校长多元领导通过教师专业学习共同体文化影响教师合作学习的过程存在调节作用，即存在有调节的中介效应。在文化自我表征理论视角下，校长领导的管理情境与教师专业学习共同体文化相互交织，在影响教师自我观念（效能感）的同时，共同作用于教师的行为。本研究中相关研究结论的证实和证伪，在一定层面上丰富了教师合作学习理论的研究视阈及其解释范畴，而且为校长管理领导教师专业学习共同体，优化完善教师合作学习实践提供了实证性的结论支撑，尤其是在多元领导理念下如何根据不同的教育实践情境融合和转换结构型、人力资源型、象征型和政治型领导向度方面给出了可能的操作路径。因此，无论是在教育研究理论层面还是在教育实践层面，均有着一定的价值意义。本研究中的相关研究假设证实与证伪情况见表 7-1。

表 7-1　研究假设证实或证伪情况表

研究假设	验证结果
H1：结构型领导正向影响教师专业学习共同体文化感知。	√
H2：人力资源型领导对结构型领导与教师专业学习共同体文化感知间的正向关系具有调节作用。	×
H3：象征型领导对结构型领导与教师专业学习共同体文化感知间的正向关系具有调节作用。	×
H4：政治型领导对结构型领导与教师专业学习共同体文化感知间的正向关系具有调节作用。	×
H5：人力资源型领导正向影响教师专业学习共同体文化感知。	√
H6：结构型领导对人力资源型领导与教师专业学习共同体文化感知间的正向关系具有调节作用。	×
H7：象征型领导对人力资源型领导与教师专业学习共同体文化感知间的正向关系具有调节作用。	×
H8：政治型领导对人力资源型领导与教师专业学习共同体文化感知间的正向关系具有调节作用。	√
H9：象征型领导正向影响教师专业学习共同体文化感知。	√
H10：结构型领导对象征型领导与教师专业学习共同体文化感知间的正向关系具有调节作用。	×
H11：人力资源型领导对象征型领导与教师专业学习共同体文化感知间的正向关系具有调节作用。	×
H12：政治型领导对象征型领导与教师专业学习共同体文化感知间的正向关系具有调节作用。	√
H13：政治型领导正向影响教师专业学习共同体文化感知。	√
H14：结构型领导对政治型领导与教师专业学习共同体文化感知间的正向关系具有调节作用。	×
H15：人力资源型领导对政治型领导与教师专业学习共同体文化感知间的正向关系具有调节作用。	×
H16：象征型领导对政治型领导与教师专业学习共同体文化感知间的正向关系具有调节作用。	×
H17：教师专业学习共同体文化感知正向影响教师合作学习。	√
H18：教师言语互动行为在专业学习共同体文化感知与教师合作学习间具有中介作用。	√
H19：教师专业学习共同体文化在结构型领导与教师合作学习之间产生中介作用。	√
H20：教师专业学习共同体文化在人力资源型领导与教师合作学习之间产生中介作用。	√

研究假设	验证结果
H21：教师专业学习共同体文化在象征型领导与教师合作学习之间产生中介作用。	√
H22：教师专业学习共同体文化在政治型领导与教师合作学习之间产生中介作用。	√
H23：教师集体效能感在校长多元领导与教师合作学习之间产生中介作用。	√
H24：校长多元领导对教师合作学习影响过程中存在链式中介作用。	√
H25：教师集体效能感对结构型领导通过教师专业学习共同体文化感知影响教师合作学习的过程存在调节作用。	×
H26：教师集体效能感对人力资源型领导通过教师专业学习共同体文化感知影响教师合作学习的过程存在调节作用。	√
H27：教师集体效能感对象征型领导通过教师专业学习共同体文化感知影响教师合作学习的过程存在调节作用。	√
H28：教师集体效能感对政治型领导通过教师专业学习共同体文化感知影响教师合作学习的过程存在调节作用。	√

第二，运用个案研究，实证性解析了案例学校校长领导风格，描述性呈现了案例学校教师专业学习共同体文化表征，另外，在校长领导风格与文化表征的基础上，深入地阐释了教师合作学习影响因素间的作用机理。首先，从校长多元领导行为和风格问卷调查结果、访谈文本编码结果，以及对二者的比较判断，案例学校校长在不同程度上存在综合使用结构型领导、人力资源型领导、政治型领导和象征型领导向度的情况，根据多元领导理论的临界值判定其具备多元领导风格，同时象征型领导向度使用频次最高。其次，在教师专业学习共同体文化表征方面，制度管理下的人为协作和惯习引领下的共享实践与彰显着强管理和强领导特征的领导支持之间相互印证，且问卷调查结论与编码文本信息共同表明人力资源型领导向度和象征型领导向度更倾向于领导力的影响，而结构型领导向度和政治型领导向度多反映为管理权的使用，尤其以象征型领导和结构型领导向度最为显著。最后，校长多元领导与教师专业学习共同体文化相互作用下的教师自我观念与教师合作学习行为共同影响着案例学校教师合作学习的基本样态，具体表现为合作学习动力受到内在驱动和外在表现的双重影响，合作学习形式涵盖单向式和双向式两种模式，合作学习结果体现为以学生学业为支点的杠杆作用和以团体评价为动

力的引擎作用。在一定程度上，个案研究是校长多元领导对教师合作学习影响定量研究结论的实践观照，从而更加透彻地了解了相关影响因素间的作用过程和机理。

第三，关于教师合作学习改进的实践启示，在学校层面，应立足教师专业学习共同体文化提升教师合作学习素养，在校长层面，可践行多元领导理念优化教师合作实践，在教师层面，要关注合作学习主体互动的可塑性特征。具体而言，首先，学校应积极推崇自然的教师专业学习共同体文化，创建物质文化生成合作学习知识，设计制度文化培训合作学习技能，引领精神文化涵养合作学习态度；其次，在优化教师合作学习实践方面，校长应注重把握管理与领导的均衡，善用管理权切实优化教师合作学习组织，借助领导力不断完善教师合作学习过程；最后，教师要关注合作学习主体性回归策略，构建合作型同事关系，挖掘多维度互动空间，掌握言语互动策略实现真正的互动自觉，拓展效能感信息源走向体制内的互动自由。

▌二、研究局限

鉴于研究能力、时间和研究基础的限制，本研究存在一些研究局限，主要包括以下几个方面：

第一，问卷调查过程中，校长多元领导采用教师感知的方式进行测查，存在一定的主观偏误。虽然从目前的研究文献来看，很多校长多元领导的研究文献均采用教师感知的方式对校长多元领导进行主观测评，教育领导研究专家海林杰也认为教师是了解校长领导风格的最直接的体验者。尽管如此，测查层面的主观偏误始终无法避免。从国外实证研究来看，有少部分学者[1]从教师与校长感知的一致性偏差程度，来分析校长多元领导与相关变量间的影响关系。这种研究思路在一定程度上或可以避免主观偏误的存在。也正是如此，纵观近年来关于教育领域影响因素间作用机制的研究期刊，尤其国际高影响因子的教育学期刊，多层线性模型方法受到较为广泛的认可，按照影响因素

---

[1]Park.Whose perception of principal instructional leadership？ Principal-teacher perceptual（dis）agreement and its influence on teacher collaboration[J].*Asia Pacific Journal of Education*，2016，36（3）：450-469.

因果关系、时间顺序，或者通过跟踪调查等纵向数据，进而运用分层、嵌套的分析模型展开实证研究。

第二，研究数据收集属于横截面的调查取样，在社会科学研究中虽然可以进行相关关系或因果关系的推测解释，但无法提供支撑因果链关系的完整证据。对于教师合作学习实践而言，在我国基础教育体制中自上而下的推行模式占据主导地位，尤其是教研组、备课组等学校基层组织，在学校管理实践中的存在形式及管理模式都较为固定。因此，没有进行纵向数据的收集是本研究局限之处，倘若以一种教师合作学习组织或形式的大规模教育改革或实验为契机，在教育实验之初、实验之中和最后分别设定数据采集时间节点，如此可以避免横截面数据的无次序性，从而可以提供更加令人信服的实证性结论。

第三，在教育实践中影响教师合作学习的教育管理因素和个体层面因素是多方面的，本研究中尽管采用层级多元回归分析模型，尽可能地控制影响变量，但在教育实践的宏观背景中仍然显得不太充分，这也是该方法近年来受到学界质疑的主要原因，为了避免方法的单一性，本研究中同时还综合采用结构方程模型和 PROCESS v3.3 宏程序 Bootstrap 法进行中介、调节效应检验。然而，本研究仅在既往研究基础上，根据相关研究结论和理论构建研究假设，以文化自我表征理论和交往行为理论为基础，尝试推测、解释校长多元领导对教师合作学习的影响路径，虽然也从理论思辨的视角对理论模型的构建进行推演、论证，但仍然存在着一定程度的局限性，缺少扎根教育实践的由下而上的影响因素的归纳演绎，这是继来研究中应该增补的。

第四，研究样本来自省域内，需要进一步扩大施测范围。虽然在 A 省范围内两个市的数据抽样较有代表性，但推及其他省市，乃至全国范围内的学校教师样本，问卷的结构维度是否仍然有着较强的稳定性，以及校长多元领导对教师合作学习影响路径的实证结论尚需进一步的检验。

▎三、研究展望

在未来研究中，需要从以下三个方面深入开展相关研究：

第一，在未来研究中，可考虑扩大样本覆盖范围，进一步验证研究工具和研究结论。例如，可在不同省市选择研究对象，进行准实验研究，获得跨学期、学年，或经过干预后的纵向研究数据，利用多层线性模型等统计分析方式，进一步检验校长多元领导对教师合作学习的影响层面的相关假设论点。

第二，在未来研究中，可考虑进行多个案例研究，进一步灵活运用量化和质性相结合的混合研究方式，从更加细微的层面阐释各变量间的影响关系，形成定量研究与个案研究相互印证的研究结论。例如，可在继来的研究中设计科学严谨的个案学校选取标准，根据多元领导理论、文化自我表征理论和组织行为学理论，以学校为单位，进行团体层面的多个案例比较研究，进一步形成定性和定量相互佐证的研究结论，为教育管理与实践提供更有价值的研究结论。

第二，在未来研究中，需要增补教师合作学习各影响因素的维度验证，可以参照扎根理论法，通过对校长、教师等教育相关人员的全面访谈，针对获得的质性文本材料，采用开放性编码、主轴性编码和选择性编码的逐级编码程序，确定校长多元领导、教师专业学习共同体文化等影响因素变量的结构维度合理性。

参考文献

中文著作

[1] [美] 彼得·圣吉. 第五项修炼——学习型组织艺术与实务 [M]. 郭进隆，译. 上海：上海三联书店，1998.

[2] 陈向明. 质的研究方法与社会科学研究 [M]. 北京：教育科学出版社，2016.

[3] 陈晓瑞，龙宝新. 教师专业学习共同体：国际视野与本土化实践 [M]. 西安：陕西师范大学出版社，2016.

[4] 陈悦，陈超美. 引文空间分析原理与应用 [M]. 北京：科学出版社，2014.

[5] 辞海编辑委员会. 辞海（上册）[M]. 上海：上海辞书出版社，1999.

[6] [美] 丹尼尔·U. 莱文. 教育社会学 [M].9 版. 郭锋，译. 北京：中国人民大学出版社，2016.

[7] [加] 大卫·杰弗里·史密斯. 全球化与后现代教育学 [M]. 郭洋生，译. 北京：教育科学出版社，2000.

[8] [美] 道恩·亚科布齐. 中介作用分析 [M]. 李俊，译. 上海：上海人民出版社，2017.

[9] 李鹏程. 当代文化哲学沉思 [M]. 北京：人民出版社，1994.

[10] 李其龙. 德国教学论流派 [M]. 西安：陕西人民教育出版社，1993.

[11] 李燕. 文化释义 [M]. 北京：人民出版社，1996.

[12] 高申春. 人性辉煌之路：班杜拉社会学习理论 [M]. 武汉：湖北教育出版社，1999.

[13] [德] 赫尔巴特. 普通教育学 [M]. 李其龙，译. 北京：人民教育出版社，2015.

[14][德]哈贝马斯.现代性的哲学话语[M].曹卫东，译.南京：译林出版社，2004.

[15][德]哈贝马斯.交往行动理论（第1卷）[M].重庆：重庆出版社，1994.

[16][德]海德格尔.形而上学导论[M].熊伟，王庆节，译.北京：商务印书馆，2019.

[17][奥地利]胡塞尔.欧洲科学的危机与超越论的现象学[M].王炳文，译.北京：商务印书馆，2001.

[18]蒋逸民.社会科学方法论[M].重庆：重庆大学出版社，2011.

[19][德]卡尔·雅斯贝尔斯.什么是教育[M].邹进，译.北京：生活·读书·新知三联书店，1991.

[20]刘国华.校长领导力：引领学校特色发展[M].上海：上海教育出版社，2009.

[21]刘军.管理研究方法：原理与应用[M].北京：中国人民大学出版社，2008.

[22]刘胜男.教师专业学习的实证研究[M].上海：上海三联书店，2018.

[23]刘永芳.管理心理学[M].2版.北京：清华大学出版社，2016.

[24][匈牙利]卢卡奇.物化和无产阶级意识[M]//张庆熊，陆梅林，程代熙.异化问题（上）.北京：文化艺术出版社，1986.

[25][加]马克斯·范梅南.教学机智——教育智慧的意蕴[M].李树英，译.北京：教育科学出版社，2001.

[26][加]迈克尔·富兰.变革的力量——透视教育变革[M].中央教育科学研究所，加拿大多伦多国际学院，译.北京：教育科学出版社，2000.

[27]钱民辉.教育社会学概论[M].4版.北京：北京大学出版社，2017.

[28][德]马克思，恩格斯·马克思恩格斯选集（第2卷）[M].中共中央马克思恩格斯列宁斯大林著作编译局，译.北京：人民出版社，1995.

[29][英]密尔.论自然[M].鲁旭东，译.北京：中国社会科学出版社，1996.

[30]秦梦群.教育领导理论与应用[M].台北：五南图书出版公司，2010.

[31][美]斯蒂芬·罗宾斯，蒂莫西·贾奇.组织行为学[M].孙健敏，王震，李原，译.北京：中国人民大学出版社，2016.

[32][美]斯蒂芬·W.劳登布什，安东尼·S.布里克.分层线性模型：应用与数据分析方法[M].2版.郭志刚，译.北京：社会科学文献出版社，2016.

[33]宋萑.教师专业学习共同体研究[M].北京：北京师范大学出版社，2015.

[34][德]斐迪南·滕尼斯.共同体与社会：纯粹社会学的基本概念[M].林荣远，译.北京：北京大学出版社，2010.

[35] [法] 皮埃尔·布迪厄，华康德. 实践与反思——反思社会学 [M]. 李猛，李康，译. 北京：中央编译出版社，1998.

[36] [美] 托马斯. 库恩. 科学革命的结构 [M]. 金吾伦，胡新和，译. 北京：北京大学出版社，2016.

[37] 王铁军. 校长领导力修炼 [M]. 上海：华东师范大学出版社，2010.

[38] [美] 威尔弗雷德·德莱斯. 卓越领导魅力 [M]. 黄海霞，译. 上海：上海交通大学出版社，2002.

[39] 吴国盛. 让科学回归人文 [M]. 南京：江苏人民出版社，2003.

[40] 吴康宁. 教育社会学 [M]. 北京：人民教育出版社，2016.

[41] 吴明隆. 结构方程模型——Amos 实务进阶 [M]. 重庆：重庆大学出版社，2013.

[42] 奚从清. 角色论 [M]. 杭州：浙江大学出版社，2010.

[43] [古希腊] 亚里士多德. 形而上学 [M]. 吴寿彭，译. 北京：商务印书馆，2018.

[44] [美] 约翰·杜威. 民主主义与教育 [M]. 王承绪，译. 北京：人民教育出版社，1990.

[45] 叶澜. "新基础教育"论 [M]. 北京：教育科学出版社，2006.

[46] 叶澜. 教育研究方法论初探 [M]. 上海：上海教育出版社，2014.

[47] [德] 尤尔根·哈贝马斯. 在事实与规范之间：关于法律与民主法治国的商谈理论 [M]. 童世骏，译. 北京：生活·读书·新知三联书店，2003.

[48] [德] 尤尔根·哈贝马斯. 交往行为理论：行为合理性与社会合理性（第 1 卷）[M]. 曹卫东，译. 上海：上海人民出版社，2004.

[49] [美] 珍妮·H. 巴兰坦. 教育社会学 [M]. 5 版. 朱志勇，译. 南京：江苏教育出版社，2011.

[50] 郑燕祥. 教育领导与改革：新范式 [M]. 台北：高等教育出版社：2003.

[51] 郑燕祥. 教育领导与改革新范式 [M]. 上海：上海教育出版社，2005.

[52] 张奇. SPSS for windows 在心理学与教育学中的应用 [M]. 北京：北京大学出版社，2009.

中文论文

[1] 鲍东明. 校长课程领导基本要素分析 [J]. 中国教育学刊，2012（4）.

[2] 常秀芹，李艳艳.教师合作的内涵、特征与意义[J].中国成人教育，2008（3）.

[3] 陈大超，郑天坤.走向交往实践的教育管理[J].教育科学，2005（6）.

[4] 陈勤，袁守华，陈谦.内涵式发展背景下有效学习共同体对教师专业发展的思考[J].中国教育学刊，2018（6）.

[5] 陈雅玲.基于合作的教师专业发展实证研究[J].中国教育学刊，2012（5）.

[6] 陈艳.校长领导行为与教师组织公民行为的关系：心理资本的中介作用[J].教育科学究，2017（12）.

[7] 谌安荣.从自在自发到自由自觉——我国教师生存方式的转型[J].高等教育研究，2007（5）.

[8] 崔允漷，郑东辉.论指向专业发展的教师合作[J].教育研究，2008（6）.

[9] 单俊豪，宫玲玲，李玉，等.教育机器人对学生学习成果的影响——基于49篇实验或准实验研究论文的元分析[J].中国电化教育，2019（5）.

[10] 单志艳.走向中国特色教师专业学习共同体的教研组变革[J].教育研究，2014（10）.

[11] 邓涛，鲍传友.教师文化的重新理解与建构——哈格里夫斯的教师文化观述评[J].外国教育研究，2005（8）.

[12] 丁建民.语言的互动性使用和英语教学[J].外语与外语教学，2000（1）.

[13] 丁伟红."校本"的内涵与要素[J].教育理论与实践，2006（1）.

[14] 董惠军.基于教师合作的教师专业发展途径探索[J].中国教育学刊，2018（S1）.

[15] 董静.课程变革条件下教师合作文化的现实境遇与路径选择[J].教育探索，2009（10）.

[16] 杜静，常海洋.专业学习共同体视阈下教师专业发展的遮迷与重塑[J].现代教育管理，2018（6）.

[17] 杜静，王晓芳.论基于社会互动理论的教师合作[J].教育研究，2016，37（11）.

[18] 段晓明.学校变革视域下的专业学习共同体[J].比较教育研究，2007（3）.

[19] 方杰，温忠麟，梁东梅，等.基于多元回归的调节效应分析[J].心理科学，2015，38（3）.

[20] 冯建军，尚致远.走向类主体——当代社会人的转型与教育变革[J].教育研

究，2005（1）.

[21] 冯建军.主体间性与教育交往 [J].高等教育研究，2001（6）.

[22] 傅维利.正确"目的"与"规律"观照下的教育改革与发展 [J].教育研究与实验，2017（4）.

[23] 傅玉蓉，单新涛，付新民.促进教师合作的学校管理变革 [J].当代教育科学，2010（15）.

[24] 傅泽华.科组教师合作存在的问题及解决策略 [J].教育导刊，2011（11）.

[25] 高峰强，刘玉，常淑敏.教师集体效能量表中文版的修订 [J].山东师范大学学报（人文社会科学版），2005（4）.

[26] 葛孝亿.教师主体性：校本教研应有之义 [J].现代教育科学，2009（4）.

[27] 韩江萍.校本教研制度：现状与趋势 [J].教育研究，2007（7）.

[28] 郝明君，靳玉乐.教师文化的变革 [J].中国教育学刊，2006（03）.

[29] 何灿华.名师工作室里的教师合作 [J].上海教育科研，2013（12）.

[30] 洪亮.大数据时代校本教研转型策略及路径 [J].中国教育学刊，2015，（7）.

[31] 侯浩翔.校长领导方式可以影响教师教学创新吗？——兼论学校组织创新氛围的中介效应 [J].教育科学，2018，34（1）.

[32] 胡春光，董泽芳.论学校领导研究的新趋势：多元整合领导的理论架构 [J].教育研究与实验，2018（1）.

[33] 胡艳.专业学习共同体视角下的教研组建设——以北京市某区中学教研组为例 [J].教育研究，2013，34（10）.

[34] 黄亮，赵德成.校长领导力对学生学业成就的影响——教师教学投入与学校自主权的调节作用 [J].教育科学，2017，33（3）.

[35] 霍树婷.从人为合作到自然合作：教师合作方式的转向 [J].教育理论与实践，2018，38（19）.

[36] 姜丽华.校本教研：内涵、特征及其价值 [J].教育科学，2004（6）.

[37] 蒋福超，刘正伟.专业学习共同体视角下的教研组变革 [J].教育发展研究，2009（10）.

[38] 蒋艳.语文课堂教学"表演"现象探因 [J].中国教育学刊，2009（11）.

[39] 焦明甲.试论哈贝马斯社会交往行动理论的得与失 [J].社会科学辑刊，2007（4）.

[40] 金春兰. 校本教研文化研究 [J]. 教育研究，2007（4）.

[41] 柯政，陈霜叶，任友群. 重点学校与非重点学校的校长领导行为比较 [J]. 北京大学教育评论，2013，11（1）.

[42] 黎琼锋. 教师合作：从教学分享到专业自律 [J]. 教学与管理，2006（31）.

[43] 李翠华，王坦. 教师合作中的问题与超越 [J]. 当代教育科学，2006（7）.

[44] 李德显，李海芳. 论交往视域下的教育要素 [J]. 教育科学，2013，29（02）.

[45] 李洪修，马云鹏. 课程变革下教师合作的缺失与对策 [J]. 中小学教师培训，2005（7）.

[46] 李洪修，熊梅. 西方社会学视域中的教师合作 [J]. 外国教育研究，2013，40（11）.

[47] 李欢欢，黄瑾，郭力平. 我国数学学习困难儿童干预效果的元分析 [J]. 全球教育展望，2019，48（5）.

[48] 李军，徐瑞芳. 立足校本教研，促进教师发展 [J]. 中国教育学刊，2010（12）.

[49] 李茂森，罗倩. 小学教师合作现状的调查研究 [J]. 当代教育科学，2013（20）.

[50] 李帅军. 论教育管理的主客体及其相互关系 [J]. 教育研究，2003（9）.

[51] 李智超、罗家德. 中国人的社会行为与关系网络特质——一个社会网的观点 [J]. 社会科学战线，2012（1）.

[52] 李子建，邱德峰. 实践共同体：迈向教师专业身份认同新视野 [J]. 全球教育展望，2016，45（5）.

[53] 林美，刘莉. 校本教研对教师专业发展的影响研究——基于北京市 S 小学的个案调查 [J]. 教育学术月刊，2016（8）.

[54] 林肖丽. 新课程理念下中小学数学教师合作研究 [J]. 教学与管理，2013（36）.

[55] 凌文辁，陈龙，王登. CPM 领导行为评价量表的建构 [J]. 心理学报，1987（2）.

[56] 蔺海沣，赵敏. 教师团队自省中共享型领导的阻力与实现机制 [J]. 中国教育学刊，2016，（7）.

[57] 刘顿，古继宝. 领导发展性反馈、员工工作卷入与建言行为：员工情绪智力调节作用 [J]. 管理评论，2018，30（3）.

[58] 刘方. 校本教研的理念及特征简析 [J]. 教育理论与实践，2004（2）.

[59] 刘红云，张雷，孟庆茂. 教师集体效能量表的修订 [J]. 应用心理学，2004（1）.

[60] 刘胜男.中学教师集备组团队边界管理模型建构与验证[J].现代教育管理,2014(1).

[61] 刘志华,罗丽雯.以学习为中心的校长领导力与教师领导力关系研究[J].华南师范大学学报(社会科学版),2015(3).

[62] 龙立荣.层级回归方法及其在社会科学中的应用[J].教育研究与实验,2004(1).

[63] 罗厚辉.从活动理论看领导风格对教师课程领导发展的影响[J].全球教育展望,2009(11).

[64] 马健生,吴佳妮.中小学校长教学领导风格评估——海林杰校长教学管理评定量表的改进探索[J].教育科学研究,2013(12).

[65] 马玉宾,熊梅.教师合作文化的内涵、现状与重建[J].上海教育科研,2008(1).

[66] 马玉宾,熊梅.教师文化的变革与教师合作文化的重建[J].东北师大学报(哲学社会科学版),2007(4).

[67] 马云鹏,王波,解书.校长课程领导:农村中小学课程改革纵深推进的重要保障[J].东北师大学报(哲学社会科学版),2008(1).

[68] 南成玉.非评判性反馈:教师合作发展的新途径[J].当代教育科学,2012(4).

[69] 彭虹斌.文化哲学视野下的教育交往[J].华南师范大学学报(社会科学版),2002(3).

[70] 戚群,李建平.新课改推动教师走校本教研之路[N].北京:中国教育报,2003-03-01(3).

[71] 齐宇歆.从学力观的历史变迁审视"互联网+"时代的学习评价[J].远程教育杂志,2017,35(2).

[72] 乔雪峰,卢乃桂,黎万红.从教师合作看我国校本教研及其对学习共同体发展的启示[J].教师教育研究,2013,25(6).

[73] 邱德峰,李子建.教师共同体的发展困境及优化策略[J].河北师范大学学报(教育科学版),2018,20(2).

[74] 邱绍一,洪福源.高中师生自我效能、集体效能与学校效能研究模式之建立:自我效能中介效果、集体效能调节效果研究[J].教育心理学报,2015,46(3).

[75] 饶从满，张贵新.教师合作：教师发展的一个重要路径[J].教师教育研究，2007（1）.

[76] 任平.马克思主义交往实践观与主体性问题——兼评"主体—客体"两极哲学模式的缺陷[J].哲学研究，1991（10）.

[77] 任智茹，庞丽娟.教师合作学习的特征[J].当代教育科学，2010（21）.

[78] 邵云雁，秦虎.教师合作：澄清与反思[J].中国成人教育，2009（9）12.

[79] 石雷山.教师集体效能：教师效能研究的新进展[J].外国教育研究，2005（10）.

[80] 史铭之.魅力型校长界说：领导学的视角[J].教育发展研究，2007（22）.

[81] 时长江，陈仁涛，罗许成.专业学习共同体与教师合作文化[J].教育发展研究，2007（11B）.

[82] 宋萑.课程改革、教师赋权增能与教师专业学习共同体[J].教育学报，2011（3）.

[83] 孙锦明，王健.中学校长领导行为与教师工作满意度关系研究[J].上海教育科研，2008（2）.

[84] 孙绵涛.校长领导力基本要素探析[J].教育研究与实验，2012（6）.

[85] 孙元涛.教师专业学习共同体：理念、原则与策略[J].教育发展研究，2011（22）.

[86] 谭天美，范蔚."互联网＋教研"：校本教研主体互动新契机[J].教育科学研究，2017（4）.

[87] 谭天美，范蔚.校本教研主体互动的缺失与回归[J].中国教育学刊，2017（1）.

[88] 唐有毅，白亦方.校长领导的多元架构理论：一种整合的观点[J].华南师范大学学报（社会科学版），2013（3）.

[89] 王俊礼，阳朝.教研体制结构的完善与校本教研主体发展[J].教育探索，2009（7）.

[90] 王鹏，高峰强，隋美荣.集体效能：一种团体研究的主体性视角[J].心理科学进展，2004（6）.

[91] 王淑莲，金建生.城乡教师协同学习共同体深度学习：问题、特点及运行策略[J].教育发展研究，2018，38（8）.

[92] 王坦.论合作学习的基本理念[J].教育研究，2002（2）.

[93] 王秀秀，尤岚岚.德国教师合作过程探析——基于柏林2所学校的案例研究 [J].基础教育，2016，13（6）.

[94] 王真东，刘方.校本教研制度建立的必要性及价值[J].江西教育科研，2004（3）.

[95] 温红博.校长领导风格：类型、结构与评价[J].中小学管理，2012（6）.

[96] 温忠麟，叶宝娟.有调节的中介模型检验方法：竞争还是替补？[J]心理学报，2014，46（5）.

[97] 温忠麟，张雷，侯杰泰，等.中介效应的检验程序及其应用[J].心理学报，2004，36（5）.

[98] 温忠麟.实证研究中的因果推理与分析[J].心理科学，2017，40（1）.

[99] 文雪，廖诗艳.基于专业发展的教师合作文化建设[J].教育探索，2010（10）.

[100] 吴焕庆，马宁.系统化校本教研有效实施的策略研究[J].电化教育研究，2013，34（5）.

[101] 吴惠青.论教师个体的生存方式[J].教育研究，2003（6）.

[102] 吴晓玲.校长课程领导的取向差异与水平分层探析[J].课程·教材·教法，2018，38（6）.

[103] 吴小贻.走出对教师合作认识的误区[J].教师教育研究，2009，21（1）.

[104] 伍叶琴，李森，戴宏才.教师发展的客体性异化与主体性回归[J].教育研究，2013（1）.

[105] 吴振利，饶从满.关于教师合作问题的理性思考[J].课程.教材.教法，2009，29（11）.

[106] 肖川，胡乐乐.论校本教研与教师专业成长[J].教师教育研究，2007（1）.

[107] 徐金海，张新平.萨乔万尼校长学的五种领导观念[J].教育科学研究，2010（6）.

[108] 徐君伟，左林华.同伴指导对我国教研组制度建设的启示浅析——教师合作的视角[J].中国教育学刊，2012（6）.

[109] 徐文彬.校本教研的"非校本化"倾向及其成因分析[J].全球教育展望，2007（12）.

[110] 薛正斌，陈晓端.基于自然合作文化的教师专业学习共同体建构[J].教育科学研究，2011（1）.

[111] 闫守轩，朱宁波.教师专业发展现实问题与范式转型[J].中国教育学刊，2013（12）.

[112] 杨启亮.教师专业发展的几个基础性问题[J].教育发展研究，2008（12）.

[113] 姚计海."文献法"是研究方法吗——兼谈研究整合法[J].国家教育行政学院学报，2017（7）.

[114] 叶澜."生命·实践"教育学派——在回归与突破中生成[J].教育学报，2013，9（05）.

[115] 于博，刘新梅.校长领导行为研究——以山东省普通高中为例[J].数理统计与管理，2005（3）.

[116] 于鸿雁，于秋生，张文革，等.从教师专业发展的视角谈教师合作文化的构建[J].教育探索，2010（9）.

[117] 余进利.学校领导五向度模式与校长培训[J].教师教育研究，2009（5）.

[118] 余进利.校长课程领导：角色、困境与展望[J].课程·教材·教法，2004（6）.

[119] 袁振国.实证研究是教育学走向科学的必要途径[J].华东师范大学学报（教科版），2017，（3）.

[120] 岳伟，王雅红.论教育的物化和人的失落[J].教育研究与实验，2007（4）.

[121] 岳伟.教育：主体间双向建构的主体交往活动[J].教育研究与实验，2008（1）.

[122] 曾土花，胡中锋.教师合作文化视角下的教师专业引领[J].当代教育科学，2013（3）.

[123] 张爱勤.新课程理念下教师合作的悖论及解悖策略[J].教育探索，2008（12）.

[124] 张民选.回应、协商与共同建构："第四代评价理论"评述[J].外国教育资料，1995（3）.

[125] 张平平，胡咏梅.中小学校长领导力对教师专业合作行为的影响[J].湖南师范大学教育科学学报，2018，17（5）.

[126] 张晓蕾.从合而不作到合作共赢：对我国校际教研共同体中教师合作的探索性分析[J].教育发展研究，2017（24）.

[127] 张新平.校长角色转型研究——基于伯恩斯变革型领导理论的思考[J].教育发展研究，2008（Z2）.

[128] 张新平."教学领导力是校长核心领导力"之反思[J].教育发展研究，2014，33（10）.

[129] 张应强."交往的教育过程观"批判 [J].教育研究，2001（8）.

[130] 张忠山，吴志宏.校长领导行为与教师工作满意度关系研究 [J].心理科学，2001（1）.

[131] 张紫薇.国外教师合作教研演变发展及特点 [J].外国中小学教育，2014（8）.

[132] 张紫薇.我国小学教师合作教研的现状与特点——以山西省小学为例 [J].教学与管理，2014（27）.

[133] 赵敏，蔺海沣.校本教研共同体建构：从"共存"走向"共生"[J].教育研究，2016（12）.

[134] 赵连顺.从合作研究类型的视角审视中小学教师合作研究效益 [J].教学与管理，2010（22）.

[135] 郑淑贞.教师合作的病理分析 [J].教育评论，2012（4）.

[136] 郑鑫，张佳.中西方教师专业学习共同体的差异：跨文化比较的视角 [J].外国教育研究，2015，42（8）.

[137] 钟启泉.日本"学力"概念的演进 [J].教育发展研究，2014，33（8）.

[138] 钟启泉.日本的学力论争：线索与构图——与日本学者木下繁弥教授的对话 [J].全球教育展望，2004，33（8）.

[139] 钟启泉.学力理论的历史发展 [J].全球教育展望，2001（12）.

[140] 钟启泉.课堂转型：静悄悄的革命 [J].上海教育科研，2009（3）.

[141] 周朝森.教育评价理论的新探索——美国"第四代教育评价"述评 [J].教育研究，1992（2）.

[142] 周海玲.教师合作的可能性及现实转化 [J].教育发展研究，2007（18）.

[143] 周浩，龙立荣.共同方法偏差的统计检验与控制方法 [J].2004，12（6）.

[144] 周进，安涛，韩雪婧.教育机器人对学生学习效果影响的元分析 [J].现代远程教育研究，2019，31（3）.

[145] 周榕，李世瑾.STEM教学能提高学生创造力？——基于42项实验研究的元分析 [J].开放教育研究，2019，25（3）.

[146] 朱宁波，张萍.教师同伴互助的校本教研模式探析 [J].教育科学，2007（6）.

[147] 朱正平.基于"对话"的教师合作研究：为何与何为 [J].黑龙江高教研究，2009（10）.

中文学位论文

[1] 邓悦玲. 国民小学校长领导风格之研究：整合分析 [D]. 台中：中台科技大学，2011.

[2] 李云. 上下级"关系"影响中层管理者职业成长和工作投入的作用机理研究 [D]. 武汉：武汉大学，2012.

[3] 刘胜男. 教师专业学习影响因素及其作用机制研究 [D]. 上海：华东师范大学，2016.

[4] 刘燕飞. 组织行为学视角下合作学习共同体研究 [D]. 济南：山东师范大学，2016.

[5] 蔡秀惠. 社区资源结合体验式探究教学策略之教师集体效能探究 [D]. 台北：台北教育大学，2010.

[6] 宋德润. 公共部门中威权型领导风格和集体主义对员工创造力的影响机制研究 [D]. 合肥：中国科学技术大学，2018.

[7] 宋萑. 课程改革背景下的教师专业学习社群与教师发展：上海的个案研究 [D]. 香港：香港中文大学，2007.

[8] 宋燕. 和合学视野下教师合作研究共同体建构的研究 [D]. 重庆：西南大学，2011.

[9] 王秀秀. 初中校本教研中教师合作的案例研究 [D]. 上海：华东师范大学，2018.

[10] 张莉. 专业共同体中的教师知识学习研究 [D]. 长春：东北师范大学，2017.

英文著作

[1] Aiken L S, West S. *Multiple regression : testing and interpreting interaction* [M]. New bury Park, CA : Sage, 1991.

[2] Anderson G L, Herr K, Nihlen A S, et al. *Studying Your Own School: An Educator's Guide to Practitioner Action Research.* [M]. Thousand Oaks, CA : Corwin Press, 2007.

[3] Avolio B J. *Full range leadership development* [M]. Thousand Oaks, CA : SAGE publications, 2011.

[4] Bandura A. *Self-efficacy : The exercise of control* [M]. New York : Freeman, 1997.

[5] Bandura A.*Social foundation of thoughts and action : A social cognitive theory*[M].Englewood Cliffs, NJ : Prentice-Hall, 1986.

[6] Bass B M, Avolio B.*The multifactor leadership questionnaire-5X short form*[M].Redwood City, CA : Mind Garden, 2000.

[7] Bass B M, Riggio R E.*Transformational Leadership*[M].2nd ed.Mahwah, New Jersey : Lawrence Erlbaum Associates, 2006.

[8] Bass B M.*Leadership and Performance Beyond Expectations*[M].New York : free Press, 1985.

[9] Bennett N, Wise C, Wood P, et al.*Distributed leadership*[M].Nottingham : NCSL, 2003.

[10] Berg B.*Qualitative research methods for the social sciences*[M].6th ed.Boston : Allyn & Bacon, 2007.

[11] Blake R R, Marton J S.*The managerial grid*[M].Houston : Gulf Publishing Company, 1964.

[12] Bolman L G, Deal T E.*Reframing organizations : Artistry, choice, and leadership*[M].4th ed.San Francisco, CA : Jossey-Bass, 2008.

[13] Borenstein M, Hedges L V, Higgins J P T, et al.*Introduction to meta-analysis*[M].Chichester, UK : Wiley, 2009.

[14] Burns J M. *Leadership*[M].New York : Harper &Row, 1978.

[15] City E A, Elmore R F, Fiarman S E.*Instructional rounds in education : A network approach to improving teaching and learning*[M].Cambridge, MA : Harvard Education Press, 2009.

[16] Coleman J S.*Foundations of social theory*[M].Cambridge, MA : Harvard University Press, 1990.

[17] Creswell J W.*Research design : Qualitative, quantitative, and mixed methods approaches*[M].2nd ed.Thousand Oaks, CA : Sage, 2003.

[18] David W.*The Social Psychology of Education*[M]. New York : Rinchart and Winston, 1985.

[19] Deal T, Kennedy A.*Corporate culture : The rites and rituals of corporate life*[M].Boston, MA : Addison-Wesley, 1982.

[20] Dewey J.*Democracy and education : An introduction to the philosophy of education*[M].New York : Macmillan Company, 1916.

[21] Donahue J D, Nye J S.*For the people : Can we fix public service?* [M] Washington, D.C : Brooking Institution Press, 2003.

[22] DuBrin A. *Leadership : Research Findings, Practice and Skills*[M].7th ed. New York : Houghton Mifflin, 2012.

[23] Dufour R, Dufour R, Eaker R, et al.*Learning by doing : A handbook for professional learning communities at work (2nd ed.)* [M].Bloomington, IN : Solution Tree, 2010.

[24] Dufour R, Dufour R, Eaker R, et al. *Learning by doing : A handbook for professional learning communities at work*[M]. Bloomington, IN : Solution Tree Press, 2006.

[25] DuFour, Eaker R.*Revisiting professional learning communities at work : New insights for improving schools*[M]. Bloomington, Solution Tree : 2008.

[26] Eaker R, DuFour R.*Getting started : Reculturing schools to become professional learning communities*[M]. Bloomington, IN : Solution Tree, 2002.

[27] Erez M.*Culture, self-identity, and work*[M].New York : Oxford University Press, 1993.

[28] Fiedler F E.*A Theory of Leadership Effectiveness*[M].New York : McGraw Hill, 1967.

[29] Fullan M. *The new meaning of educational change*[M].4th ed. New York, NY : Teacher College Press, 2007.

[30] Fullan M.*Change forces : Probing the depths of educational reform*[M]. London : Falmer Press, 1993.

[31] Fullan M.*Leading in a culture of change*[M].San Francisco, CA : Jossey-Bass, 2001.

[32] Goodlad J, Mantle-Bromley C, Goodlad S J.*Education for everyone : Agenda for education in a democracy*[M]. San Francisco : Jossey-Bass, 2004.

[33] GGudykunst W B, Ting-Toomey S, et al.*Culture and interpersonal*

communication[M].Beverly Hills, CA : Sage, 1988.

[34] Habermas J.*The Theory of Communication Action（Vol.2）*[M].Cambridge : Polity Press, 1989.

[35] Habermas J.*On the Pragmatics of Communications*[M].Cambridge : MIT Press, 1998.

[36] Hargreaves A.*Changing teachers, changing times : teachers' work and culture in the postmodern age*[M]. London : Cassel, 1994.

[37] Hayes A F. *Introduction to mediation, moderation, and conditional process analysis : A regression-based approach*[M].New York, USA : Guilford Press, 2013.

[38] Hellriegel D, Slocum J W.*Organizational behavior*[M].12th ed.Mason, OH : Southwest Cengage Learning, 2009.

[39] Hofstede G.*Cultural's consequences : International differences in work-related values*[M].New bury Park, CA : Sage, 1980.

[40] Hord S M, Sommers W A.*Leading professional learning communities : Voices from research and practice*[M].Thousand Oaks, CA : Corwin Press, 2008.

[41] Hord S M.*Building school-based teacher learning communities : Strategies to improve student achievement*[M].New York : Teachers College Press, 2006.

[42] Hord S M. *Professional learning communities : Communities of continuous inquiry and improvement*[M]. Austin, Texas : Southwest Educational Development Laboratory, 1997.

[43] Hord S M.*Learning together, leading together : changing schools through professional learning communities*[M]. New York, NY : Teachers College Press, 2004.

[44] Huffman J B, Hipp K K.*Reculturing schools as professional learning communities*[M].Lanham, MD : Scarecrow Education, 2003.

[45] Kjær A M.*Governance*[M].Malden, MA : Polity Press, 2004.

[46] Ledeen M A.*Machiavelli on modern leadership : Why Machiavelli's iron rules are as timely and important today as five centuries ago*[M].New York, NY : Truman Talley/Books St. Martin's Press, 1999

[47] Leithwood K, Jantz D, Steinbach R.*Changing leadership for changing times*[M].Buckingham : Open University Press, 1999.

[48] Lieberman A, Miller L.*Teachers in professional communities : Improving Teaching and learning*[M].New York, NY : Teachers College Press, 2008.

[49] Little S W.*Theories of human communication*[M].3rd ed.Belmont, CA : Wadsworth, 1988.

[50] Louis K S, Kruse S.*Professionalism and community : Perspectives on reforming urban schools*[M].Thousand Oaks, CA : Corwin Press, 1995.

[51] McLaughlin M W, Talbert J E.*Contexts that matter for teaching and learning : Strategic opportunities for meeting the nation's education goals*[M].Palo Alto, CA : Center for Research on the Context of Secondary Schools, 1993.

[52] McLaughlin M W, Talbert J E.*Professional communities and the work of high school teaching*[M].2nd ed. Chicago, IL : University of Chicago Press, 2001.

[53] Mitchell C, Sackney L.*Profound improvement : Building capacity for a learning community*[M].Lisse, Netherlands : Swets&Zeitlinger, 2000.

[54] Morse J M.*Principles of mixed methods and multimethod research design*[M]. Thousand Oaks, CA : SAGE Publications, 2003.

[55] Newmann F M.*Authentic achievement : Restructuring schools for intellectual quality*[M].San Francisco, CA : Jossey-Bass, 1996.

[56] Nunnally J C, Berstein I H.*Psychometric theory*[M].New York : McGraw-Hall, 1994.

[57] Nye J S.*The power to lead*[M].New York, NY : Oxford University press, 2008.

[58] Pounder D G.*Restructuring schools for collaboration : promises and pitfalls*[M].Albany, NY : State University of New York Press, 1998.

[59] Senge P.*Schools that learn : A fifth discipline filed book for educators, parents, and everyone who cares about education*[M].New York, NY : Doubleday, 2000.

[60] Spillane J P.*Distributed Leadership*[M].San Francisco, CA : Jossey-Bass, 2006.

[61] Sypher B D, Applegate, J L, Sypher H E, et al.*Cultural and communication in organizational contexts*[M].Beverly Hills, CA : Sage, 1985.

[62] Triandis H C.*The analysis of subjective culture*[M].New York : Wiley, 1972.

[63] Weick K E.*The social psychology of organizing*[M].5th ed.Boston, MA : Addison-Wesley, 1979.

[64] Wenger E.*Communities of practice : Learning, meaning and identity*[M]. New York : Cambridge University Press, 1998.

[65] Woodland R H, Hutton M.*Collaboration evaluation and improvement framework : A field-tested approach for practitioners*[M].Manuscript submitted for publication, 2011.

[66] Yin R K.*Case study research : Design and methods*[M].3rd ed.Thousand Oaks, CA : Sage, 2003.

[67] Yukl G A.*Leadership in organization*[M].4th ed.Upper saddle River, NJ : Prentice Hall, 1998.

[68] Yukl G A.*Leadership in Organizations*[M].8th ed.Upper Saddle River, NJ : Pearson Education, 2013.

英文期刊论文

[1] Achinstein B. *Conflict amid community : The micropolitics of teacher collaboration*[J].Teachers College Record, 2002, 104（3）.

[2] Aldana U S, Martinez D C.The development of a community of practice for educators Working with Newcomer, *Spanish-speaking Students*[J].Theory Into Practice, 2018, 57（2）.

[3] Aldridge J M, Fraser B J, Bell L, et al.*Using a new learning environment questionnaire for reflection in teacher action research*[J].Journal of Science Teacher Education, 2012, 23（3）.

[4] Allen J, James A D, Gamlen P.*Formal versus informal knowledge networks in R&D : A case study using social network analysis*[J].R&D Management, 2007, 37（3）.

[5] Ambler T B.*The day-to-day work of primary school teachers : A source of

professional learning[J].Professional Development in Education，2016，42（2）.

［6］Andrews D，Lewis M.*The experiences of a professional community ：Teachers developing a new image of themselves and their workplace*[J].Educational Research，2002，44（3）.

［7］Anello C，Fleiss J L.*Exploratory or analytic meta-analysis ：Should we distinguish between them?*[J].Journal of Clinical Epidemiology，1995，48(1).

［8］Ashton P.*Teacher efficacy ：A motivational paradigm for effective teacher education*[J]. Journal of Teacher Education，1984，35（5）.

［9］Attorps I，Kellner E.*School-University action research ：Impacts on teaching practices and pupil learning*[J].International Journal of Science & Mathematics Education，2017，15（2）.

［10］Bandura A.*Self-efficacy ：Toward a unifying theory of behavioral change*[J]. Psychological Review，1977，84（2）.

［11］Banerjee N，Stearns E，Moller S，et al.*Teacher job satisfaction and student achievement ：The roles of teacher professional community and teacher collaboration in schools*[J]. American Journal of Education，2017，123（2）.

［12］Baron R M，Kenny D A.*The moderator-mediator variable distinction in social psychological research ：Conceptual, strategic, and statistical considerations*[J]. Journal of Personality and Social Psychol-ogy，1986，51（6）.

［13］Barott J E，Raybould R.*Changing schools into collaborative organizations*[C]. In D. G.Pounder（Ed.），Restructuring schools for collaboration ：Promises and pitfalls.Albany，NY ：State University Press，1998.

［14］B é n é dicte V，Devos G.*Exploring the link between experienced teachers' learning outcomes and individual and professional learning community characteristics*[J].School Effectiveness and School Improvement，2015，27（2）.

［15］B é n é dicte V，Devos G.*Relating school leadership to perceived professional learning community characteristics ：A multilevel analysis*[J].Teaching &Teacher Education，2016，57（5）.

［16］Berry B.*The power of teacher leadership*[J].Educational Leadership，2005，62（5）.

[17] Birenbaum M, Kimron H, Shilton H.*Nested contexts that shape assessment for learning : School-based professional learning community and classroom culture*[J].Studies in Educational Evaluation, 2011, 37（1）.

[18] Bleicher R E. *A collaborative action research approach to professional learning*[J]. Professional Development in Education, 2014, 40（5）.

[19] Bolman L G, Deal T E.*Leadership and management effectiveness : A multiframe, multi-sector analysis*[J].Human Resource Management, 1991, 30（4）.

[20] Bolman L G, Deal T E.*Leading and managing : Effects of context, culture, and gender*[J].Educational Administration Quarterly, 1992, 28（3）.

[21] Bolam R, McMahon A, Stoll L, et al.*Creating and sustaining professional learning communities*[R].London, England : General Teaching Council for England, Department for Education and Skills, 2005.

[22] Bond M H, Cheung T S.*College students' spontaneous self-concept : The effect of culture among respondents in Hong Kong, Japan, and United States*[J].Journal of Cross-Cultural Psychology, 1983, 14（2）.

[23] Borko H.*Professional development and teacher learning : Mapping the terrain*[J].Educational Researcher, 2004, 33（8）.

[24] Brouwer P, Brekelmans M, Nieuwenhuis L, et al.*Fostering teacher community development : A review of design principles and a case study of an innovative interdisciplinary team*[J].Learning Environments Research, 2012, 15（3）.

[25] Brownell M T, Yeager E, Rennells M S, et al.*Teachers working together : What teacher educators and researchers should know*[J].Teacher Education and Special Education, 1997, 20（4）.

[26] Bullough R V, Baugh S C. *Developing professional learning communities in a University-Public School partnership*[J].Theory Into Practice, 2008, 47（4）.

[27] Bullough R V, Smith L K.*Being a student of teaching : Practitioner research and study groups*[C].In Loughran J, Hamilton M（eds.）, International Handbook of Teacher Education. Springer, Singapore, 2016.

[28] Camburn Eric, Rowan Brian, Taylor James E.*Distributed Leadership in Schools : The Case of Elementary Schools Adopting Comprehensive School*

Reform Models[J].Educational Evaluation & Policy Analysis, 2003, 25（4）.

[29] Carpenter J P, *Linton J N.Educators' perspectives on the impact of Edcamp unconference professional learning*[J].Teaching & Teacher Education, 2018（73）.

[30] Chen C.*Cite Space II：Detecting and visualizing emerging trends and transient patterns in scientific literature*[J].Journal of the American Society for Information Science and Technology, 2006, 57（3）.

[31] Cheng L P, Ko H.*Teacher-team development in a school-based professional development program*[J].The Mathematics Educator, 2009, 19（1）.

[32] Cheng X, Wu L-y.*The affordances of teacher professional learning communities：A case study of a Chinese secondary school*[J].Teaching and Teacher Education, 2016（58）.

[33] Chuchill GA.*An investigation into the determinants of customer satisfaction*[J].Journal of marketing research, 1982, 19（4）.

[34] Cohen J.*A power primer*[J].Psychological bulletin, 1992, 112（1）.

[35] Cohen S G, Bailey D E.*What makes teams work：Group effectiveness research from the shop floor to the executive suite*[J].Journal of Management, 1997, 23（3）.

[36] Cousins S D.*Culture and self-perception in Japan and United and States*[J].Journal of Personality and Social Psychology, 1989（56）.

[37] Cranston J.*Holding the reins of the professional learning community：Eight themes from research on principal's perceptions of professional learning communities*[J].Canadian Journal of Educational Administration and Policy, 2009, 90（2）.

[38] Cravens X, Drake T A, Goldring E, et al.*Teacher peer excellence groups（TPEGs）：Building communities of practice for instructional improvement*[J].International Journal of Lesson and Learning Studies, 2017, 55（5）.

[39] Cullen T A, Akerson V L, Hanson D L.*Using action research to engage K-6 teachers in nature of science inquiry as professional development*[J].Journal of Science Teacher Education, 2010, 21（8）.

[40] Cybulski, T G, Hoy W K, Sweetland S R.*The roles of collective efficacy of teachers and fiscal efficiency in student achievement*[J].Journal of Educational Administration, 2005, 43（5）.

[41] Darling-Hammond L, Mclaughlin M W.*Policies that support professional development in an era of reform*[J].Phi Delta Kappan, 1995, 76（8）.

[42] Datnow A.*Collaboration and contrived collegiality : Revisiting Hargreaves in the age of accountability*[J].Journal of Educational Change, 2011（12）.

[43] Davidson S G, Hughes R.*Communities of practice as a framework to explain teachers' experiences within the community of science*[J].Journal of Research in Science Teaching, 2018, 55（9）.

[44] Dora H, Lee M.*Exploring the relationship between school-level teacher qualifications and teachers' perceptions of school-based professional learning community practices*[J].Teaching &Teacher Education, 2016, 54（2）.

[45] DuFour R.*What is a "professional learning community"?*[J].Educational Leadership, 2004, 61（8）.

[46] Dussault M, Payette D, Leroux M.*Principals' transformational leadership and teachers' collective efficacy*[J].Psychological Reports, 2008, 102（2）.

[47] Elliott J.*Assessing the quality of action research*[J].Research Papers in Education, 2007, 22（2）.

[48] Erez M.*A culture based approach to work motivation*[C].In C. P. Earley & M. Erez（Eds.）, New perspectives on international industrial/organizational psychology. Jossey-Bass, 1997.

[49] Francois C.*Reading in the crawl space : A study of an urban school's Literacy-Focused community of practice*[J].Teachers College Record, 2005, 115（5）.

[50] Fulton K, Britton T.STEM teachers in professional learning communities : From good teachers to great teaching, 2011[EB/OL].[2018-12-5]Retrieved fromNational Commission on Teaching and America's Future website : <http//www.wested.org/online_pubs/1098-executive-summary.pdf>.

[51] Gajda R, Koliba C J.*Evaluating and improving the quality of teacher collaboration : A field-tested framework for secondary school leaders*[J].Nassp

Bulletin, 2008, 92（9）.

[52] Gajda R, Koliba C.*Evaluating the imperative of intraorganizational collaboration : A school improvement perspective*[J].American Journal of Evaluation, 2007, 28（1）.

[53] Garet M S, Porter A C, Desimone L, et al.*What makes professional development effective? Results from a national sample of teachers*[J].American Educational Research Journal, 2001, 38（4）.

[54] Gersten R, Dimino J, Jayanthi M, et al.*Teacher study group : Impact of the professional development model on reading instruction and student outcomes in first grade classrooms*[J].American Educational Research Journal, 2010, 47（3）.

[55] Girvan C, Conneely C, Tangney B.*Extending experiential learning in teacher professional development*[J].Teaching and Teacher Education, 2016（58）.

[56] Gist M E, Mitchell T R.*Self-efficacy : A theoretical analysis of its determinants and malleability*[J].Academy of Management Review, 1992, 17（2）.

[57] Goddard R A.*Theoretical and empirical analysis of the measurement of collective Efficacy : The development of a short form*[J].Educational and Psychological Measurement, 2002, 62（1）.

[58] Goddard R D, Skrla L.*The Influence of School Social Composition on Teachers' Collective Efficacy Beliefs*[J].Educational Administration Quarterly, 2006, 42（2）.

[59] Goddard R D, Hoy W K, Hoy A W.*Collective teacher efficacy : Its meaning, measure, and impact on student achievement*[J].American Educational Research Journal, 2000, 37（2）.

[60] Goddard R D, Hoy W K, Woolfolk H A.*Collective efficacy beliefs : Theoretical developments, empirical evidence, and future directions*[J].Educational Researcher, 2004, 33（3）.

[61] Goddard R D.*Collective efficacy : A neglected construct in the study of schools and student achievement*[J].Journal of Educational Psychology, 2001, 93（3）.

[62] Goddard R, Goddard Y, Kim E S, et al.*A theoretical and empirical analysis of the roles of instructional leadership, teacher collaboration, and collective efficacy beliefs in support of student learning*[J].American Journal of Education, 2015, 121（4）.

[63] Goddard Y L, Goddard R D, Tschannenmoran M A.*Theoretical and empirical investigation of teacher collaboration for school improvement and student achievement in public elementary schools*[J].Teachers College Record, 2007, 109（4）.

[64] Goddard Y L, Miller R, Larsen R, et al.*Connecting principal leadership, teacher collaboration, and student achievement*[J].Online Submission, 2010: 32.https//files.eric.ed.gov/fulltext/ED528704.pdf

[65] Gronn P.*Distributed properties: A new architecture for leadership*[J]. Educational Management and Administration, 2000, 28（3）.

[66] Gronn P.*Distributed leadership as a unit of analysis*[J].Leadership Quarterly, 2002, 13（4）.

[67] Grossman P, Wineburg S, Woolworth S.*Toward a theory of teacher community*[J].Teachers College Record, 2005, 103（6）.

[68] Gumus S, Bulut O, Bellibas M S.*The relationship between principal leadership and teacher collaboration in Turkish primary schools: A multilevel analysis*[J].Education Research& Perspectives, 2013, 40（1）.

[69] Hairon S, Dimmock C.*Singapore schools and professional learning communities: Teacher professional development and school leadership in an Asian hierarchical system*[J].Educational Review, 2012, 64（4）.

[70] Hallett M.*The effect of school-leader support and participation in decision making on teacher collaboration in Dutch primary and secondary schools*[J]. Educational Management Administration&Leadership, 2014, 42（1）.

[71] Hallinger P, Heck R H.*Reassessing the Principal's Role in School Effectiveness*[J]. Educational Administration Quarterly, 1996, 32（1）.

[72] Hallinger P, Wang W, Chen C.*Assessing the measurement properties of the principle instructional management rating scale: A meta-analysis of reliability*

studies[J].Educational Administration，2013，49（2）.

[73] Hallinger P.*Leading educational change : Reflections on the practice of instructional and transformational leadership*[J].Cambridge Journal of Education，2003，33（3）.

[74] Harris A.*Distributed leadership and school improvement*[J].Educational Management Administration&Leadership，2004，32（32）.

[75] Havnes A.*Talk, planning and decision-making in interdisciplinary teacher teams : A case study*[J].Teachers and Teaching : Theory and Practice，2009，15（1）.

[76] Hargreaves A.*Push, pull and nudge : The future of teaching and educational change*[C].In X. Zue&K.Zeichner（Eds.），Preparing teachers for the 21st century.Berlin : Springer，2013.

[77] Heller M F，Firestone W A.*Who's in charge here ? Sources of leadership for change in eight schools*[J].The Elementary School Journal，1995，96（1）.

[78] Helstad K，Lund A.*Teachers' talk on students' writing : Negotiating students' texts in interdisciplinary teacher teams*[J].Teaching and Teacher Education，2012（28）.

[79] Hipp K K，Huffman J B，Pankake A M，et al.*Sustaining professional learning communities : Case studies*[J].Journal of Educational Change，2008，9（2）.

[80] Hoff M A，Terry D J.*Social identity and self-categorization processes in organizational contexts*[J].Academy of Management Review，2000，25（1）.

[81] Hong F Y，Huang D H，Cheng K T，et al.*The relationship between principles' transformational leadership and teacher self-efficacy : The mediating effects of group cohesion and teacher collective-efficacy*[J].Journal of National Pingtung University of Education，2013（40）.

[82] Horn I S，Garner B，Kane B D，et al.*A taxonomy of instructional learning opportunities in teachers work group conversations*[J].Journal of Teacher Education，2017，68（1）.

[83] Horn I S，Little J W.*Attending to problems of practice : Routines and resources for professional learning in teachers' workplace interactions*[J].

American Educational Research Journal, 2010, 47（1）.

[84] House R J, Singh J.*Power and personality in organizations*[J].Research in organizational behavior, 1988（10）.

[85] House R J.*A Path-Goal Theory of Leadership Effectiveness*[J].Administrative Science Quarterly, 1971, 16（3）.

[86] Hoy, W K, Sweetland S R, Smith P A.*Toward an organizational model of achievement in high schools : The significance of collective efficacy*[J]. Educational Administration Quarterly, 2002, 38（1）.

[87] Huffman J B, Hipp K K.*Professional learning community organizer*[C].In Huffman J B, Hipp K K（eds）, Professional learning communities : Initiation to implementation. Lanham, MD : Scarecrow Press, 2003.

[88] InPraxis Group Inc.*Professional learning communities : An exploration*[R]. Edmonton, Alberta, Canada : Alberta Education, 2006.

[89] Ipe M.*Knowledge sharing on organizations : A conceptual framework*[J]. Human Resource Development Review, 2003, 2（4）.

[90] Ismail A, Mohamad M H, Mohamed A B, et al.*Transformational and Transactional Leadership Styles as a Predictor of Individual Outcomes*[J]. Theortical and Applied Economics, 2010, 6（547）.

[91] James C R, Dunning G, Connolly M, et al.*Collaborative practice : A model of successful working in schools*[J].Journal of Educational Administration, 2007, 45（5）.

[92] Judd C M, Kenny D A.*Process analysis : Estimating mediation intreatment evaluations*[J].Evaluation Review, 1981, 5（5）.

[93] Vangrieken K, Dochy F, Raes E, et al.*Teacher collaboration : A systematic review*[J].Educational Research Review, 2015（15）.

[94] Katz S, Earl L.*Learning about networked learning communities*[J].School Effectiveness and School Improvement, 2010, 21（1）.

[95] Katzenbach J R, Smith D K.*The discipline of teams*[J].Harvard Business Review, 2005, 83（1）.

[96] Kelchtermans G.*Teacher collaboration and collegiality as workplace conditions :*

A review[J].Zeitschrift fü r Pädagogik, 2006（52）.

[97] King F, Stevenson H.*Generating change from below : What role for leadership from above?*[J].Journal of Educational Administration, 2017, 55（6）.

[98] Kullberg A, Runesson U, Marton F, et al.*Teaching one thing at a time or several things together?—teachers changing their way of handling the object of learning by being engaged in a theory—based professional learning community in mathematics and science*[J].Teachers&Teaching Theory&Practice, 2016, 22（6）.

[99] Leithwood K, Jantzi D, Fernandez A.*Transformational leadership and teachers' commitment to change*[C].In J. Murphy&K.S.Louis（Eds.）, Reshaping the principalship.Thousand Oaks, CA : Corwin Press, 1994.

[100] Leithwood K, Jantzi D.*The effects of transformational leadership on organizational conditions and student engagement with school*[J].Journal of Educational Administration, 2000, 38（2）.

[101] Leithwood K, Jantzi D.*The relative effects of principal and teacher sources of leadership on student engagement with school*[J].Educational Administration Quarterly, 1999, 35（Suppl.）.

[102] Leithwood K, Jantzi D.*Transformational school leadership for large—scale reform : Effects on students, teachers, and their classroom practices*[J].School Effectiveness&School Improvement, 2006, 17（2）.

[103] Leithwood K.*The principal's role in teacher development*[C].In M. Fullan & A. Hargreaves（Eds.）, Teacher development and educational change. London : Falmer Press, 1992.

[104] Leonard L J, Leonard P E.*Reculturing for collaboration and leadership*[J]. The Journal of Edcuational Research, 1999, 92（4）.

[105] Levine T H, Marcus A S.*How the structure and focus of teachers' collaborative activities facilitate and constrain teacher learning*[J].Teaching and Teacher Education, 2010, 26（3）.

[106] Li S L, He W, Yam K C, et al.*When and why empowering leadership increases followers' taking charge : A multilevel examination in China*[J].

Asia Pacific Journal of Management, 2015, 32 (3).

[107] Lindell M K, Brandt C J.*Climate quality and climate consensus as mediators of the relationship between organizational antecedents and outcomes*[J]. Journal of Applied Psychology, 2000, 85 (3).

[108] Lindell M K, Whitney D J.*Accounting for common method variance in cross-sectional designs*[J].Journal of Applied Psychology, 2001, 86 (1).

[109] Little J W.*The persistence of privacy : Autonomy and initiative in teachers' professional relations*[J].Teachers College Record, 1990, 91 (4).

[110] Little J W.*Understanding data use practice among teachers : The contribution of micro-process studies*[J].American Journal of Education, 2012, 118 (2).

[111] Lomos C, Hofman R H, Bosker R.*Professional community and student achievement-A meta-analysis*[J]. School Effectiveness and School Improvement, 2011, 22 (2).

[112] Lord R G, Foti R J.*Schema theories, information processing, and organizational behavior*[C].In H. P. Sims and D. A. Gioia (Eds.), The thinking organization.San Francisco : Jossey-Bass, 1978.

[113] Louis K S, Dretzke B, Wahlstrom K.*How does leadership affect student achievement? Results from a national US survey*[J].School Effectiveness and School Improvement, 2010, 21 (3).

[114] Louis K S, Kruse S, Bryk A S.*Professionalism and community : What is it and why is it important in urban schools?*[C]In K. S. Louis, S. (Eds.), Professionalism and community : Perspectives on reforming urban schools. Long Oaks, CA : Corwin, 1995.

[115] Louis K S, Marks H M.*Does professional learning community affect the classroom? Teachers' work and student experiences in restructuring schools*[J].American Journal of Education, 1998, 106 (4).

[116] Marks H M, Printy S M.*Principal leadership and school performance : An integration of transformational and instructional leadership*[J].Educational Administration Quarterly the Journal of Leadership for Effective&Equitable Organizations, 2003, 39 (3).

[117] Markus H R, Kitayama S.*Culture and the self : Implications for cognition, emotion, and motivation*[J].Psychological Review, 1991, 98（2）.

[118] Markus H R, Kitayama S.*Culture, self, and the reality of the social*[J]. Psychological Inquiry, 2003, 14（3）.

[119] Markus H R, Kitayama S.*Cultures and selves : A cycle of mutual constitution*[J].Perspectives on Psychological Science, 2010, 5（4）.

[120] Maslach C, Schaufeli W B, Leiter M P.*Job burnout*[J].Annual Review of Psychology, 2001, 52（1）.

[121] Mawhinney L.*Let's lunch and learn : Professional knowledge sharing in teachers' lounges and other congregational spaces*[J].Teaching and Teacher Education, 2010, 26（4）.

[122] May B P.*Teachers' professional development in school : A review study*[J]. Cogent Education, 2018（10）.

[123] McLaughlin M W, Talbert J E.*Building professional learning communities in high schools : Challenges and promising practices*[C].In L. Stoll & K. S. Louis（Eds.）, Professional learning communities : Divergence, depth and dilemmas.Berkshire : Open University Press, 2007.

[124] Megowan-Romanowicz C.*Inside Out : Action Research from the Teacher-Researcher Perspective*[J].Journal of Science Teacher Education, 2010, 21（8）.

[125] Meirink J A, Imants J, Meijer P C, et al.*Teacher learning and collaboration in innovative teams*[J].Cambridge Journal of Education, 2010, 40（2）.

[126] Miller B J, Sundre D L.*Achievement goal orientation toward general education versus overall coursework*[J].Journal of General Education, 2008, 57（3）.

[127] Miller J G.*Cultural and the development everyday social explanation*[J]. Journal of Personality and Social Psychology, 1984（46）.

[128] Mohan P P, Chand D D, Lingam G I.*Teachers' perceptions of the impact of professional development on learning and teaching in a developing nation*[J]. Australian Journal of Teacher Education, 2017, 42（11）.

[129] Moolenaar N M, Sleegers P J C, Daly A J.*Teaming up : Linking collaboration networks, collective efficacy, and student achievement*[J]. Teaching and Teacher Education, 2012, 28（3）.

[130] Mulford B, Silins H.*Leadership for organizational learning and improved student outcomes‐what do we know?* [J]Cambridge Journal of Education, 2003, 33（2）.

[131] NEA Foundation.Human capital : Unions and school districts collaborating to close achievement gaps, 2010, 9[EB/OL].[2018‐12‐10]Retrieved from http//www.neafoundation.org/downloads/HumanCapital.pdf.

[132] Nelson T H.*Teachers' collaborative inquiry and professional growth : Should we be optimistic?*[J].Science Education, 2009, 93（3）.

[133] Nelson T H, Slavit D, Perkins M, et al.*A Culture of collaborative inquiry : Learning to develop and support professional learning communities*[J]. Teachers College Record, 2005, 110（6）.

[134] Neset G.*Relating classroom teaching to student learning : A critical analysis of why research has failed to bridge the Theory‐Practice gap*[J].Harvard Educational Review, 2004, 74（3）.

[135] Newmann F M.*Professional development that addresses school capacity : Lessons from urban elementary schools*[J].American Journal of Education, 2000, 108（4）.

[136] Ogawa R T, Bossert S T.*Leadership as an organizational quality*[J]. Educational Administration Quarterly, 1995, 31（2）.

[137] Olivier D F, Hipp K K.*Assessing and analyzing schools as professional learning communities*[C].In K. K. Hipp &Huffman J B（Eds.）, Demystifying professional learning communities.School leadership at its best.Lanham, MD : Rowman&Littlefield, 2010.

[138] Park J H, Ham S H.*Whose perception of principal instructional leadership? Principal‐teacher perceptual（dis）agreement and its influence on teacher collaboration*[J].Asia Pacific Journal of Education, 2016, 36（3）.

[139] Peter, Gronn.*Distributed leadership as a unit of analysis*[J].Leadership

Quarterly, 2002, 13（4）.

[140] Phillips J.*Powerful learning：Creating learning communities in urban school reform*[J].Journal of Curriculum and Supervision, 2003, 18（3）.

[141] Pitner N.*The study of administrator effects and effectiveness*[C].In N.Boyan（Ed.）, Handbook of research in educational administration .New York：Longman, 1988.

[142] Podsakoff P M, Mackenzie S B, Podsakoff N P.*Sources of method bias in social science research and recommendations on how to control it*[J].Annual Review of Psychology, 2012, 63.

[143] Postholm M B, Wæge K.*Teachers' learning in school based development*[J]. Educational Research, 2016, 58（1）.

[144] Preacher K J, Hayes A F.*Asymptotic and resampling strategies for assessing and comparing indirect effects multiple mediator models*[J].Behavior Research Methods, 2008, 40（3）.

[145] Robinson V, Lloyd C, Rowe K.*The impact of leadership on student outcomes：An analysis of the differential effects of leadership types*[J]. Educational Administration Quarterly, 2008, 44（5）.

[146] Ross J A, Gray P.*Transformational leadership and teacher commitment to organizational values：The mediating effects of collective teacher efficacy*[J]. School Effectiveness and School Improvement, 2006, 17（2）.

[147] Saenz H.*Transformational Leadership*[C].In Alan Bryman, David Collinson, Keith Grint, Brad Jackson and Mary Bien（Eds.）, The Sage Handbook of Leadership.London：Sage, 2011.

[148] Salleh H.*Facilitation for professional learning community conversations in Singapore*[J].Asia Pacific Journal of Education, 2016, 36（2）.

[149] Sawyer L B E, Rimm-Kaufman S E.*Teacher collaboration in the context of the responsive classroom approach*[J]. Teachers and Teaching：Theory and Practice, 2007, 13（3）.

[150] Schiff D, Herzog L, FARLY-RIPPLE, E, et al.Teacher networks in Philadelphia：Landscape, engagement, and value. Perspectives on Urban

Education, 2015, 12（1）[EB/OL].[2018-12-8]Retrieved from http：//www.urbanedjournal.org/.

[151] Schmoker M.*No turning back：The ironclad case for professional learning communities*[C].InR. DuFour, R. Eaker, R. DuFour（Eds.）, On common ground：The power of professional learning communities.Bloomington, IN：National Education Service, 2005.

[152] Seashore K R, Anderson A R, Riedel E.*Implementing arts for academic achievement：The impact of mental models, professional community and interdisciplinary teaming*[EB/OL].[2019-07-28]https：//conservancy.umn.edu/bitstream/handle/11299/143717/1/Report.pdf.

[153] Seker M.*Intervention in teachers' differential scoring judgments in assessing L2 writing through communities of assessment practice*[J].Studies in Educational Evaluation, 2018, 59（12）.

[154] Sergiovanni T J.*Leadership and excellence in schooling*[J].Educational Leadership, 1984, 41（5）.

[155] Shachar H, Shmuelevitz H.*Implementing cooperative learning, teacher collaboration and teachers' sense of efficacy in heterogeneous junior high schools*[J].Contemporary Educational Psychology, 1997, 22（1）.

[156] Shin J M.*A collaborative group study of Korean mid-career elementary teachers for professional development in music*[J].International Journal of Music Education, 2018, 36（1）.

[157] Silva J S, Amante L, Morgado J.*School climate, principal support and collaboration among Portuguese teachers*[J].European Journal of Teacher Education, 2017, 40（4）.

[158] Sleegers P, Brok P D, Verbiest E, et al.*Towards conceptual clarity：A multidimensional, multilevel model of professional learning communities in Dutch elementary schools*[J].The Elementary School Journal, 2013, 114（1）.

[159] Smat D L, Karau S J.*Protestant work ethic moderates social loafing*[J].Group Dynamics-Theory Research and Practice, 2011, 15（3）.

[160] Sobel M E.*Asymptotic confidence intervals for indirect effects in structural*

equation models[C].In S Leinhardt（Ed.），Sociological methodology. Washington，D.C：American Sociological Association，1982.

[161] Soini T，Pietarinen J，Pyhältö K.*What if teachers learn in the classroom?Teacher Development*[J].An international journal of teachers' professional development，2016，20（3）.

[162] Somech A.*Managing conflict in school teams：The impact of task and goal interdependence on conflict management and team effectiveness*[J]. Educational Administration Quarterly，2008，44（3）.

[163] Spillane J P，Halverson R，Diamond J B.*Towards a theory of leadership practice：A distributed perspective*[J].Journal of Curriculum Studies，2004，36（1）.

[164] Spillane J，Halverson R，Diamond J B.*Investigating school leadership practice：A distributed Perspective*[J].Educational Researcher，2001，30（3）.

[165] Stephen Kemmis.*Action research as a practice-based practice*[J].Educational Action Research，2009，17（3）.

[166] Stephenson L G，Warnick B K，Tarpley R S.*Collaboration between science and agriculture teachers*[J].Journal of Agricultural Education，2008，49.

[167] Stoll L，Bolam R，Mcmahon A，et al.*Professional learning communities：A review of the literature*[J].Journal of Educational Change，2006，7（4）.

[168] Sukru B M，Bulut O，Gedik S.*Investigating professional learning communities in Turkish schools：the effects of contextual factors*[J]. Professional Development in Education，2017，43（3）.

[169] Supovitz J A.*Developing communities of instructional practice*[J].Teachers College Record，2002，104（8）.

[170] Sweetland S R，Hoy W K.*School characteristics and educational outcomes：Toward anorganizational model of student achievement in middle schools*[J]. Educational Administration Quarterly，2000，36（5）.

[171] Talbert J E，McLaughlin M W，Rowan B.*Understanding context effects in secondary school teaching*[J].Teachers College Record，1993，95（1）.

[172] Triandis.*The self and social behavior in differing cultural contexts*[J].
Psychology Review, 1989, 96（20）.

[173] Truijen K J P, Sleegers P J C, Meelissen M R M, et al.*What makes teacher teams in a vocational education context effective?A qualitative study of managers' view on team working*[J].Journal of Workplace Learning, 2013, 25（1）.

[174] Vangrieken K, Dochy F, Raes E, et al.*Teacher collaboration : A systematic review*[J].Educational Research Review, 2015, 15（1）.

[175] Vicki Vescio, Dorene Ross, Alyson Adams.*A review of research on the impact of professional learning communities on teaching practice and student learning*[J].Teaching and Teacher Education, 2008, 24（1）.

[176] Visscher A J, Witziers B.*Subject departments as professional communities?*[J].British Educational Research Journal, 2004, 30（6）.

[177] Voelkel R H, Chrispeels J H.*Understanding the link between professional learning communities and teacher collective efficacy*[J].School Effectiveness & School Improvement, 2017, 28（5）.

[178] Voogt J, Laferri è re T, et al.*Collaborative design as a form of professional development*[J].Instructional Science, 2015, 43（2）.

[179] Voogt J, T Laferri è re, Breuleux A, et al.*Teacher learning in the context of Lesson Study : A video-based analyses of teacher discussions*[J].Teaching and Teacher Education, 2017, 61（5）.

[180] Wahlstrom K, Louis K S.*How teachers experience principal leadership : The roles of professional community, trust, efficacy, and shared responsibility*[J].Educational Administration Quarterly, 2008, 44（4）.

[181] Walker A, Qian H.*Review of research on school principal leadership in mainland China, 1998-2013*[J].Journal of Educational Administration, 2015, 53（4）.

[182] West J F.*Educational collaboration in restructuring of schools*[J].Journal of Educational and Psychological Consultation, 1990, 1（1）.

[183] Westheimer J.*Learning among colleagues : Teacher community and the*

shared enterprise of education[C].In M. Cochran-Smith, S.Feiman-Nemser, J.McIntyre（Eds.）, Handbook of research on teacher education.Lanham, MD : Association of Teacher Educators and Rowman, 2008.

[184] Witziers B, Kruger M L.*Educational leadership and student achievement : The elusive search for an association*[J].Educational Administration Quarterly, 2003, 39（3）.

[185] Yin R K.*The case study as a serious research strategy*[J].Knowledge : Creation, Diffusion, Utilization, 1981, 3（1）.

[186] Yuan R, Zhang J, Yu S.*Understanding teacher collaboration processes from a complexity theory perspective : A case study of a Chinese secondary school*[J].Teachers& Teaching Theory&Practice, 2018, 24（5）.

[187] Yukl G.*An evaluation of conceptual weaknesses in transformational and charismatic leadership theories*[J].Leadership Quarterly, 1999, 10（2）.

英文学位论文

[1] Bruce H E.*Finnish Teacher Collaboration : The Behaviors, Learning, and Formality of Teacher Collaboration*[D].Utah State : Brigham Young University, 2017.

[2] Mark F Z.*Is working together worth it?Examining the relationship between the quality of teacher collaboration, instruction, and student achievement*[D].Massachusetts : University of Massachusetts Amherst, 2011.

[3] Rone B C.*The impact of the data team structure on collaborative teams and student achievement*[D]. St. Charles, Missouri : Lindenwood University, 2009.